Die larvierte Depression

Die larvierte Depression

Herausgegeben von P. Kielholz

Verlag Hans Huber
Bern Stuttgart Wien

Internationales Symposium
St. Moritz, 8.–10. Januar 1973

Redaktion und Übersetzungen:

Dr. C. Adams
I. C. W. Bigland, M.A.
Dr. W. Jochum
Dr. H. Kaiser
Dr. H. Karrer
H. D. Philps, M.A.
Dr. G. Rothweiler

ISBN 3-456-00371-4

Satz und Druck: Basler Druck- und Verlagsanstalt, Basel
Printed in Switzerland

Inhaltsverzeichnis

Anschrift der Redaktion:
Dr. C. ADAMS, Leiter der Medizinisch-pharmazeutischen Information der CIBA-GEIGY AG, Klybeckstraße 141, CH-4000 Basel (Schweiz)

Referenten und Diskussionsteilnehmer

Prof. J. Angst, Forschungsdirektor der Psychiatrischen Universitätsklinik, Lenggstraße 31, CH-8029 Zürich (Schweiz)

Prof. H.J. Bein, Leiter der Pharma-Forschung der CIBA-GEIGY AG, Klybeckstraße 141, CH-4000 Basel (Schweiz)

Prof. P. Berner, Vorstand der Psychiatrischen Universitätsklinik, Lazarettgasse 14, A-1097 Wien (Österreich)

Prof. W. Birkmayer, Leiter des Ludwig-Boltzmann-Instituts für Neurochemie, Versorgungsheimplatz 1, A-1130 Wien (Österreich)

Dr. A. Coppen, Neuropsychiatry Unit, Medical Research Council Laboratories, Woodmansterne Road, Carshalton, Surrey (England)

Dr. H. Demel, Joseph-Haydn-Gasse 45, Eisenstadt/Burgenland (Österreich)

Dr. W. Falk, Bahnhofstraße 2, D-3579 Neukirchen (Bundesrepublik Deutschland)

Prof. A.M. Freedman, M.D., New York Medical College, Flower and Fifth Avenue Hospitals, Fifth Avenue at 106th Street, New York 10029 (U.S.A.)

Prof. R. de la Fuente, Presidente de la Academia Nacional de Medicina, Unidad de Congresos, Centro Médico Bloque «B», Avenida Cuautemoc 350, Mexico 7 D.F. (Mexico)

Prof. L. S. Geisler, Medizinische Universitätsklinik, Liebfrauenweg, D-53 Bonn-Venusberg (Bundesrepublik Deutschland)

Prof. W. Grüter, CIBA-GEIGY AG, Klybeckstraße 141, CH-4000 Basel (Schweiz)

Prof. H. Heimann, Centre de recherches psychopathologiques, Clinique psychiatrique universitaire, Hôpital de Cery, CH-1008 Prilly-Lausanne (Schweiz)

Prof. H. Hippius, Direktor der Universitäts-Nervenklinik, Nußbaumstraße 7, D-8 München 16 (Bundesrepublik Deutschland)

Prof. P. Kielholz, Direktor der Psychiatrischen Universitätsklinik, Wilhelm-Klein-Straße 27, CH-4000 Basel (Schweiz)

Prof. R. Kuhn, Direktor der Kantonalen Psychiatrischen Klinik, CH-8596 Münsterlingen (Schweiz)

Dr. Verena Kuhn-Gebhart, Leitende Ärztin, Kantonale Psychiatrische Klinik, CH-8596 Münsterlingen (Schweiz)

Prof. H. E. Lehmann, Head of the Department of Psychiatry, McGill University, Douglas Hospital, 6875 LaSalle Blvd., Montreal 204, Que. (Canada)

Prof. J. Leme Lopes, Diretor do Instituto de Psiquiatria, Centro de Ciências Médicas, Universidade Federal do Rio de Janeiro, Av. Wenceslau Brás, Rio de Janeiro (Brazil)

Prof. J.J. López Ibor, Clínica López Ibor, Av. Nueva Zelanda 78, Puerta de Hierro, Madrid-20 (España)

Prof. J.J. López-Ibor Aliño, Clínica López Ibor, Av. Nueva Zelanda 78, Puerta de Hierro, Madrid-20 (España)

Priv.-Doz. Dr. N. Matussek, Universitäts-Nervenklinik, Nußbaumstraße 7, D-8 München (Bundesrepublik Deutschland)

Prof. G. Nissen, Ärztlicher Direktor der Städtischen Klinik für Kinder- und Jugendpsychiatrie Wiesengrund, Frohnauer Straße 74–80, D-1 Berlin 28

Prof. R. Oberholzer, Leiter des Departements Medizin der CIBA-GEIGY AG, Klybeckstraße 141, CH-4000 Basel (Schweiz)

Prof. P. Pichot, Faculté de médecine Cochin-Port-Royal, Centre psychiatrique Sainte-Anne, 1 rue Cabanis, F-75 Paris 14e (France)

Dr. O. de S. Pinto, CIBA-GEIGY AG, Klybeckstraße 141, CH-4000 Basel (Schweiz)

Doz. Dr. W. Pöldinger, Oberarzt, Psychiatrische Universitätsklinik, Lazarettgasse 14, A-1087, Wien (Österreich)

Prof. H.M. van Praag, Akademisch Ziekenhuis, Oostersingel 59, Groningen (Nederland)

Prof. H. P. Rome, President of the World Psychiatric Association, Mayo Clinic, Rochester, Minnesota 55901 (U.S.A.)

Dr. A. Sackler, International Publisher of the «Medical Tribune», 880 Third Avenue, New York, N.Y. 10022 (U.S.A.)

Dr. P. Schmidlin, CIBA-GEIGY AG, Klybeckstraße 141, CH-4000 Basel (Schweiz)

Prof. A. Selvini, Primario della Divisione Medica Rizzi, Ospedale Maggiore di Milano, Piazza Ospedale Maggiore 3, I-20126 Milano (Italia)

Prof. W. Walcher, Leiter des Departements für Psychiatrie an der Universitäts-Nervenklinik, Auenbruggerplatz 1, A-8036 Graz (Österreich)

Eröffnungsansprache

Zur Psychosomatik depressiver Erkrankungen – Larvierte Depressionen und somatische Äquivalente

von P. Kielholz *

Definition

Als *larvierte Depression* bezeichnen wir ein depressives Geschehen, das sich in erster Linie im somatischen Bereich manifestiert. Im deutschen Sprachraum wird der Begriff der larvierten Depression in der Regel nur auf depressive Manifestationen des manisch-depressiven Formenkreises angewendet.
Larvierte Depressionen sind demnach endogene Depressionen, bei denen die depressive Verstimmung durch eine körperliche Symptomatik larviert, maskiert – also überdeckt – ist.

Zunahme von Depressionen

Unsere Zeit ist u. a. charakterisiert durch Hetze, Konkurrenzkampf, allzu rasche Technisierung, Automation, Entpersönlichung der Arbeit und einen zunehmenden, mit der Mißachtung von Gemütskräften und dem Verlust von Bindungen an höhere Werte einhergehenden Materialismus. Die mittlere Generation ist überdies einer zusätzlichen Doppelbelastung ausgesetzt, indem sie einerseits als Folge des verschärften Gegensatzes zwischen den Generationen die Opposition und Aggression der Jugendlichen und andererseits infolge der Überalterung unserer Bevölkerung Sorge und Verpflichtungen gegenüber der älteren Generation zu tragen hat. Alle diese Zeiterscheinungen können sich – vor allem bei sensitiven, gemütsbetonten Menschen – pathogen auswirken.
In sämtlichen industrialisierten Ländern war laut den in der Literatur veröffentlichten Daten – leider fehlen uns noch immer international vergleichbare Statistiken – in den letzten dreißig Jahren eine laufende Zunahme von Depressionen zu verzeichnen. Besonders im städtischen Milieu haben die oben erwähnten Ursachen und die Vereinsamung des einzelnen in der anonymen Masse zu einer deutlichen Zunahme der psychogenen Depressionen geführt, während die Überalterung der Bevölkerung die Quote der Spätdepressionen ständig ansteigen läßt. Aber auch psychogen provozierte endogene Depressionen werden immer häufiger beobachtet. Allerdings darf nicht übersehen werden, daß die Zunahme von Depressionen zum Teil einer frühzeitigeren Erfassung infolge der verfeinerten Diagnostik zuzuschreiben ist. Zudem suchen seit der Entwicklung immer neuer Antidepressiva auch immer mehr depressive Kranke – in Erwartung einer wirksameren Therapie – spontan ihren Hausarzt auf.
Auch Depressionen im Kindesalter haben zugenommen oder werden häufiger diagnostiziert. Wie Kuhn-Gebhart, Kuhn, Nissen, Spiel und Weber entgegen

* Direktor der Psychiatrischen Universitätsklinik Basel (Schweiz)

der bisher vorherrschenden Meinung festgestellt haben, werden endogen depressive Phasen oft schon im Kindesalter beobachtet. Das Depressionsforschungsteam unserer Klinik konnte mit Hilfe retrospektiver Untersuchungen nachweisen, daß viele endogen Depressive in der Kindheit und während der Pubertät an Inaktivitätsphasen, Kontaktschwäche und Gehemmtheit mit Isolierungstendenzen gelitten haben, die sie rückblickend als depressive Phasen erkannten. Bei Kindern bietet die Diagnose einer Depression besonders große Schwierigkeiten, weil sie noch weniger als Erwachsene ihre psychischen Symptome zu verbalisieren vermögen. Das depressive Geschehen beim Kind ist zudem psychisch und somatisch durch *kindereigentümliche* Manifestationen larviert. Die Kinder klagen über Müdigkeit, sie können sich nicht konzentrieren, nehmen nicht am Unterricht teil, leiden an Kontaktschwäche und Angstzuständen. Die Depression des Kindes kann sich aber auch, wie NISSEN gezeigt hat, in Aggressionen, Enuresis, Schlafstörungen, Mutismus und Weglaufen manifestieren. Des weiteren stehen nicht selten Klagen über abdominelle Beschwerden, Kopf- und Halsschmerzen im Vordergrund.

Symptomwandel

Neben der Zunahme von Depressionen zeichnet sich, seit etwa zwanzig Jahren, ein Symptomwandel ab. Besonders in Fällen von psychogenen, aber auch von endogenen Depressionen wird das depressive Geschehen durch eine Vielfalt vegetativer Störungen und funktioneller Organbeschwerden überdeckt. Anhand der Literatur der letzten zwanzig Jahre hat FROEHLICH* die subjektiven Angaben über körperliche Beschwerden von Kranken mit endogenen Depressionen zusammengestellt. Daraus geht hervor, daß in diesen beiden Dezennien Schlafstörungen, Kopfschmerzen, Engegefühle in Hals und Brust, Herzbeschwerden, insbesondere aber Magen-Darm-Beschwerden, Zervikal-Schulter-Syndrome, Schmerzzustände im Nacken und im Bereich der Wirbelsäule deutlich zugenommen haben und daß immer häufiger larvierte Depressionen beobachtet werden. Folgeerscheinung dieses Symptomwandels ist die wiederholte körperliche Durchuntersuchung der Kranken, da häufig nicht an die Möglichkeit einer Depression gedacht wird. Das fruchtlose Suchen nach körperlichen Veränderungen intensiviert das Krankheitsgefühl und die Selbstbeobachtung, was wiederum die vegetativen Störungen verstärkt und hypochondrischen Befürchtungen Tür und Tor öffnet.

Diagnostik

Die Vielzahl vegetativer Symptome leitet den Arzt fehl, solange er nicht gezielt nach depressiven Symptomen sucht, wie insbesondere LÓPEZ IBOR** und

---

*FROEHLICH, R.: Körperliche Beschwerden depressiver Patienten vor Beginn einer stationären Behandlung. Dissertation, Basel 1970

**LÓPEZ IBOR, J. J.: Depressive Aequivalente. In Hippius, H., Selbach, H. (Eds.): Das depressive Syndrom, Int. Symp., Berlin 1968, p. 403 (Urban & Schwarzenberg, München/Berlin/Wien 1969)

Hole* betont haben. Bei der Exploration sind vor allem zu beachten: phasenhafter Verlauf, Tagesschwankungen, diskrete Hemmung des Denkens und des Antriebs, Verschiebungen der Stimmungslage, aber auch Müdigkeit, Schlafstörungen, Konzentrations- und Entscheidungsschwäche, Verlangsamung und ängstliche Versagensgefühle. Oft fällt die hintergründige ängstlich-depressive Stimmung auf, wenn der Patient dem Arzt seine vielfältigen Beschwerden zu beschreiben versucht. Können somatische oder toxische Ursachen ausgeschlossen werden und treten die vegetativen und psychischen Symptome phasisch auf oder sind sogar Tagesschwankungen und unbegründete Ängstlichkeit nachweisbar, sollte bei Kindern, Jugendlichen und Erwachsenen an eine *larvierte Depression* gedacht werden.

Ich hoffe, daß unser Symposium dazu beitragen wird, die rechtzeitige Diagnose larvierter Depressionen und ihre adäquate Behandlung – auch außerhalb der psychiatrischen Fachpraxis – zu fördern.

---

*Hole, G., Graw, P.: Somatische Symptome und Depressionstiefe bei depressiven Zustandsbildern. Nervenarzt *44*, 136 (1973)

Das depressive Syndrom – seine sozialpsychiatrischen Implikationen

von H. P. Rome *

Sozialpsychiatrische Betrachtungen des depressiven Syndroms haben eine lange Vergangenheit in der Geschichte des menschlichen Geistes. So schrieb am Anfang des 17. Jahrhunderts Burton[11] eine «Anatomy of melancholy», in der er als Hintergrund dieser so widervernünftigen Verirrung der menschlichen Natur ein Panorama «unglaublicher Verrücktheit und Narrheit» zeichnete. Seine weitgespannte Beschreibung der Natur und der Verbreitung der Melancholie in damals längst vergangenen Zeiten sowie in seiner eigenen, nun 350 Jahre zurückliegenden Gegenwart soll uns als Prolog zu einigen Reflexionen über den Zeitgeist unserer eigenen Epoche dienen – einen Zeitgeist, der ebenfalls die Entstehung depressiver Krankheitsbilder begünstigt.

Es ist fast unheimlich, in welchem Ausmaß Anmerkungen Burtons[11] zu den tragischen und lächerlichen Abgründen der menschlichen Natur noch auf unsere eigene Zeit zutreffen: «Wir sehen täglich neue Beispiele ... des Elends und der Verrücktheit ... im Ausland, im eigenen Land, in unserer Mitte, in uns selbst.»

Man muß sich allerdings gegenwärtig halten, daß der Begriff der Melancholie in dem von Vorstellungen Galens hergeleiteten Wortverständnis der Elisabethanischen Zeit nicht lediglich – wie im heutigen Sprachgebrauch – Traurigkeit, Depression, Niedergeschlagenheit, Trübsinn, Kummer, Jammer oder Hoffnungslosigkeit meinte[1]. Das Wort Melancholie, wie man es damals verstand, deutete auf Störungen im Zusammenhang mit einem der vier Temperamente. Die Lehre von den vier Hauptsäften des Körpers bzw. den vier Temperamenten, denen man physiologische wie auch pathologische Funktionen zuschrieb, war das gültige wissenschaftliche Konzept der Zeit. Bright[6], ein «*Doctor of Phisicke*» des späten 16. Jahrhunderts, schrieb über die «verschiedenen Arten, das Wort Melancholie zu interpretieren ... Es bezeichne im großen und ganzen entweder eine gewisse ängstliche Disposition eines vom Normalen abweichenden Gemüts oder aber einen Körpersaft, von dem man gewöhnlich annimmt, daß er die einzige Ursache für die solchermaßen durch Angst hervorgerufene Entartung des Verstandes sei.» So waren die Vorstellungen von den Körpersäften bzw. Temperamenten erfinderische Hilfsmittel des nach Erklärungen suchenden Geistes angesichts der Absonderlichkeiten menschlicher Gemütszustände.

Man ist heute allgemein der Ansicht, daß Störungen des Hirnstoffwechsels der biogenen Amine einen aller Wahrscheinlichkeit nach *notwendigen*, allein aber

---

* Senior Consultant für Psychiatrie, Mayo Clinic, und Professor für Psychiatrie, Mayo Graduate School, Rochester, Minnesota (USA)

nicht *ausreichenden* Faktor in der Provokation klinischer Depressionszustände darstellen [7, 8, 13, 15, 41, 45]. Es muß als auslösender Faktor ein zufälliges Ereignis hinzukommen, das die Depression in einer der vielen möglichen Formen manifest werden läßt [46].

Der Mensch – *homo symbolicus* – ist durch seine ganze soziale Existenz, das «wirre Gewebe menschlicher Erfahrungen», wie CASSIRER [14] es ausdrückt, bestimmt, in einem sinnbildlichen Universum zu leben. Eingehüllt in das Netz der Symbole gestaltet er sein Weltbild entsprechend seiner Erfahrung und erwirbt dabei ein jeweils eigenes Wertsystem. Gleichzeitig erhält sein Wertempfinden Gestalt und Ausdruck durch den in der Gesamtheit seines Gefühls-, Gemüts- und Stimmungslebens vorherrschenden Ton. Infolgedessen hängt das Auf und Ab der menschlichen Gefühle weitgehend von dem ab, was aufgrund der erworbenen kognitiven und affektiven Anfälligkeiten als Streß empfunden wird. «Was den Menschen beunruhigt und erschreckt», sagt EPIKTET [19], «sind nicht die Dinge an sich, sondern seine Ansichten und Vorstellungen von den Dingen.»

Im Gegensatz zu den Gesellschaften der westlichen Feudalstaaten vor dem 17. Jahrhundert unterliegt unsere moderne Gesellschaft derart raschen Wandlungen, daß eine Ordnung kaum noch erkennbar ist. Die Worte «alt» und «abgewertet, diskreditiert» sind fast zu Synonymen geworden. Zwischenmenschliche Beziehungen und Verhaltensnormen haben oft nur für wenige Jahre Bestand. In den Vereinigten Staaten ist stets ein Drittel der Bevölkerung in Bewegung, und es scheint, daß die ausgedehnten Binnenwanderungen immer auch weitreichende Änderungen konventioneller Verhaltensmuster nach sich gezogen haben. Diese Instabilität der Gesellschaft stellt einen Streß größten Ausmaßes dar. Unter dem Druck der Fluktuationen lösen sich Familien- und Freundschaftsbande; in den USA läßt sich die desintegrierende Wirkung an den seit 1920 ständig zunehmenden Scheidungsraten und dem wachsenden Anteil unverheirateter Mütter ablesen. Der bei Scheidung einer Ehe erlittene Verlust vertieft in den Betroffenen, vor allem in den eigentlichen Leidtragenden, das Gefühl der Unbeständigkeit, und spätere soziale Veränderungen werden dieses Gefühl weiter verstärken [22]*.

Seit dem Zweiten Weltkrieg weist unsere zunehmend verstädterte Gesellschaft eine derart heterogene Struktur auf, daß die Kommunikation unter ihren Mitgliedern sich immer schwieriger gestaltet. Ein Ausdruck dieser Situation ist die Polarisation der Werte in den verschiedenen Bevölkerungsgruppen, indem die einen ablehnen, was andere anerkennen. Die Massenmedien der Vereinigten Staaten sprechen in diesem Zusammenhang von «*gaps*», d.h. von Brüchen

---

* FARLEY und HERMALIN bestätigen aufgrund der von ihnen gesammelten Daten, «daß die Entbindungsrate unverheirateter Mütter heute höher ist als vor 30 Jahren... höhere Raten unehelicher Geburten bedeuten, daß ... ein wachsender Anteil junger Frauen die Bürden der Schwangerschaft und der frühzeitigen Kindererziehung ohne den Beistand eines Ehemannes auf sich nimmt. Daten über die Zeit der Empfängnis lassen zudem vermuten, daß immer mehr Frauen schon vor der Heirat schwanger werden. Der in den Veränderungen der genannten Indikatoren sich ausdrückende Trend ist offenbar gegen das feste Familiengefüge gerichtet. Die Richtung der Veränderungen scheint bei beiden Rassen die gleiche zu sein.»

oder Klüften, z.B. von einer Kluft zwischen den Generationen oder von einem Bruch der Glaub- und Vertrauenswürdigkeit.
Folgeerscheinung dieser Situation und zugleich Schutzreaktion des Menschen ist ein Verhalten, das sich als gespielter Gleichmut, als bewußte Kaltblütigkeit ausdrückt. Mit anderen Worten: Der Mensch versucht, eine Fassade der Distanziertheit, der scheinbaren Gelassenheit und des Nichtbeteiligtseins zu errichten – und diese Fassade verbirgt manchmal eine Depression.
Wir sind ferner eine Gesellschaft, in der die Arbeitsteilung in einem Ausmaß zur Aufsplitterung der Arbeitsleistung in kleine und kleinste Teilverrichtungen geführt hat, daß nicht nur Fließbandarbeiter der großen Industriebetriebe gegen die Sinnlosigkeit und frustrierende Wirkung ihrer stereotypen, sich immer wiederholenden Arbeit protestieren; gleiche Reaktionen zeigen auch Angehörige der höheren Berufsstände. In den Vereinigten Staaten ist die praktische Medizin heute so weitgehend spezialisiert, daß man vor kurzem – die Ironie ist kaum zu übersehen – die allgemeine Gesundheitsfürsorge als eine neue medizinische Unterdisziplin eingeführt hat.
Wir leben, wie SEELY[47] einmal ausgeführt hat, in einer säkularisierten Welt, in der der tröstliche Glaube an eine Vergeltung des in diesem Leben erlittenen Unrechts durch eine jenseitige Gerechtigkeit immer schwieriger – und vielleicht immer notwendiger wird. Es ist eine Welt, in der die Überzeugungen des Menschen, sofern er überhaupt welche besitzt, wenig Hoffnung und noch weniger Trost gewähren, in der sein Selbstverständnis verworren und widerspruchsvoll und sein Verhältnis zum Mitmenschen von Vorurteilen und Feindseligkeit bestimmt ist. Es ist eine Welt, in der das Chaos überwiegt, eine Welt auf dem Wege zur Gesetzlosigkeit, zur Anomie.
Auf internationaler Ebene belastet ein Höchstmaß an Mißtrauen die Beziehungen der Völker; es herrscht zwischen ihnen ein kalter Krieg, der plötzlich und jederzeit in bewaffnete Konflikte ausarten kann. Diese internationalen Spannungen und Auseinandersetzungen haben ihr Gegenstück in der hohen Rate von Raub- und Gewaltverbrechen, die durch einzelne Individuen begangen werden. In der gleichen Zeit, in der die Bevölkerung der Vereinigten Staaten um 13% zunahm, erhöhte sich die Quote der schweren Verbrechen um 148%[30]*.

---

* Im Jahre 1969 wurden 4,989 Millionen schwere Verbrechen registriert, was gegenüber 1968 eine Steigerung um 12% bedeutet[29]. Dem Apparat der Rechtsverfolgung in den USA gehören mehr als 650000 Beamte an. Die Anzahl der Delikte, mit denen sie sich zu befassen haben, beträgt pro Jahr mehr als neun Millionen; davon entfallen etwa fünf Millionen auf die sieben Hauptverbrechenskategorien des Bundeskriminalamtes. Jedes Jahr verhaftet die Polizei über sieben Millionen Gesetzesübertreter, von denen 4,5–6 Millionen vor dem Straf- oder Jugendgericht erscheinen und 1,3 Millionen zu Freiheitsstrafen verurteilt werden. Bei Berücksichtigung der Dunkelziffern würde sich die Zahl der jährlich verübten Verbrechen wahrscheinlich auf das Zwei- bis Dreifache erhöhen. Im Laufe der 60er Jahre nahmen die registrierten schweren Verbrechen in den USA um etwa 148% zu, d.h. von 1200 pro 100000 Einwohner auf 2900 pro 100000. Von den fünf Millionen Verbrechen der sieben Hauptkategorien waren 655000, d.h. 13%, Gewaltverbrechen (Mord, schwere Überfälle, Vergewaltigungen und Raub).

Professor BLOCH[3] vom Schweizer Nationalfonds hat, als er über das spürbare Unbehagen sprach, das viele Menschen angesichts der heutigen Rolle der Naturwissenschaften empfinden, dieses Unbehagen eine Folgeerscheinung des oft unkontrollierten Einsatzes unseres technologischen Wissens und Könnens genannt, und er hat seiner Meinung Ausdruck gegeben, daß der hemmungslose Drang nach technischem Fortschritt zur Depravation unserer Welt beigetragen habe. Hier findet eine Forderung EINSTEINS[18] ihren Widerhall, der vor 23 Jahren in einer Rede sagte: «Wir leben in einer Zeit so großer äußerer und innerer Unsicherheit, und wir haben so wenige feste Ziele, daß das bloße Bekennen unserer Überzeugungen von Bedeutung sein kann, selbst wenn diese Überzeugungen, wie alle Werturteile, logisch nicht beweisbar sind.»

Das wirre Schicksalsgefüge, in dem wir sowohl als Individuen wie auch als Nationen zur Existenz aufgefordert sind, hat die meisten von uns zu einem Leben in personaler und nationaler Unsicherheit verurteilt. In der beredten Sprache CHURCHILLS: «Sicherheit ist das Kind der Gewalt und Überleben der Zwillingsbruder der Vernichtung geworden.» Seit dem Ende des Zweiten Weltkrieges hat man Milliarden von Dollars für Rüstungszwecke ausgegeben, ohne zu wissen, wann das enden und wohin es uns führen wird. Es ist daher der zufällige Effekt eines schwer definierbaren Gesetzes psychosozialer Massenwirkung notwendig, um unsere affektiven individuellen und nationalen Reaktionen in ein zumindest instabiles Gleichgewicht zu bringen.

Als Individuen sind wir Teile eines vielschichtigen psychosozialen Ökosystems. Auf der Makroebene ist der westliche Mensch des 20. Jahrhunderts – in seiner Eigenschaft als *homo faber* – den Begleiterscheinungen und Folgen eines immer weitergreifenden technischen Fortschritts ausgesetzt, der nach Ansicht vieler seine ideologische Rechtfertigung in sich selbst hat. Das Problem der Identität, zum Teil ein Resultat der Unpersönlichkeit der Technokratie, ist, worauf erst kürzlich wieder ERIKSON[20] hingewiesen hat, eines der zentralen Probleme unserer Zeit. Der Begriff der Identität impliziert einen zeitlich dimensionierten, zur Reife führenden Wachstumsprozeß, dessen organischer Verlauf natürlich durch Stabilität der Sach- und Personenwelt sowie durch Kontinuität der zwischenmenschlichen Beziehungen begünstigt wird. Ist das zeitliche Kontinuitätsbewußtsein eines Menschen gestört – LIFTON[33] verwendet hier den Ausdruck «*historical dislocation*» –, so mangelt ihm der Bezug zur Vergangenheit; er steht daher wurzellos in einer als trügerisch empfundenen Gegenwart und blickt voller Pessimismus in die Zukunft. Die Einengung der Existenz auf nur eine Zeit bedeutet *Entfremdung*, und diese Entfremdung ist ein Resultat der Entpersönlichung.

In seinem ursprünglichen marxistischen Kontext war der Bedeutungsgehalt des Begriffes Entfremdung noch beschränkt auf die Kennzeichnung eines Auswuchses der Industriellen Revolution als Folge des in den westlichen Ländern sich ausbreitenden Kapitalismus[39]. Im Wissen um die Auswirkungen auf die soziale Existenz des Menschen hatte MARX[36] gesagt: Die Produktionsweise des materiellen Lebens bedingt den sozialen, politischen und geistigen Lebensprozeß überhaupt.

Die seit MARX eingetretene Bedeutungserweiterung macht den Begriff Entfremdung nicht nur in ökonomischen Zusammenhängen anwendbar, sondern auch in bezug auf sozialpsychologische und -politische Probleme. Entfremdung im heutigen Wortverständnis kann Desillusionierung zur Folge haben, sie kann aber auch zu Protest und Revolution führen. «Energien des Mißvergnügens, die richtungs- und ziellos umhertreiben, verlangen zu ihrer Beschreibung ein ebenso unbestimmtes Wort, eine ebenso richtungslose Definition; ein solches Wort ist ‹Entfremdung›.»[23] Entfremdung in diesem Anti-Establishment-Sinn war ein ausschlaggebender Faktor in den weltweiten studentischen Protestbewegungen der sechziger Jahre[48]. Komprimierten Ausdruck fand das Phänomen in der zündenden Erklärung, die SAVIO, der Anführer der *Free Speech Movement*, im Dezember 1964 anläßlich eines Sit-in an der Universität von Kalifornien abgegeben hat: «... Dieses chromglänzende Konsumentenparadies wünscht uns als wohlerzogene, angepaßte Kinder zu sehen, doch eine keineswegs unbedeutende Minderheit von Männern und Frauen, deren Stimme heute nicht mehr zu überhören ist, hat gezeigt, daß sie lieber zu sterben bereit sind, als genormte, ersetzbare und unbedeutend-belanglose Menschen aus sich machen zu lassen.»[44]

SAVIOS Rede mit dem Titel «Ein Ende der Geschichte» war philosophisch von seinem geistigen Ahnen BLANQUI inspiriert, den man als den ersten professionellen Revolutionär bezeichnet hat. BLANQUI hatte seine Laufbahn im Juli 1827 – damals gleichfalls noch Student – auf den Pariser Barrikaden begonnen. Als geistig-revolutionäre Bewegung erreichte der Blanquismus 1871, zur Zeit der Pariser Kommune, seinen Höhepunkt. Den Kommunarden – wie den meisten revolutionären Avantgardisten – eigneten die gleichen selbstzerstörerischen Anschauungen, wie wir sie heute wieder bei SAVIO und den durch das Entfremdungserlebnis Radikalisierten finden. Als Indikator der selbstzerstörerischen Neigungen können die Suizidquoten aller jener Länder gelten, die militante Studentenbewegungen gekannt haben. So läßt sich z.B. in Venezuela und in der Dominikanischen Republik für das Jahr 1962, das in beiden Ländern ein Jahr der Unruhen war, eine wesentlich höhere Suizidquote bei Männern im Anfang ihrer Zwanzigerjahre als bei Männern der anderen Altersklassen (bis zu 45 Jahren) nachweisen[51].

In Japan, wo die ersten, von den Zengakuren getragenen Studentenbewegungen nach Geist und Taktik blanquistisch waren, registrierte man während der Jahre 1952–1954 in der Altersgruppe der 20- bis 24jährigen eine Suizidquote von 60 pro 100000. Die entsprechenden Zahlen für Österreich und Dänemark, zwei damals nicht von Studentenbewegungen erfaßten Ländern, lauten 27,4 bzw. 25,4. Zu keiner Zeit der japanischen Geschichte starben mehr Jugendliche durch Suizid als in den Jahren 1935–1960. Im Rahmen einer Studie über die soziodynamischen Aspekte der japanischen Kultur hat DE VOS[16] die Vermutung ausgesprochen, daß in der japanischen Suizidätiologie wahrscheinlich Abhängigkeitsgefühle und Aggressionen eine entscheidende Rolle spielen.

Unsere heutige Sozialordnung ist das Spiegelbild unserer wirtschaftlich-industriellen Entwicklung. Umfang und Komplexität moderner gesellschaftlicher Organisationen haben die personale Unsicherheit erhöht; sie entlassen das individuelle und kollektive Leben immer mehr aus einer festen Ordnung und bewirken jenseits technologischer Zielsetzungen den Verlust jeglicher Wertmaßstäbe. Individuelle Werte sind weitgehend durch anonyme Kollektivwerte ersetzt worden, und die unvermeidlichen bürokratischen Barrieren machen unsere gesellschaftlichen Organisationen zum Kristallisationspunkt von Frustrationen.

Durkheim[17] hat von «Depressions- und Ernüchterungsströmungen, die nicht das Resultat eines besonderen individuellen Zustands, sondern Ausdruck der gesellschaftlichen Desintegration sind», gesprochen. Solche Strömungen offenbaren den Auflösungsprozeß sozialer Beziehungen – eine Art kollektiver Asthenie oder gesellschaftlichen Unbehagens – in ähnlicher Weise, wie eine chronische individuelle Traurigkeit die schlechte Verfassung des Individuums widerspiegelt. Die tiefsten Probleme des modernen Lebens haben ihre Wurzel in dem Wunsch des Menschen, gegenüber den dominierenden gesellschaftlichen Kräften, die Tradition, Kultur und der allgemeine Lebensstil hervorbringen, sich eine gewisse Autonomie und Individualität seiner Existenz zu bewahren.

Der Begriff Entfremdung, wie wir ihn heute verwenden, meint also das Gefühl des Menschen, von etwas entfremdet zu sein – von anderen, von der Arbeit, von der Gesellschaft. Die Entfremdung des Menschen als *homo oeconomicus* ist – darin besteht heute allgemeine Übereinstimmung – eine Folge des zunehmenden Wachstums großer und komplexer gesellschaftlicher Organisationen und Bürokratien, dem Spiegelbild der ausgedehnten Infrastrukturen des modernen Industrialisierungsprozesses. Entfremdung als Keim der Depression wurzelt in einem unbestimmten Gefühl der Machtlosigkeit.

Die psychischen Auswirkungen der Entfremdung sind Trübsinn, Kummer, Ärger, Hoffnungslosigkeit und insbesondere das Gefühl, benachteiligt zu sein. Der entfremdete Mensch lebt häufig in der Vorstellung, andere Individuen oder bestimmte Gruppen seien direkt verantwortlich für seine Misere. Er neigt deshalb dazu, in Begriffen der Sünde oder der Ungerechtigkeit und Schuld zu denken. Die Wahl unter diesen defensiven Denkinhalten ist von einer Reihe prädisponierender Faktoren abhängig. Da sie die inhärente Vulnerabilität des Menschen für Einwirkungen persönlicher und sachlicher Art prägen, ist ihre Erforschung Gegenstand der Sozialpsychiatrie.

Die Sozialpsychiatrie befaßt sich vor allem mit jenen Kräften in der sozialen Umwelt, die auf die Fähigkeit des Menschen Einfluß nehmen, sich anzupassen bzw. sich so zu ändern, daß er den gesellschaftlichen Ansprüchen zu genügen vermag. Zu diesem Zweck bemüht sich die Sozialpsychiatrie, in Familie und Gesellschaft die für die Anpassung entscheidenden Fakten zu bestimmen, indem sie das Individual- und Gruppenverhalten in seinen natürlichen Äußerungen untersucht. Im Falle offensichtlicher Geisteskrankheiten gehört in den Bereich der Sozialpsychiatrie auch die Suche nach weniger regressiven Wegen der Streßbewältigung. Diesen Auffassungen liegt die Annahme zugrunde, daß die provokativen Faktoren vor allem dem außerpersonalen Bereich entstammen.

Als Empiriker subsumiert der Verhaltensforscher *sowohl* Depressionen und andere erkennbare Formen geistiger Störungen *als auch* sozial-gesellschaftliche Phänomene wie Entfremdung, Rebellion, Suizid, Mord, Delikte und schwere Verbrechen unter das breite Spektrum der zahlreichen und vielfältigen Wege, auf denen der Mensch mit dem Streß seiner biologisch-gesellschaftlichen Existenz fertig zu werden versucht. Hier wird also die ganze Skala menschlichen Verhaltens miteinbezogen.

Um indessen auf dem Gebiet der Psychiatrie Aussagen machen zu können, die Klassifizierungen erlauben und zugleich praktischen Wert besitzen, sind zunächst einheitliche und allgemein anwendbare Definitionen zu erstellen. Das gilt insbesondere für den Begriff der Depression mit seinem fast universalen Bedeutungsgehalt – das Wort wird verwendet zur Charakterisierung einer Stimmung, eines Symptoms, einer Anhäufung von Störungen, es dient der Beschreibung eines irgendwie gearteten Unbehagens sowie des Geistes einer Gesellschaft und der Kennzeichnung reaktiver Neurosen oder verschiedener inaktivierender psychotischer Störungen; der Begriff ist so allgemein, daß detaillierte Erklärungen dringend notwendig sind.

Schon BURTON[9] hat versucht, die Bedeutung des Begriffs Melancholie – als Synonym des Wortes Depression – zu analysieren:

«... Einer klagt über Not, ein zweiter über Unfreiheit, andere klagen über ein geheimes oder unheilbares Leiden, über Mißgestaltungen des Körpers, über irgendeinen Verlust, eine Gefahr, den Tod von Freunden, über Schiffbruch, Verfolgung, Einkerkerung, Ungnade, Zurückweisung, Aufsässigkeit, Verleumdung, Mißhandlung, Unrecht, Mißachtung, Undankbarkeit, Unhöflichkeit, Verhöhnung und Verspottung, unglückliche Ehe, Einsamkeit, zu viele Kinder, Kinderlosigkeit, betrügerische Dienstleute, ungeratene Kinder, Armut, Verbannung, Unterdrückung, enttäuschte Hoffnungen, Mißerfolge usw. *Talia de genere hoc adeo sunt multa, loquacem ut delassare valent Fabium.* (Es gibt dieser Fälle so viele, daß selbst der wortreiche Fabius ermüdet sein würde, bevor er nur die Hälfte von ihnen aufgezählt hätte.)»

In bezug auf die soziale Ätiologie der Depression sagt BURTON[10]: «Der größte Feind des Menschen ist der Mensch ... Kein Teufel kann so peinigen, beleidigen, tyrannisieren, schikanieren wie ein Mensch den anderen ... Erdbeben, Überschwemmungen, Verwüstungen und Feuersbrünste kommen nach und nach oder kündigen sich durch Lärm und Getöse an; aber der Schurkerei und Bedrückung, den Ungerechtigkeiten und Gemeinheiten, die der Mensch verübt, kann man durch keine Kunst entrinnen.»

«... wenn du die Melancholie beschreiben willst, beschreibe eine phantastische Einbildungskraft, eine närrische Phantasie, eitle und absonderliche Gedanken ... die 24 Buchstaben vermögen die Worte in den verschiedenen Sprachen nicht zahlreicher und bunter zu bilden, als es die bunte Mannigfaltigkeit der Symptome ist, die die melancholische Einbildungskraft in den verschiedenen Menschen erzeugt. Sie sind regellos, unklar, unterschiedlich, so unendlich ... Wer kann die melancholischen Symptome in ihrer Verflechtung mit anderen unterscheiden oder sie einteilen, sie in ein System bringen ... sie gemäß ihrer jeweiligen Art spezifizieren ... Nicht daß sie sich alle in einem einzigen Menschen fänden ... sondern einige in diesem, einige in einem anderen, und das nacheinander oder zu verschiedenen Zeiten.»

NAROLL[38] ist in seinen Forschungen dem kulturellen Streß nachgegangen, d.h. der Frage, wie stark eine bestimmte Kultur die Mitglieder der Gesellschaft mit

Streß belastet. Seine Daten zeigen, daß verschiedene Gesellschaften auch eine sehr unterschiedliche Suizidhäufigkeit aufweisen. So ist z.B. die geschätzte Suizidalität der Paiute, eines Indianerstammes im Südwesten der Vereinigten Staaten, mit 117 pro 100000 pro Jahr signifikant höher als sonst in den USA, die eine jährliche Suizidquote von ca. 10 pro 100000 haben. Hingegen liegt die geschätzte Suizidrate der Tanala, eines madagassischen Bergstammes, mit weniger als 1,0 signifikant niedriger als die der Vereinigten Staaten.

Eine nähere Untersuchung der transkulturellen Suiziddaten läßt nach den Beobachtungen HIPPLERS[28] durch die sozial und kulturell determinierten Formen hindurch mit aller Deutlichkeit die Wirkung des Unbewußten erkennen. MENNINGER[37] verdanken wir Beobachtungen über ein ganzes Spektrum von Handlungsweisen (z.B. gefährliche Unternehmungen, starkes Trinken), die zwar nicht üblicherweise mit suizidalem Verhalten einhergehen, aber im wesentlichen dem gleichen Antrieb entspringen. Falls das Ineinanderübergehen von Trauer, Melancholie und – in einer beträchtlichen Zahl von Fällen – Suizid tatsächlich die Abfolge kausaler Ereignisse darstellt, dann folgt daraus, daß auch depressive Äquivalente eine größere Variationsbreite haben. Sie umfassen nicht nur ein in verschiedenen Kulturen psychodynamisch gleichartiges Verhalten, sondern auch andere Abwehrhaltungen und Techniken der Manipulation, in Abhängigkeit von der jeweiligen sozialen Stellung und von Unterschieden des Alters, des Geschlechts, der Erziehungspraktiken und Rollenerwartungen.

NAROLLS Daten bestätigen in gewisser Hinsicht die Theorie, nach der Suizide eine Folge frustrierender Desorientierung sind. Werden die Bindungen eines Menschen zu seiner Umwelt, in der er ursprünglich stark verwurzelt war, zerstört und findet er jemanden, dem er seinen Verlust glaubt anlasten zu können, so besteht nach dieser Theorie die Möglichkeit, daß Ärger und Enttäuschung ihn schließlich in den Selbstmord treiben. In die gleiche Richtung weisen die Ergebnisse der von KRAUSS und KRAUSS[31] in 58 kulturellen Einheiten, sogenannten *cult units*, vorgenommenen Untersuchungen.

Angesichts der Vielzahl und Mannigfaltigkeit kultureller Besonderheiten läßt sich unter den für Verhaltensunterschiede entscheidenden kulturellen Variablen nur eine mehr oder weniger zufällige Auswahl treffen. Nach NAROLL macht beispielsweise die Krisis, die einen Europäer zum Selbstmord treiben würde, den Malaien zum Amokläufer. Die Art der Reaktion auf Belastungen scheint sich demnach auf ganz bestimmte, kulturell sanktionierte Weise zu vollziehen.

BURTON-BRADLEYS[12] Bemerkungen über die dem Amok zugrunde liegenden Antriebskräfte offenbaren das verwickelte Geflecht von Zusammenhängen und Wechselbeziehungen, die das Produkt eines Sozialisierungsprozesses sind, der den Menschen zum *homo conformans* machen möchte und ihn bestraft, falls sein Verhalten von den Erwartungen der Gesellschaft abweicht. Der Amoklauf entsteht als «Anfall». Gewöhnlich handelt es sich bei den Betroffenen um sonst gesunde und noch junge Erwachsene. Nach einigen Tagen abnormer Ruhe und innerer Zurückgezogenheit werden sie plötzlich und ohne erkennbaren Grund von einem anhaltenden Tötungsdrang gepackt. Nachdem sie erschöpft sind oder überwältigt werden konnten, zeigen sie gewöhnlich keine psychopathologischen Residualsymptome, abgesehen von einer partiellen Amnesie in bezug auf die Ereignisse in der akuten Phase.

BURTON-BRADLEY interpretiert aufgrund seiner langjährigen Erfahrungen in Neuguinea den psychosozialen Antrieb des Amoklaufs folgendermaßen: «Der Mensch hat eine für sein Gefühl nicht zu ertragende Kränkung erlitten; er hat nichts zu verlieren als ein wertloses Leben; indem er es gegen das wertvolle Leben anderer eintauscht, gewinnt er den Gegenwert und rehabilitiert sich (sein Ansehen) damit in den Augen der eigenen Gruppe.» Das ist offensichtlich ein maskiert depressives Verhalten.

Sehr enge Beziehungen zwischen Depression und Suizidalität bestehen in den westlichen Kulturen[49]. Die Depression ist vielleicht ein charakteristisches Kennzeichen aller Arten geistiger Störungen, die mit Suiziden einhergehen, und mit Sicherheit ein Charakteristikum aller Arten von Selbstmord. ROBIN et al.[42] stellten fest, daß 79% psychiatrischer Patienten, die Suizid verübt hatten, vor ihrer erstmaligen Behandlung als depressiv diagnostiziert worden waren. Andere retrospektive Studien über Patienten, die durch Selbstmord aus dem Leben geschieden sind, geben die Häufigkeit der vor dem Suizid gestellten Diagnose einer depressiven Erkrankung mit 77% an. Nach einem Bericht POKORNYS[40] lag die Suizidquote bei Patienten, die primär als depressiv diagnostiziert worden waren, dreimal höher als bei Patienten mit anderen Diagnosen und 25mal höher als bei sämtlichen männlichen Patienten. In den Vereinigten Staaten indessen rekrutiert sich die Gruppe mit dem höchsten Suizidrisiko aus jungen Menschen im College- und Universitätsalter. Unter College-Studenten ist der Selbstmord zur Zeit die zweithäufigste Todesursache; im nationalen Vergleich übersteigt ihre Suizidrate die anderer junger Amerikaner um 50%[43].

LYMAN[34], ein britischer Psychiater, hat die Ursachen für Suizide unter Studenten wie folgt zusammengefaßt: «Fern vom Elternhaus, allzu intensiv arbeitend, vielleicht einsam, angestrengt bemüht, vorwärtszukommen und sein Stipendium zu behalten, mag so mancher Student von Angst erfaßt oder depressiv werden ... Wenn die Hilfsmittel der psychischen Verdrängung – Sex, alkoholische Getränke und die unter Studenten üblichen Formen der Kraftentfaltung – erschöpft sind, gibt es keine Wege mehr ... Der Student bleibt völlig allein mit seinen Problemen – allein, seine eigene Lösung zu finden, ohne Rücksicht auf den Ausgang ... Er hat drei Alternativen: sich durchzubeißen und recht und schlecht mit der Sache fertig zu werden, einen Arzt aufzusuchen oder – wie es allzu viele tun – Selbstmord zu begehen.»

In den Tausenden letzter Nachrichten von Selbstmördern, die das *Suicide Prevention Center* in Los Angeles bewahrt, kehren als häufigste Formulierungen die Sätze wieder: «Ich liebe dich – es tut mir leid – verzeih mir.» Das klassische Beispiel der eloquenteren Briefe dieser Art hat uns GOETHE[24] in den «Leiden des jungen Werthers» gegeben: «Montags früh, den einundzwanzigsten Dezember, schrieb er (Werther) folgenden Brief an Lotten ... ‹Wenn du dieses liesest, meine Beste, deckt schon das kühle Grab die erstarrten Reste des Unruhigen, Unglücklichen ... Wie ich mich gestern von dir riß, in der fürchterlichen Empörung meiner Sinnen ... Es ist nicht Verzweiflung, es ist Gewißheit ... daß ich mich opfere für dich. ... in diesem zerrissenen Herzen ist es wütend herumgeschlichen, oft – deinen Mann zu ermorden! ... Ich will, ich muß! O, wie wohl ist es mir, daß ich entschlossen bin.›»

GOETHE hat die soziopsychologischen Implikationen der Depression in den Worten zusammengefaßt: «Unmut und Unlust hatten in Werthers Seele immer tiefer Wurzel geschlagen, sich fester untereinander verschlungen und sein ganzes Wesen nach und nach eingenommen. Die Harmonie seines Geistes war völlig zerstört, eine innerliche Hitze und Heftigkeit, die alle Kräfte seiner Natur durcheinanderarbeitete, brachte die widrigsten Wirkungen hervor und ließ ihm zuletzt nur eine Ermattung übrig ... Alles, was ihm Unangenehmes jemals in seinem wirksamen Leben begegnet war, der Verdruß ... alles ... was ihn je gekränkt hatte, ging in seiner Seele auf und nieder. ... Er fand sich abgeschnitten von aller Aussicht ... und so rückte er endlich, ganz seiner wunderbaren Empfindung, Denkart und einer endlosen Leidenschaft hingegeben, in dem ewigen Einerlei eines traurigen Umgangs mit dem liebenswürdigen und geliebten Geschöpfe, dessen Ruhe er störte ... immer einem traurigen Ende näher.»

Man hat angenommen, daß sich die Suizidrate – als Ausdruck der Häufigkeit von Depressionen – unter den sozio-ökonomischen Gegebenheiten einer Wohlfahrtsgesellschaft ändern würde. FARBER[21] hat indessen ermittelt, daß die jährliche Suizidquote pro 100000 in Dänemark ca. 17 und in Norwegen nur etwa 7 betrug – zu einer Zeit, als sowohl Dänemark wie auch Norwegen bereits Wohlfahrtseinrichtungen kannten. Überdies ließ sich nachweisen, daß die Einführung des Wohlfahrtssystems in Dänemark keine Erhöhung der Suizidraten, sondern sogar – vor allem unter den älteren Menschen – eine leichte Abnahme zur Folge hatte. FARBER hat ferner festgestellt, daß die Suizidraten in Saskatchewan, der kanadischen Provinz mit den besten Wohlfahrtseinrichtungen des ganzen Landes, tiefer liegen als in den Nachbarprovinzen. Auch in den Vereinigten Staaten reduzierte sich die Suizidhäufigkeit mit der Einführung sozialer Gesetze im Rahmen des *New Deal*.

Die Suizidalität in Wohlfahrtsstaaten wird häufig der Langeweile, der verminderten Eigeninitiative, der Beeinträchtigung von Lebensgenuß und Lebensfreude sowie der niedrigen Frustrationstoleranz zugeschrieben. Es gibt indessen keinerlei Anzeichen dafür, daß Langeweile an sich einen Effekt auf das Suizidverhalten habe. Im Gegenteil, manche Autoren vermuten, daß sie eine Folge der Depression und nicht ihre Ursache sei. Nach einer Annahme HENDINS[26] sind für das Abweichen der Suizidraten Unterschiede in der Praxis der Kindererziehung verantwortlich. Er glaubt, daß man in Norwegen weniger dazu neige, in den Kindern – als Mittel einer gewissen Disziplinierung – Schuldgefühle zu erzeugen, und daß daher norwegische Kinder sehr viel besser befähigt seien, ihrem Ärger Ausdruck zu geben; in der Tat fühlen sie sich zu einem solchen Verhalten berechtigt, und ihr Ärger wird folglich nicht introjiziert. In Schweden dagegen fand HENDIN einen durch Pflicht- und Leistungsdenken bestimmten Suizidtyp – d.h. Suizide, denen die Unfähigkeit, gestellte Erwartungen zu erfüllen, sowie ein starker, auf dem Versagen beruhender Selbsthaß zugrunde lagen. In Dänemark begegnet man nach HENDIN vor allem einem durch den Verlust von Geborgenheit oder Vertrauen bedingten Suizidtyp.

Für Suizide verwitweter Menschen kommen nach MacMahon und Pugh[35] hauptsächlich zwei Gründe in Betracht – der Verlust des Gatten und die Umstände der Witwenschaft. Die Autoren ermittelten, daß in jedem der ersten vier Jahre nach dem Tod des Gatten die Witwer häufiger infolge Suizids als aufgrund anderer Todesursachen starben. Diese Häufung der Suizide unter Witwern bzw. Witwen ist besonders überraschend, wenn man berücksichtigt, daß auch die Zahl der Todesfälle mit anderer Ursache in den ersten Jahren der Witwenschaft größer ist als bei Nicht-Witwern vergleichbaren Alters. Wie bereits erwähnt, folgerten die Autoren daraus, daß der Verlust des Gatten und die näheren Umstände des Witwenstandes in entscheidender Weise für die hohe Suizidalität unter Witwern verantwortlich zu machen seien. Nach den Beobachtungen von Krauss und Krauss[31] werden signifikant mehr Suizide auf der Basis frustrierender Desorientierung als aufgrund anderer Zusammenhänge verübt. Sie setzten die Gesamtzahl der Suizide verschiedener kultureller Einheiten zu einigen der von Naroll[38] genannten sieben Frustrations- oder kulturellen Streßfaktoren in Beziehung und fanden positive und signifikante Korrelationen. Frustrierende Desorientierung spielte in bestimmten Fällen tatsächlich eine signifikante Rolle; das spricht für die Annahme Narolls, derzufolge gute Voraussagen nicht nur im Hinblick auf allgemeine Unterschiede zwischen verschiedenen kulturell-gesellschaftlichen Einheiten, sondern ebenfalls im Hinblick auf bestimmte Suizidfälle möglich sind.

Wir verfügen in diesem Zusammenhang über Daten, die die Bedeutung des Selbstverständnisses eines Individuums und seiner affektiven Anlagen erhellen. Die Bereitschaft einzelner Personen und Institutionen, potentiellen Selbstmördern zu helfen, hat in den USA seit 1958 zur Einrichtung eigentlicher Suizidverhütungs-Zentren geführt. Zahlreiche professionelle und freiwillige Helfer sind hier bemüht, jenen Impulsen entgegenzuwirken, von denen man glaubt, daß sie den Akt der Selbstzerstörung beschleunigen. Ein sehr häufiges, wenn nicht sogar generelles Phänomen ist das des Verlustes. Hendin[25] sagt: «Der Verlust kann sich auf einen Menschen, auf Geld oder die soziale Stellung beziehen.»

Wie Henry und Short[27] gezeigt haben, führen Zeiten wirtschaftlicher Depression zum Ansteigen der Selbstmordraten, vor allem in den höheren Einkommensschichten. Auch Durkheim[17] implizierte in seiner Diskussion des anomischen Suizides eine Korrelation zwischen der Selbstmordrate und Perioden wirtschaftlicher Krisen bzw. raschen sozialen Wandels. In stabilen Zeiten setzen die im Bewußtsein verankerten gesellschaftlichen Normen den Wünschen des Individuums Grenzen. Dieser Regulationsmechanismus bricht zusammen, wenn die Gesellschaft in schwere Krisensituationen gerät, da es lange Zeit in Anspruch nimmt, bis ein neues System gesellschaftlicher Regeln und Normen verpflichtende Geltung erlangt hat. Infolgedessen sind dem Individuum die Relationen zwischen Zielen und Mitteln nicht mehr einsichtig. Der daraus resultierende Prozeß des Abgleitens, des sozialen Abstiegs, ist im englischen Sprachbereich mit dem Terminus «*skidding*» belegt worden. Breed[4,5] hat ein solches «*skidding*» in beträchtlichem Ausmaß bei Selbstmördern gefunden. Unter den von ihm untersuchten Fällen hatten etwa 75% einen Status-Verlust erlitten «mit seinen potentiellen Folgen der Enttäuschung, der Frustration, der sich vermindernden Anerkennung durch Angehörige der gleichen Schicht und der schwindenden Selbstachtung»[4].

LEIGHTON[32] hat mit seiner *Stirling-County*-Studie eine umfangreiche, durch illustrative Beispiele belegte Dokumentation über die enorme Variationsbreite alternativer Reaktionen geliefert. Seine Forschungen stellen einen der erschöpfendsten Versuche dar, psychische Störungen mit den Einflüssen der sozialen und kulturellen Umwelt in Beziehung zu setzen. Er schließt seinen Bericht mit einer Feststellung, die die übereinstimmende Meinung der mit diesem Phänomen befaßten Forscher wiederzugeben scheint: Der Druck der sozialen und kulturellen Umwelt kann das Individuum zur Ausbildung einer Vielzahl, von der jeweiligen Gesellschaftsstruktur abhängigen Arten der Streßbewältigung zwingen. Die Umwelt hat also einen selektiven Effekt. Das gilt nicht nur für die mehr oder weniger reinen psychischen Störungen, sondern auch für die verschiedenen psychosomatischen Leiden. Diese Fehlfunktionen der Persönlichkeit sind der larvierte Ausdruck des gleichen Grundvorganges.

Ein Kronzeuge für die Komplexität dieser Zusammenhänge ist Hamlet, SHAKESPEARES Prototyp des Melancholikers. Seine Depression ist das Resultat einer tiefen Desillusionierung: «Ich habe seit kurzem – ich weiß nicht wodurch – alle meine Munterkeit eingebüßt, meine gewohnten Übungen aufgegeben; und es steht in der Tat so übel um meine Gemütslage, daß die Erde, dieser treffliche Bau, mir nur ein kahles Vorgebirge scheint; seht ihr, dieser herrliche Baldachin, die Luft; dies wackere, umwölbende Firmament, dies majestätische Dach mit goldenem Feuer ausgelegt: kommt es mir doch nicht anders vor als ein fauler, verpesteter Haufe von Dünsten...»

Der vorliegende Überblick über die sozialpsychiatrischen Implikationen der Depression konnte notwendigerweise nicht mehr als ein Resümee der verwickelten Beziehungen zwischen Mensch und Umwelt bieten. Wir haben es hier mit einer Variablen von großer, aber vielfach unbeachteter Bedeutung zu tun. Sie stellt in gewisser Hinsicht eine Art Filter der Apperzeption dar, durch den die Wahrnehmungen selektiert und begrenzt werden. Mit Ausnahme seiner Reflexreaktionen oder der unter einem extremen physiologischen Streß verübten Handlungen reagiert der Mensch – als integraler Teil dieses Ökosystems – nicht so sehr auf den Druck der äußern Umstände an sich als vielmehr auf seine apperzeptive Interpretation des Druckes. Daher müssen wir uns um einen geistigen Zugang zu diesem Thema bemühen, der es erlaubt, sowohl den Zug der Erwartungen als auch den Druck der Spannungen, den gemeinsamen Nenner aller Kulturen sowie ihre spezielle Ausdrucksweise in Rechnung zu stellen. Kulturen schaffen und sie lösen die Probleme des Menschen.

Literatur

1 BABB, L.: The Elizabethan malady. A study of melancholia in English literature from 1580 to 1642 (Michigan State Coll. Press, East Lansing 1951)

2 BARRACLOUGH, B.M., BUNCH, J., NELSON, B., SAINSBURY, P.: The diagnostic classification and psychiatric treatment of 100 suicides. In Fox, R. (Ed.): Proc. Vth Int. Conf. Suicide Prevent., p. 129 (London 1969)

3 Bloch, H.: The problem defined (Opening address). In: Civilization & science in conflict or collaboration? A Ciba Foundation Symposium, p. 1 (Elsevier/Excerpta med./North Holland, Amsterdam/London/New York 1972)
4 Breed, W.: Occupational mobility and suicide among white males. Amer. soc. Rev. *28*, 179 (1963)
5 Breed, W.: Suicide and loss in social interaction. In Shneidman, E.S. (Ed.): Essays in self-destruction, p. 188 (Sci. House, New York 1967)
6 Bright, T.: A treatise of melancholie, London 1586. The English experience, its record in early printed books published in facsimile No. 212, p. 1 (Da Capo Press, Amsterdam/New York 1969)
7 Bunney, W.E., jr., Goodwin, F.K., Murphy, D.L.: The "switch process" in manic-depressive illness. III. Theoretical implications. Arch. gen. Psychiat. *27*, 312 (1972)
8 Bunney, W.E., jr., Goodwin, F.K., Murphy, D.L., House, K.M., Gordon, E.K.: The "switch process" in manic-depressive illness. II. Relationship to catecholamines, REM sleep, and drugs. Arch. gen. Psychiat. *27*, 304 (1972)
9 Burton, R.: The anatomy of melancholy, Vol. I, p. 279; Everyman's Library No. 886 (Dent & Sons, London/Dutton, New York 1948)
10 Burton, R.: loc. cit.[9], pp. 134, 135, 408
11 Burton, R.: loc. cit.[9], Vol. III, p. 313; Everyman's Library No. 888 (Dent & Sons, London/Dutton, New York 1949)
12 Burton-Bradley, B.G.: Psychiatry and the law in the developing country with special reference to the Territory of Papua and New Guinea. Transcult. psychiat. Res. Rev. *7*, 140 (1971)
13 Carpenter, W.T., jr.: Serotonin in affective disorders. Ann. int. Med. *73*, 613 (1970)
14 Cassirer, E.: An essay on man. An introduction to a philosophy of human culture, p. 25 (Yale Univ. Press, New Haven 1944)
15 Coppen, A.: The biochemistry of affective disorders. Brit. J. Psychiat. *113*, 1237 (1967)
16 De Vos, G.A.: Deviancy and social change: a psychocultural evaluation of trends in Japanese delinquency and suicide. In Smith, R.J., Beardsley, R.K. (Eds.): Japanese culture. Its development and characteristics. Viking Fund Publ. Anthropol. No. 34, p. 153 (Wenner-Gren Found. anthropol. Res., New York 1962)
17 Durkheim, E.: Suicide. A study in sociology, pp. 214 und 241 (Routlegde & Kegan Paul, London 1952)
18 Einstein, A.: On the political enslavement of the scientist. Impact Sci. Soc. *22*, 1/2: 5 (1972); Nachdruck von *1*, 110 (1950)
19 Epictetus: loc. cit.[14], p. 25
20 Erikson, E.: Reflections on the dissent of contemporary youth. Daedalus *99*, 154 (1970)
21 Farber, M.L.: Suicide and the welfare state. Ment. Hyg. (N.Y.) *49*, 371 (1965)
22 Farley, R., Hermalin, A.I.: Family stability: a comparison of trends between blacks and whites. Amer. soc. Rev. *36*, 1 (1971)
23 Feuer, L.S.: The conflict of generations. The character and significance of student movements, p. 508 (Basic Books, New York/London 1969)
24 Goethe, J.W. von: Die Leiden des jungen Werthers. Werke, Vol. IV, pp. 84, 88, 93 (Insel-Verlag, Frankfurt a.M. 1965)
25 Hendin, H.: The psychodynamics of suicide. J. nerv. ment. Dis. *136*, 236 (1963)
26 Hendin, H.: Suicide and Scandinavia (Grune & Stratton, New York/London 1964)
27 Henry, A.F., Short, J.F., jr.: Suicide and homicide (Free Press, London 1954)
28 Hippler, A.E.: Suicide: some transcultural aspects. Transcult. psychiat. Res. Rev. *6*, 124 (1969)

29 Hoover, J. E. (Ed.): Crime in the United States. Uniform Crime Reports 1969, p. 58 (Federal Bureau of Invest., U.S. Dep. of Justice; U.S. Government Printing Office, Washington 1969)
30 Inbau, F. E., Carrington, F. G.: The case for the so-called "hard line" approach to crime. Ann. Amer. Acad. pol. soc. Sci. *397*, 19 (1971)
31 Krauss, H. H., Krauss, B. J.: Cross-cultural study of the thwarting-disorientation theory of suicide. J. abnorm. Psychol. *73*, 353 (1968)
32 Leighton, A. H.: My name is legion. Foundations for a theory of man in relation to culture. The Stirling County study of psychiatric disorder and sociocultural environment, Vol. I (Basic Books, New York 1959)
33 Lifton, R. J.: Death in life: the survivors of Hiroshima (Random House, New York 1967/Weidenfeld & Nicolson, London 1968)
34 Lyman, J. L.: Student suicide at Oxford University. Student Med. *10*, 218 (1961)
35 MacMahon, B., Pugh, T. F.: Suicide in the widowed. Amer. J. Epidem. *81*, 23 (1965)
36 Marx, K.: Grundrisse der Kritik der politischen Ökonomie (Europ. Verlagsanstalt/Dietz, Berlin 1953)
37 Menninger, K. A.: Man against himself (Harcourt, Brace, New York 1938)
38 Naroll, R.: Data quality control—a new research technique. Prolegomena to a cross-cultural study of culture stress (Free Press of Glencoe, New York 1962)
39 Ollman, B.: Alienation and Marx's conception of man in capitalist society (Univ. Press, Cambridge 1971)
40 Pokorny, A. D.: A follow-up study of 618 suicidal patients. Amer. J. Psychiat. *122*, 1109 (1966)
41 Prange, A. J., jr.: The pharmacology and biochemistry of depression. Dis. nerv. Syst. *25*, 217 (1964)
42 Robin, A. A., Brooke, E. M., Freeman-Browne, D. L.: Some aspects of suicide in psychiatric patients in Southend. Brit. J. Psychiat. *114*, 739 (1968)
43 Ross, M.: College student suicide. In Masserman, J. H. (Ed.): Depressions: theories and therapies, p. 94 (Grune & Stratton, New York 1970)
44 Savio, M.: An end to history. Humanity *2*, 4 (1964)
45 Schildkraut, J. J.: The catecholamine hypothesis of affective disorders: a review of supporting evidence. Amer. J. Psychiat. *122*, 509 (1965)
46 Schildkraut, J. J., Kety, S.: Biogenic amines and emotions. In Freedman, A. M., Kaplan, H. I. (Eds.): Human behavior—biological, psychological and sociological, p. 90 (Atheneum, New York 1972)
47 Seely, J. R.: The Americanization of the unconscious (Int. Sci. Press, New York 1967)
48 Seeman, M.: The signals of '68: alienation in pre-crisis France. Amer. soc. Rev. *37*, 385 (1972)
49 Silver, M. A., Bohnert, M., Beck, A. T., Marcus, D.: Relation of depression to attempted suicide and seriousness of intent. Arch. gen. Psychiat. *25*, 573 (1971)
50 Skoler, D. L.: There's more to crime control than the "get-tough" approach. Ann. Amer. Acad. pol. soc. Sci. *397*, 28 (1971)
51 World Health Organization: World health statistics annual 1962, Vol. I: vital statistics and causes of death, pp. 64 und 104 (WHO, Genève 1965)

Diskussion

P. Schmidlin: Nach den grundlegenden Ausführungen des Referenten über die Bedeutung psychosozialer Faktoren in der Ätiologie depressiver Erkrankungen kann zumindest für den Sprechenden kein Zweifel darüber bestehen, daß larvierte Formen der Depression immer häufiger werden, ja, daß eine Zunahme erwartet werden muß. Wir alle leben unter einer Art globaler Frustration, hervorgerufen durch das enttäuschende Gefühl des Unvermögens, die dringendsten Probleme unserer Gegenwart auch nur in den Griff zu bekommen. Daß es sich bei dem heutigen «Trend zur Maskierung» um eine Schutzreaktion des Menschen gegenüber immer stärkeren psychischen Belastungen und den wachsenden Anforderungen unserer Leistungsgesellschaft handelt, scheint mir eine durchaus vertretbare Erklärung zu sein. Vielleicht darf man darüber hinaus sogar vermuten, daß depressive Verstimmungen eben deshalb so oft ihren Ausdruck in somatischen Leiden finden, weil unsere Gesellschaft körperliche Erkrankungen sehr viel eher und weitgehender toleriert als psychische Störungen.

H. E. Lehmann: Ich habe zu dem Vortrag von Herrn Rome zwei Fragen. Erstens: Entsprach dem deutlichen Unterschied zwischen den Suizidraten in Norwegen und Dänemark eine unterschiedliche Häufigkeit manifester Depressionen in beiden Ländern? Gibt es dazu irgendwelche Zahlen, die es Ihnen ermöglichen würden, diesen interessanten Punkt zu erhellen? Zweitens: Die einführenden Erklärungen von Herrn Kielholz haben mich zu der Überlegung veranlaßt, ob man nicht einen Unterschied machen sollte zwischen dem, was wir im allgemeinen «larvierte Depressionen» nennen, und dem, was man im Englischen als «*blurred depressions*» und im Deutschen als «verwischte Depressionen» bezeichnen könnte. Als «verwischte Depression» würde ich den Typ einer Depression beschreiben, bei dem die somatischen Erscheinungen die psychischen Symptome in solchem Ausmaß überschatten, daß man sich leicht verleiten läßt, zu lange nach einer somatischen Ursache zu suchen. Andererseits ist es natürlich möglich, daß die somatischen Symptome der einzige Ausdruck der Depression sind und daß folglich der Arzt – selbst wenn er nach Anzeichen der Depression fahndet – keine depressive Stimmung und keine besonderen psychischen Symptome findet, die auf eine Depression hinweisen. In solchen Fällen, würde ich sagen, haben wir es wirklich mit einer larvierten, nicht nur mit einer verwischten Depression zu tun. Könnte dieser Unterschied zumindest von klinischer Bedeutung sein?

A. M. Freedman: Herr Rome hat die komplexen Wechselbeziehungen zwischen der Physiologie des Individuums und Faktoren der Umgebung, die zur Entwicklung einer Depression beitragen können, skizziert und seine Ausführungen durch eine Reihe spezifischer Beispiele illustriert, die diese komplexen Wechselbeziehungen in der einen oder anderen Weise erkennen lassen. Viele von uns haben den Eindruck, Depressionen heute sehr viel häufiger zu sehen als früher – und zwar als das Resultat zunehmender Komplikationen und Frustrationen sowie als Folge des Entfremdungsgefühls in einer Gesellschaft, die durch Industrialisierung, moderne Technologie und die Schablonen des täglichen Lebens Druck verschiedenster Art auf die einzelnen Gruppen ausübt. Wenn also feststeht, daß depressive Erkrankungen in den Industrieländern zunehmen, so mag es doch sein, daß die Erscheinungsformen derartiger Erkrankungen wechseln. Was wir in diesem Zusammenhang offensichtlich benötigen, sind mehr epidemiologische Untersuchungen über Vorkommen und Verbreitung von Stimmungsveränderungen. Untersuchungen dieser Art könnten uns weitere ähnliche Aufschlüsse vermitteln wie die erwähnten skandinavischen Studien. Während der letzten Jahre hat sich z. B. E. Gruenberg von der Kolumbia-Universität sehr für die Frage der Verbreitung depressiver Verstimmungen – im Gegensatz zu den depressiven Erkrankungen an sich – interessiert und versucht, entsprechende Statistiken zusammenzutragen: Er beschrieb mir und meinen Mitarbeitern kürzlich Plan und Ergebnisse einer Studie, in deren Rahmen zwei erfahrene Kliniker mittels eines

Fragebogens etwa 300 Arbeiter einer Fabrik untersucht hatten. Aufgrund der registrierten Antworten wurden die Depressiven unter den Probanden einer von drei Kategorien zugeteilt: 1. Zustände mit Schwankungen von Tag zu Tag, 2. schwere Depressionen, die medizinische Beachtung erfordern, 3. Zustände, die sich irgendwo zwischen den beiden Extremen befinden. Die Studie ergab, daß in etwa 10% der Fälle eine deutlich depressive Stimmung vorhanden war. Ich glaube, es wäre außerordentlich wertvoll, wenn wir mehr derartiges Zahlenmaterial erhalten könnten. Ich möchte nun Herrn ROME fragen, ob er ebenfalls den Eindruck hat, daß depressive Stimmungen als Folge neuer Trends zugenommen haben. Angenommen, wir könnten wirklich eine Zunahme depressiver Erkrankungen beweisen: Glauben Sie, daß die Ursache in genetischen Faktoren oder in anderen Umständen zu suchen ist? Und welche Schlußfolgerungen sind in epidemiologischer Hinsicht oder in bezug auf die öffentliche Gesundheit zu ziehen?

G. NISSEN: Ich möchte auf zwei Fakten hinweisen, die mir im Zusammenhang mit dem Vortrag von Herrn ROME beachtenswert erscheinen. Eine in Bremen durchgeführte Studie über die Frage, wie häufig während der Jahre 1920 bis 1950 Depressionen und Schizophrenien zur klinischen Aufnahme kamen, hat ergeben, daß zur Zeit des Zweiten Weltkrieges weder bei Depressionen noch bei Schizophrenien eine Zunahme zu verzeichnen war. Auch hinsichtlich der Scheidungs- und Suizidquoten weisen die deutschen Statistiken für die Jahre des Zweiten Weltkrieges sowie für die ersten drei Nachkriegsjahre eine nur unerhebliche Zunahme aus, aber sie lassen einen sehr starken Anstieg unmittelbar nach der Währungsreform erkennen, d.h. – um einen Begriff GEHLENS zu verwenden – in der «Entlastungssituation». Ich sehe hier Parallelen zu der permanenten Entlastung des Menschen im Wohlfahrtsstaat; die soziale Absicherung impliziert Möglichkeiten einer verstärkten Selbstbesinnung und einer – wenn man so will – existentiellen Zurückgeworfenheit des Menschen auf sich selbst.

H. M. VAN PRAAG: Herr ROME, niemand bezweifelt die Bedeutung sozialer und psychologischer Faktoren für das Vorkommen von Depressionen und Suiziden. Andererseits glaube ich, daß wir sehr oft auf Fälle von Suiziden treffen, bei denen keine deutliche Ursache erkennbar ist. Das veranlaßt mich zu fragen, ob irgend etwas über die Zahl derjenigen Suizide bekannt ist, bei denen es möglich war, eindeutige soziogene oder psychogene Ursachen nachzuweisen, sowie über die Zahl der Fälle von Suiziden, für die keine überzeugende Erklärung gefunden werden konnte. Herr LEHMANN, ich frage mich, ob es gerechtfertigt ist, den Begriff «larvierte Depression» auf Fälle anzuwenden, bei denen es überhaupt keine Anzeichen für eine Depression gibt. Mit anderen Worten: Sollte man, wenn somatische, aber keine depressiven Symptome vorhanden sind, überhaupt von einer «larvierten Depression» sprechen? Mir scheint, daß man mit einem derart erweiterten Begriff der «larvierten Depression» kaum noch arbeiten kann.

J. LEME LOPES: In meinem Land werden Depressionen vielfach durch Praktiken der afrobrasilianischen Magie behandelt. Dies ist aus transkultureller Sicht wichtig.
Herrn ROME möchte ich fragen, ob er eine Beziehung zwischen der Depression bei Jugendlichen und dem Drogenmißbrauch sieht. Ich glaube, die Statistiken über Selbstmord durch Heroin in New York zeigen, daß auch der Drogenmißbrauch eine depressive Seite hat.

A. COPPEN: Herr ROME, beim depressiven Syndrom handelt es sich um eine episodisch auftretende Krankheit, deren biologisches Substrat wir nun etwas besser zu verstehen beginnen, eine Krankheit, die auf Medikamente gut anspricht, durch prophylaktische Medikation sogar zu verhüten ist und die offenbar einen biologisch bedingten Zustand darstellt. Darf ich Sie nun fragen, was Sie über das Verhältnis des depressiven Syndroms zur larvierten Depression denken, die Sie, wie ich glaube, in vielfacher Hinsicht sehr überzeugend zu sozialen Faktoren in Beziehung gebracht haben. Gibt es hinsichtlich der Behandlung von Zuständen, wie sie von Ihnen geschildert wurden, irgendwelche Untersuchungen über die Behandlung mit den biologisch orientierten Methoden, die sich in Fällen manifester depressiver Syndrome so gut bewährt haben?

P. PICHOT: Ich möchte zwei Punkte hervorheben, die den Suizid betreffen. Erstens sind alle Hypothesen über die Zusammenhänge zwischen sozialen Faktoren und Suizid – beginnend mit der berühmten Arbeit von DURKHEIM – fragwürdig, da die Suizidstatistiken von zweifelhaftem Wert sind, und zwar selbst heute noch und selbst in Ländern, die in dieser Hinsicht am besten ausgerüstet sind – ich denke da z.B. an die skandinavischen Länder, die Sie, Herr ROME, bereits erwähnten. Jedenfalls kann ich sagen, daß die französischen Statistiken von geringem Wert sind; man hat kürzlich den Vorschlag gemacht, sie «richtigzustellen», indem man die bisherigen offiziellen Zahlen verdoppelt. Unter solchen Bedingungen ist es schwer, Zusammenhänge zu untersuchen. Der zweite Punkt betrifft die wahrscheinlich sehr wichtige Unterscheidung zwischen vollendetem Suizid und Suizidversuch. Es ist ratsam, hier einen Unterschied zu machen. Einige Arbeiten, speziell eine epidemiologische Studie aus Schottland (Edinburgh), zeigen, daß sich die Häufigkeit der Suizidversuche – sie weist zur Zeit bei Jugendlichen eine Zunahme auf – und die der vollendeten Suizide nicht parallel entwickelt. Das ist zumindest ein Hinweis darauf, daß es sich hier um zwei völlig verschiedene Phänomene handelt. Auf jeden Fall sollte man mit der soziologischen Interpretation des Suizids zurückhaltend sein. Das gilt z.B. für die erwähnte Statistik aus Madagaskar, deren Qualität ich bezweifle.

H. J. BEIN: Es wurde vom Druck der Leistungsgesellschaft, vom sozialen Druck der Industriegesellschaft gesprochen, und wir haben gehört, daß dieser Druck mit einer Zunahme der Depressionen in Korrelation gesetzt werden könne. Nun sind mir derartige Behauptungen allerdings nicht ganz einsichtig, wenn ich mir überlege, wie die gesellschaftlichen Zustände in früheren Jahrhunderten oder auch nur vor einigen Jahrzehnten tatsächlich gewesen sind. Man kannte damals zwar noch nicht die Industriegesellschaft in unserer heutigen Form, aber die verschiedenen Kasten und Gesellschaften waren nichtsdestoweniger einem enormen sozialen Druck ausgesetzt. Sie brauchen sich ja nur einmal vorzustellen, wir lebten nicht heute, sondern hätten im vorletzten Jahrhundert gelebt; wir alle, die wir hier versammelt sind, wären dann von der Gnade irgendeines Landesfürsten oder sonst einer mächtigen Obrigkeit abhängig gewesen. Aufgrund solcher Überlegungen hege ich persönlich gewisse Zweifel, wenn man meint, zwischen unserer Industriegesellschaft und der Zunahme der Depressionen ohne weiteres eine einfache Korrelation herstellen zu können. Ich bin kein Forscher auf dem Gebiet, und deshalb möchte ich die Frage aufwerfen: Handelt es sich hier um eine Art Auslese oder haben wir damit in einem mehr philosophischen Sinn den Preis für unser Aufgeklärtsein zu zahlen, d.h. dafür, daß wir heute mehr und anderes wollen als in früheren Zeiten, in denen man sich gewissermaßen in der Geborgenheit der landesfürstlichen Obhut eingerichtet und sich mit ihr zufriedengegeben hatte.

W. BIRKMAYER: Ich glaube, man kann die von Herrn ROME angeführten Fakten im wesentlichen auf das Problem der Frustrationstoleranz eingrenzen, und ich möchte ihm daher die Frage vorlegen: Ist diese Frustrationstoleranz individuell verschieden, d.h. im genetischen Code programmiert und damit fixiert, so daß wir sie weder mit psycho- noch mit sozialtherapeutischen Maßnahmen beeinflussen können, oder wäre es z.B. möglich, durch generelle Senkung der Belastungsfaktoren einen großen Prozentsatz der Fälle unterhalb der Grenze ihrer Frustrationstoleranz zu halten und damit die Häufigkeit von Depressionen zu reduzieren? Persönlich bin ich der Auffassung, daß die Frustrationstoleranz genetisch fixiert ist und unsere einzige Chance demnach darin besteht, die als Folge einer nicht bewältigten Belastung entstandene biochemische Dekompensation durch eine biochemische Therapie zu korrigieren.

N. MATUSSEK: Herr ROME, können Sie angesichts der psychologischen Relevanz der vorgetragenen Probleme – und trotz ihrer offensichtlichen Komplexität – eventuell auch Mittel und Wege namhaft machen, die das Gewicht sozialer Faktoren in der

Depressionsauslösung vermindern bzw. die Auswirkungen im Einzelfall abschwächen könnten? Infolge der individuellen Variabilität der einzelnen Faktoren dürfte es wohl kaum allgemeingültige Methoden geben, aber vielleicht hat man doch schon Überlegungen dieser Art angestellt und Pläne diskutiert.

A. Selvini: Es gibt zumindest zwei verschiedene Arten der larvierten Depression: Zunächst die Depression bei Personen mit einem gewissen Bildungs- und Intelligenzgrad, die sich über ihren anomalen Zustand im klaren sind und ihn durch psychologische Reaktionen zu verschleiern suchen, z.B. durch gewollte Fröhlichkeit. Diese Patienten zeigen sehr wenig somatische Symptome. Im Gegensatz dazu steht die larvierte Depression bei weniger oder kaum gebildeten Personen, die die Natur ihrer Beschwerden nicht kennen und die ihren Geisteszustand nicht in Worte fassen können. Hier zeigen sich physische Symptome, deren Ursprung wir nicht im Somatischen suchen dürfen. Auch diese Depression ist larviert, offensichtlich aber in ganz anderer Form.

W. Walcher: Interessant und aufschlußreich hinsichtlich der Auswirkungen von Belastungsfaktoren, wie sie unsere Leistungsgesellschaft kennzeichnen, scheint mir ein Vergleich mit den Verhältnissen in verschiedenen osteuropäischen Staaten zu sein, die ja nach einem anderen Gesellschaftsprinzip organisiert sind. Literatur und eigener Augenschein lehren, daß somatisierte Depressionen hier nicht in dem Ausmaße in Erscheinung getreten sind wie in der westlichen Welt. Anstelle affektiver Entgleisungen scheinen die spezifischen Belastungsfaktoren der östlichen Staaten eher eine gewisse emotionelle Nivellierung und Abstumpfung zu provozieren. Diesen Eindruck bestätigen Beobachtungen der letzten 10 Jahre über eine deutliche Zunahme somatisierter Depressionen in jenen osteuropäischen Staaten, die sich – wie etwa die Deutsche Demokratische Republik und Jugoslawien – aufgrund ihrer ökonomischen Entwicklung immer stärker an westlichen Leistungsmaßstäben orientieren.

H. P. Rome: Zunächst möchte ich meinen Dank für die vielen interessanten Fragen ausdrücken, die wir, wie ich hoffe, im weiteren Verlauf des Symposiums vielleicht noch ausführlicher diskutieren können. Erlauben Sie mir, Ihnen als erstes die Gründe für die Auswahl der verschiedenen Beispiele aus der Literatur darzulegen, auf die ich in meinem Vortrag Bezug genommen habe. Die meisten dieser Daten haben lediglich impressionistischen Charakter und basieren nicht auf umfangreichen Studien mit statistisch signifikanten Resultaten. Ich betrachte sie als Behauptungen, die noch durch Langzeituntersuchungen an ausgewähltem Material daraufhin zu überprüfen sind, ob es wirklich eine Verbindung zwischen den nachteiligen sozialen Faktoren, die ich erwähnt habe, und den larvierten Depressionen als Reaktion auf diese Faktoren gibt oder nicht und ob wir zwischen diesem Typ der larvierten Depression und den Depressionen, die eine biologische Grundlage haben, differenzieren können und müssen. Die von uns durchgeführten Untersuchungen scheinen darauf hinzudeuten, daß wir es hier in der Tat mit zwei völlig verschiedenen Phänomenen zu tun haben. Die in meinem Vortrag zitierten Passagen von Burton machen meines Erachtens den weiten Umfang sichtbar, in dem depressive Erkrankungen sich manifestieren können, obgleich zuzugeben ist, daß Burton an manchen Stellen seiner Melancholie-Deskription die Netze zu weit ausgeworfen hat.

Ich möchte Ihnen kurz über die Untersuchungen berichten, die wir an der Mayo-Klinik an Patienten durchgeführt haben, die man aufgrund ihrer Beschwerden der Medizinischen oder Chirurgischen Abteilung zugewiesen hatte. Diese Untersuchungen waren dank der organisierten Zusammenarbeit zwischen den Departementen der Mayo-Klinik möglich, einer Klinik, die im Jahr etwa eine Viertelmillion Patienten registriert. Während der vergangenen 12 Jahre haben wir mit dem M.M.P.I. *(Minnesota Multiphasic Personality Inventory)* einen Persönlichkeitsstrukturtest eingeführt und für den Computer programmiert; das Krankengut, über das wir dank dieser Maßnahme verfügen, stellt eine Stichprobe aus einer Million Patienten dar, die ursprünglich im Medizinischen oder Chirurgischen Departement als nichtpsychiatrische

Fälle aufgenommen wurden und die den täglichen Durchgang medizinischer und chirurgischer Patienten an der Mayo-Klinik repräsentieren. Eine signifikante Anzahl dieser Patienten, nämlich 40 bis 60% – die Daten wurden noch nicht ausgewertet, so daß ich noch keine exakten Zahlen nennen kann –, erreichten nach der Depressionsskala des M.M.P.I. Punktzahl-Werte, die zwei Standardabweichungen oberhalb der Norm der Mayo-Klinik lagen. Die Norm der Mayo-Klinik basiert auf der Auswertung einer Million nichtpsychiatrischer Registrierungen. Die Tatsache, daß aufgrund der Antworten auf die Depressionsmerkmale der Skala ein so hoher Prozentsatz der Patienten zwei Standardabweichungen oberhalb der Norm einzustufen war, scheint auf eine weite Verbreitung der Depression hinzuweisen; unter «Depression» verstehe ich in diesem Zusammenhang die larvierte Depression, die sowohl durch psychosomatische Symptome charakterisiert wird als auch durch Symptome, die man guten Glaubens zunächst auf eine organische Ursache zurückführen kann. Ich vermute daher, daß die Ärzte – zumindest in den USA – im großen und ganzen die depressive Komponente, die so häufig mit physischen Beschwerden einhergeht, übersehen, was durchaus zu verstehen ist; sie sind so beeindruckt von den im Vordergrund stehenden physischen Symptomen, daß sie das depressive Element – Folgeerscheinung der zerrüttenden Kräfte sowohl bei chronischen wie auch bei schwereren Formen akuter Erkrankungen – vernachlässigen.

Lassen Sie mich nun versuchen, die verschiedenen Fragen, die an mich gerichtet wurden, zu beantworten. Soweit mir bekannt ist, Herr LEHMANN, gibt es keine Unterlagen, die darauf hinweisen, daß dem Unterschied der Suizidraten in Norwegen und Dänemark eine unterschiedliche Häufigkeit eindeutiger oder larvierter Depressionen in diesen beiden Ländern entspricht. Zumindest habe ich keinerlei zuverlässige statistische Beweise dafür finden können. Zu der Frage von Herrn FREEDMAN, ob meiner Ansicht nach eine Zunahme der depressiven Krankheit zu beobachten sei: Mein Eindruck ist – und das ist ein rein subjektiver Eindruck –, daß man von einem signifikanten Anstieg der depressiven Krankheit, die ich übrigens als genetisch und biologisch bedingt ansehe, nicht sprechen kann. Nach meiner eigenen Schätzung, die sich auf die Beobachtung unserer Bevölkerungsauswahl an der Mayo-Klinik während der letzten 26 Jahre stützt, würde ich sagen, daß wir in unserer Psychiatrischen Abteilung in den letzten Jahren keine Zunahme der depressiven oder bipolaren Krankheit gesehen haben.

Herr NISSEN machte auf die *Bremer Studie* aufmerksam, derzufolge während des Zweiten Weltkrieges in Deutschland weder die Suizid- noch die Scheidungsraten zahlenmäßig bedeutend angestiegen sind. Ich glaube, es gibt weitere Angaben aus anderen Teilen der Welt, die zeigen, daß in Kriegszeiten immer die gleichen Tendenzen beobachtet werden wie die, welche Herr NISSEN erwähnte. Ich glaube ferner, daß auch die Erklärung, die Herr NISSEN für die Situation im Wohlfahrtsstaat gegeben hat, zutrifft, denn es existieren eine Menge anderer signifikanter Beweise, die darauf hindeuten, daß der Wohlfahrtsstaat das Individuum wieder auf sich selbst zurückweist und es dadurch zwingt, seinen Streß zu introjizieren.

Herr VAN PRAAG, Sie haben mich vor eine außerordentlich schwierige Frage gestellt. Um sie beantworten zu können, müßten wir mehr über die geschichtlichen Aspekte individueller Suizidfälle wissen, d.h. es wären Informationen notwendig, die über das hinausgehen, was sich aufgrund retrospektiver, post hoc angestellter Untersuchungen über die Gründe, die in einem bestimmten Fall zum Suizid geführt haben, feststellen läßt, da die Ergebnisse derartiger Studien mehr oder weniger zufällig sein können. Ich kenne keine wirklich detaillierte Studie mit entsprechenden Daten, die ich zur Beantwortung Ihrer Frage heranziehen könnte.

Herr LEME LOPES fragte nach Beziehungen zwischen Depression in der Adoleszenz, Suizid und Drogenmißbrauch. Auch hier wieder verfügen wir lediglich über rein zufällige Angaben, z.B. der Art, wie man sie in Zeitungsberichten findet; was noch immer fehlt, ist eine gute, statistisch kontrollierte epidemiologische Untersuchung.

Persönlich habe ich den Eindruck, daß man bei einer gewissen Zahl von abhängigen

Jugendlichen den ursprünglichen Beweggrund, zu Drogen zu greifen, sehr wahrscheinlich in einem heimlichen Suizidversuch zu suchen hat. Auf der anderen Seite besteht aber heute leider auch die Tendenz, von jedem Jugendlichen, der im Zustand der Verwirrtheit in ein Spital eingewiesen wird, a priori anzunehmen, er stehe unter dem Einfluß von Drogen. So berichtete kürzlich die New York Times über den Fall eines Jungen, der im Bellevue Hospital in New York – vermutlich weil er als Heroin-Süchtiger aufgenommen worden war – 40 mg Methadon erhalten hatte, eine Dosis, die sich als tödlich erwies. Aber es tut mir leid, Herr LEME LOPES, ich habe keine zuverlässigen Angaben, die es mir ermöglichen, Ihre Frage präzise zu beantworten.
Herrn COPPEN möchte ich sagen, daß es meines Wissens keine Studien gibt, die streng zwischen larvierter Depression und depressivem Syndrom unterscheiden. Das ist ein Gebiet, auf dem noch viele Untersuchungen zu leisten sind. Herr PICHOT, Beziehungen zwischen sozialen Faktoren und Suiziden sind in der Tat immer behauptet worden. Ich glaube, jeder, der sich mit Suizid-Problemen befaßt – ich denke dabei besonders an diejenigen meiner Kollegen in den Vereinigten Staaten, die mit den in meinem Vortrag erwähnten Suizidverhütungszentren in Verbindung stehen –, würde Ihnen zustimmen, daß offizielle Angaben über die Häufigkeit von Suiziden unzuverlässig sind – zumindest gilt das für die Vereinigten Staaten. Die tatsächliche Häufigkeit muß man wahrscheinlich zwei- oder sogar viermal höher ansetzen, als sie in den offiziellen Statistiken angegeben wird. Der springende Punkt ist der, daß wir keine epidemiologischen Unterlagen besitzen, aus denen wir gültige Schlußfolgerungen ziehen könnten.
Herr BEIN, am Ende Ihrer Überlegungen, die Sie zum Problem der Korrelation zwischen depressiven Erkrankungen und sozialem Druck anstellten, fragten Sie sich, ob wir mit der Zunahme von Depressionen heute vielleicht den Preis für all das zahlen müssen, was wir erreicht haben. Obgleich das eine Auffassung ist, die mir persönlich zusagt, zweifle ich daran, daß sich irgendwelche stichhaltigen Unterlagen zur Bestätigung beibringen lassen.
Herr BIRKMAYER stellte die Frage nach einer eventuell genetisch fixierten «Frustrationstoleranz», aber ich wüßte nicht, wie man eine genetische Toleranzgrenze der Frustration feststellen oder messen könnte.
In Beantwortung der Frage von Herrn MATUSSEK kann ich nur vorschlagen, daß man – um etwas mehr als nur unsichere Schlußfolgerungen auf der Basis von Fakten ziehen zu können, wie sie uns heute zur Verfügung stehen – mit zuverlässigen statistischen Methoden Langzeituntersuchungen an entsprechendem Patientenmaterial durchführen sollte.
Was die Bemerkungen von Herrn SELVINI betrifft, so bin ich mit den Punkten, die er anführte, vollkommen einverstanden. Auch ich habe den Eindruck gewonnen – zumindest bei jenen Patienten der Mayo-Klinik, die aus mehr ländlichen Gegenden stammen und die wohl mit den relativ einfachen Menschen vergleichbar sind, auf die Herr SELVINI sich bezog –, daß man bei diesen Fällen vorwiegend physischen Symptomen begegnet. In einer Gruppenuntersuchung an Patienten, die, wie es einer unserer Mitarbeiter nannte, ein «naives Jammersyndrom» hatten, fanden wir bei der Interpretation ihrer jeweiligen Hauptbeschwerden, daß sie – als Gruppe genommen – stärker depressiv waren als Patienten, die gleichartige, aber – wie eine gründliche Prüfung ergab – tatsächlich somatisch bedingte Symptome aufwiesen.

P. KIELHOLZ: Lassen Sie mich kurz zu einigen der eben geäußerten Fragen und Bemerkungen Stellung nehmen. Herr LEHMANN, ich bin in meinen einleitenden Worten mit Vorbedacht nicht auf Begriff und Problem der depressiven Äquivalente eingegangen, weil Herr LÓPEZ IBOR in einem eigenen Vortrag darüber berichten wird. Ausdrücklich unterstützen möchte ich die von Herrn SCHMIDLIN geäußerte Ansicht, daß unsere Gesellschaft – und damit meine ich unsere Gesellschaft in allen ihren Aspekten, nicht lediglich die Industriegesellschaft – nicht ohne weiteres bereit ist, depressive oder überhaupt psychische Erkrankungen zu tolerieren, während sie durchaus erlaubt, körperlich krank zu sein. Wir kennen das Phänomen der Somatisierung ja nicht nur im Zusammenhang mit Depressionen, sondern sehen es ebenso bei zahlreichen Fällen von Schizophrenien und Neurosen. Mir scheint, daß Klagen über körperliche Störungen bzw. – um es noch akzentuierter auszudrücken – der wachsende Trend einer Flucht ins Somatische in erster Linie Ausdruck des in der Gesellschaft dominierenden materialistischen Geistes ist. Wenn, wie die Überlegungen von Herrn Bein anzudeuten scheinen, im Laufe der bisherigen Ausführungen und Diskussionen der Eindruck entstanden sein sollte, als ob einzig und allein die Industriegesellschaft für die Zunahme depressiver Krankheitsbilder verantwortlich zu machen sei, so möchte ich demgegenüber betonen, daß ich eine solche Sicht der Dinge für völlig falsch halte. Uns hat sich immer wieder bestätigt, daß die eindeutige Zunahme psychogener Depressionen nicht in erster Linie Folge der Industrialisierung, sondern des materialistischen Geistes einer Epoche ist. In den Kreis der ursächlichen Faktoren gehören z.B. das Leugnen und Mißachten von Gemütskräften sowie der Verlust von Bindungen, Maßstäben und Werten aller Art, einschließlich religiöser Überzeugungen.

Herr Nissen, ergänzend zu Ihren Ausführungen über die *Bremer Studie* möchte ich auf zwei interessante Statistiken – die eine schweizerischen, die andere schwedischen Ursprungs – hinweisen, die beide bezeugen, daß die Suizidraten in diesen Ländern schon kurz nach der Invasion der Alliierten in Frankreich wieder zunahmen. Offensichtlich – so die Erklärung – werden die Aggressionen in Kriegszeiten nach außen, in der anschließenden Zeit wiedergewonnener Sicherheit und beginnenden Wohlstandes jedoch gegen die eigene Person gerichtet.

Und schließlich noch ein Wort zu den Bemerkungen von Herrn Pichot: Ich habe vor vier Jahren an einem Symposium der Weltgesundheitsorganisation teilgenommen, an dem weltweit gesammelte Daten über Suizide und Suizidversuche diskutiert wurden – mit dem eindeutigen Ergebnis, daß Statistiken uns hier nicht weiterhelfen können. In Abhängigkeit von kulturellen, gesellschaftlichen und religiösen Gegebenheiten schwankte das Verhältnis der offiziellen Suizidquote zu der mutmaßlichen Zahl der tatsächlich begangenen Selbstmorde von 1:2 bis 1:5, während für Suizidversuche Schwankungsbreiten von 1:10 bis 1:15 angenommen wurden. Eine deutliche Diskrepanz ergab sich auch hinsichtlich der Frage, wie viele der Suizidenten depressiv gewesen sind; die entsprechenden Angaben in der Weltliteratur schwankten damals zwischen 30% und 80%. Nach einer eigenen Berechnung, die ich zu jener Zeit aufgrund der Daten der Weltliteratur durchgeführt habe, betrug der Durchschnitt 50%, d.h. die Hälfte aller Suizidenten litt, wenn man diese Zahlen überhaupt verwenden will, an Depressionen.

Psychobiologie der Depression

von H. Heimann *

Die Depression ist nicht nur eine der verbreitetsten, sondern auch eine der seltsamsten psychischen Störungen des Menschen. Als Schwermut oder Melancholie hat sie seit Urzeiten Denker und Künstler bewegt; als psychisches Krankheitsbild beschäftigt sie die Psychiater, welche, mit der Erlebniswelt Depressiver konfrontiert, deren psychische Syndrome beschreiben; ohne die Tiefe des depressiven Erlebens begegnet sie in Form subjektiver somatischer Beschwerden dem Internisten und dem Praktiker. Depression hat somit einen *geistigen*, einen *psychischen* und einen *psychosomatischen* Aspekt. Der erste verdichtet sich in der dunklen Schwere, die auf Dürers Darstellung der «Melancholie» lastet, vor allem im Blick des düster vor sich hinsinnenden Genius (Abb. 1).
Den psychosomatischen Aspekt finden wir bei Daumier dargestellt (Abb. 2). Sein «Eingebildeter Kranker» veranschaulicht nicht nur die träge Schlaffheit des Depressiven, sondern auch die ängstliche Besorgtheit vor körperlichem Verfall, welche wir bei der larvierten Depression gelegentlich beobachten können.
Eine Psychobiologie der Depression darf diese weite Spannung der Bedeutung von «Depression» nicht aus den Augen verlieren, weil sie sich sonst unter dem Druck operationalen Denkens mehr und mehr von dem gemeinsamen Bezugspunkt, *der depressiven Verstimmung*, entfernt. Der Kliniker hat die depressive Verstimmung stets als etwas Körpernahes, aus Motiven und Erlebnissen nicht Ableitbares, bisher nur im Erleben Erfaßbares verstanden (Wyrsch[60]). Es ist deshalb berechtigt, nach einer gemeinsamen Wurzel der verschiedenen depressiven Manifestationen im biologischen Bereich zu suchen, wissen wir doch, daß die Wirkung einer bestimmten Noxe auf biologischer Ebene im Verhalten durch persönlichkeitsspezifische, soziale und kulturelle Faktoren wesentlich moduliert werden kann. Umgekehrt ist allerdings auch bekannt, daß das depressive Syndrom eine Reaktionsweise des Organismus darstellt, die in verschiedenen kausalen Zusammenhängen vorkommen kann.
Die psychobiologische Fragestellung wird durch diese beiden Feststellungen folgendermaßen eingeengt:

1. Lassen sich dem depressiven Syndrom spezifische, pathophysiologische Veränderungen zuordnen?
2. Finden sich bei der endogenen Depression auch zwischen den Phasen spezifische, physiologische oder biochemische Befunde, welche ein Korrelat zu der besonderen Affizierbarkeit der Grundstimmung bilden?

---

* Aus der Forschungsabteilung für Psychopathologie der Psychiatrischen Universitätsklinik Lausanne (Schweiz)

Abb. 1. Albrecht Dürer: Die Melancholie

Wir werden uns im folgenden nur mit der ersten Frage eingehender beschäftigen und einige Befunde diskutieren, welche die Frage zwar nicht beantworten, jedoch einige theoretische und praktische Hinweise für die weitere Forschung geben. Eine Diskussion der zweiten Frage ist meines Erachtens zur Zeit noch verfrüht.

Wenn wir biologische Korrelate des depressiven Syndroms diskutieren wollen,

Abb. 2. Honoré Daumier: Der eingebildete Kranke

müssen wir uns auf verschiedenen Ebenen bewegen. Auf eine eingehende Darstellung des *depressiven Erlebens* kann ich in diesem Kreise verzichten. Seine Quantifizierung und diagnostische Bedeutung wird Herr Pichot behandeln. Ich werde mich im folgenden mit 5 Themenkreisen befassen: 1. mit dem mimischen Ausdruck Depressiver und seiner Quantifizierung, 2. mit den Erregbarkeitsverhältnissen auf der Ebene der Hirnrinde, 3. mit dem Problem der Aktivierung im Zusammenhang mit Depression und Angst, 4. mit den Schlafstörungen, 5. mit der Problematik der zirkadianen Rhythmen.

1. Mimischer Ausdruck des Depressiven und seine Quantifizierung

Wir haben auf einem Kurzfilm den mimischen Ausdruck von zwei Patientinnen vor und nach Behandlung mit dem gleichen Antidepressivum festgehalten. Der Eindruck der Angst entsteht beim Betrachten der ersten Patientin vor Behandlung hauptsächlich durch die weit geöffneten Augen und den starren

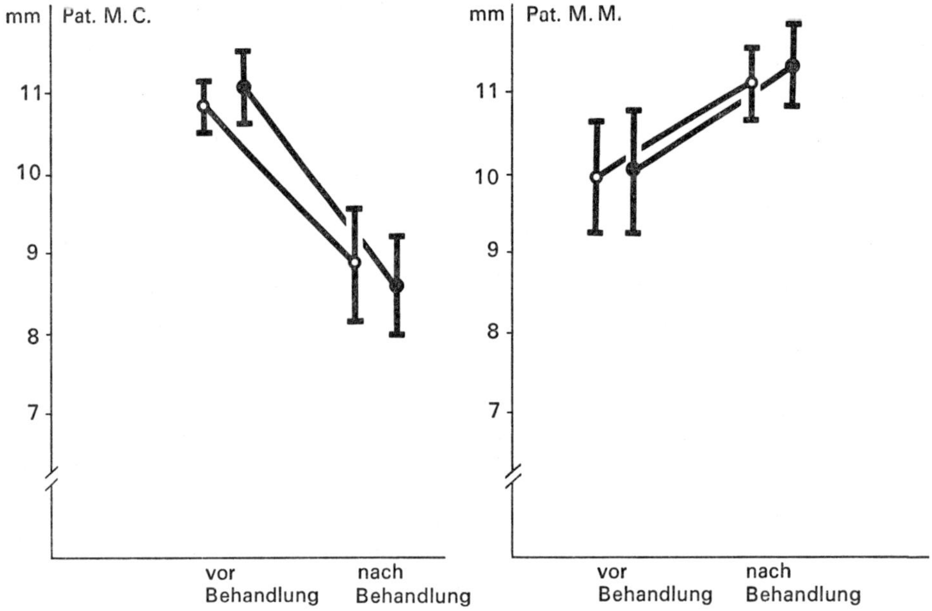

Hamilton-Skala

Gesamtscore	19	1	28	22
Angstscore	4	0	2	4

Lidspaltenweite links o——o rechts •——•

Abb. 3. Lidspaltenweite zweier Patientinnen vor und nach Behandlung mit dem gleichen Antidepressivum. Mittelwerte und Streuungen aus 20 Messungen

Blick. Ferner erkennt man die Besserung nach der Behandlung an einer Zunahme der mimischen Beweglichkeit. Wenn man auf dem Filmstreifen die *Lidspaltenweite* ausmißt – wir verwendeten dazu einen Projektor mit Einzelbildschaltung und geeigneter Vergrößerung –, ergibt sich folgendes Bild: In der oberen Hälfte der Abbildung 3 sehen Sie Mittelwerte und Streuungen der Lidspaltenweite von 20 Filmbildern vor und nach Behandlung der beiden Patientinnen. In der unteren Hälfte sind die entsprechenden Werte der Hamilton-Skala, Gesamtscore und Angstscore, aufgeführt. Die Abnahme der Lidspaltenweite bei der ersten Patientin geht mit dem Verschwinden der Angstsymptomatik und der Abnahme des Gesamtscores einher. Bei der zweiten Patientin hat sich die depressive Symptomatik nicht wesentlich gebessert; die Angst ist jedoch stärker geworden. Entsprechend finden wir eine Zunahme der Lidspaltenweite. Zu beachten ist ferner die Veränderung der Streuungen, welche ein Maß für die Bewegungen der Augenlider darstellen. Bei weit geöffneten Lidern ist die Streuung geringer, d.h. im Zustande hoher Ängstlichkeit sind die Bewegungen der Augenlider herabgesetzt.

Die nächste Abbildung (Abb. 4) zeigt die Kenngrößen der mimischen Bewegungen, die wir aus 200 Filmbildern errechnet haben. Der *Bewegungsquotient* ist

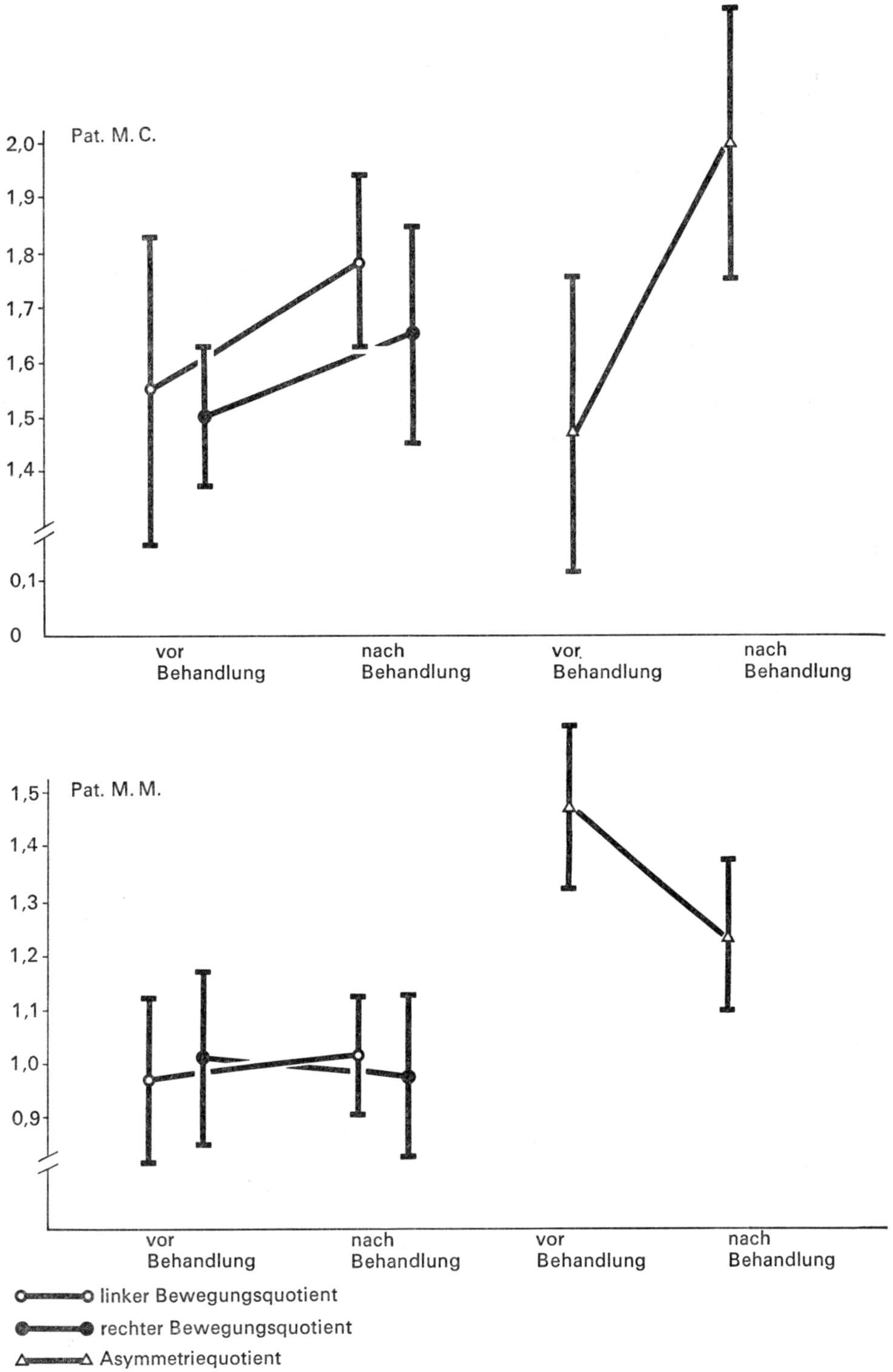

Abb. 4. Kenngrößen der mimischen Bewegungen des Mundwinkels bei zwei Patientinnen vor und nach Behandlung mit dem gleichen Antidepressivum (200 Bilder, 24 Bilder/sec). Mittelwerte und Streuungen aus 10 Meßreihen

ein Distanzmaß, welches für die Bewegungen des linken und rechten Mundwinkels berechnet wird. Wir bestimmen in einem Koordinatensystem, das auf das projizierte Gesicht gelegt wird, auf jedem Filmbild die Position der Mundwinkel. Aus den Koordinaten berechnen wir die Distanz zwischen den Positionen der Mundwinkel für jedes zehnte Bild, addieren sie und dividieren durch N–1 Bilder. Die abgebildeten Bewegungsquotienten entsprechen den Mittelwerten und ihren Streuungen aus zehn fortlaufenden Messungen, nämlich Bild 0, 10, 20 bis 190, Bild 1, 11, 21 bis 191 usw. bis zum 199. Bild. Da für die ganze Meßstrecke Stationarität vorliegt, können wir die Zunahme der Bewegungsquotienten der ersten Patientin mit einem einfachen t-Test prüfen. Es findet sich eine signifikante Zunahme der Bewegungen nach der Behandlung auf dem 5%-Niveau. Die eindrucksmäßig größere Beweglichkeit nach der Behandlung läßt sich somit zahlenmäßig bestimmen. Bei der zweiten Patientin, deren depressiver Zustand nicht gebessert wurde, finden wir keine Zunahme der Bewegungsquotienten.

Der *Asymmetriequotient* ist ein Distanzmaß, welches aus der Summierung der Abweichungen zwischen der Position des linken und rechten Mundwinkels auf jedem zehnten Bild errechnet wird, wenn man rechnerisch die linke auf die rechte Seite hinüberklappt. Die Summe der Abweichungen wird durch N–1 Bilder dividiert. Sie sehen, daß bei der ersten Patientin mit der Abnahme des Angstscores die Asymmetrie der Bewegung hochsignifikant zunimmt. Bei der zweiten Patientin sind die Verhältnisse umgekehrt. Mit zunehmender Angstsymptomatik ergibt sich eine signifikante Abnahme der Bewegungsasymmetrie (vgl. auch HEIMANN und LUKÀCS[32]).

Mit diesen Beispielen soll nur angedeutet werden, in welcher Weise mimische Abläufe quantifiziert werden können und welche Zusammenhänge zwischen Ausdrucksverhalten und Veränderungen der depressiven Symptomatik dadurch möglicherweise erschließbar sind. Die Methode ist leider sehr zeitraubend, und unsere bisherigen Untersuchungen von Patientengruppen waren wegen der großen interindividuellen Unterschiede nicht sehr ergiebig. Auf dieses Problem werden wir noch zurückkommen.

2. *Erregbarkeitsverhältnisse der Hirnrinde*

Die Erregbarkeitsverhältnisse der Hirnrinde wurden in der depressiven Phase mit Hilfe des Elektroenzephalogramms und der Methode der evozierten Potentiale untersucht. Klinisch können gelegentlich leichte Zeichen abnormer symmetrischer Spannungsentladungen im Temporalbereich beobachtet werden, die, wie ASSAEL und WINNIK[6] gezeigt haben, mit depressiven Phasen korreliert sind. Ähnliche Beobachtungen machte BLANC[10], der eine Reihe von pathologischen EEG-Veränderungen im Zusammenhang mit depressiven Phasen aufzählt. Alle diese Befunde dürfen jedoch nicht generalisiert werden. Sie sind weder spezifisch für depressive Verstimmungen, noch treten sie in der Regel bei Depressionen auf. CRIGHEL und SOLOMONOVICI[18] fanden sie nicht nur bei depressiven Patienten, sondern auch bei Neurotikern mit vorherrschender Angstsymptomatik.

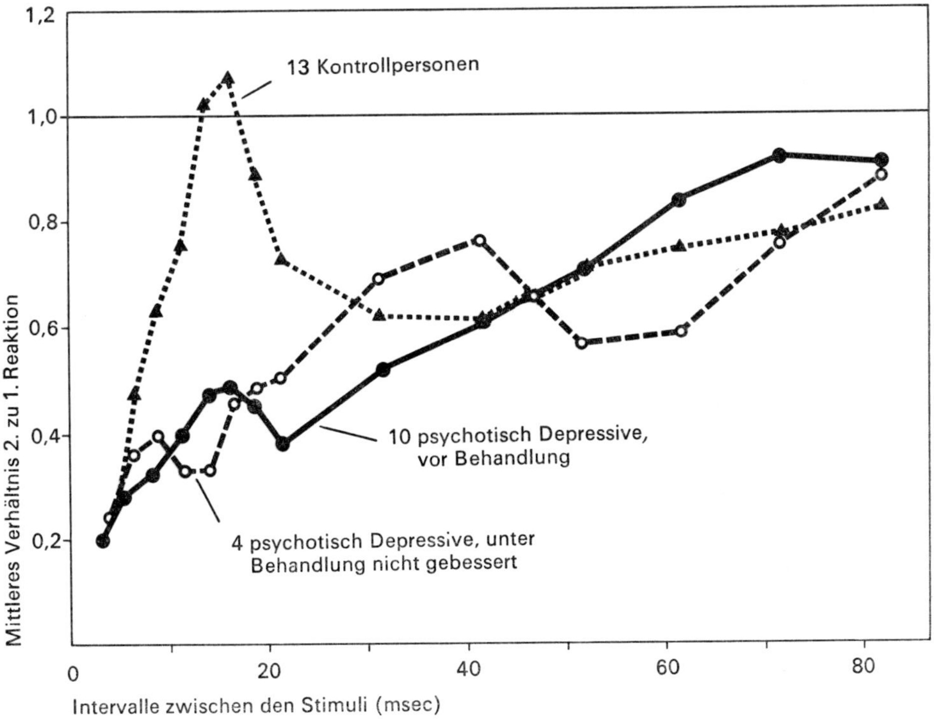

Abb. 5. Mittelwerte der Erholungskurven evozierter Potentiale von 13 Kontrollpersonen und 14 psychotisch Depressiven, darunter 4 Kranken, deren Depression unter medikamentöser Behandlung nicht gebessert wurde. Die initiale Spitze der Erholungsfunktion (vor 20 msec) fehlte im allgemeinen bei den Kranken (nach SHAGASS[52])

SHAGASS[50] untersuchte die *EEG-Reaktion auf Fotostimulation* mit 10 und 15 Stimuli pro Sekunde. Er konnte mit dem Verhältnis der positiven Reaktionen bei 15 pro Sekunde zu 10 pro Sekunde nachweisen, daß die vorwiegend ängstlichen Patienten eine signifikant höhere Verhältniszahl erreichten als die depressiven, d. h. daß sie der schnelleren Fotostimulation stärker folgten. Normale Kontrollpersonen und Schizophrene lagen zwischen diesen beiden Extremen.

Die Untersuchung der Erregbarkeitsverhältnisse der Hirnrinde mit Hilfe *evozierter Potentiale* verdanken wir vor allem SHAGASS und seiner Gruppe. Die gemittelten evozierten Potentiale auf Einzelreize ergeben jedoch für den depressiven Zustand keine spezifischen Veränderungen. Vorderhand lassen sich nur psychotische von nichtpsychotischen Patienten an der Konfiguration der gemittelten Kurven unterscheiden (SHAGASS und SCHWARTZ[56], HENINGER[33], SPECK et al.[57], FLORIS et al.[26,27]).

Die *Erholungsfunktion der evozierten Potentiale* bei wiederholten Reizen mit einem Intervall zwischen 2,5 bis 100 msec wurde von SHAGASS und SCHWARTZ[55], SATTERFIELD[48], HENINGER und SPECK[34] untersucht. Da der zweite Reiz in die Latenzperiode des ersten fällt, ist die gemittelte Reaktion nach dem zweiten Reiz verändert. Der Vergleich einer Gruppe von normalen Kontrollpersonen

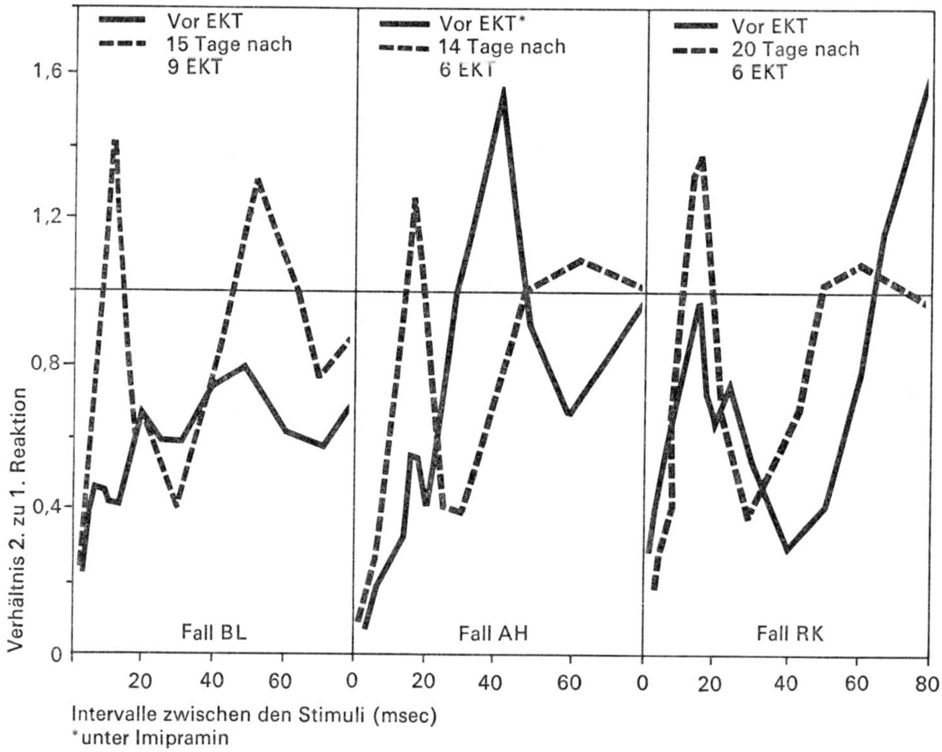

Abb. 6. Erholungsfunktion evozierter Potentiale während der ersten 80 msec bei 3 depressiven Patienten vor und nach Behandlung mit Elektroschock (EKT) (nach SHAGASS[53])

und von psychotisch depressiven Patienten vor der Behandlung zeigt einen Unterschied der Erholungsfunktion vor allem bei sehr kurzen Reizintervallen bis zu 20 msec.

Auf der umstehenden Abbildung (Abb. 5), die einer Arbeit von SHAGASS[52] entnommen ist, sehen Sie den bei gesunden Kontrollpersonen zu beobachtenden Peak der Erholungsfunktion in den ersten 20 msec. Er fehlt bei psychotisch Depressiven vor der Behandlung und bei jenen Patienten, die unter Behandlung nicht gebessert wurden. Auf der obigen Abbildung (Abb. 6) sehen Sie die Erholungsfunktion nach SHAGASS[53] bei drei Patienten vor und nach der Behandlung. Die flache Mittelwertskurve der vorangehenden Abbildung entsteht offenbar dadurch, daß die Patienten in der depressiven Phase entweder keinen, einen verzögerten oder einen abgeschwächten Peak aufweisen. Es bestehen also auch hier große interindividuelle Unterschiede. SHAGASS[53] konnte durch wiederholte Untersuchungen bei einzelnen depressiven Patienten zeigen, daß der Peak der Erholungsfunktion in der Remission demjenigen normaler Kontrollpersonen entspricht und jeweils bei Wiederauftreten der depressiven Phase verschwindet. Diese interessanten Befunde müßten jedoch an einem größeren Krankengut bestätigt werden, und es wäre zu untersuchen, ob sie für die depressive Verstimmung spezifisch sind. Da auch andere psychotische Kranke ähnliche Befunde zeigen, handelt es sich vielleicht nur um einen unspezifischen Indikator für eine psychotische Verfassung. Es existieren meines Wissens auch keine Untersuchungen, die das Ausmaß der gestörten Erholungsfunktion mit der Depressionstiefe in Verbindung bringen.

3. *Aktivierung, Depression und Ängstlichkeit*

Das Problem der Aktivierung im Zusammenhang mit dem klinischen Bild der Depression und der Angstsymptomatik wurde in verschiedenen Studien untersucht. Wir wollen hier nur auf die Ergebnisse der Untersuchung einiger vegetativer Parameter und der Bestimmung der Sedierungsschwelle eingehen. Nach CLARIDGE[14] ist die Aktivierung *(arousal)* ein allgemeines psychophysiologisches, *funktionelles Konzept*, das zwei aufeinander bezogene Aktivierungsmechanismen umfaßt: 1. Ein *tonisches Aktivierungssystem*, welches für die Aufrechterhaltung des Aktivierungsniveaus eines Individuums verantwortlich und von exterozeptiven und interozeptiven Stimuli abhängig ist. 2. Ein *Aktivierungsmodulationssystem*, welches zwei Funktionen hat, nämlich a) die direkte Kontrolle durch inhibitorische Wirkungen auf das Aktivierungsniveau des tonischen Aktivierungssystems und b) eine integrierende Wirkung auf den Stimulus-Input in beiden Systemen durch Erleichterung bzw. Unterdrückung eintreffender Informationen. Unter normalen Bedingungen besteht ein Gleichgewicht zwischen diesen beiden Systemen durch eine negative Rückkoppelung. Diese Unterscheidung von zwei Systemen könnte man durch das Verhältnis des Hautwiderstandes (HW) zur psychogalvanischen Reaktion (PGR) veranschaulichen. Der HW ist ein Indikator für das tonische System; die Häufigkeit und Größe der PGR stellen einen Indikator für das Modulationssystem dar.

Untersuchungen zur *Habituierung* zeigen, daß bei hoher Aktivierung die Habituationsgeschwindigkeit herabgesetzt ist, d.h. es dauert länger, bis die vegetativen Reaktionen auf sensorische Stimuli verschwinden. Gleichzeitig ist die Konditionierungsbereitschaft erhöht. *Arousal* ist das physiologische Korrelat zur *emotionalen Intensität*. EPSTEIN[22] hat dies in psychophysiologischen Untersuchungen der Angstreaktion bei ungeübten und geübten Fallschirmspringern nachgewiesen. Wie LACEY ct al.[38] zeigen konnten, sind die Ausschläge des Aktivierungsmodulationssystems nach dem WILDERschen Ausgangswertgesetz von der initialen Höhe der Aktivierung abhängig. In einem hochgespannten System sind die Reaktionen auf äußere Stimuli klein, in einem niedriggespannten System groß. Der paradigmatische Fall des ängstlich Depressiven ist der *agitierte depressive Patient*. Es wäre bei ihm ein hohes Aktivierungsniveau zu erwarten, seine Habituationsgeschwindigkeit und sein Hautwiderstand wären demnach herabgesetzt, die spontanen PGR erhöht und ihre Größe vermindert. Dies ist nach Untersuchungen von LADER und WING[39] sowie von KELLY und WALTER[36] auch der Fall, wie aus Abbildung 7 hervorgeht. Auch die Messung des Blutdurchflusses in Ruhe und unter Streßbedingungen entspricht für diese Patientengruppe der Hypothese, d.h.: erhöhter Blutdurchfluß in Ruhe verglichen mit normalen Kontrollpersonen, verminderte Blutdurchflußzunahme unter Streß (vgl. auch NOBLE und LADER[44]). Die *gehemmten Depressiven* sollten sich zu den agitierten komplementär verhalten. Dies ist jedoch nicht der Fall. Die Habituationsgeschwindigkeit, der Hautwiderstand und die spontane PGR entsprechen

	Habituationsgeschwindigkeit (20 akustische Stimuli von 100 db)	Hautwiderstand	Spontane PGR	Größe der 1. PGR	Blutdurchfluß in Ruhe	Blutdurchfluß unter Streß
normale Kontrollpersonen	ca. 14 Antworten	184 kΩ	0–5/Min.	0,18 log Cond.*	2,2	8,3
gehemmt Depressive	nicht meßbar, da nur 5 oder weniger Antworten	↑ 282 kΩ	↓ 0–1/Min.	↓ 0,03 log Cond.	∽ 2,1	↓ 4,6
agitiert Depressive	↓ 15 und mehr Antworten	↓ 128 kΩ	↑ 5–13/Min.	↓ 0,07 log Cond.	↑ 3,2	↓ 5,1

* log Conductance

↓ Abnahme gegenüber normalen Kontrollpersonen

↑ Zunahme gegenüber normalen Kontrollpersonen

Abb. 7. Aktivierung und Habituation bei normalen Kontrollpersonen sowie bei gehemmt Depressiven und agitiert Depressiven, gemessen an vegetativen Parametern (nach Lader und Wing[39] sowie Kelly und Walter[36])

zwar einem Zustand verminderter Aktivierung. Die Größe der ersten PGR und der Blutdurchfluß unter Streßbedingungen sind entgegen der Hypothese jedoch *ebenfalls herabgesetzt.* Das *Aktivierungsmodulationssystem* arbeitet bei diesen Patienten offenbar nicht gemäß dem an normalen Kontrollpersonen entwickelten Verhältnis zwischen Ausgangswert und Reaktion. Die Befunde bei gehemmten Depressiven sprechen einerseits für eine *verminderte tonische Aktivierung*, andererseits für eine *Herabsetzung der Reaktivität im Modulationssystem.* Somit ist die gehemmte Depression kein Gegenpol zur agitierten, was wir aufgrund symptomstatistischer Untersuchungen auch vom klinischen Gesichtspunkt aus nachgewiesen haben (Heimann[31]). Die besondere psychophysiologische Reaktivität der gehemmt Depressiven könnte das typische Korrelat der vitalen Verstimmung darstellen. Von besonderem Interesse wäre eine Untersuchung dieser Arousalverhältnisse bei der larvierten Depression, Untersuchungen, die meines Wissens bisher nicht vorliegen.

Abbildung 8 zeigt in schematischer Form nochmals die Verhältnisse von Hautwiderstand, spontaner sowie provozierter PGR bei den drei Gruppen (agitierte und gehemmte Depressive, normale Kontrollgruppe), insbesondere die geringe Reaktivität der gehemmt Depressiven.

Wenn man andere Aktivierungsparameter untersucht, sind die Ergebnisse jedoch nicht konsistent. Noble und Lader[45] fanden bei depressiven Patienten ein erhöhtes basales Niveau im Elektromyogramm und entsprechend eine geringere Reaktivität als Zeichen einer, verglichen mit normalen Kontrollpersonen, erhöhten Aktivierung, die zudem mit klinischen Symptomen im Gastrointestinaltrakt, verminderter Libido und Angstsymptomatik signifikant korrelierte! Auch die Speicheluntersuchungen (Gottlieb und Paulson[28], Busfield und Wechsler[13], Loew[40], Pöldinger et al.[47], Hole et al.[35]) sind nicht konsistent (vgl. die zusammenfassende Darstellung bei Beck[7]). Die Basler Klinik

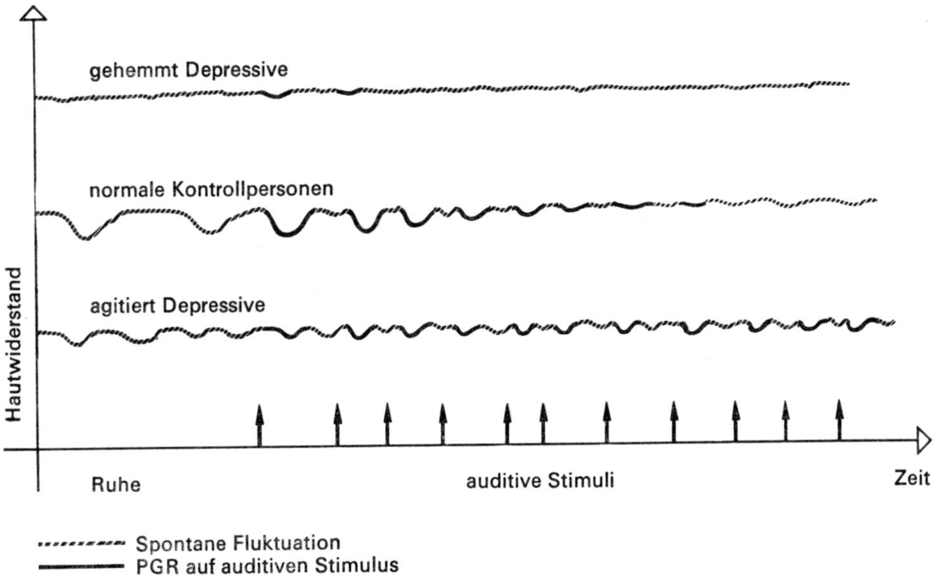

Abb. 8. Schematische Darstellung von Aktivierung und Habituation bei normalen Kontrollpersonen sowie bei gehemmt Depressiven und agitiert Depressiven, gemessen an Hautwiderstand, spontaner Fluktuation und psychogalvanischem Reflex

konnte zeigen, daß Unterschiede der Speichelrate zwischen reaktiven, endogenen und Involutionsdepressionen auf den Altersfaktor zurückgeführt werden können.

Kritisch ist zu allen diesen Studien anzumerken, *daß weder die Aktivierung ein einheitliches Konzept darstellt noch die im klinischen Rating und im Self-Rating bestimmten subjektiven Zeichen der Ängstlichkeit.* Neuere Studien zur Aktivierungsforschung, z.B. von FAHRENBERG[23] und SCHÖNPFLUG[49], haben gezeigt, *daß zwischen Individuen große Unterschiede im Aktivierungsmuster* sowohl des tonischen wie des Modulationssystems bestehen, so daß Korrelationsrechnungen zwischen physiologischen Parametern und klinischer Symptomatologie im allgemeinen verhältnismäßig niedrige Korrelationen ergeben müssen. Ferner ist zu beachten, daß *Beziehungen zwischen Aktivierungsparametern gewöhnlich kurvilinear* sind, wie schon MALMO[42] an der Beziehung des Hautwiderstandes zur Alphaaktivität im EEG nachgewiesen hat. Die relativ spärlichen Untersuchungen zum Problem der Aktivierung und Depression sind meines Erachtens bisher vor allem deshalb wenig ergiebig, weil der klinische Gruppenvergleich über Mittelwerte und Streuungen bzw. korrelative Beziehungen die individuellen Ausgangs- und Reaktivitätsmuster der Patienten verdeckt und weil das *Problem der Angstabwehrmechanismen*, das EPSTEIN[22] in seiner experimentellen Studie für das subjektive Erleben und die vegetativen Parameter so eindrücklich herausgestellt hat, nicht berücksichtigt wurde.

Dies gilt vor allem auch für die Differenzierung depressiver Patienten mit Hilfe der *Sedierungsschwelle* (SHAGASS et al.[54]), die ein *globales Maß der Aktivierung* darstellt. Sie erfolgt durch die Bestimmung der für einen bestimmten Grad der

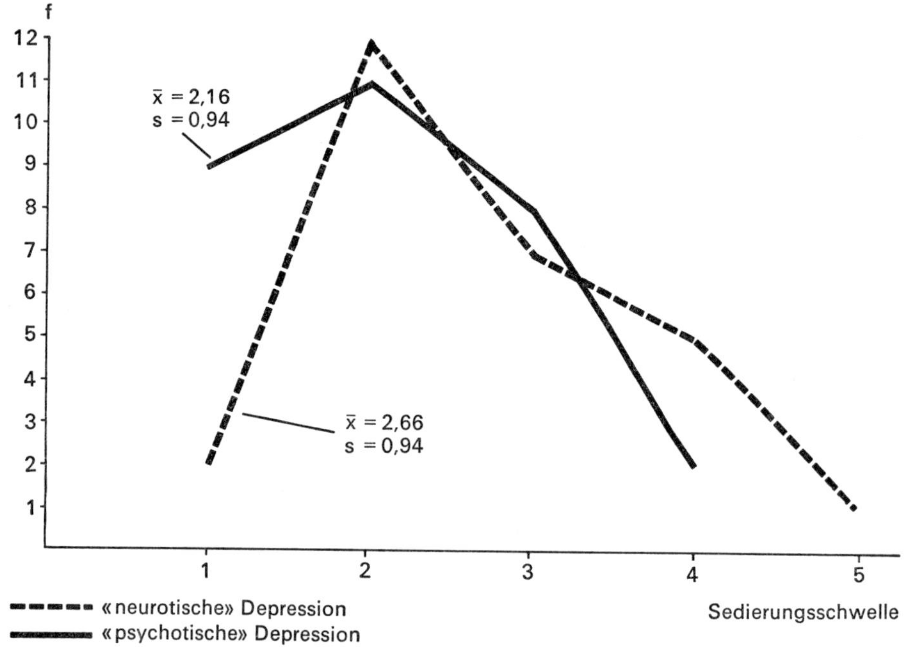

Abb. 9. Sedierungsschwelle bei «neurotisch» (N = 27) und «psychotisch» (N = 30) Depressiven (endogen und involutiv)

Sedierung notwendigen Barbituratmenge. Die mit diesem Verfahren erzielten Ergebnisse sind kontrovers. Die von Shagass[51] gefundenen erniedrigten Werte für psychotisch Depressive verglichen mit reaktiv Depressiven würden sich zwar mit dem Befund einer erniedrigten Aktivierung gehemmt depressiver Patienten decken. In einer eigenen Studie (Agius et al.[1]) gelang es uns jedoch nicht, wie Abbildung 9 zeigt, neurotisch und psychotisch depressive Patienten mit Hilfe der Sedierungsschwelle zu trennen. Beide Gruppen überlappen sich beinahe vollständig. Die gleichen Patienten ließen sich dagegen mit Hilfe des Polaritätenprofils recht gut auseinanderhalten, insbesondere auch die involutiv Depressiven von den endogen Depressiven, indem die letzteren von ihrem eigenen Zustand ein eher neutrales Bild gaben (Abb. 10). Die signifikanten Unterschiede in den Polaritäten blieben auch nach Auspartialisierung des Altersfaktors bestehen. Nur drei von 30 Polaritäten zeigten eine signifikante Korrelation mit dem Alter.

4. Schlafstörungen

Laboratoriumsuntersuchungen bei Schlafstörungen depressiver Patienten können nach Zung[61] wie folgt zusammengefaßt werden: Depressive zeigen *längere Wachperioden*, eine *Erhöhung des ersten Schlafstadiums*, eine *Verminderung des vierten Schlafstadiums*, d.h. des Tiefschlafs mit Delta-Wellen, eine *Verminderung der REM-Zeit* und eine *Steigerung der Aktivität des Arousal-Systems*. Dies geht klar aus der Abbildung 11 hervor, auf der der Schlafzyklus eines mit Desipramin behandelten Patienten vor, nach der ersten und nach der vierten Behandlungswoche abgebildet ist. Zung vermutet, daß die *Verminderung des vierten Schlaf-*

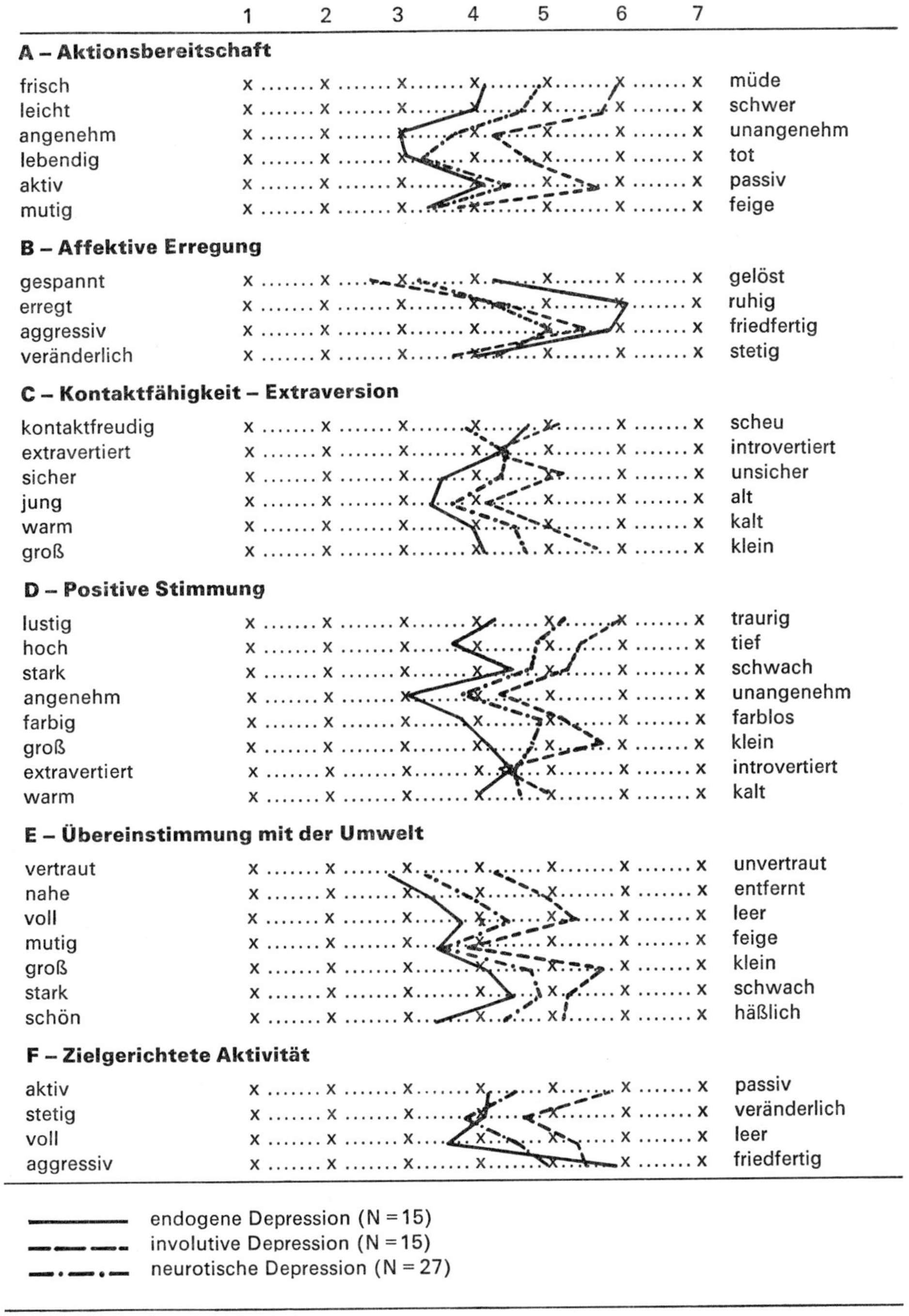

Abb. 10. Mittelwerte in der Polaritätenliste depressiver Patienten

stadiums vor der Verminderung des REM-Schlafes erfolgt, da unter der Behandlung zuerst das Stadium IV und erst dann die REM-Zeit verlängert wird. Ferner weist er auf die Beobachtung von AGNEW et al.[2] hin, wonach der Stadium-IV-Schlaf-Entzug bei normalen Versuchspersonen zu einer eher depressiven Ver-

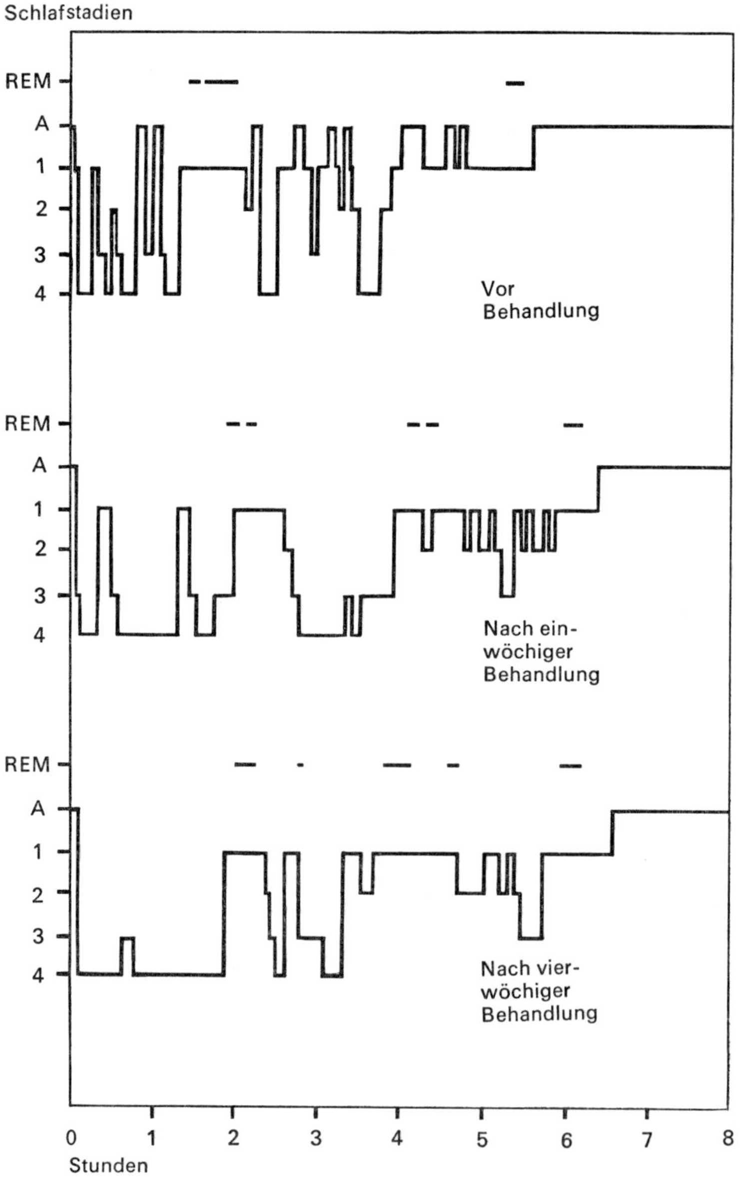

Abb. 11. Schlafzyklus eines depressiven Patienten vor sowie unter Behandlung mit 4mal täglich 25 mg Desipramin (nach ZUNG[61])

fassung mit verminderter Leistungsfähigkeit führt, der REM-Schlaf-Entzug psychologisch eher zu einer erhöhten Erregbarkeit und Labilität.

Sorgfältige Langzeitstudien an ausgewählten endogen depressiven Patienten durch MENDELS und HAWKINS[43] und durch LOWY et al.[41] stellen diese Befunde jedoch teilweise in Frage. Nach den Autoren zeigt die über viele Nächte (einen Monat und länger) ausgedehnte Registrierung, daß *zwischen den Patienten, aber auch bei jedem Patienten von Nacht zu Nacht eine erhebliche Variabilität der Schlafzyklen und der proportionalen Dauer der Schlafstadien einschließlich des REM-Schlafes zu beobachten* ist. Aus diesem Grunde sind Querschnittuntersuchungen von vielen Patienten, wobei der einzelne Patient nur wenige Nächte am Versuch teilnimmt,

mit großer Vorsicht zu interpretieren. Fest steht nur, daß der Schlaf depressiver Patienten häufiger unterbrochen wird und leicht ist und daß eine Abnahme der Dauer des vierten Schlafstadiums vorliegt. Diese Abnahme ist konsistenter als die Befunde des REM-Schlafes, dessen Dauer nach HARTMANN[29] bei Depressiven erhöht, nach MENDELS und HAWKINS[43] aber vermindert oder verlängert ist, also eine stärkere Fluktuation zeigt. MENDELS und HAWKINS vermuten für den REM-Schlaf, daß in der Depression ein stärkeres REM-Bedürfnis besteht, da die Latenzzeit zur ersten REM-Periode oft verkürzt und die Dauer der gesamten REM-Zeit pro Nacht gelegentlich erhöht ist. Die *Reduktion des vierten Schlafstadiums* ist jedoch für den Zustand der Depression *nicht spezifisch*; nach FEINBERG et al.[24] findet sie sich auch bei Schizophrenen, bei Patienten mit psychoorganischem Syndrom und häufig in der ersten Nacht des Patienten im Laboratorium (FEINBERG et al.[25]). Es handelt sich somit wahrscheinlich eher um *einen Indikator für eine unspezifische Störung des Schlafverhaltens* als um eine Besonderheit der depressiven Schlafstörung. Auch ergeben sich keine gesicherten Anhaltspunkte, daß sie zwischen reaktiv und endogen Depressiven differenziert.
Die therapeutischen Erfolge bei endogen depressiven Patienten durch selektiven REM-Schlaf-Entzug, über die VOGEL et al.[58] berichten, sind demnach noch nicht geklärt. Dasselbe gilt für die Aufhellung der Depression, welche PFLUG und TÖLLE[46] nach 24stündigem Schlaf-Entzug beobachten konnten. Zwar führen nach WYATT et al.[59] kontinuierliche Gaben von Monoaminooxidasehemmern zur völligen Unterdrückung des REM-Schlafes mit nachfolgender Rebound-Phase, wobei die therapeutische Besserung mit der Unterdrückung der REM-Phasen einhergeht. Einige Patienten zeigten während des REM-Rebounds eine starke Zunahme der Ängstlichkeit. Über ähnliche Befunde berichten BOWERS und KUPFER[11]. HAURI und HAWKINS[30] stellten fest, daß die *nächtlichen Fluktuationen des phasischen REM* (d.h. die REM-Zeit mit raschen, sturmartigen Augenbewegungen) *negativ mit den täglichen Depressions-Scores der Beck-Skala korrelierten:* Je niedriger die Prozentwerte des phasischen REM während der Nacht, desto höher die Scores des Faktors vitale Depression.

5. Störungen des zirkadianen Rhythmus

Die morgendliche Verschlimmerung der depressiven Symptomatik kommt nach ANGST et al.[4] zwar nur bei zirka 50% der endogen Depressiven vor, sie hat aber von jeher zusammen mit den Schlafveränderungen den Gedanken an eine Störung des zirkadianen Rhythmus nahegelegt. Um so auffallender ist daher die Tatsache, daß es nur wenige Studien gibt, welche sich ernsthaft mit dem Nachweis einer Rhythmusstörung biologischer Funktionen bei Depressiven befassen. Es ist mir beispielsweise keine Arbeit bekannt, die über Ergebnisse einer während längerer Zeit kontinuierlich durchgeführten Rektaltemperaturmessung berichtet, obwohl nach CONROY und MILLS[16] der zirkadiane Rhythmus der Körpertemperatur alle Kriterien eines endogenen Rhythmus erfüllt und zudem interessante Beziehungen zu tagesrhythmischen Veränderungen anderer physiologischer und psychischer Variablen besitzt. ASCHOFF und WEVER[5] haben überdies gezeigt, daß unter Isolierungsbedingungen ohne äußeren Zeitgeber der

zirkadiane Rhythmus der Körpertemperatur von demjenigen der Aktivitäts- und Ruhephase unabhängig ist.
Untersucht wurden vor allem die Wasser-, Chlorid-, Natrium- und Kaliumausscheidungen (ELITHORN et al.[21]) sowie die 11-Hydroxycorticosteroidspiegel im Plasma (BRIDGES und JONES[12], KNAPP et al.[37]). Die Beurteilung und Interpretation derartiger Studien (vgl. auch AJURIAGUERRA[3]) sind außerordentlich schwierig, sowohl wegen der unterschiedlichen Entnahmeintervalle und -häufigkeiten als auch deshalb, weil gewöhnlich nur ein 24stündiger Zyklus untersucht wurde. Bei *endogen Depressiven* konnte z. B. eine *Reduktion der Amplitude im Rhythmus der Wasser- und Elektrolytausscheidung* nachgewiesen werden (ELITHORN et al.[21]). KNAPP et al.[37] fanden *bei affektiven Psychotikern* während des ganzen 24stündigen Zyklus *erhöhte 11-Hydroxycorticosteroidspiegel*, die im Vergleich zu Schizophrenen und anderen psychotischen Patienten am späten Abend und in der Nacht am ausgeprägtesten waren. Solche Veränderungen konnten über *das Abklingen der Phase hinaus beobachtet werden* (CONROY et al.[15], DOIG et al.[20]). Dieser Befund führt deshalb bereits zur Frage, ob es sich um biologische Veränderungen handeln könnte, die, von der depressiven Phase unabhängig, *mit der besonderen Affizierbarkeit des endogen Depressiven zur Auslenkung seiner Stimmung zusammenhängen*. In ähnlicher Weise wären die von BENKERT et al.[8], BIRKMAYER und LINAUER[9] sowie von CROMBACH et al.[19] berichteten *morgendlichen Erniedrigungen des Tyrosinplasmaspiegels* bei endogen depressiven Patienten zu interpretieren, die auch nach Besserung der Depression anhalten, oder die *niedrigeren 5-HIES-Konzentrationen im Liquor* während *und* nach Verschwinden der Depression bzw. der manischen Phasen (COPPEN et al.[17]).
Diese wenigen Befunde sprechen für eine Störung des zirkadianen Rhythmus biologischer Funktionen bei endogen Depressiven. Sie könnte ein wichtiger Faktor für die beobachteten interindividuellen Unterschiede und intraindividuellen Fluktuationen psychophysiologischer Variablen sein, deren Werte wir bisher meist nur aus einzelnen Messungen an mehr oder weniger großen, nicht eindeutig definierten Patientenstichproben kennen. Man könnte diesen Faktor meines Erachtens kontrollieren, wenn wir über ein einfaches, über längere Zeit fortlaufend zu registrierendes Maß verfügten, welches, wie z.B. die Körpertemperatur, wesentlich der autonomen zirkadianen Schwankung unterliegt.

6. Zusammenfassung und Hinweis für die psychophysiologische Forschung

a) Die Übersicht über die biologischen Korrelate des depressiven Syndroms ergibt Ansätze, welche weiter zu verfolgen sind: Störung der Erholungsfunktion der evozierten Potentiale, Störung des Aktivierungsmodulationssystems bei der gehemmten endogenen Depression, Verminderung des vierten Schlafstadiums, Störung der phasischen Komponente des REM-Schlafes und Störung des zirkadianen Rhythmus der 11-Hydroxycorticosteroide.
b) In allen besprochenen Bereichen zeigen die Resultate eine *starke interindividuelle Streuung und intraindividuelle Fluktuation der Meßwerte*. Dies ist am eindrucksvollsten bei den Erregungsverhältnissen der Hirnrinde Depressiver, gemessen an der Erholungsfunktion der evozierten Potentiale, und wirkt sich am stärksten

aus für die Beurteilung des Aktivierungsniveaus depressiver Syndrome sowie für die Beurteilung der Modifizierung des Schlafstadiums IV und der REM-Phasen.
c) Die Trennung der Angstsymptomatik von der depressiven Verstimmung ist als zentrales Problem ungelöst. Ansätze für eine objektivere Differenzierung finden wir in den Messungen mimischer Bewegungen und in den verschiedenen Aktivierungsparametern. Die bisherigen Ergebnisse zeigen jedoch die großen Schwierigkeiten, welche besonders auf dem Gebiet der larvierten Depression bestehen, etwa bei der Differenzierung von Konversionssymptomen der Angst und psychosomatischen Manifestationen der depressiven Verstimmung.
d) Ein Fortschritt auf diesem Gebiete ist nur zu erwarten, wenn man zunächst auf größere Stichprobenuntersuchungen mit Mittelwertvergleichen und psychophysische korrelationsstatistische Berechnungen verzichtet und sich auf *sorgfältige Langzeituntersuchungen klinisch wohldefinierter Patientengruppen mit gezielten Untersuchungsvariablen* beschränkt, die beispielsweise eine *Beurteilung der Faktoren Angst, depressive Verstimmung und Aktivierung* gestatten. Wenn möglich, sollte im Rahmen solcher Untersuchungen eine Variable, die dem *zirkadianen Rhythmus* unterworfen ist und für die anderen Messungen als *Indikator* dient, über längere Zeit fortlaufend registriert werden.

Literatur

1 Agius, S., Eisert, H.G., Heimann, H.: Essai de classification psychologique et physiologique du syndrome dépressif. Schweiz. Arch. Neurol. Psychiat. *106*, 105 (1970)

2 Agnew, H.W., jr., Webb, W.W., Williams, R.L.: Comparison of stage 4 and 1-REM sleep deprivation. Percept. Motor Skills *24*, 851 (1967)

3 Ajuriaguerra, J. de: Rythmes biologiques et psychiatrie. In Ajuriaguerra, J. de (Ed.): Cycles biologiques et psychiatrie, Symp. Bel-Air III, Genève 1967, p. 401 (Georg, Genève 1968)

4 Angst, J., Grof, P., Hippius, H., Pöldinger, W., Weis, P.: La psychose maniaco-dépressive est-elle périodique ou intermittente?, loc. cit.[3], p. 339

5 Aschoff, J., Wever, R.: Spontanperiodik des Menschen bei Ausschluß aller Zeitgeber. Naturwissenschaften *49*, 337 (1962)

6 Assael, M., Winnik, H.Z.: Electroencephalographic findings in affective psychoses. Dis. nerv. Syst. *31*, 695 (1970)

7 Beck, A.T.: Depression: clinical, experimental, and theoretical aspects (Hoeber med. Div./Harper & Row, New York/Evanston, London 1967)

8 Benkert, O., Renz, A., Marano, C., Matussek, N.: Altered tyrosine daytime plasma levels in endogenous depressive patients. Arch. gen. Psychiat. *25*, 359 (1971)

9 Birkmayer, W., Linauer, W.: Störung des Tyrosin- und Tryptophanmetabolismus bei Depression. Arch. Psychiat. Nervenkr. *213*, 377 (1970)

10 Blanc, C.: Les modifications de l'électroencéphalogramme dans les dépressions et les névroses. Incidences pratiques. In Pasteur Vallery-Radot, Milliez, P. (Eds): Acquisitions médicales récentes 1969, p. 7 (Expansion sci. franç., Paris 1969)

11 Bowers, M., jr., Kupfer, D.J.: Central monoamine oxidase inhibition and REM sleep. Brain Res. *35*, 561 (1971)

12 Bridges, P.K., Jones, M.T.: The diurnal rhythm of plasma cortisol concentration in depression. Brit. J. Psychiat. *112*, 1257 (1966)

13 Busfield, B.L., jr., Wechsler, H.: Studies of salivation in depression. A com-

parison of salivation rates in depressed, schizoaffective depressed, nondepressed hospitalized patients, and in normal controls. Arch. gen. Psychiat. *4*, 10 (1961)
14 Claridge, G.S.: Personality and arousal. A psychophysiological study of psychiatric disorder. Int. Ser. Monogr. exper. Psychol., Vol. IV (Pergamon Press, Oxford etc. 1967)
15 Conroy, R.T.W.L., Elliott, A.L., Hughes, B.D., Mills, J.N.: Physiological variables in some psychiatric patients. J. Physiol. (Lond.) *196*, 129P (1968)
16 Conroy, R.T.W.L., Mills, J.N.: Human circadian rhythms (Churchill, London 1970)
17 Coppen, A., Prange, A.J., Whybrow, P.C., Noguera, R.: Abnormalities of indoleamines in affective disorders. Arch. gen. Psychiat. Im Druck
18 Crighel, E., Solomonovici, A.: Electroclinical correlations in neurosis with anxiety and depression. Psychiat. clin. *1*, 143 (1968)
19 Crombach, G., Berthold, A., Benkert, O., Matussek, N.: Further studies regarding altered tyrosine plasma level in endogenous depressive patients, Vth World Congr. Psychiat., Mexico City 1971. Im Druck
20 Doig, R.J., Mummery, R.V., Wills, M.R., Elkes, A.: Plasma cortisol levels in depression. Brit. J. Psychiat. *112*, 1263 (1966)
21 Elithorn, A., Bridges, P.K., Lobban, M.C., Tredre, B.E.: Observations on some diurnal rhythms in depressive illness. Brit. med. J. *ii*, 1620 (1966)
22 Epstein, S.: Toward a unified theory of anxiety. In Maher, B.A. (Ed.): Progress in experimental personality research, Vol. IV, p.1 (Acad. Press, New York/London 1967)
23 Fahrenberg, J.: Die Bedeutung individueller Unterschiede für die Methodik der Aktivierungsforschung. In Schönpflug, W. (Ed.): Methoden der Aktivierungsforschung, p.95 (Huber, Bern 1969)
24 Feinberg, I., Braun, M., Koresko, R.L., Gottlieb, F.: Stage 4 sleep in schizophrenia. Arch. gen. Psychiat. *21*, 262 (1969)
25 Feinberg, I., Koresko, R.L., Heller, N.: EEG sleep patterns as a function of normal and pathological aging in man. J. psychiat. Res. *5*, 107 (1967)
26 Floris, V., Morocutti, G., Amabile, G., Bernardi, G., Rizzo, P.A.: Recovery cycle of visual evoked potentials in normal, schizophrenic and neurotic patients. In Kline, N.S., Laska, E. (Eds.): Computers and electronic devices in psychiatry, p.194 (Grune & Stratton, New York/London 1968)
27 Floris, V., Morocutti, C., Amabile, G., Bernardi, G., Rizzo, P.A., Vasconetto, C.: Recovery cycle of visual evoked potentials in normal and schizophrenic subjects. Electroenceph. clin. Neurophysiol. Suppl. *26*: 74 (1967)
28 Gottlieb, G., Paulson, G.: Salivation in depressed patients. Arch. gen. Psychiat. *5*, 468 (1961)
29 Hartmann, E.: Longitudinal studies of sleep and dream patterns in manic-depressive patients. Arch. gen. Psychiat. *19*, 312 (1968)
30 Hauri, P., Hawkins, D.R.: Phasic REM, depression, and the relationship between sleeping and waking. Arch. gen. Psychiat. *25*, 56 (1971)
31 Heimann, H.: Typologische und statistische Erfassung depressiver Syndrome. In Hippius, H., Selbach, H. (Eds.): Das depressive Syndrom, Int. Symp., Berlin 1968, p.279 (Urban & Schwarzenberg, München/Berlin/Wien 1969)
32 Heimann, H., Lukàcs, G.: Eine Methode zur quantitativen Analyse der mimischen Bewegungen. Arch. ges. Psychol. *118*, 1 (1966)
33 Heninger, G.R.: Central neurophysiologic correlates of depressive symptomatology. Vortrag am NIMH (Nat. Inst. ment. Hlth) Workshop on the psychobiology of the depressive illnesses 1969
34 Heninger, G.R., Speck, L.B.: Visual evoked responses and mental status of schizophrenics. Arch. gen. Psychiat. *15*, 419 (1966)
35 Hole, G., Gehring, A., Blaser, P.: Vegetativum, Psychomotorik und Selbst-

beurteilung in Längsschnittuntersuchungen depressiver Patienten. Fortschr. Neurol. Psychiat. *40,* 69 (1972)

36 Kelly, D., Walter, C.J.S.: A clinical and physiological relationship between anxiety and depression. Brit. J. Psychiat. *115,* 401 (1969)

37 Knapp, M.S., Keane, P.M., Wright, J.G.: Circadian rhythm of plasma 11-hydroxycorticosteroids in depressive illness, congestive heart failure, and Cushing's syndrome. Brit. med. J. *ii,* 27 (1967)

38 Lacey, J.I., Smith, R.L., Green, A.: Use of conditioned autonomic responses in the study of anxiety. Psychosom. Med. (Baltim.) *17,* 208 (1955)

39 Lader, M.H., Wing, L.: Physiological measures in agitated and retarded depressed patients. J. psychiat. Res. *7,* 89 (1969)

40 Loew, D.: Die Einordnung des Symptoms «Mundtrockenheit» in die psychiatrische Diagnostik von Depressionen. Psychiat. Neurol. (Basel) *151,* 366 (1966)

41 Lowy, F.H., Cleghorn, J.M., McClure, D.J.: Sleep patterns in depression. J. nerv. ment. Dis. *153,* 10 (1971)

42 Malmo, R.B.: Activation: a neuropsychological dimension. Psychol. Rev. *66,* 367 (1959)

43 Mendels, J., Hawkins, D.R.: Sleep and depression. IV. Longitudinal studies. J. nerv. ment. Dis. *153,* 251 (1971)

44 Noble, P.J., Lader, M.H.: Depressive illness, pulse rate and forearm blood flow. Brit. J. Psychiat. *119,* 261 (1971)

45 Noble, P.J., Lader, M.H.: An electromyographic study of depressed patients. J. psychosom. Res. *15,* 233 (1971)

46 Pflug, B., Tölle, R.: Therapie endogener Depressionen durch Schlafentzug. Nervenarzt *42,* 117 (1971)

47 Pöldinger, W., Blaser, P., Gehring, A.: Anforderungen an quantifizierende Methoden in der Depressionsforschung. In Schulte, W., Mende, W. (Eds.): Melancholie in Forschung, Klinik und Behandlung, p. 80 (Thieme, Stuttgart 1969)

48 Satterfield, J.: Diskussionsvotum. In Donchin, E., Lindsley, D.B. (Eds.): Average evoked potentials: methods, results, and evaluations, p. 320 (Nat. Aeronaut. and Space Administr., Washington 1969)

49 Schönpflug, W.: Vorgänge psychophysiologischer Aktivierung und drei Ansätze zu ihrer Untersuchung, loc. cit.[23], p. 11

50 Shagass, C.: Differentiation between anxiety and depression by the photically activated electroencephalogram. Amer. J. Psychiat. *112,* 41 (1955)

51 Shagass, C.: Sedation threshold: technique and concept. In Brill, H., Cole, J.O., Denike, P., Hippius, H., Bradley, P.B. (Eds.): Neuro-Psycho-Pharmacology, Proc. Vth Int. Congr. Coll. int. neuro-psycho-pharmacol. (C.I.N.P.), Washington, D.C., 1966, p. 921. Int. Congr. Ser. No. 129 (Excerpta med. Found., Amsterdam etc. 1967)

52 Shagass, C.: Méthodes de la réponse évoquée en recherche psychiatrique. Confront. psychiat. No. 6, 243 (1970)

53 Shagass, C.: Evoked brain potentials in psychiatry (Plenum Press, New York 1972)

54 Shagass, C., Muller, K., Acosta, H.B.: The pentothal "sleep" threshold as an indicator of affective change. J. psychosom. Res. *3,* 253 (1959)

55 Shagass, C., Schwartz, M.: Reactivity cycle of somatosensory cortex in humans with and without psychiatric disorder. Science *134,* 1757 (1961)

56 Shagass, C., Schwartz, M.: Visual cerebral evoked response characteristics in a psychiatric population. Amer. J. Psychiat. *121,* 979 (1965)

57 Speck, L.B., Dim, B., Mercer, M.: Visual evoked responses of psychiatric patients. Arch. gen. Psychiat. *15,* 59 (1966)

58 Vogel, G.W., Thompson, F.C., Thurmond, A., Giesler, D., Barrowclough, B.: The effect of REM deprivation on depressive syndromes. Proc. Ist Europ. Congr. Sleep Res., Basel 1972. Im Druck
59 Wyatt, R.J., Fram, D.H., Kupfer, D.J., Snyder, F.: Total prolonged drug-induced REM sleep suppression in anxious-depressed patients. Arch. gen. Psychiat. *24*, 145 (1971)
60 Wyrsch, J.: Über Depressionen. Acta psychosom. (Docum. Geigy) Nr. 1 (1958)
61 Zung, W.W.K.: The pharmacology of disordered sleep: a laboratory approach. Insomnia and disordered sleep. Int. psychiat. Clin. *1970*, 123

Diskussion

H. P. Rome: Herr Heimann, mir ist hinsichtlich Ihrer Angaben über die biologischen Korrelate eine deutliche Ähnlichkeit mit der klinischen Symptomatologie von Patienten aufgefallen, die sich von einer Hypothyreose erholen. Haben Sie eventuell irgendwelche Werte über den Status der Schilddrüsenfunktion Ihrer Patienten?

J. J. López-Ibor Aliño: Ich möchte zu den Untersuchungen des Gesichtsausdrucks bei Depressiven einige Bemerkungen machen, da wir uns in Madrid ebenfalls gründlich damit befaßt haben und der Meinung sind, daß der Gesichtsausdruck des Patienten eines der Kriterien zur Diagnose depressiver Äquivalente darstellen könnte. Sehr häufig klagt der Patient nicht über depressive Stimmungen und leugnet sogar, deprimiert zu sein; wenn wir aber als Psychiater und Ärzte den Gesichtsausdruck des Patienten beobachten, so haben wir in vielen solchen Fällen dennoch allen Grund zu vermuten, daß er tatsächlich depressiv ist. Wir haben deshalb mit Hilfe mehrerer verschiedener Techniken versucht, bildlich festzuhalten, was wir wirklich sehen, wenn wir dem Patienten von Angesicht zu Angesicht gegenübersitzen. Es wurden u.a. Videobänder und Infrarotphotographien eingesetzt, aber diese wie auch andere Methoden haben sich bisher als erfolglos erwiesen – mit Ausnahme einer Technik, die uns zu recht interessanten Resultaten geführt hat. Was Sie, Herr Heimann, über den von Ihnen verwendeten Asymmetriequotienten sagten, hat mich an diese Technik erinnert. Bei Gesichtsaufnahmen gesunder Personen haben wir gefunden, daß ein Vergleich der linken mit der rechten Gesichtshälfte zu jeder Zeit einen deutlichen Grad von Asymmetrie erkennen läßt. Auf den Photographien hingegen, die wir von den Gesichtern Depressiver aufgenommen haben, war von dieser Asymmetrie nichts zu sehen; hier hatten beide Gesichtshälften den gleichen Ausdruck. Obwohl unser photographisches Material zur Zeit noch wenig umfangreich ist und wir auch noch keine Gelegenheit hatten, die in der depressiven Phase entstandenen Bilder mit Aufnahmen nach der klinischen Besserung der Patienten zu vergleichen, glaube ich, daß unsere Ergebnisse mit den Befunden, über die Sie in Verbindung mit Ihrem sogenannten Asymmetriequotienten berichtet haben, übereinstimmen könnten.

A. Coppen: Erlauben Sie mir, kurz auf die mögliche Rolle des 5-Hydroxytryptamins beim depressiven Syndrom einzugehen. Untersuchungen des Liquor cerebrospinalis Depressiver scheinen jetzt mehr und mehr Beweise dafür zu liefern, daß zwischen Depression und Störungen des 5-Hydroxytryptamin-Stoffwechsels ein Zusammenhang bestehen muß. Ich möchte Ihnen zur Illustration einige Diapositive zeigen. Eine zunehmende Anzahl von Forschern, unter ihnen Herr van Praag, finden jetzt im Liquor cerebrospinalis depressiver, aber auch manischer Patienten niedrigere Spiegel der 5-Hydroxyindolessigsäure (5-HIES), eines Metaboliten von 5-Hydroxytryptamin (Abb. 1). Herr van Praag hat berichtet, daß bei depressiven Patienten der Anstieg der 5-Hydroxyindolessigsäure nach Probenecid weniger auffallend ist als bei Kontrollen – eine Beobachtung, die, wie ich glaube, mit der Synthese des 5-Hydroxytryptamins in Beziehung steht. Diese Befunde aus dem Liquor cerebrospinalis sind mit Hirnbefunden bei verstorbenen Depressiven verglichen worden. Tabelle 1, die Resultate unserer Forschungsabteilung veranschaulicht, zeigt, daß die 5-Hydroxytryptamin-Konzentrationen im Hirngewebe depressiver Suizidenten abnorm niedrig waren. Die Resultate zweier anderer Autoren*, **, die nach dem Tod depressiver Selbstmörder Hirnanalysen durchführten, stimmen mit diesen Befunden überein.

---

*Bourne, H.R., Bunney, W.E., jr., Colburn, R.W., Davis, J.M., Davis, J.N., Shaw, D.M., Coppen, A.J.: Noradrenaline, 5-hydroxytryptamine, and 5-hydroxyindoleacetic acid in hindbrains of suicidal patients. Lancet *ii*, 805 (1968)

**Pare, C.M.B., Yeung, D.P.H., Price, K., Stacey, R.S.: 5-Hydroxytryptamine, noradrenaline, and dopamine in brainstem, hypothalamus, and caudate nucleus of controls and of patients committing suicide by coal-gas poisoning. Lancet *ii*, 133 (1969)

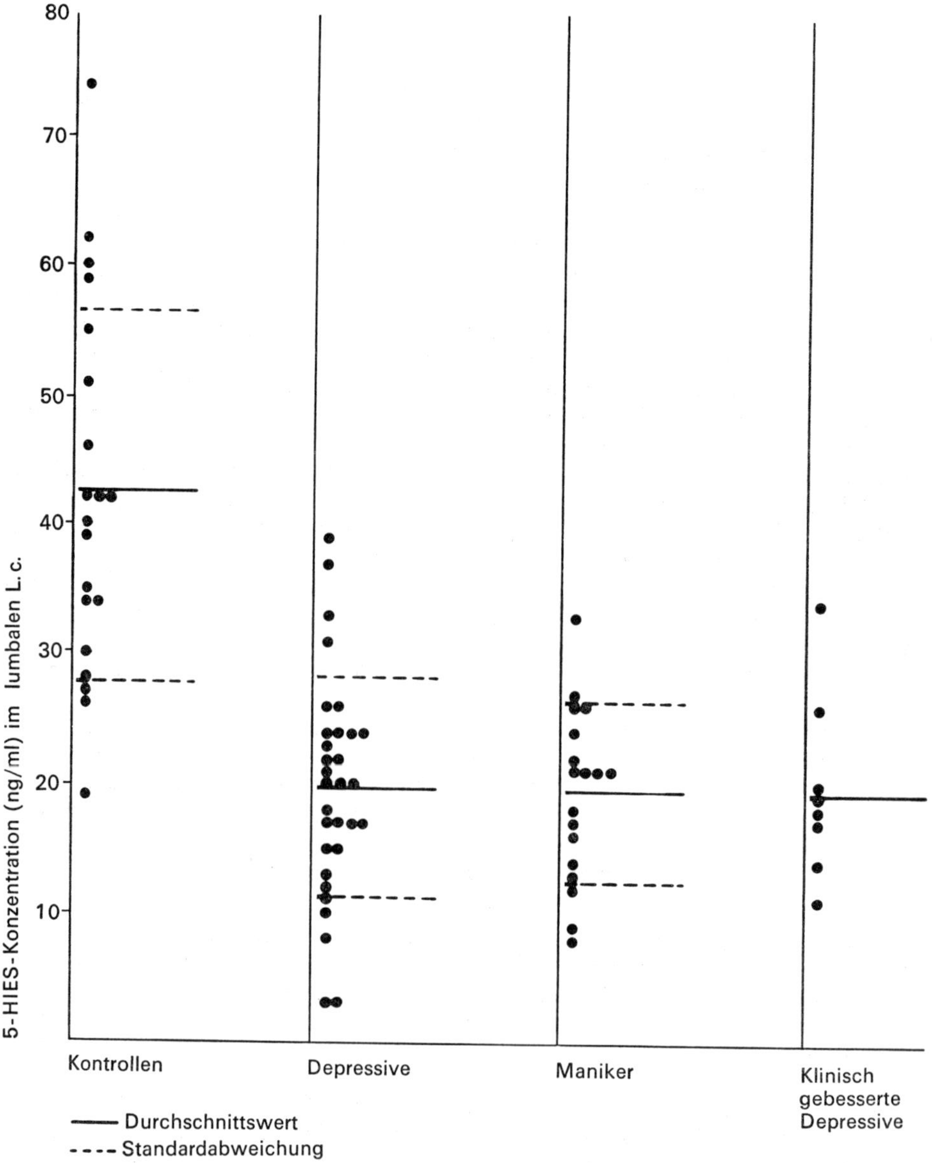

Abb. 1. 5-HIES-Konzentration im lumbalen Liquor cerebrospinalis bei Kontrollpersonen und bei Patienten mit affektiven Störungen

Hier stellt sich natürlich die Frage nach der Ursache der abnormen 5-Hydroxytryptamin-Konzentration. Es gibt in der 5-Hydroxytryptamin-Synthese zwei geschwindigkeitsbegrenzende Faktoren: die Hydroxylierung von Tryptophan zu 5-Hydroxytryptophan und die tatsächliche Tryptophan-Konzentration im Zentralnervensystem. Wir haben jetzt damit begonnen, die Tryptophan-Konzentration im Liquor cerebrospinalis zu untersuchen, die – wenn sie in Beziehung zum Tryptophan-Spiegel im Gehirn stünde – einer der geschwindigkeitsbegrenzenden Faktoren wäre.

Tab. 1. 5-Hydroxytryptamin-Konzentration (Durchschnittswerte) im Hinterhirngewebe von Kontrollpersonen und von depressiven Suizidenten

	N	Durchschnittsalter	5-HT-Konzentration (ng/g)
Kontrollpersonen	17	54	307
Depressive Suizidenten	11	49	250*

* Unterschied gegenüber Kontrollpersonen p < 0,05

Bei einer kleinen Gruppe, für die wir die Liquoranalysen kürzlich abgeschlossen haben, stellten wir fest, daß die Tryptophan-Konzentration im Liquor cerebrospinalis depressiver Patienten signifikant niedriger war als die der Kontrollen (Tab. 2). Dieser Befund würde mit der Hypothese übereinstimmen, derzufolge im Gehirn depressiver Patienten eine gewisse Verminderung der Tryptophan-Menge anzunehmen ist.
Wir haben uns dann gefragt, ob eine Erniedrigung der Tryptophan-Konzentration im Gehirn Depressiver – falls sie tatsächlich vorliegt – sich auch in der Plasmatryptophan-Konzentration widerspiegelt. Wir haben deshalb die Plasmatrypto-

Tab. 2. Tryptophan-Konzentration im lumbalen Liquor cerebrospinalis (ng/ml) bei Kontrollpersonen und bei Patienten mit affektiven Störungen

Kontrollen

Nr.	Geschlecht	Alter	L.c. Tryptophan (ng/ml)
1	F	47	200
2	F	67	622
3	F	66	575
4	F	38	395
5	F	43	390
6	M	66	295
7	M	55	380
8	M	58	760
9	M	43	280
10	M	58	390
11	M	24	466
12	F	41	805
13	M	70	560
14	F	57	715
Durchschnittswert		52	488

Depressive Patienten

Nr.	Geschlecht	Alter	L.c. Tryptophan (ng/ml)
1	F	61	172
2	F	34	196
3	F	71	296
4	M	24	277
5	F	58	269
6	F	41	227
7	F	74	305
8	M	42	170
9	F	56	520
10	F	63	166
Durchschnittswert		52	260

Manische Patienten

Nr.	Geschlecht	Alter	L.c. Tryptophan (ng/ml)
1	F	26	143
2	F	57	283
3	M	56	303
Durchschnittswert		46	243

Klin. gebesserte Patienten

Nr.	Geschlecht	Alter	L.c. Tryptophan (ng/ml)
1	M	31	685
2	F	51	370
3	F	63	480
Durchschnittswert		48	512

Kontrollen gegenüber depressiven Patienten: *t*-Test 3, 623; p < 0,005

Tab. 3. Tryptophan-Konzentration (9 Uhr morgens) im Plasma von Kontrollpersonen sowie Depressiven und klinisch gebesserten Depressiven

	N	Plasmatryptophan (μg/ml)	
		Durchschnittswert	s
Kontrollpersonen	11	11,8	0,29
Depressive Patienten	11	11,7	0,77
Klinisch gebesserte Depressive	11	10,5	0,71

Zwischen den Gruppen besteht kein signifikanter Unterschied

Tab. 4. Gesamt-Tryptophan und freies Tryptophan im Plasma von Kontrollpersonen und von weiblichen depressiven Patienten

	Alter (Jahre)		Plasmatryptophan: Gesamt-Tryptophan (μg/ml)		Freies Tryptophan (μg/ml)		Freies Tryptophan (%)	
	Durchschnittswert	s	Durchschnittswert	s	Durchschnittswert	s	Durchschnittswert	s
Weibliche Kontrollpersonen (N = 14)	45,4	3,3	11,9	0,49	1,34	0,09	11,4	0,67
Weibliche Depressive (N = 13)	56,5	3,9	12,5	0,74	0,86*	0,06	7,1*	0,53

*Weibliche Depressive gegenüber weiblichen Kontrollpersonen $p < 0{,}001$

phan-Spiegel von depressiven Patienten, klinisch gebesserten Depressiven und von gesunden Probanden kontrolliert. Wie Tabelle 3 erkennen läßt, fanden wir hinsichtlich der Gesamt-Tryptophan-Menge keine Unterschiede. Nun ist, glaube ich, Tryptophan unter den Aminosäuren einzig in seiner Art, da es zum größten Teil, d.h. zu zirka 90%, an Proteine gebunden ist. Wir haben daher eine Untersuchung über das totale und das freie Tryptophan im Plasma depressiver Patienten durchgeführt, die kürzlich abgeschlossen wurde. Die in Tabelle 4 wiedergegebenen Resultate scheinen uns recht interessant zu sein. Hinsichtlich der Gesamt-Tryptophan-Menge im Plasma haben wir auch hier keinen Unterschied zwischen depressiven Patienten und Kontrollpersonen gefunden; hingegen war der Anteil von freiem Tryptophan, das vermutlich ungehindert in das Zentralnervensystem diffundieren kann, signifikant niedriger bei Patienten, die sich zur Zeit der Untersuchung in einer depressiven Phase befanden. Der Prozentsatz des gebundenen Tryptophans lag bei den Depressiven signifikant höher. Diese Befunde könnten eine mögliche Erklärung für das Serotonin-Defizit, d.h. für die unzureichende Bildung von 5-Hydroxytryptamin im Zentralnervensystem, bieten.

H. M. van Praag: Wir waren ebenfalls an dem Problem einer möglichen Störung des zentralen Monoamin-Stoffwechsels bei Depressiven interessiert und ebenso an

den Folgerungen, die sich daraus für die Behandlung der Depression mit gewissen Medikamenten ergeben könnten. Seit mehreren Jahren wenden wir in unseren Untersuchungen des Liquor cerebrospinalis die Probenecid-Technik an. Probenecid blockiert den Abfluß gewisser Monoamin-Metaboliten aus dem Zentralnervensystem in den Blutkreislauf und verursacht so eine Anhäufung dieser Metaboliten im Gehirn und im Liquor cerebrospinalis. Das Ausmaß ihrer Anhäufung kann als Indikator des Umsatzes der entsprechenden Monoamine im Zentralnervensystem betrachtet werden: Eine starke Zunahme dieser Metaboliten im Liquor cerebrospinalis nach Probenecid-Behandlung ist danach gleichbedeutend mit einem hohen Umsatz der Monoamine, während eine geringe Zunahme als Indikator einer niedrigen Abbaurate der Monoamine gilt. Wir haben für die verschiedenen Monoamin-Metaboliten an zahlreichen Patienten sowohl die Ausgangswerte wie auch die Werte nach Verabreichung von Probenecid gemessen. Die folgende Abbildung (Abb. 2) enthält allerdings nur die Werte für die 5-Hydroxyindolessigsäure, den Hauptmetaboliten von Serotonin, das als Neurotransmitter im Gehirn wirkt. Die nach der zweiten Lumbalpunktion (d.h. nach der Probenecid-Belastung) registrierten Werte vermitteln einen gewissen Eindruck, bis zu welchem Grade die Konzentration der 5-Hydroxyindolessigsäure im Liquor cerebrospinalis nach Blockierung des Transports zunimmt. In den letzten zwei Jahren haben wir die maximal tolerierbare Probenecid-Dosis verabreicht, d.h. 5 g während fünf Stunden. Offenbar kommt diese Menge – über den genannten Zeitraum verabreicht – der Dosis sehr nahe, mit der eine vollständige Blockierung des Transportmechanismus der 5-Hydroxyindolessigsäure erreicht werden kann.
Als wir vor einigen Jahren, d.h. 1968 und 1969, niedrigere Dosen von Probenecid anwendeten, fanden wir bei gewissen Arten der Depression – insbesondere bei der «vitalen Depression», dem klassischen Syndrom der endogenen Depression –, daß einige der Patienten nach Probenecid-Belastung eine auffallend geringe Zunahme der 5-Hydroxyindolessigsäure zeigten*. Damals sahen wir darin eine Bestätigung unserer Vorstellung, daß außer der psychopathologischen und psychodynamischen auch eine biochemische Typologie der Depression möglich wäre. Als wir die Untersuchungen mit maximalen Dosen von Probenecid wiederholten, d.h., wie gesagt, mit 5 g während fünf Stunden, erhielten wir die gleichen Resultate. Abbildung 2 zeigt jeweils zunächst die vor der Probenecid-Belastung registrierten Ausgangswerte und daneben den Anstieg, d.h. den Unterschied zwischen der Ausgangskonzentration und der Konzentration nach Verabreichung von Probenecid. Wie Sie sehen, zeigt eine Reihe endogen depressiver Patienten eine deutlich geringere Zunahme der 5-Hydroxyindolessigsäure. Mit der Aussage «geringere Zunahme» beziehe ich mich auf die Werte, die sich außerhalb der Grenzen der Kontrollwerte befinden. Ich glaube, das deckt sich mit der Feststellung von Herrn Coppen, daß eine gewisse Anzahl von Patienten aus der Gruppe der endogen Depressiven hinsichtlich bestimmter Aspekte des zentralen Serotonin-Stoffwechsels ganz eindeutige Abnormitäten aufweist. Noch wichtiger ist meiner Ansicht nach die durch Befunde dieser Art eröffnete Aussicht, daß biochemische Parameter sich vielleicht bei der Differenzierung depressiver Syndrome und auch bei der Wahl des richtigen Medikamentes für den richtigen Patienten als nützlich erweisen könnten.

H. Hippius: Auch an der Münchner Klinik liegt das Schwergewicht der biologisch-psychiatrischen Grundlagenforschung auf dem Depressionsgebiet zur Zeit ganz im Bereich der Biochemie. Aber gerade darum bin ich Herrn Heimann besonders dankbar, daß er in seinem so ausgezeichneten Überblick in erster Linie auf die nichtbiochemischen biologischen Parameter eingegangen ist. Es ist sehr deutlich geworden, daß die von ihm erörterten Parameter einen prinzipiellen Vorteil besitzen: Sie sind von der Untersuchungsmethode her sehr gut als fortlaufende Registrierungen zu

* Praag, H.M. van, Korf, J., Puite, J.: 5-Hydroxyindoleacetic acid levels in the cerebrospinal fluid of depressive patients treated with probenecid. Nature (Lond.) *225*, 1259 (1970)

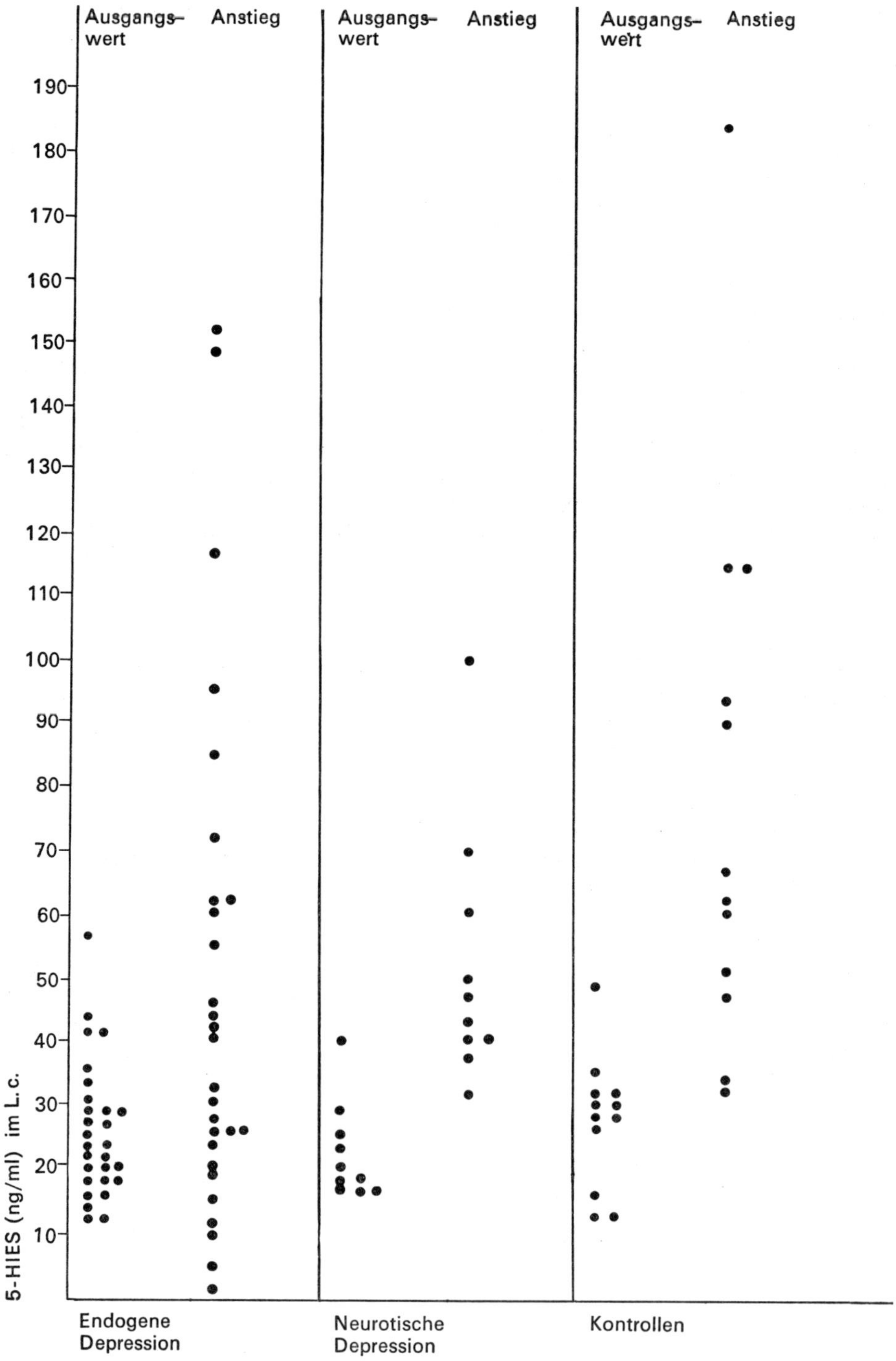

Abb. 2. 5-HIES-Konzentrationen im Liquor cerebrospinalis vor und nach Probenecid-Belastung bei Depressiven und bei Kontrollpersonen

realisieren. So sind die von Herrn HEIMANN aufgeführten Parameter z.T. vorzüglich zur Charakterisierung von 24-Stunden-Rhythmen geeignet. Das ist ein entscheidender Vorteil gegenüber biochemischen Meßgrößen, deren Längsschnittuntersuchungen – wie vor allem bei Liquor-Untersuchungen – oft auf nur wenige zeitlich definierte Meßpunkte innerhalb größerer Zeiträume beschränkt bleiben müssen.
Sehr aufschlußreich und wichtig sind die Ausführungen von Herrn HEIMANN vor allem auch im Hinblick auf methodische Ansatzpunkte für die quantifizierende Erfassung depressiver Verstimmungen. Da die Quantifizierung von mimischen Ausdrucksqualitäten als Indikator der Gestimmtheit offensichtlich sehr schwierig ist, würde mich interessieren, ob es Versuche gibt, Änderungen der Modulation der Stimme als quantitativ analysierbaren Indikator für die Depressions-Verlaufsforschung nutzbar zu machen.

N. MATUSSEK: Es gibt heute eine Reihe von Anhaltspunkten dafür, daß sich die Depressionen vor allem in mono- und bipolare Formen unterteilen lassen. Die beiden Gruppen unterscheiden sich in mancher Hinsicht, u.a. auch in ihren biochemischen Parametern. Es scheint mir für alle Untersuchungen gerade in psychobiologischer Hinsicht notwendig zu sein, die Patienten einer der beiden Gruppen zuzuordnen. Möglicherweise würde dadurch die interindividuelle Varianz etwas geringer werden.
Herrn COPPEN möchte ich folgende Frage stellen: Aus Ihrem ersten Bild (Abb. 1) war ersichtlich, daß bei den gebesserten Depressionen, im freien Intervall, eine erniedrigte 5-Hydroxyindolessigsäure-Konzentration im Liquor cerebrospinalis gefunden wurde, während die in Tabelle 2 gezeigten Tryptophan-Werte normal waren. Der letzte Befund deutet auf eine normale Serotonin-Synthese im freien Intervall hin. Wie lassen sich daher die beiden Befunde, erniedrigte 5-Hydroxyindolessigsäure-Werte und normale Tryptophan-Werte im freien Intervall, miteinander in Korrelation bringen?

H. M. VAN PRAAG: Die Studien von Herrn HEIMANN sind, glaube ich, für die psychophysiologische Forschung generell sehr wichtig. Wir müssen aber versuchen, die beiden Untersuchungsrichtungen, nämlich die biochemische und die physiologische, konvergieren zu lassen. Nach unserer Erfahrung gibt es z.B. Depressionen, die auf totalen Schlafentzug sehr gut ansprechen. Leider sind es nicht alle. Persönlich interessiert mich nun sehr die Frage, ob es vielleicht bestimmte biochemisch zu definierende Subkategorien gibt, die gut bzw. nicht auf Schlafentzug reagieren. Im allgemeinen glaube ich, daß es nicht sehr glücklich wäre, wenn die beiden Untersuchungsrichtungen voneinander getrennt weiterverfolgt würden.

P. BERNER: Die Untersuchungen von Herrn HEIMANN sind außerordentlich verdienstvoll und eröffnen uns Parameter, mit deren Hilfe wir das Problem angehen können. Zu den Ausführungen von Herrn MATUSSEK möchte ich zustimmend bemerken, daß man mono- und bipolare Verläufe gegeneinander abgrenzen sollte, wobei ihre Definition allerdings noch sehr genau unter die Lupe zu nehmen wäre. Darauf werde ich in meinem Referat noch zu sprechen kommen.

J.J. LÓPEZ-IBOR ALIÑO: In Madrid wurde das Tryptophan-Problem nicht vom biochemischen Standpunkt aus, sondern im Hinblick auf klinische und therapeutische Aspekte untersucht. Wir haben dabei den Eindruck gewonnen, daß es mindestens zwei Typen von Depressionen geben muß, nämlich solche, bei denen Tryptophan eine Rolle spielt, und andere, die nichts mit Tryptophan zu tun haben. In unseren Prüfungen haben wir Tryptophan-Dosen bis zu 7 g pro Tag verwendet, und zwar in Kombination mit einem MAO-Hemmer (Nialamid), der intravenös in der sehr hohen Dosis von 500 mg pro Tag verabreicht wurde*. In einer anderen Untersuchung**

*AYUSO GUTIÉRREZ, J.L., LÓPEZ-IBOR ALIÑO, J.J.: Tryptophan and an MAOI (nialamide) in the treatment of depression. Int. Pharmacopsychiat. *6*, 92 (1971)

**LÓPEZ-IBOR ALIÑO, J.J., AYUSO GUTIÉRREZ, J.L., MONTEJO IGLESIAS, M.L.: Tryptophan and amitriptyline in the treatment of depression. A double-blind study. Int. Pharmacopsychiat. *8*, 145 (1973) haben wir die Tryptophan-Medikation mit täglichen Dosen von 200 mg Amitriptylin kombiniert. Der am meisten beeindruckende Befund bei Patienten, die mit einer Kombination von Nialamid und Tryptophan behandelt wurden, war die Tatsache, daß keine höhere Besserungsrate, aber eine bedeutend schnellere therapeutische Wirkung verzeichnet werden konnte. In der mit Nialamid + Tryptophan behandelten Gruppe betrug die Zeit bis zum Wirkungseintritt im Durchschnitt 6 Tage – gegenüber 13 Tagen in der mit Nialamid allein behandelten Gruppe. Es gibt jedoch einige Patienten, die auf die kombinierte Behandlung mit Tryptophan nicht ansprechen, und ihre klinische Symptomatologie ist vollkommen verschieden von der Symptomatologie jener Patienten, die tatsächlich einen therapeutischen Effekt erkennen lassen. Wir fanden z.B., daß Patienten mit «vitaler Traurigkeit», entsprechend der Definition von Kurt Schneider, als hervorstechendem depressiven Merkmal gut auf Nialamid + Tryptophan reagierten, während sie auf Nialamid allein nicht ansprachen. Umgekehrt reagierten Patienten mit «vitaler Angst» im Vordergrund des depressiven Geschehens, d.h. Patienten, deren Depression vom symptomatologischen Standpunkt aus eher dem Bild der reaktiven Depression entspricht, gut auf Nialamid allein, aber nicht auf die kombinierte Behandlung Nialamid + Tryptophan. Für Klinik und Therapie der Depressionen bestätigen diese Befunde bereits Bekanntes. Wie steht es nun mit den biochemischen Untersuchungen? Haben sie irgendwelche Anhaltspunkte dafür geliefert, daß es Depressionen geben könnte, die mit dem Tryptophan-Stoffwechsel zusammenhängen, und andere, die es nicht tun?

H. Hippius: Im Anschluß an die Bemerkungen von Herrn Berner und Herrn Matussek zur Notwendigkeit, bei allen biologisch-psychiatrischen Fragestellungen grundsätzlich zwischen monopolaren und bipolaren Verlaufsformen zu unterscheiden, möchte ich auf eine Schwierigkeit dieser an sich so einleuchtenden Klassifizierung hinweisen. Sowie es bei einem Patienten im Langzeitverlauf außer zu depressiven Phasen auch einmal zur Manifestation einer «larvierten Depression» (ohne psychopathologische Symptomatik) gekommen ist, wird die eindeutige Zuordnung zu den beiden genannten Verlaufstypen problematisch. Es ist z.B. ziemlich willkürlich, ob man «Schlafstörungen» als Phasenäquivalent im Sinne eines Äquivalents für eine manische oder für eine depressive Phase interpretiert. Solange wir keinen biologischen Parameter haben, der solche «Äquivalente» eindeutig entweder als Depressions- oder als Manie-Äquivalent erkennbar macht, müssen wir bei allen Fällen mit «larvierten Depressionen» auf Zuordnung zu den Verlaufstypen «bipolar» und «monopolar» verzichten und uns mit der Deskription der Leitsymptomatik in den verschiedenen Krankheitsphasen begnügen.

A. Coppen: Im wesentlichen scheinen alle Forscher, die sich mit der Untersuchung der 5-Hydroxyindolessigsäure-Konzentration im Liquor cerebrospinalis befassen, heute darin übereinzustimmen, daß nach klinischer Besserung keine Veränderung eintritt. Ich bin nicht ganz sicher, ob das gleiche für die Zunahmeraten nach Probenecid-Belastung gilt. Was die Tryptophan-Konzentrationen im Liquor cerebrospinalis betrifft, so haben wir im Augenblick nicht genügend Daten, um sagen zu können, ob sich der Tryptophan-Spiegel nach der klinischen Besserung verändert oder nicht. Es wird immer schwerer, die Patienten zu Kontrolluntersuchungen zu bewegen, wenn die Behandlung erfolgreich war. Das ist natürlich eine Frage der praktischen Durchführung, und allmählich sammeln wir auch die erforderlichen Daten. Die wichtigste Schlußfolgerung, die wir zur Zeit ziehen können, ist die, daß in der depressiven Phase mit Sicherheit ein Tryptophan-Defizit besteht. Vorläufig möchte ich mich jedoch nicht festlegen, ob die Tryptophan-Spiegel nach klinischer Besserung ansteigen oder nicht. Das gleiche gilt für die Konzentration von freiem Tryptophan im Plasma; auch hier war es uns bisher nicht möglich, genügend Daten von gebesserten Patienten zusammenzutragen.

H. Heimann: Ich darf zuerst für die zahlreichen Bemerkungen zu meinem Referat danken und meine Antwort mit einer allgemeinen Betrachtung beginnen. Warum habe ich mich überhaupt mit dem psychobiologischen Bereich der Depression beschäftigt? Auf dieser Basis kann ich manche Fragen beantworten, anderes muß leider unbeantwortet bleiben.

Wir sind alle überzeugt – unsere biochemisch arbeitenden Kollegen zeigen das sehr eindrücklich –, daß die Depression etwas mit einer biochemischen Störung zu tun hat. Wie soll man diese mit den Verhaltensbeschreibungen der Kliniker in Beziehung bringen, die durch Kultur, Situation usw. eine prinzipielle Unschärfe haben? Auch der Biochemiker muß vom einzelnen Fall ausgehen. Die biochemischen Befunde zeigen gleichfalls eine erhebliche interindividuelle Streuung, ja man kann, wie Herr VAN PRAAG erwähnt hat, auf der Basis der biochemischen Resultate Typen bilden. Will man als Kliniker wissen, wie sich diese Patienten in anderen Bereichen unterscheiden, so sind wir, soweit ich die Literatur kenne, dazu verurteilt, auf klinische Deskriptionen zurückzugreifen. Sie geben oft aber gerade nicht die wichtigen Informationen. Nehmen wir als Beispiel die Frage der Aktivierung bei der Depression: Sie ist ein psychophysiologisches Konzept, das in die Klinik kaum Eingang gefunden hat. Wir Kliniker begnügen uns im allgemeinen mit einer Beschreibung von Erregung. Dabei wären bei den klinischen Patienten viel spezifischere psychophysiologische Untersuchungen angezeigt, weil beim Depressiven ein diskordantes Aktivierungsverhalten vorliegt, das vielleicht den biochemischen Befunden eher entspricht als das, was wir in der klinischen Beschreibung erfassen. Vielleicht läßt sich in diesen Parametern eine ähnliche Typologie entwickeln wie in den biochemischen Befunden. Das ist der Grund, weshalb ich psychobiologische Untersuchungen, deren Wert Herr KIELHOLZ schon seit vielen Jahren betont, für so wesentlich erachte.

Ich komme nun zu den Fragen: Herr ROME, ich verfüge hinsichtlich der Schilddrüsenfunktion über keine speziellen Daten. Die biochemischen Befunde habe ich in meinem Referat ja nur am Rande erwähnt, weil sie auf ein besonders interessantes Problem hinweisen: Was ereignet sich bei depressiven Patienten, wenn sie nicht depressiv sind? Außer Persönlichkeitsstudien gibt es darüber sonst fast gar nichts. Wir sehen die Patienten eben nur, wenn sie in der depressiven Phase zur Behandlung kommen. Was dazwischen passiert, wissen wir meistens nicht. Ich bin deshalb Herrn COPPEN für seine Befunde außerordentlich dankbar und glaube, sie bringen uns wirklich einen Schritt vorwärts: von der Faszination durch den depressiven Zustand zu dem, was ich die besondere Affizierbarkeit des depressiven Menschen zur Auslenkung seiner Stimmung genannt habe, und damit zu einer vielleicht doch kausaleren Strategie der Forschung.

Es interessiert mich, von Herrn LÓPEZ-IBOR ALIÑO zu vernehmen, daß er mimische Ausdrucksstudien an depressiven Patienten durchführt, und es beeindruckt mich, daß sich mit seiner Methode aus der Mimik die Depression – selbst wenn der Patient sie negiert – erkennen läßt. Hierzu setze ich allerdings ein kleines Fragezeichen. Wenn der Patient hinsichtlich Angst und depressiver Stimmung vom Psychiater untersucht wird, ist die Beurteilung immer sehr viel unsicherer als in der Selbstbewertung des Patienten. Selbstbeurteilungsskalen geben uns meist mehr und zuverlässigere Informationen als Fremdbeurteilungen. Das hängt wohl damit zusammen, daß wir die mimischen und stimmlichen Äußerungen zu wenig genau erfassen können. Meine Untersuchungen stellen lediglich einen sehr zeitraubenden und mühseligen Versuch dar. Er zeigt, daß man diesen Weg beschreiten kann, aber man müßte die Methode sehr viel weiter entwickeln, um zu wirklich fruchtbaren klinischen Ergebnissen zu kommen.

Zur Frage von Herrn HIPPIUS: Das Problem der Stimmodulation in der Depression beschäftigt mich schon seit Jahren. Wir haben zahlreiche Tonbänder von Depressiven vor und nach der Behandlung aufgenommen und sie zu analysieren versucht. Dazu diente uns ein kleines Gerät, das die Amplitudengröße der Stimme und eine mittlere Frequenz aufzeichnet; daran lassen sich Parameter der Lautstärke und der Stimmhöhe ausmessen. Auch hier sind wir bei Gruppenvergleichen bisher zu keinem positiven Resultat gekommen. Die Situation ist ähnlich wie bei den mimischen Untersuchungen. Beim einen Patienten ist die Änderung der Stimmodulation durch die Depression eindrucksvoll, beim anderen ist sie kaum ausgeprägt. In einer Stichprobe mit Mittelwerten und Streuungen verschwindet vielleicht das Wesentliche, weil wir, von der Deskription ausgehend, manchmal auch nicht zusammengehörende Patienten vereinigen. Wir sind deshalb dazu übergegangen, vom einzelnen depressiven Patienten möglichst viele Parameter zu untersuchen und sie im Längsschnitt zu verfolgen.

Larvierte Depression und depressive Äquivalente
Probleme der Definition und der Diagnostik

von P. Pichot und J. Hassan *

Beziehungen zwischen depressiven Störungen und somatischen Affektionen waren schon in der Antike bekannt. Davon zeugt das Wort «Melancholie», das in der medizinischen Fachsprache seit dem 5. Jahrhundert v. Chr. verwendet wird. Wenn die Alten mit diesem Begriff neben der eigentlichen Melancholie auch reaktive Depressionen, Schizophrenien und Angstneurosen umfaßten, d.h. Zustände, denen nur Furcht und anhaltende Traurigkeit gemeinsam sind, so meinten sie jedenfalls damit, daß Traurigkeit eine der Ausdrucksformen des pathogenen Einflusses der schwarzen Galle sei, einer dicken, ätzenden und dunklen Substanz. Das ist der eigentliche Sinn des Wortes «Melancholie». Nach Galen konnte ein Überfluß der schwarzen Galle sich an verschiedenen Stellen des Organismus manifestieren und zu entsprechenden Symptomen, wie Verschleimung des Gehirns, des Magens, der Milz und vor allem des Hypochondriums, führen. Unter Hypochondrie verstand man eine organische Erkrankung des oberen Abdomens; hier sollte sich ein Überschuß an schwarzer Galle ansammeln und für das Gehirn giftige Ausdünstungen erzeugen, die als die Ursache von Traurigkeit, «schwarzen Gedanken» und Umnachtung des Geistes angesehen wurden.

Wenn ursprünglich zwischen depressiven Störungen und somatischen Affektionen pathogenetische Zusammenhänge angenommen wurden, die uns heute phantastisch anmuten, so sind doch die somatischen Veränderungen, wie sie bei typischen Formen der Depression beobachtet werden, z.B. bei den melancholischen Episoden der zyklischen Psychose, so offensichtlich und so unmittelbar hervortretend, daß sie seit langem die Ärzte in Erstaunen versetzt haben. Dafür als Beispiel unter vielen die Beschreibung von Régis in seinem «*Manuel pratique de médecine mentale*»: ... In ihrem Zustand melancholischer Depression wirken die Kranken sichtlich gealtert, sie sind abgemagert, gebrochen, voller Runzeln, ohne Kraft und Energie; ihr Gesichtsausdruck verrät Niedergeschlagenheit und Stumpfsinn; ihr Teint ist fahl, sie sagen kein Wort, bewegen sich nicht und verbringen ihre Zeit regungslos daliegend ... Das wirkt sich auch auf die organischen Funktionen aus, die durch diesen Zustand in Mitleidenschaft gezogen werden. Der Puls sinkt auf 40–50 Schläge; in ähnlicher Weise herabgesetzt sind Temperatur, periphere Zirkulation, Sekretion und Ausscheidung ...

Von den typischen Depressionsformen mit ihrer traditionellen Symptomatologie unterscheiden sich verschiedene Krankheitsbilder durch stärkere oder schwä-

---

* Aus der Clinique de la Faculté de médecine, Centre psychiatrique Sainte-Anne, Paris (Frankreich)

chere Ausprägung des einen oder anderen Symptoms. Die Entwicklung der Psychiatrie und die Zunahme des psychiatrischen Krankengutes haben dazu geführt, daß heute auch weniger ausgeprägte Depressionen, Initialstadien, passagere und unvollständige Formen deutlicher erkannt werden. In den letzten Jahren hat sich das Interesse vor allem den Formen zugewendet, bei denen sich die eigentliche depressive Symptomatik hinter Charakterstörungen, alimentären oder sexuellen Verhaltensänderungen, Toxikomanie, am häufigsten jedoch hinter verschiedenen somatischen Beschwerden verbirgt, die bei langer Dauer den Eindruck eines Organschadens erwecken. Man hat dem Syndrom zahlreiche Namen gegeben, z.B. larvierte Depression, *depressio sine depressione*, depressives Äquivalent, latente Depression, okkulte Depression.

I. Beschreibung der larvierten Depression

a) *Zur Problematik*

Die Schwierigkeit, larvierte Depressionen und depressive Äquivalente zu erkennen, besteht für den Nichtpsychiater wie für den Psychiater zumindest bis zu dem Zeitpunkt, da die eigentliche depressive Symptomatik deutlich, zuweilen sogar dramatisch hervorbricht. LESSE[46] hat besonders darauf hingewiesen und verschiedene Gründe für das häufige Verkennen solcher Zustände angeführt:

– Die Nichtpsychiater sind zu wenig geschult, um den Gemütszustand hinter den somatischen Beschwerden zu erfassen. Manchmal vergehen Monate oder gar Jahre mit verschiedenen Behandlungsversuchen und kostspieligen Untersuchungen, bis der Patient schließlich nach einer langen Odyssee zum Psychiater gelangt.

– Das gilt um so mehr, als die Kranken oft selbst nicht wissen, daß sie deprimiert sind, oder es sich nicht eingestehen wollen. Deshalb geben sie dem Arzt nur die Beschwerden an, die sie selbst zu verstehen glauben.

– Was die Psychiater betrifft, so hatten nur wenige während ihrer Assistentenzeit Gelegenheit, solche Fälle zu sehen; andererseits fehlt manchen die nötige Erfahrung in der inneren Medizin, um ein organisches Leiden mit Sicherheit ausschließen zu können.

In der Zeit vor dem Zweiten Weltkrieg ist zu diesem Thema nur wenig publiziert worden. FREUD[22] wie STEKEL[70] machten darauf aufmerksam, daß körperliche Beschwerden durch ihre Intensität die Symptome einer Depression verdecken können. ZIEGLER[76] hat 1939 über 111 Fälle berichtet, die ihm von Allgemeinpraktikern überwiesen worden waren und die dann sämtlich als depressiv erkannt wurden. Erst in den letzten Jahren sind – offensichtlich angeregt durch die therapeutische Problematik – verhältnismäßig viele Arbeiten erschienen.

b) *Somatische Äquivalente bei Erwachsenen*

Körperliche Beschwerden verschiedenster Art, hypochondrische Klagen, funktionelle und «psychosomatische» Störungen sind die häufigsten Aspekte beim Erwachsenen. Sie betreffen alle Organsysteme: das kardiovaskuläre, das gastrointestinale, das urogenitale und das Nervensystem. Oft bleiben die Beschwerden unklar und äußern sich nur in einem «allgemeinen Unbehagen».

SERRY und SERRY[65] haben kürzlich 436 Patienten mit erwiesener bzw. vermuteter Depression untersucht. Die folgende Zusammenstellung veranschaulicht die breite Skala von Symptomen, die die Autoren bei den Patienten mit nicht manifesten Depressionen registrierten:

Unklare Allgemeinbeschwerden	18,1 %
Zentral-nervöse Beschwerden	26,7 %
Gastrointestinale Beschwerden	22,2 %
Beschwerden von seiten des Muskel- und Skelettsystems	11,5 %
Kardiovaskuläre Beschwerden	10,7 %
Atembeschwerden	3 %
Urogenitale Beschwerden	4,8 %
Beschwerden von seiten der Sinnesorgane	1,9 %
Beschwerden von seiten der Haut	1,1 %

Diese Beschwerden ähneln jenen Symptomen, die im Zusammenhang mit dem viel diskutierten Problem der Koenästhopathien beschrieben wurden. Vom symptomatologischen Standpunkt aus lassen sich zwei Arten von psychopathologischen Störungen unterscheiden, die mit somatischen Symptomen einhergehen[16]:

– Koenästhopathien im Sinne der Erstbeschreibung durch DUPRÉ[15], d.h. lokale Störungen der allgemeinen Sensibilität in Form von Schmerzen oder Parästhesien, die einzeln, an umschriebenen Stellen auftreten und sich nicht verändern.

– Hypochondrische Beschwerdebilder, die alle auf einer permanenten Labilität der Persönlichkeit beruhen und eine große Variation psychologischer Phänomene aufweisen – von Manifestationen, wie man sie häufig bei labilen Persönlichkeiten findet, über zwanghaft übertriebene Sorgen um die Gesundheit bis zu anomalen Empfindungen und Wahrnehmungen. Wenn diese als «Realität» imponieren und sich die Hypochondrie in der Tat auf «reelle» Störungen *(cum materia)* zurückführen läßt, so riskiert man, den Begriff der Hypochondrie im strengen Sinn zu verfälschen, da Hypochondrie *sine materia* ist.

Koenästhopathie und Hypochondrie können ohne irgendeine begleitende Organläsion Ausdruck eines latent depressiven Zustands sein, sie können aber auch mit organischen Läsionen verschiedenen Schweregrades einhergehen. In diesem Fall besteht die Gefahr, daß der Arzt einen der beiden Krankheitsaspekte überbewertet; oft wird der psychologische Aspekt zugunsten des organischen vernachlässigt. «Es kann sich um ausschließlich funktionelle Störungen mit Extrasystolen bei gesteigerter kardialer Erregbarkeit handeln, die mit Beginn einer depressiven Phase auftreten und mit ihrem Abklingen wieder verschwinden. In anderen Fällen schenkt der ‹depressive› Patient seinen Herzbeschwerden große Beachtung und verleiht ihnen dadurch eine so starke affektive Bedeutung, daß die Infrastruktur der Depression wie weggewischt sein kann.»[33]

Die Verbindung einer depressiven Phase oder eines depressiven Zustandes mit organischen Störungen, insbesondere des kardiovaskulären Systems, ist außerordentlich häufig. In seiner Publikation, die sich auf 317 Fälle mit depressiven Äquivalenten stützt, macht LÓPEZ-IBOR ALIÑO[52] zur Häufigkeit objektivierbarer organischer Anomalien folgende Angaben:

3,7 % hatten einen erhöhten oder erniedrigten Blutdruck
1,8 % nicht korrigierbare Refraktionsanomalien
0,9 % statisch bedingte Wirbelsäulenbeschwerden
11,3 % EEG-Veränderungen

Das hypochondrische Syndrom kann auch mit viszeralen Erkrankungen einhergehen.

In einem kürzlich erschienenen Artikel von López Ibor[51] sowie in der Dissertation von López-Ibor Aliño[52] vermitteln die beiden Autoren ein detailliertes Bild der verschiedenen klinischen Aspekte depressiver Äquivalente, wie sie sie bei 317 Patienten der Madrider Klinik in den Jahren 1965 bis 1969 beobachtet haben (einige der Kranken waren den Autoren bereits seit vielen Jahren bekannt). Die registrierten Symptome lassen sich in mehrere Gruppen einteilen:

1. Schmerzzustände und Parästhesien
– Hier sind in erster Linie Kopfschmerzen zu nennen, oft diffuser Art und in den Nacken ausstrahlend, schwer zu beschreiben, mit allgemeinem Unbehagen einhergehend. Bemerkenswert ist der angstauslösende Charakter des Schmerzes, der vielfach von Phobien (Furcht vor einem Gehirntumor, einem Anfall, unbestimmte Angst vor dem Tod) und von verschiedenen Parästhesien begleitet wird.
– Auch andere Schmerzerscheinungen sind möglich: Schmerzen im Schulterblatt, Lumbalgien, Ischiasschmerzen, Zahnschmerzen oder parästhetische Phänomene wie Akroparästhesien, neuralgische Parästhesien, Dysästhesien. Gemeinsam sind allen diesen Symptomen die charakteristischen Merkmale der affektiven Äquivalente, was, den Autoren zufolge, auf die «endogene» Natur der Phänomene hindeutet; zu diesen Merkmalen gehören das vage Erscheinungsbild, das Auftreten in Verbindung mit anderen Äquivalenten, der Hintergrund von Angst, Begleiterscheinungen wie Reizbarkeit, Müdigkeit und Überempfindlichkeit gegenüber Umweltreizen sowie der zirkadiane Rhythmus mit Exazerbation am Morgen.
Auf Einzelheiten des Verlaufs solcher Erscheinungen werden wir später eingehen.

2. Gewisse Formen von periodischer und sogar mentaler Anorexie können als «*borderline*»-Fälle der Depression aufgefaßt werden; man behandelt sie nach Meinung der Autoren am besten mit potenten Antidepressiva.

3. Auch gewisse psychosomatische Affektionen lassen sich als Maske einer nicht als solche in Erscheinung tretenden Depression deuten, wenn sie in symptomatischer und evolutiver Hinsicht die Kennzeichen aufweisen, die López Ibor für das Bild der endogenen «thymopathischen» Störungen fordert. Es sei hier daran erinnert, daß – nach Meinung dieses Autors – die Depression der von ihm so benannten «Vitalgefühle» die fundamentale Veränderung bei der manisch-depressiven Psychose, also der endogenen Affektion par excellence, darstellt. Er unterstreicht jedoch, daß die Angst auch bei gewissen Formen der Neurose eine vitale Angst ist – und damit, nach seiner Auffassung, gleichfalls

endogenen Ursprungs; diese Neurosen können deshalb ebenfalls zu den thymopathischen Störungen gerechnet werden. Da das in gleicher Weise für die «Organneurosen» gilt, so würden psychosomatische Krankheiten in der Tat Beziehungen zur Kategorie der endogenen Zyklothymien aufweisen.
Was betrachtet nun López Ibor als klinische Charakteristika der Vitalgefühle und ihrer pathologischen Veränderungen?
– Das erste Charakteristikum ist negativ: sie sind keine Antwort auf etwas, sie sind nicht reaktiv, obwohl die Patienten und ihre Angehörigen im allgemeinen eine kausale Erklärung bereit haben.
– Das zweite Kennzeichen ist die Periodizität, das phasische Auftreten. Der wellenförmige Verlauf, der den Vitalgefühlen eigen ist, steht mit anderen Rhythmen in Beziehung, einschließlich der zirkadianen und jahreszeitlichen.
– Schließlich geht die endogene Depression (im Sinne der sehr weitgehenden Definition des Autors) über den Rahmen der Gemütskrankheit hinaus und manifestiert sich sowohl im Somatischen (Äquivalente) als auch im Psychischen (z.B. in episodenhaft auftretenden Phobien und Zwängen).

Bereits 1917 und 1938 sind von Devaux und Logre[13] und Montassut[58] monosymptomatische Formen der Melancholie beschrieben worden, die sich in einem einzigen Symptom, z.B. Schlaflosigkeit, periodischer Impotenz, Schmerzen und intermittierenden Koenästhopathien, äußern. Bradley[8] hat in einer Studie über 35 Fälle von larvierter Depression berichtet, bei denen ein heftiger und klar umschriebener Schmerz so deutlich im Vordergrund stand, daß sehr oft Spezialuntersuchungen, gelegentlich sogar neurochirurgische Eingriffe, vorgenommen wurden.
Da Fonseca[19] fand in der Verwandtschaft von Patienten mit zyklischen Stimmungsänderungen sehr häufig periodisch auftretende Kopfschmerzen, prämenstruelle Spannungen und Schwankungen der sexuellen Appetenz. Die Störungen äußerten sich vor allem im körperlichen Bereich als wiederholt rekurrierende psychosomatische Syndrome, die der Autor als affektive Äquivalente bezeichnete und in folgender Häufigkeit registrierte:

- Lumbago, rheumatische Krisen, Neuralgien in 5,5 % der Verwandtschaft der Kranken
- Asthmaanfälle und Thoraxbeklemmung in 3 %
- ausgeprägte Magensymptome, wie sie durch ein Ulcus pepticum hervorgerufen werden, in 3,5 %
- Ekzeme, Erytheme, Psoriasis und andere Dermatosen in 3 %.

Lesse[46] verweist auf den Kontrast zwischen den vielfältigen, häufig mit medizinischen Fachausdrücken geschmückten Details, die der Patient vorbringt, und der Ungenauigkeit in der Beschreibung der eigentlichen Symptome. Bestenfalls suggeriert die Geschichte irgendeine Diagnose. In sozialer wie beruflicher Hinsicht erweist sich die Krankheit meist als großes Handicap und stört im allgemeinen stärker, als es oft eine sogar schwere organische Erkrankung zu tun pflegt.
In vielen Fällen verstreicht geraume Zeit zwischen dem Beginn der Störungen und der ersten psychiatrischen Konsultation. Nach Lesse[45]:

– mehr als ein Jahr: 84%
– mehr als zwei Jahre: 69%
– mehr als fünf Jahre: 30%

Nach SERRY und SERRY[65] vergehen bei einer nicht larvierten Depression im Mittel sieben Monate, bei larvierten Formen 34 Monate. KREITMAN et al.[39] haben speziell auf den chronischen Charakter der larvierten Depression hingewiesen: Die Hälfte ihrer Patienten war mehr als zehn Jahre, einer sogar länger als 30 Jahre krank.
Die Häufigkeit larvierter Depressionen wird von den meisten Ärzten, die mit dem Problem nicht hinreichend vertraut sind, unterschätzt. Das hat häufig zur Folge, daß die Patienten inadäquaten und unwirksamen Behandlungen unterzogen oder in eine Klinik eingewiesen werden, wo sie nach übereinstimmender Aussage zahlreicher Autoren die verschiedensten Abteilungen durchlaufen und sehr oft sogar chirurgische Eingriffe erleiden.
Nicht zu vergessen sind iatrogene Faktoren, z.B. die zahlreichen diagnostischen Untersuchungen, die den Patienten in seiner Überzeugung, an einer organischen Krankheit zu leiden, bestärken.
Frühzeitige Diagnose und frühzeitige Einleitung einer antidepressiven Therapie wirken sich auf die Prognose günstig aus. Nach LESSE lassen sich in frischen Fällen ausgezeichnete Behandlungsresultate erzielen, während es bei länger bestehenden Störungen oft sehr schwerfällt, sie zum Verschwinden zu bringen.

c) *Toxikomanie als depressives Äquivalent bei Erwachsenen*
Neben den somatischen Erscheinungen ist bei Erwachsenen, wie mehrere Autoren nachdrücklich betonen, Drogenabusus das am häufigsten anzutreffende depressive Äquivalent (LESSE[45], FOX[21], GLASER[27]).
Sehr oft verbergen sich depressive Zustände hinter chronischem oder episodischem Alkoholismus. Suizidversuche bei Wiedererlangen des Bewußtseins nach alkoholischen Exzessen sind keine Seltenheit. Bei Alkoholikern, deren Gesundheit stark in Mitleidenschaft gezogen ist, kann die persistierende Toxikomanie selbst als «suizidales Äquivalent» betrachtet werden. Andere entwickeln, nachdem sie während einiger Tage stark getrunken haben, Schuldgefühle im Zuge einer schweren Depression, die vorher durch den Alkohol kaschiert wurde.
Ähnliche Reaktionen kann man nach LSD und anderen Halluzinogenen beobachten, wenn ihre Verwendung dazu dient, einen untergründigen depressiven Zustand zu bekämpfen. Es besteht kein Zweifel, daß unter LSD-Wirkung zahlreiche Suizide, manchmal unter ganz ungewöhnlichen Umständen, realisiert wurden. Eine depressive Reaktion kann den Kranken aber auch dann noch plötzlich und massiv umfangen, wenn die toxische Wirkung bereits völlig abgeklungen ist, d.h. noch nach mehreren Tagen oder sogar Wochen.

d) *Depressive Äquivalente bei Kindern*
Da die Depression beim Kind sich anders äußert als beim Erwachsenen, wird sie häufig nicht erkannt.
TOOLAN[74] stellt fest, daß «einer der Gründe, weshalb Suizidversuche bei Kindern

und Jugendlichen nur ungenügend beachtet worden sind, in der irrtümlichen Annahme besteht, daß depressive Syndrome bei Jugendlichen nicht vorkommen. Es ist jedoch erwiesen, daß die Symptome beim Jugendlichen lediglich in anderer Form auftreten als beim Erwachsenen.»

Vorzeitig von ihrer Mutter getrennte Säuglinge, denen kein Mutterersatz zuteil wird, zeigen eine auffallende Entwicklungsverzögerung auf physischer, intellektueller und affektiver Ebene. Spitz[68] hat die Erscheinung als «anaklytische Depression» beschrieben.

Bei größeren Kindern verbirgt sich die Depression hinter asozialen Verhaltensweisen wie Ungehorsam, kleinen Diebstählen und Weglaufen.

Agras[1] bemerkt in einer Publikation über die Schulangst von Kindern, daß in vielen Fällen eine nicht unerhebliche Depression die Ursache ist. In vier von sieben zitierten Fällen hatten die Kinder Suizidideen. Sie wiesen einen mit hypomanischer Aktivität einhergehenden Mischzustand auf. Der Autor hebt die pathologische Belastung der Eltern hervor. In der Vorgeschichte der Mütter fanden sich manifeste Depressionen und Störungen, die sich nun in den Kindern widerspiegelten. Hypochondrische Beschwerden sind bei Kindern seltener als bei Erwachsenen. Sie bestehen in Kopfschmerzen, Bauchschmerzen und choreiformen Bewegungen.

Es sei auch vermerkt, daß depressive Zustände ausschließlich in Schulschwierigkeiten oder einem Schulversagen zutage treten können. Die Ablehnung, auf die die Kinder in der Schule und zu Hause stoßen, verstärkt ihrerseits die Dysthymie.

e) *Depressive Äquivalente bei Adoleszenten*

Viele Aspekte, denen man bei älteren Kindern begegnet, finden sich auch bei Adoleszenten, z.B. Phobien und Schulversagen. Depressive Zustände häufen sich in den Oberklassen der Lyzeen und Gymnasien. Sie sind die Ursache von Examensangst, Weglaufen und Aufgabe des Studiums.

MacCurdy[53] – er hatte 1925 als erster über Depressionen bei Adoleszenten gesprochen – war der Meinung, daß in vielen Fällen sich nicht mehr als nur eine depressive Atmosphäre mit «symbolischer Flucht» finde. Chwast[9] berichtet, daß kriminelles und psychopathisches Verhalten manchmal der einzige Ausdruck depressiver Verstimmungen bei Jugendlichen sein könne, vor allem bei Jugendlichen aus sozial und ökonomisch benachteiligten Schichten. Von 121 Jugendlichen aus diesem Milieu, die aus dem einen oder anderen Grund dem Jugendrichter vorgeführt worden waren, litten 50 %, in der Mehrzahl Mädchen im Alter von über 13 Jahren, an larvierten oder nicht larvierten Depressionen.

f) *Depressive Äquivalente bei älteren Personen und Greisen*

Manifeste und larvierte Depressionen findet man in jedem Alter als Reaktion auf neoplastische Prozesse, Stoffwechselanomalien, infektiöse oder traumatische Ereignisse. Ihre Vergesellschaftung mit organischen Hirnveränderungen ist für das hohe Alter typisch.

Da die Intensität der psychischen Symptome wechselt und die geistige Verwirrung klaren Augenblicken weichen kann, muß man den Kranken im Hinblick auf die keineswegs seltene Suizidtendenz besondere Beachtung schenken.

Auch hier kann die Depression durch hypochondrische Beschwerden oder durch Reizbarkeit, Unstetigkeit und Zwangsverhalten larviert sein.

II. Nachweis des depressiven Charakters eines Äquivalents

Wie kann der Arzt ein klinisch atypisches Bild als depressives Äquivalent diagnostizieren? Die in der Literatur von den einzelnen Autoren genannten Anhaltspunkte lassen sich in einer groben Einteilung folgendermaßen zusammenfassen:

a) Offen zutage tretende depressive Symptome
b) Terrain und zugrunde liegende Persönlichkeit
c) Eigenanamnese und Krankheitsentwicklung
d) Familienanamnese und hereditäre Faktoren
e) Ansprechen auf die antidepressive Therapie

Hier sei gleich bemerkt, daß keiner dieser Anhaltspunkte entscheidend ist. Auch wenn einige von ihnen *theoretisch* für den Wahrscheinlichkeitsnachweis depressiver Äquivalente sehr wertvoll sind, so ist ihr Nutzen oft gering, wenn es darum geht, im Zweifelsfall den Zusammenhang mit der Depression nachzuweisen.

a) *Offen zutage tretende depressive Symptome*
Einigen Autoren gelingt es, durch sorgfältige und aufmerksame Prüfung der Symptomatologie das klinische Bild tatsächlich als depressiven Zustand zu identifizieren, obwohl das depressive Geschehen vom Kranken im allgemeinen ignoriert und oft in einer Art von Anosognosie zurückgewiesen wird.
Wenn jedoch die Patienten, die zum Teil völlig davon überzeugt sind, an einer organischen Krankheit zu leiden, Vertrauen gefaßt haben, treten sie aus ihrer Reserve heraus. Sie berichten dann über nervöse Zustände, dauernde Angst, Konzentrationsschwierigkeiten, verlorengegangenes gesellschaftliches und künstlerisches Interesse, eine bewußte und schmerzlich empfundene Entfremdung von der Familie – alles in Verbindung mit Pessimismus und der Vorstellung, unheilbar krank zu sein. Nach LINDBERG[48] umschreiben die Patienten die ersten Anzeichen einer depressiven Verstimmung mit Ermüdung, diffusen leichten Schmerzen in den Muskeln, im Kopf und in der Brust. Das Wort «Ermüdung» hat in den Aussagen der Patienten eine weitreichende Bedeutung und drückt oft mehr die Hemmung bzw. die Unfähigkeit aus, die täglichen Pflichten zu bewältigen; auch Initiativeverlust sowie das Gefühl, jedes unerwartete Ereignis stelle eine unüberwindliche Schwierigkeit dar, werden als «Ermüdung» bezeichnet. Der Autor verweist auf die beinahe spezifische Natur der «depressiven Geste», mit der die Patienten auf ihre Brust als Sitz des Leidens und Unbehagens zeigen. LÓPEZ-IBOR ALIÑO[52] prägte dafür den Begriff «mikrodepressiver Rahmen». Man darf aber keinesfalls vergessen, daß pseudoorganische Formen mit nur schwach ausgeprägter Symptomatik ebenso durch Angst wie durch einen depressiven Zustand hervorgerufen werden können. Theoretisch ist es wichtig, die depressive Stimmung von den nörglerischen und unbestimmt pessimistischen Ruminationen der Patienten mit Angst zu unterscheiden, bei denen Zweifel und Unruhe mehr dominieren als die eigentliche Traurigkeit.

b) *Terrain und zugrunde liegende Persönlichkeit*

Wenn heute – von larvierten Depressionen bei Kindern und Adoleszenten abgesehen – allgemein anerkannt ist, daß diese Zustände besonders bei Erwachsenen im mittleren Lebensalter auftreten und hier wiederum häufiger bei Frauen um die Zeit der Menopause (88% der Patienten von LESSE standen im Alter zwischen 36 und 64 Jahren; Frauen waren doppelt so häufig wie Männer), so ist das Wesen der prämorbiden Persönlichkeit doch sehr umstritten.

1. LESSE[43, 46] weist auf das häufige Vorkommen von Zwangsvorstellungen hin. Die Frauen sind sehr aktiv, sorgfältig, streng und anspruchsvoll gegen ihre Umgebung wie gegen sich selbst. Bei den Männern entlädt sich die Aggressivität eher im Arbeitsbereich als in der Familie. Oft dominiert die hyperaktive Ehefrau. Mit bemerkenswerter Konstanz beschreiben die Patienten ihre Eltern als streng, anspruchsvoll und übermäßig selbstbeherrscht.

2. KREITMAN et al.[39] verglichen die prämorbiden Persönlichkeiten einer Gruppe von Patienten, deren Depression durch hypochondrische Klagen larviert war, mit denen einer typisch depressiven Kontrollgruppe. Sie konnten feststellen, daß bei den larvierten Depressionen in der prämorbiden Zeit keine hypochondrischen Züge (Diät, Nahrungseinschränkung) bestanden. Die Patienten waren prämorbid im Gegenteil weniger schwierig und weniger ängstlich als die Patienten der Kontrollgruppe.

3. GIBERTI[26] hat das Problem der prämorbiden Persönlichkeit von Depressiven (möglicherweise larviert Depressiven) mit hypochondrischen Symptomen aufgegriffen. Er führt aus, daß die Häufigkeit des gemeinsamen Auftretens von Depression und Hypochondrie in der Literatur unterschiedlich beurteilt wird. Manche Autoren (z.B. STENBÄCK und JALAVA[71]) haben nie die Verbindung einer periodischen Psychose mit Hypochondrie beobachtet. Nach JAHRREISS[37] begegnet man einer solchen in 8% der Fälle. Für andere Autoren gibt es schließlich eine große «mehr oder weniger» zur endogenen Form gehörende Gruppe von Depressionen, bei der die depressive Symptomatologie durch hypochondrische Aspekte larviert ist. Diese «nicht so schweren» Formen seien zumindest in der ambulanten Praxis 10- bis 20mal häufiger als psychotische Melancholien (JACOBOWSKY[36]).

Der Hinweis war für GIBERTI[26] Anlaß zur Untersuchung von 266 endogenen Depressionen (9 bipolare, 257 monopolare), die er in drei Gruppen unterteilt hat:

- Gruppe I: 71 Depressive mit hypochondrischen Beschwerden
- Gruppe II: 54 Fälle, vorwiegend mit Koenästhopathien, d.h. Leibgefühlen, die sich gut identifizieren ließen
- Gruppe III: alle übrigen Fälle; hypochondrische Inhalte und Koenästhopathien fehlten hier vollkommen oder erschienen nur am Rande

Die wichtigsten Charakteristika, die sich aufgrund der statistisch signifikanten Daten eines Vergleichs der drei Gruppen ergeben, seien im folgenden kurz zusammengefaßt:

– Die erste Gruppe (Depressive mit Hypochondrie) setzte sich aus Personen höheren Alters zusammen, wobei die Männer deutlich überwogen. Angaben zur Geschlechtsverteilung verdienen besondere Beachtung, denn seit langem nimmt man an, daß die Hypochondrie häufiger bei Männern als bei Frauen vorkomme (Sydenham), und interessanterweise bestätigen neuere Befunde diese Annahme (Syndrom des «Mister Atlas» und die bekannte Hypochondrie der Sportler).

Die prämorbide Persönlichkeit entspricht oft nicht dem zyklothymen Typ. Introvertierte, sensitive und Zwängen unterworfene Persönlichkeiten überwiegen. Ein ziemlich hoher Prozentsatz besitzt nur eine bescheidene Bildung und einen engen geistigen Horizont. Bemerkenswert ist die Häufigkeit objektiver organischer Störungen.

– Die zweite Gruppe (Depressive mit Koenästhopathien) umfaßt mit größerer Häufigkeit relativ junge Frauen.

Der Anteil abnormer Persönlichkeiten (Asyntone, Hypersensitive etc.) war prozentual geringer. Es handelte sich oft um mildere Depressionsformen bzw. depressive Äquivalente (vom Typ der Depression «sine tristitia»).

– Die der dritten Gruppe zugeteilten Patienten litten an echten Depressionen im klassischen Sinn.

4. Da Fonseca[20] nimmt an, daß zwischen der Art des Äquivalents und der Persönlichkeit des Patienten Beziehungen bestehen: Rheumatische Schübe scheinen sich hauptsächlich bei zyklothymen Persönlichkeiten mit Angst und Zwangsphänomenen zu ereignen, während asthmaähnliche respiratorische Anfälle bevorzugt bei ängstlichen und reizbaren Zyklothymen, Magenbeschwerden bei syntonen und depressiven Typen, Ekzeme bei hypomanischen Persönlichkeiten auftreten. Alle diese Typen gehören indessen einer Gruppe von Persönlichkeiten an, die sich durch ein thymisches Element auszeichnet.

5. Lindberg[48] ist der Meinung, daß die körperliche Manifestation affektiver Störungen durch eine Erniedrigung der Schmerzschwelle begünstigt werde, wie das bei hysterisch stark belasteten Personen der Fall sei. Hysterische Charakterzüge prädisponieren in der Tat zur Überbewertung körperlicher Beschwerden und verstärken bei Depressiven schon vorhandene hypochondrische Tendenzen.

Im großen und ganzen weisen die Angaben der Literatur zur Persönlichkeit von Patienten mit depressiven Äquivalenten nur wenig Übereinstimmung auf und sind kaum geeignet, einen Beitrag zur individuellen Diagnostik zu leisten.

c) *Besonderheiten der Krankheitsentwicklung*

Neben den bei gründlicher Untersuchung gefundenen depressiven Zeichen dienen den meisten Autoren Besonderheiten der Krankheitsentwicklung als Hauptanhaltspunkt zur Diagnose eines depressiven Äquivalents.

Wie zahlreiche Autoren berichten, kann eines Tages – nach langem Bestehen körperlicher Symptome – plötzlich eine Depression auftreten mit pathologischer Traurigkeit, Minderwertigkeitsgefühlen und, nicht selten, mit Suizidideen, die der Patient zuweilen spontan äußert und gelegentlich auch in die Tat umsetzt (Kreitman et al.[39], Lesse[44, 46]).

López-Ibor Aliño[52] betont ausdrücklich die Bedeutung der Periodizität der Symptome für die Diagnose depressiver Äquivalente.

Der Verlauf ist bemerkenswert, weil

- eventuell das ganze Bild ohne jede Therapie innerhalb kurzer Zeit abklingt
- es unmittelbar oder nach einem freien Intervall durch eine Gemütsstörung unterschiedlicher Intensität abgelöst werden kann
- es vor allem möglich ist, daß die verschiedenen Äquivalente mit einem dysthymen Zustand einhergehen, sich einander folgen oder gleichzeitig nebeneinander bestehen. Der Ersatz eines Symptoms durch ein anderes oder die Verbindung verschiedener Symptome kann sehr vielsagend sein.

Der Autor betont die Möglichkeit eines Symptomatologiewechsels, aber auch des vollständigen Erlöschens der Störungen nicht nur infolge der einen oder anderen Therapie, sondern auch infolge einschneidender Ereignisse, interkurrenter fieberhafter Erkrankungen oder anderer Zwischenfälle.
HELD[33] fordert dazu auf, sorgfältig nach Anzeichen eines periodischen Verlaufs zu forschen, da es in vielen Fällen für die Umgebung wie für den Patienten nicht einfach ist, die zyklischen Schwankungen wahrzunehmen.
DA FONSECA[20] schreibt, daß die affektiven Äquivalente die Dysthymien entweder begleiten oder isoliert vorkommen, mit ihnen abwechseln oder ihnen folgen können. Er zitiert eine Reihe klinischer Fälle, in denen nach Episoden mit dieser oder jener Symptomatologie (zum Beispiel der Atemwege oder des Verdauungstraktes) Monate oder erst Jahre später eine zyklische Gemütsstörung (periodische oder Involutionsdepression) manifest wurde und damit die retrospektiv als depressive Äquivalente identifizierbaren Störungen endgültig zum Verschwinden brachte.
Trotz einer gewissen Bedeutung der Kenntnis der Krankheitsentwicklung für die Diagnose eines depressiven Äquivalents dürfte sie in zahlreichen Fällen lediglich eine retrospektive Hilfe ohne wesentlichen praktischen Wert bieten. Das hervorstechendste, wenn auch nicht entscheidende Element scheint der periodische Charakter der Störungen zu sein.

d) *Familienanamnese und hereditäre Faktoren*
Theoretisch befriedigt die genetische Methode zweifellos am meisten. Die beiden wichtigsten Publikationen stammen von DA FONSECA[19] und MENDLEWICZ[55]. 1959 untersuchte DA FONSECA 60 gleichgeschlechtliche Zwillingspaare, von denen jeweils einer an endogenen Verstimmungen litt. Die Patienten, ihre Zwillingsgeschwister, ihre direkten Vor- und Nachfahren wurden mehrere Jahre lang beobachtet. Gemütsstörungen ließen sich bei den Eltern in 23%, bei den Geschwistern in 19% und bei den Kindern in 22% nachweisen. Damit wäre die Hypothese eines unvollständig dominanten Erbgangs (SLATER[66]) bestätigt. Überraschend für den Autor war die Tatsache, in der Verwandtschaft der Patienten parallel zum zyklothymen Geschehen auch eine im Vergleich zur übrigen Bevölkerung signifikant größere Häufigkeit zyklisch verlaufender psychosomatischer Störungen zu finden. Er erkannte, daß derartige, bei zyklischen Persönlichkeiten auftretende periodische Symptome mit der Möglichkeit zur Spontanremission sich sehr wohl als affektive Äquivalente erweisen können; sie haben dann den gleichen Stellenwert und sind, in gewisser Hinsicht, von gleicher ätiopathogenetischer Signifikanz wie die periodischen Stimmungs-

schwankungen. Familiäre Längsschnittuntersuchungen bestätigen diese Auffassung und zeigen, daß sich zwar die Prädisposition zu zyklischen Störungen vererben kann, nicht jedoch eine bestimmte physische oder psychische Manifestation dessen, was der Autor als «Thymopathie» bezeichnet.
Mendlewicz[55] hat kürzlich an der Genetischen Abteilung der Psychiatrischen Klinik der Universität von Columbia 60 Patienten untersucht, die genau erfaßt und dann zwei Gruppen zugeteilt worden waren. Die erste Gruppe bestand aus 30 manisch-depressiven Kranken (bipolarer Verlauf), die zweite aus 30 Patienten mit periodischen Depressionen (monopolarer Verlauf). Nach den Ausführungen des Autors unterschieden sich die beiden Formen wahrscheinlich nicht nur in genetischer und biochemischer Hinsicht, sondern auch im Hinblick auf Häufigkeit und klinische Erscheinungsform der Äquivalente.
Die bipolare Form war mit vier psychosomatischen Manifestationen – Ulcus duodeni, iatrogene Reaktionen, Obesitas, Funktionsstörungen der Schilddrüse – und schließlich mit periodischem Alkoholismus vergesellschaftet.
Chronischer Alkoholismus und Drogensucht waren dagegen bei monopolaren Depressionen und verwandten Zuständen häufiger. Mendlewicz schloß daraus, daß bei bestimmten prädisponierten Personen Äquivalente die Depression maskieren können. Die homöostatische Rolle der Depression wird also in physiologische Bahnen gelenkt, deren Auswahl wahrscheinlich genetisch determiniert ist. Vom genetischen Standpunkt können die depressiven Äquivalente auf zwei Arten interpretiert werden – entweder als differente Untergruppe der depressiven Störung oder als Teil eines Kontinuums in einem homogenen Depressionsmodell.

e) *Ansprechen auf die antidepressive Therapie*

Obwohl das Ansprechen des Patienten auf eine antidepressive Therapie im allgemeinen als entscheidendes Kriterium gilt, hat es doch nur bedingten Wert. Es ist nämlich durchaus denkbar, daß Antidepressiva auf Störungen wie die «Äquivalente» der Depression zwar eine Wirkung ausüben, aber aufgrund eines anderen Wirkungsmechanismus.
Serry und Serry[65] unterstreichen in einer mehrere hundert Fälle umfassenden Studie das rasche und vollständige Ansprechen auf Antidepressiva; die Medikation war selbst bei solchen Störungen erfolgreich, die gegenüber symptomatischen Behandlungsmaßnahmen und Tranquilizern (was im Grunde einer Placebobehandlung entspricht) sich während Monaten resistent verhalten hatten. Das Verschwinden der somatischen Symptome war von Gewichtszunahme begleitet und ging selbst bei jenen Kranken, die vorher keine depressiven Beschwerden geäußert hatten, mit Wohlbefinden und Optimismus einher.
Nach López Ibor[51] läßt die Wirkung der Antidepressiva auf depressive Äquivalente in klinischer Hinsicht die gleiche Dynamik erkennen wie bei Depressionen; die wichtigsten Punkte dabei sind:

- von Tag zu Tag fortschreitende Besserung
- Rückfall bei vorzeitigem Abbruch der Therapie
- Notwendigkeit einer intensiven und genügend langen Behandlung

III. *Zusammenfassung*

Die Existenz larvierter Depressionen und depressiver Äquivalente ist nicht zu leugnen. Ihre Symptomatologie besteht zur Hauptsache in somatischen Manifestationen, die das Problem der Abgrenzung gegen Hypochondrie, Koenästhopathien und psychosomatische Störungen aufwerfen. Ebenfalls zu dieser Gruppe gehören Toxikomanien, insbesondere der Alkoholismus, sowie verschiedene Verhaltensstörungen (Schulversagen, möglicherweise auch gewisse kriminelle Delikte). Larvierte Depressionen und somatische Äquivalente wurden hauptsächlich bei Erwachsenen (einschließlich Greisen), aber auch bei Kindern und beim Adoleszenten beschrieben.

Zum Nachweis eines Zusammenhangs zwischen depressiven «Äquivalenten» und Depression kommen verschiedene Methoden in Betracht, zum Beispiel Analyse der Symptomatologie, der zugrunde liegenden Persönlichkeit, der Einzelheiten der Krankheitsentwicklung, der hereditären Faktoren, des Ansprechens auf eine antidepressive Therapie. Für die individuelle Diagnose ist jedoch keine der Methoden entscheidend, wenn auch einige von ihnen theoretisch von unbestreitbarem Wert sind. Vieles bleibt noch unklar. Die überzeugendsten Untersuchungen betreffen die depressiven Äquivalente der endogenen Depression. Es wäre wünschenswert, die Äquivalente bei den verschiedenen depressiven Erkrankungen gesondert zu untersuchen, zeigen sich doch in einigen genetischen Studien interessante Unterschiede zwischen monopolaren und bipolaren Formen. Bis heute gibt es für die Depression noch kein ebenso eindeutiges biologisches Kriterium, wie wir es zur Diagnose epileptischer Äquivalente im EEG besitzen. Die Diagnostik basiert daher in den meisten Fällen auf Wahrscheinlichkeitsannahmen. Obwohl die Therapie mit Antidepressiva in therapeutischer Hinsicht keinen entscheidenden Beweis für die depressive Natur eines Äquivalents liefert, empfiehlt sie sich unter praktischen Gesichtspunkten in allen Verdachtsfällen, da ihre gute Wirkung auf depressive Äquivalente allgemein anerkannt ist.

Literatur

1 Agras, S.: The relationship of school phobia to childhood depression. Amer. J. Psychiat. *116*, 533 (1959)

2 Ajuriaguerra, J. de: Cénestopathie faciale droite périodique. Ann. méd.-psychol. *103/ii*, 55 (1945)

3 Alexander, F.: La médecine psychosomatique, ses principes, ses applications. Petite bibliothèque Payot No. 11 (Payot, Paris 1962)

4 Badonnel, M.: Contribution à l'étude des troubles des fonctions organiques dans la mélancolie. Thèse, Paris 1924

5 Balint, M.: Der Arzt, sein Patient und die Krankheit, 2. Aufl. (Klett, Stuttgart 1957)

6 Ballet, G.: L'insomnie à crises intermittentes. Manifestation de la psychose périodique. Presse méd. *24*, 73 (1916)

7 Borgna, E.: Psicopatologia e clinica della «depressione sine depressione». Riv. sper. Freniat. *93*, 1276 (1969)
8 Bradley, J.J.: Severe localized pain associated with the depressive syndrome. Brit. J. Psychiat. *109*, 741 (1963)
9 Chwast, J.: Depressive reactions as manifested among adolescent delinquents. Amer. J. Psychother. *21*, 575 (1967)
10 Cleghorn, R.A., Curtis, G.C.: Psychosomatic accompaniments of latent and manifest depressive affect. Canad. psychiat. Ass. J. *4*, Spec. Suppl.: S13 (1959)
11 Delay, J.: Les dérèglements de l'humeur (Presses univ. France, Paris 1946)
12 Delpretti, G., Coudray, J.-P.: «Mélancolies a minima» d'expression somatique. Problèmes des rapports entre conversion hystérique et expression corporelle de la douleur morale. Ann. méd.-psychol. *129/i*, 592 (1971); Vortragsref.
13 Devaux, A., Logre, J.B.: Les anxieux (Masson, Paris 1917)
14 Dowling, R.H., Knox, S.J.: Somatic symptoms in depressive illness. Brit. J. Psychiat. *110*, 720 (1964)
15 Dupré, E.: Pathologie de l'imagination et de l'émotivité, p.291 (Payot, Paris 1925)
16 Ey, H.: Hypocondrie. Etudes psychiatriques, Vol. II, No. 17: 453 (Desclée de Brouwer, Paris 1950)
17 Follin, S.: Séméiologie des états dépressifs. Rev. Prat. (Paris) *13*, 2987 (1963)
18 Follin, S., Azoulay, J.: Les altérations de la conscience de soi: hypocondrie. In: Encyclopédie médico-chirurgicale, Psychiat. Vol. I, No. 37125 A:8 (1961)
19 Fonseca, A.F. da: Analise heredo-clínica das perturbações afectivas (Oporto 1959)
20 Fonseca, A.F. da: Affective equivalents. Brit. J. Psychiat. *109*, 464 (1963)
21 Fox, R.: Alcoholism and reliance upon drugs as depressive equivalents. Amer. J. Psychother. *21*, 585 (1967)
22 Freud, S.: Trauer und Melancholie. Gesammelte Werke, Vol. X, p.428 (Imago, London 1946)
23 Friedman, A.S., Cowitz, B., Cohen, H.W., Granick, S.: Syndromes and themes of psychotic depression. Arch. gen. Psychiat. *9*, 504 (1963)
24 Gambs, A., Pouget, R., Marinier, R., Horn, M., Augé, J.: Etats dépressifs symptomatiques d'affections somatiques. Ann. méd.-psychol. *121/i*, 578 (1963)
25 Gévaudan, Y.: Syndromes périodiques nerveux et mentaux en dehors des états maniaques dépressifs. Thèse, Paris 1937
26 Giberti, F.: Hypocondrie et dépression endogène. Evolut. psychiat. *30*, 97 (1965)
27 Glaser, K.: Masked depression in children and adolescents. Amer. J. Psychother. *21*, 565 (1967)
28 Glatzel, J.: Über zyklothyme Depressionen mit vegetativer Symptomatik. Fortschr. Neurol. Psychiat. *35*, 441 (1967)
29 Glatzel, J.: Larvierte Depressionen. Hippokrates (Stuttg.) *42*, 256 (1971)
30 Goldfarb, A.I.: Masked depression in the old. Amer. J. Psychother. *21*, 791 (1967)
31 Guelfi, J.D., Olivier-Martin, R.: Modalités d'appréciation de l'anxiété. Conséquences thérapeutiques. Rev. Prat. (Paris) *22*, 1925 (1972)
32 Hamilton, J.W.: Masked depression: progressive somatization as a response to object loss. Psychiat. quart. *44*, 583 (1970)
33 Held, R.R.: Dépression à expression somatique. Rev. Prat. (Paris) *13*, 3001 (1963)
34 Hochstetter, W.: Depressive syndromes. Proc. R. Virchow med. Soc. City N.Y. *18*, 118 (1959)
35 Hole, G., Gehring, A., Blaser, P.: Vegetativum, Psychomotorik und Selbstbeurteilung in Längsschnittuntersuchungen depressiver Patienten. Fortschr. Neurol. Psychiat. *40*, 69 (1972)

36 Jacobowsky, B.: Psychosomatic equivalents of endogenous depression. Acta psychiat. scand. *37*, Suppl. 162:253 (1961)
37 Jahrreiss, W.: Das hypochondrische Denken. Arch. Psychiat. Nervenkr. *92*, 686 (1930)
38 Janet, P.: Obsession et neurasthénie (Alcan, Paris 1928)
39 Kreitman, N., Sainsbury, P., Pearce, K., Costain, W.R.: Hypochondriasis and depression in out-patients at a general hospital. Brit. J. Psychiat. *111*, 607 (1965)
40 Laboucarié, J.: L'unité des états dépressifs. Evolut. psychiat. No. 3: 564 (1955)
41 Lacassin-Peyrevidal, A.: Formes atypiques et méconnues de la mélancolie. Thèse, Toulouse 1960
42 Lascelles, R.G.: Atypical facial pain and depression. Brit. J. Psychiat. *112*, 651 (1966)
43 Lesse, S.: Hypochondriasis and psychosomatic disorders masking depression. Amer. J. Psychother. *21*, 607 (1967)
44 Lesse, S.: Apparent remissions in depressed suicidal patients. J. nerv. ment. Dis. *144*, 291 (1967)
45 Lesse, S.: The multivariant masks of depression. Amer. J. Psychiat. *124*, Suppl. zu Nr. 11: 35 (1968)
46 Lesse, S.: Masked depression—a diagnostic and therapeutic problem. Dis. nerv. Syst. *29*, 169 (1968)
47 Lesse, S., Mathers, J.: Depression sine depression (masked depression). N.Y. St. J. Med. *68/i*, 535 (1968)
48 Lindberg, B.J.: Somatic complaints in the depressive symptomatology. Acta psychiat. scand. *41*, 419 (1965)
49 Longuet, Y.: Les formes monosymptomatiques de la mélancolie intermittente. Thèse, Paris 1937
50 López Ibor, J.J.: Angoisse, existence et vitalité. Evolut. psychol. *15*, 263 (1950)
51 López Ibor, J.J.: Masked depressions. Brit. J. Psychiat. *120*, 245 (1972)
52 López-Ibor Aliño, J.J.: Los equivalentes depresivos (Paz Montalvo, Madrid 1972)
53 Mac Curdy, J.T.: The psychology of emotion (Harcourt, Brace, New York 1925)
54 Maurice, H.: De la valeur de l'insomnie dans les syndromes dépressifs. Ann. méd.-psychol. *105/ii*, 532 (1947)
55 Mendlewicz, J.: A genetic contribution towards an understanding of affective equivalents. Persönliche Mitteilung
56 Mendlewicz, J.: The nature of affective equivalents in relation to affective disorders. Persönliche Mitteilung
57 Montassut, M.: La fatigue du neurasthénique. Evolut. psychiat. No. 2:55 (1931)
58 Montassut, M.: La dépression constitutionnelle (Masson, Paris 1938)
59 Pichot, P.: La nosologie des états dépressifs. Bases étiologiques. Acta psychosom. (Docum. Geigy) (1960)
60 Priori, R.: La «depressio sine depressione» e le sue forme cliniche. In Kranz, H. (Ed.): Psychopathologie heute, p. 145 (Thieme, Stuttgart 1962)
61 Raclot, M.: Asthénie et dépression. In: Encyclopédie médico-chirurgicale, Psychiat. Vol. II, No. 37110 A (1955)
62 Radmayr, E.: Zur Problematik larvierter Depressionen. Wien. klin. Wschr. *83*, 333 (1971)
63 Riser, M., Laboucarié, J., Lacassin-Peyrevidal, A., Lacassin, P.: Formes atypiques et méconnues de la mélancolie. Ann. méd.-psychol. *119/i*, 417 (1961)
64 Rouart, J.: Dépression et problèmes de psychopathologie générale. Evolut. psychiat. No. 3:459 (1955)

65 Serry, D., Serry, M.: Masked depression and the use of antidepressants in general practice. Med. J. Aust. *56/I*, 334 (1969)
66 Slater, E.: Genetic investigations in twins. J. ment. Sci. *99*, 44 (1953)
67 Spiegel, R.: Anger and acting out: masks of depression. Amer. J. Psychother. *21*, 597 (1967)
68 Spitz, R. A.: Anaclitic depression. Psychoanal. Stud. Child *2*, 313 (1946)
69 Starobinski, J.: Histoire du traitement de la mélancolie des origines à 1900. Acta psychosom. (Docum. Geigy) Nr. 4 (1960)
70 Stekel, W.: Nervöse Angstzustände und ihre Behandlung (Urban & Schwarzenberg, Berlin/Wien 1924)
71 Stenbäck, A., Jalava, V.: Hypochondria and depression. Acta psychiat. scand. *37*, Suppl. 162:240 (1961)
72 Stoeckle, J. D., Davidson, G. E.: Bodily complaints and other symptoms of depressive reaction. J. Amer. med. Ass. *180*, 134 (1962)
73 Tellenbach, H.: Endogeneidad como origen del tipo melancólico. Act. luso-esp. Neurol. *26*, 209 (1967)
74 Toolan, J. M.: Suicide and suicidal attempts in children and adolescents. Amer. J. Psychiat. *118*, 719 (1962)
75 Venzlaff, U.: Die sogenannte larvierte Depression. Diagnose, Therapie und sozialmedizinische Bedeutung. Lebensversicher.-Med. *23*, 30 (1971)
76 Ziegler, L. H.: Depression as the chief symptom. Psychiat. quart. *13*, 689 (1939)

Diskussion

G. Nissen: Aus kinderpsychiatrischer Sicht möchte ich auf ein Phänomen hinweisen, das ich bei katamnestischen Untersuchungen von über 100 ehemals depressiven Kindern gegen mein Erwarten gefunden habe. Etwa 10% der Kinder mit manifesten, teilweise auch mit larvierten depressiven Syndromen entwickelten später eine eindeutige schizophrene Psychose. Ich weiß aus meiner Tätigkeit in der Erwachsenenpsychiatrie, daß vor der Manifestation eines ersten schizophrenen Schubs nicht ganz selten psychosomatische depressive Erscheinungen auftreten. Auch im Kindesalter muß man daran denken, daß es sich bei depressiven Manifestationen um prämonitorische Zeichen bzw. den ersten Schub einer schizophrenen Psychose handeln kann.

W. Walcher: Bei Alkoholismus und Toxikomanie wird der depressive Hintergrund häufig verkannt, auch vom Fachpsychiater. Im deutschsprachigen Raum mag das auf Hinweise in Publikationen zurückzuführen sein, der Melancholiker trinke nicht, weil er die Erleichterung durch den Alkohol nicht empfinde. Das gilt sicher für die schwere Melancholie, nicht aber für die leichten Fälle und nicht für Fälle von larvierter Depression.

Auch ich bin der Meinung, daß die gezielte Exploration besonders wichtig ist, um eine latente Verstimmung festzustellen und den Patienten über die Zusammenhänge aufzuklären. Die Kranken sind durch die langdauernden somatischen Untersuchungen und die anschließenden fruchtlosen Behandlungsversuche zermürbt. Sie stehen ihrer Symptomatik ratlos gegenüber, erkennen den depressiven Hintergrund nicht und führen häufig alle Symptome auf eine vermeintliche organische Erkrankung zurück. Wenn man sie aufklärt, so sind sie ganz erstaunt und bestätigen gewisse latente affektive Symptome.

Herr Pichot, Sie haben u. a. Kreitman zitiert, der darauf hinweist, daß gerade larvierte Depressionen ausgesprochen chronisch verlaufen. Nun, das kommt natürlich vor, besonders bei älteren Patienten; wir sehen aber doch häufiger Verläufe, die den Verlaufsformen anderer Depressionen entsprechen und bei denen es auch zu Spontanremissionen und zu Spontanheilungen kommt. Frühzeitiger Behandlungsbeginn hat sicher die besten Erfolgschancen, aber selbst ausgeprägt chronifizierte Verläufe sprechen meist auf eine thymoleptische Behandlung an, wenn auch manchmal erst nach längerer Zeit. Die Behandlung muß nur lange genug durchgeführt werden. Nach der Ansicht von López Ibor, die Sie soeben auch in Ihrem Vortrag zitiert haben, Herr Pichot, sprechen larvierte Depressionen in der gleichen Weise auf eine thymoleptische Behandlung an wie schwere Melancholien. Dabei erscheint mir interessant, daß Organbeschwerden oft am hartnäckigsten sind und meist zuletzt verschwinden. Zuerst bessern sich die Schlafrhythmusstörungen; der Arzt erhält damit schon einen ersten wichtigen Hinweis darauf, daß er mit seiner Therapie richtig liegt. In zweiter Linie bessern sich die latenten Verstimmungszustände, die dann in der Besserungsphase vom Patienten oft richtig erkannt werden. Meist erst danach klingen schließlich die Organbeschwerden ab, gleich welcher Lokalisation. Ich glaube ebenfalls, daß somatische Behandlungsversuche weitgehend wirkungslos sind. Man kann zwar in gewissen Fällen zusätzlich somatisch behandeln, z.B. Tachykardien mit Betarezeptorenblockern. Der Effekt ist aber transitorisch, wenn nicht eine thymoleptische Behandlung die depressive Basis beeinflußt. Die Fruchtlosigkeit der somatischen Therapie läßt überdies deutlich die Schwierigkeit erkennen, von der somatischen Symptombildung auf die Persönlichkeitsstruktur des Patienten zu schließen. Häufig besteht der einzige Effekt einer somatischen Behandlung darin, daß das körperliche Symptom sozusagen «davonläuft»: Behandelt man Kopfschmerzen, bekommt der Patient kardiale Beschwerden, behandelt man das Herz, treten abdominelle Symptome auf. Ein solcher Lokalisationswechsel der Symptome ist bei somatischen Behandlungsversuchen relativ häufig zu beobachten.

A. M. Freedman: Ich möchte kurz zu drei der zahlreichen interessanten Punkte in

dem umfassenden und sehr elegant vorgetragenen Referat von Herrn PICHOT Stellung nehmen. Der erste dieser Punkte, den auch Herr WALCHER schon angesprochen hat, betrifft die Möglichkeit einer Maskierung der Depression durch Alkoholismus oder Drogenmißbrauch, und das ist, vor allem unter Adoleszenten, ein zunehmend dringender werdendes Problem. Im Laufe der letzten Jahre haben wir uns angesichts des Drogenmißbrauchs von Adoleszenten verschiedentlich mit der Aufgabe konfrontiert gesehen, zwischen Fällen zu unterscheiden, deren Probleme allein mit dem Drogenmißbrauch in Zusammenhang standen, und solchen, bei denen der Mißbrauch eine schwere Depression maskierte. Wir haben kürzlich einige Adoleszente gesehen, die – was einigermaßen interessant ist – versucht hatten, die zugrunde liegende Depression durch Mißbrauch von Barbituraten und nicht, wie man es erwarten würde, von Amphetaminen zu bekämpfen. Ihrem Bericht zufolge fühlten sie sich durch die Barbiturate in einen Zustand des Taumels oder des Hochgefühls oder auch großer Ruhe versetzt, während Amphetamine sie eher reizbar machten. Selbstverständlich müssen Fälle, bei denen der Drogenmißbrauch der Bekämpfung eines depressiven Zustandes dient, als solche diagnostiziert und mit großer Vorsicht behandelt werden, denn eine nur auf die Sucht abgestellte Therapie könnte sehr schwere Folgen haben.
Herr PICHOT streifte ferner kurz das Problem des Verhältnisses von larvierter Depression und dem, was man vielleicht als «larvierte Angst» bezeichnen kann. Ich frage mich, ob es nicht eventuell Mischzustände gibt, d.h. Zustände, die gleichzeitig durch larvierte Angst und durch eine larvierte Depression bestimmt sind. Wenn ja, so müßte die Therapie sowohl auf die Angst wie auch auf die Depression zielen.
Schließlich ein letzter Punkt: Wäre es aufgrund der Resultate, die wir aus genetischen und Familienstudien besitzen, nicht angezeigt, die Verwandten der als larviert depressiv vermuteten Patienten einer eingehenden Untersuchung zu unterziehen?

H.J. BEIN: Herr PICHOT, es würde mich interessieren zu erfahren, weshalb Sie zu der Annahme gelangt sind, daß Antidepressiva bei depressiven Äquivalenten einen anderen Wirkungsmechanismus haben sollten als bei der Depression.

J.J. LÓPEZ-IBOR ALIÑO: Zwei kurze Bemerkungen, zunächst zum Problem der Diagnose. Herr PICHOT erwähnte, daß sich die Diagnose in Fällen von Epilepsie als weniger schwierig erweise, weil wir hier das EEG heranziehen können, und dieses erleichtere die Erkennung epileptischer Äquivalente. Ich möchte demgegenüber betonen, daß der Begriff der epileptischen Äquivalente bereits aus dem 19. Jahrhundert stammt; französische Kliniker waren damals schon geschickt genug, eine Epilepsie zu diagnostizieren – ohne das Hilfsmittel des Elektroenzephalogramms. Sowohl BILLOD* wie auch FALRET und andere verwendeten den Terminus «epileptische Äquivalente», und erfahrene Kliniker sprachen zu jener Zeit von maskierter Epilepsie, *épilepsie psychique* und *épilepsie larvée*. Alle diese Ausdrücke sind im Laufe der Zeit verschwunden, mit Ausnahme des Begriffs «epileptische Äquivalente». Ich glaube, wir sollten dem Beispiel dieser verdienstvollen französischen Kliniker des 19. Jahrhunderts nacheifern und versuchen, auf der Basis dessen, was wir wissen und sehen, zu einer richtigen Diagnose zu gelangen. Allerdings bin ich mir bewußt, daß wir dabei in manchen Fällen auf große Schwierigkeiten stoßen werden, da wir – wenn überhaupt – nur über wenige sichere Kriterien verfügen.
Meine zweite Bemerkung gilt einem Problem der Drogensucht. Bei vielen jungen Süchtigen haben wir etwa sechs Monate nach der Entziehungskur depressive – oder sogar manische – Phasen beobachtet, mit typischen zyklischen Episoden. Sehr interessiert haben mich die Ausführungen, die Herr KUHN in diesem Zusammenhang auf einem Meeting im Sommer des vergangenen Jahres in Kopenhagen** gemacht hat,

---

*BILLOD, E.: Paralysie générale des aliénés. Ann. méd.-psychol. *2*, 608 (1850)
**KUHN, R.: Die Bedeutung der Psychopharmaka, speziell der Antidepressiva, für die Behandlung rauschgiftabhängiger Jugendlicher. In Jacobsen, E. (Ed.): Coll. int. neuro-psychopharmacol. (C.I.N.P.), VIII Congr., Copenhagen 1972, Abstr.; Psychopharmacologia (Berl.) *26*, Suppl.: 118 (1972)

denn wir begegnen diesem eben erwähnten Problem bei fast allen Fällen von schwerer Drogensucht in der Adoleszenz. Da beispielsweise in einer Reihe von Ländern fast alle Studenten einer Universität einmal mit Drogen experimentieren, aber nur eine kleine Minderheit den Drogenkonsum nicht wieder einstellt, könnte einer der Gründe, weshalb manche Studenten schließlich süchtig werden, der sein, daß die Drogen in solchen Fällen eine Art thymoleptischen oder thymotropen Effekt ausüben.

A. Selvini: Herr Pichot, mich überraschten die Angaben über die Zeit, die verstreicht, bis ein Patient den Arzt aufsucht. Nach der von Ihnen zitierten Literatur sind es im Durchschnitt 7 Monate bei nicht larvierten Depressionen, aber 34 Monate bei larvierten Formen. Da ich nicht Psychiater bin, möchte ich Sie fragen, ob eine Depression während der ersten Monate larviert sein kann, um dann manifest zu werden. In diesem Fall wäre für die frühzeitige Diagnose nicht der Psychiater, sondern der Allgemeinmediziner zuständig, und das scheint mir wichtig zu sein. Vor einigen Jahren habe ich für alle Patienten unserer allgemeinmedizinischen Abteilung, deren körperliche Beschwerden wir uns nicht erklären konnten, da sämtliche organische Untersuchungen negativ ausgefallen waren, eine speziell psychologisch ausgerichtete Untersuchung durchgeführt. Im Laufe eines Jahres haben wir etwa 100 Patienten ausgesondert und einer Therapie mit Antidepressiva zugeführt – mit ausgezeichnetem Erfolg. Herr Pichot, glauben Sie, daß einige dieser Patienten später eine schwere Depression entwickelt hätten, wenn sie nicht frühzeitig Antidepressiva erhalten hätten?

P. Kielholz: Ich möchte drei Fragen stellen. Mit der ersten knüpfe ich an die Bemerkung von Herrn Nissen an. Es existieren verschiedene Arbeiten, aus denen hervorgeht, daß manisch-depressive Kranke in der Jugend häufig ein schizophrenes Gepräge haben. Andererseits hat man herausgefunden, daß Manisch-Depressive im Alter schizophren werden können. Ich erinnere z.B. an die Arbeit von Kinkelin*, wonach rund 14–15% der typisch bipolaren Verläufe im Alter in paranoide Formen übergehen. Mich würde nun interessieren, was man darüber im französischen Sprachraum denkt. Der zweite Punkt betrifft den Alkoholismus. Unser Forschungsteam ist in einer entsprechenden Untersuchung zu dem Resultat gelangt, daß 15% der Alkoholikerinnen an Depressionen leiden und auf eine antidepressive Therapie ansprechen. Das ist bemerkenswert, denn wir wissen ja, wie ungünstig die Prognose bei weiblichen Alkoholikern ist. Und schließlich noch eine Frage zum Problem der Depressionen nach Amphetaminabusus. Unserer Erfahrung nach tritt in etwa 30% der Fälle von Amphetaminmißbrauch – häufig noch Wochen nach der Entziehung – eine Depression auf, die Wochen und Monate dauern kann. Herr Kuhn hat mir gesagt, daß er analoge Beobachtungen gemacht hat und daß in solchen Fällen eine Behandlung mit Antidepressiva die Rückfallquote wesentlich verringere. Wie sehen Sie, Herr Pichot, dieses Problem?

P. Pichot: Herr Nissen, was das Problem der larvierten Depressionen in der Kindheit anbelangt, die tatsächlich in einigen Fällen die primäre Form einer Schizophrenie, die erst im Erwachsenenalter typisch wird, darstellen, so denke ich, daß wir es hier mit einem generellen Phänomen der Kinderpsychiatrie zu tun haben. Es gibt mancherlei psychische Zustände im Kindesalter, die sich im weiteren Verlauf des Lebens zu etwas anderem entwickeln. Das gilt für Depressionen, aber es gilt ebenso für Phobien, die nicht Vorläufer phobischer Neurosen im Erwachsenenalter sein müssen.
Zu Ihrer ersten Frage, Herr Kielholz, ist zu sagen, daß mir keine französischen Publikationen bekannt sind, die sich in grundsätzlicher Weise mit der Frage befassen, ob eine manisch-depressive Psychose in Schizophrenie umschlagen kann oder nicht. Dagegen gibt es klassische Studien – insbesondere die von Janet** – über das Umschlagen einer Zwangsneurose in Schizophrenie.

---

*Kinkelin, M.: Verlauf und Prognose des Manisch-depressiven Irreseins. Schweiz. Arch. Neurol. Psychiat. *73*, 100 (1954)
**Janet, P.: Les obsessions et la psychasthénie (Alcan, Paris 1908)

Den Bemerkungen von Herrn WALCHER habe ich nichts hinzuzufügen. Was die von KREITMAN betonte Chronizität larvierter Depressionen betrifft, so bin ich wie Herr WALCHER der Ansicht, daß hier das Alter der Patienten eine Rolle spielen mag. Ich habe auch mehrere Autoren zitiert, die bestätigen, daß depressive Äquivalente ungefähr gleich lange andauern wie «echte» Depressionen – mit anderen Worten: Depressive Äquivalente sind Episoden mit der Tendenz, spontan zu verschwinden; selbstverständlich wird dieses rasche Verschwinden durch geeignete Behandlung noch beschleunigt.

Herr FREEDMAN, Sie unterstrichen die Möglichkeit der Maskierung von Depressionen durch Alkoholismus sowie Drogenmißbrauch und verwiesen dabei auf den, wie ich glaube, sehr interessanten Punkt, daß jugendliche Depressive eher Barbiturate als Amphetamine nehmen. Das ist wahrscheinlich ein Pendant zu dem ziemlich häufig beobachteten Amphetaminmißbrauch als schizophrenes Äquivalent. Im Frühstadium der Krankheit versucht eine gewisse Anzahl Schizophrener, die Symptome durch Einnahme von Amphetaminen zu bekämpfen, während Depressive zu Barbituraten greifen.

Auch der zweite Punkt, den Sie erwähnten, scheint mir sehr wichtig zu sein; leider kann ich kaum etwas dazu sagen. Man weiß sehr wenig über Mischzustände, die sowohl Angst- wie Depressionssymptome umfassen, weil derartige Patienten nur selten von Psychiatern untersucht werden. In der Regel konsultieren sie den Allgemeinpraktiker, der ihnen übrigens regelmäßig Anxiolytika verschreibt. In Frankreich wird gegenwärtig von der chemischen Industrie der Versuch unternommen, den Praktiker über die Möglichkeit des Vorkommens von Mischzuständen mit depressiven und Angstsymptomen aufzuklären, um ihn vor der alleinigen Verwendung von Anxiolytika in gewissen Fällen zu warnen und auf den oft größeren Nutzen einer Behandlung mit Antidepressiva hinzuweisen. Wir haben es hier mit einem Problem zu tun, das eingehend untersucht werden sollte; allerdings könnte eine entsprechende Studie kaum von Psychiatern durchgeführt werden, da, wie gesagt, solche Patienten in erster Linie den Allgemeinpraktiker und nur selten den Psychiater aufsuchen.

Sie schnitten ferner das Problem der genetischen Studien an, Herr FREEDMAN. Ich habe in meinem Vortrag ausgeführt, daß Studien dieser Art insofern von großer Wichtigkeit sind, als sie theoretisch den befriedigendsten Zugang zum Verständnis depressiver Äquivalente darstellen, daß sie aber im Grunde genommen – meiner Ansicht nach – in praxi fast keine Bedeutung haben. Nur ausnahmsweise ist es möglich, aufgrund der Familienanamnese zu sagen, daß es sich in einem bestimmten Fall um ein depressives Äquivalent handeln könnte.

Zu der Frage von Herrn BEIN. Meines Wissens entfalten Antidepressiva vom Typ des Imipramins bei krebsbedingten Schmerzen eine analgetische Wirkung. Diese Wirkung ist wahrscheinlich an einen zentralen Mechanismus gebunden, der sich aber wohl doch von ihrem antidepressiven Mechanismus unterscheidet. Ich frage mich deshalb, ob ein Antidepressivum gewisse Symptome nicht in anderer Art und Weise beeinflussen kann, als dies bei der Depression der Fall ist.

Hinsichtlich der Rolle, die französische Kliniker bei der Aufklärung des Problems der epileptischen Äquivalente gespielt haben, stimme ich mit Herrn LÓPEZ-IBOR ALIÑO durchaus überein. Klinische Beobachtungen und Schlußfolgerungen sind ohne Zweifel sehr wichtig. Dennoch war es vor allem das EEG, das uns einige Aspekte der Epilepsie weiter erhellt hat. Im Falle der Depressionen würde uns, meiner Ansicht nach, eine Methode auf biologischer Basis für klinisch nicht hinreichend zu klärende Fälle zusätzliche und vielleicht entscheidendere Kriterien liefern.

Herr SELVINI, es ist ganz sicher sehr wesentlich, daß eine Behandlung so früh wie möglich eingeleitet wird, und in der Regel kann das nur durch den Nichtpsychiater geschehen. Erkennt er ein depressives Äquivalent als das, was es tatsächlich ist, so kann er sehr wirksam eingreifen. Der Psychiater sieht solche Patienten immer erst dann, nachdem sie durch Nichtpsychiater falsch behandelt worden sind. Wenn ihre Störungen nicht relativ frühzeitig Beachtung finden, zeigt eine große Zahl der Fälle später zweifellos eindeutige Depressionssymptome. Die Natur der zugrunde liegenden Krankheit wird dann zwar offensichtlich, aber wertvolle Zeit ist inzwischen verlorengegangen.

Herr KIELHOLZ, Depressionen nach Alkohol- oder nach Amphetaminmißbrauch sind in der Tat ein schwieriges Problem. Angesichts eines Patienten, der nach Intoxikation durch Alkohol, LSD oder Amphetamine an einer Depression leidet, stehen wir vor der nicht leicht zu lösenden Frage, ob es sich hier um eine schon vorherbestehende Depression handelt, die der Patient durch Alkohol oder Drogen bekämpfen wollte, oder ob die Depression sich als Reaktion auf den Entzug entwickelt hat. Bei Alkoholikern sieht man nach Absetzen des Alkohols häufig depressive Zustände, aber der Alkoholismus kann in diesen Fällen keineswegs als depressives Äquivalent gelten. Desgleichen sind auch Depressionen nach Amphetamin, meiner Ansicht nach, eher als Entzugsdepressionen zu werten. Mit dem gleichen Typ des Problems – das übrigens noch nie befriedigend gelöst worden ist – haben wir es bei Amphetaminsüchtigen im Hinblick auf schizophrene Symptome zu tun. Nach Meinung der einen handelt es sich bei diesen Süchtigen tatsächlich um Schizophrene, die Amphetamin genommen haben, um auf diese Weise mit ihren Symptomen fertig zu werden, und bei denen nach Absetzen des Amphetamins die schizophrene Symptomatik persistiert. Nach Meinung der anderen hat man es hier mit an sich normalen Personen zu tun, bei denen die Toxikomanie eine Schizophrenie provoziert hat. Es ist sehr schwierig zu entscheiden, welche dieser Meinungen zutrifft.

Was verstehen die Psychiater unter «larvierter Depression»?

von P. Berner, H. Katschnig und W. Pöldinger *

Der Begriff *larvierte Depression* – oft spricht man auch von *maskierter Depression* – taucht im Schrifttum der letzten Jahre immer häufiger auf, vor allem seit der 1969 erschienenen Monographie von Walcher[20], die diesen Ausdruck bereits im Titel verwendet. Walcher versteht unter larvierten Depressionen in erster Linie endogene Depressionen, bei denen eine körperliche Symptomatik im Vordergrund steht. In Übereinstimmung mit anderen Autoren hat er jedoch später diese Bezeichnung fallweise auch auf nicht endogene Depressionen ausgedehnt.
Gleichfalls relativ jungen Datums ist der Begriff *depressives Äquivalent*; er wurde 1966 von López Ibor[13] gebraucht – unter Berufung auf da Fonseca[3], der von *affektiven Äquivalenten* gesprochen hat – und bezeichnet genau genommen die sogenannte *depressio sine depressione*.
Indessen haben auch schon früher manche Autoren auf Depressionszustände hingewiesen, deren Erscheinungsbild durch das Vorherrschen körperlicher, vor allem vegetativer Symptome charakterisiert ist. So hat z.B. Hempel[5] im Jahre 1937 einen Artikel über die «vegetativ-dystone Depression» veröffentlicht. Von Lemke[11] stammt ein 1949 publizierter Beitrag zum Thema «vegetative Depression»; der gleiche Gegenstand ist 1952 von Dichgans[2] neuerlich behandelt worden. Kielholz[9,10] hat 1959 eine Depressionsform, die durch ein langdauerndes psychosomatisches Stadium mit vorwiegend vegetativen Symptomen gekennzeichnet ist, als «Erschöpfungsdepression» beschrieben.
Wie im Deutschen die Begriffe larvierte, maskierte oder latente Depression in den letzten Jahren eine Inflation erfahren haben, so im englischen Schrifttum die Ausdrücke *masked*, *hidden* oder *missed depression*. Schick[18] beschrieb bereits 1947 *a physical form of depression*. Um an diesem Symposium von vornherein etwas zur Begriffsklärung beizutragen, haben wir uns entschlossen, durch eine Umfrage bei deutschsprachigen Psychiatern zunächst einmal zu ermitteln, was sie heute unter dem Begriff «larvierte Depression» tatsächlich verstehen.
Für Druck und Versand der Fragebogen sind wir der ciba-geigy ag zu Dank verpflichtet. Die Auswertung mit Hilfe eines Computers wurde am Rechenzentrum der Medizinischen Fakultät in Wien durchgeführt, dem wir an dieser Stelle ebenfalls danken. Gleichfalls danken möchten wir allen Kollegen, die den Fragebogen ausfüllten und retournierten. Von einigen Kollegen haben wir überdies Briefe erhalten, in denen sie uns ihre Meinung zu der Aktion an sich wie auch zum Gegenstand der Rundfrage ausführlich darlegten; auch ihnen danken wir.
Wie aus Tabelle 1 ersichtlich ist, sind von den insgesamt mehr als 5000 ausge-

* Aus der Psychiatrischen Universitätsklinik Wien (Österreich)

sandten Fragebogen über ein Fünftel ausgefüllt zurückgeschickt worden. Davon konnten 72 Fragebogen wegen unvollständiger bzw. Doppelmarkierung nicht bearbeitet werden. Die verwertbaren 1152 Fragebogen stammen zu gut 75 % aus der Bundesrepublik Deutschland sowie zu je etwas mehr als 12 % aus der Schweiz und Österreich.
Tabelle 2 gibt in prozentualer Aufschlüsselung einen Überblick über eine Reihe von Persönlichkeitsmerkmalen – z. B. Ausbildung, Alter und Geschlecht – jener Kolleginnen und Kollegen, deren Fragebogen bei der Auswertung berücksichtigt werden konnten. Danach standen etwa ein Fünftel der Befragten noch in einer Fachausbildung; die überwiegende Mehrheit dagegen, nämlich 66 %, rekrutierte sich aus Fachärzten für Psychiatrie und Neurologie; weitere 10 %, darunter vor allem Schweizer, waren Fachärzte für Psychiatrie.

Tab. 1. Die Fragebogenaktion in zahlenmäßiger Übersicht

	N	%
Ausgesandte Fragebogen	5213	
Verwertbare beantwortete Fragebogen	1152	22,8
Nicht verwertbare beantwortete Fragebogen	72	
Zurückgesandte verwertbare Fragebogen:		
Deutschland (BRD)	870	75,5
Schweiz	142	12,3
Österreich	140	12,2

Tab. 2. Einige Merkmale der Befragten (N = 1152)

		%
Ausbildungsgrad	in Fachausbildung	19,1
	Facharzt für Psychiatrie	10,4
	Facharzt für Neurologie	2,0
	Facharzt für Psychiatrie und Neurologie	66,1
	anderer Facharzt oder Allgemeinpraktiker	2,0
	Psychologe (ohne medizinische Ausbildung)	0,4
		100
Vorwiegende Tätigkeit	klinisch	57,1
	ambulant (Praxis)	42,9
		100
Alter	unter 45 Jahren	49,4
	über 45 Jahren	50,6
		100
Geschlecht	weiblich	22,4
	männlich	77,6
		100
Hauptarbeitsbereich	Großstadt	59,3
	Kleinstadt	34,5
	Land	6,2
		100

57 % gaben an, vorwiegend klinisch zu arbeiten, rund 43 % sind hauptsächlich in der Praxis tätig. Die Altersverteilung, bezogen auf die über und die unter 45jährigen, war mit annähernd je 50 % sehr ausgewogen. Etwa ein Viertel der Befragten waren weiblichen und drei Viertel männlichen Geschlechts. Fast 60 %, also die Mehrheit, arbeitet in der Großstadt, die übrigen in einer Kleinstadt oder auf dem Lande.

Mit Tabelle 3 kommen wir zum eigentlichen Thema unserer Fragebogenaktion. Wie die prozentuale Auswertung zeigt, wird der Terminus «larvierte Depression» nur von rund 21 % der Befragten häufig verwendet; 68 % gebrauchen ihn selten und 10 % nie. Auf die Frage, ob das mit diesem Begriff bezeichnete Krankheitsbild nach ihrer Erfahrung in den letzten Jahren häufiger beobachtet werde, antworteten knapp 57 % mit Ja, während etwa 43 % angaben, das Zustandsbild früher ebensooft gesehen zu haben wie heute. Etwas anders verteilten sich die Antworten auf unsere Frage nach der Zunahme von Depressionen überhaupt. Hier waren es nur 37 %, nach deren Meinung keine Zunahme verzeichnet werden könne, während mehr als 62 % angaben, Depressionen heute häufiger zu sehen als früher.

Bei der larvierten Depression handelt es sich nach der ursprünglichen Definition von WALCHER um eine endogene Depression mit vorherrschender körperlicher Symptomatik. Dies könnte zu Verwechslungen mit psychosomatischen Krankheiten führen, die in der Regel als somatisierte Neurosen definiert werden. Deshalb haben wir auch danach gefragt, wie leicht bzw. wie schwer larvierte Depressionen gegen psychosomatische Erkrankungen abgrenzbar seien. Wie aus der Tabelle 4 zu ersehen ist, waren 30 % der Meinung, eine solche Differenzierung sei leicht möglich, während sie von annähernd 66 % für schwierig ge-

Tab. 3. Häufigkeit der Diagnose «larvierte Depression» sowie Zunahme larvierter und anderer Depressionsformen nach Ansicht der Befragten (N = 1152)

Verwenden Sie die Diagnose «larvierte Depression»	%
häufig	21,3
selten	68,4
nie	10,3
	100
Haben Sie den Eindruck, daß diese Krankheitsbilder in den letzten Jahren	
häufiger	56,8
im gleichen Maße wie früher	42,8
seltener	0,4
	100
zu sehen sind	
Welchen Eindruck haben Sie überhaupt bezüglich der Häufigkeit von Depressionen gegenüber früheren Jahren	
häufiger	62,5
gleich	37,0
seltener	0,5
	100

halten wird. Dieses Ergebnis könnte vermuten lassen, daß auch hier, wie so oft in der Medizin, Ausdrücke zwar rasch übernommen, die ursprünglichen Definitionen aber bald vernachlässigt werden. Weiterhin haben wir den Befragten eine Reihe von Formulierungen vorgelegt, aus denen sie die nach ihrer Meinung richtige Beschreibung der larvierten Depression auswählen sollten. 62% entschieden sich für die Definition: «Depressionen, bei denen die körperliche Symptomatik die psychopathologischen Symptome überdeckt.» Nur 8% der Befragten bezeichneten periodisch auftretende Zustände von Antriebshemmung im Sinne der *depressio sine depressione* als zutreffend, während 4% mit keiner der angeführten Definitionen einverstanden waren.

Die erste Frage in Tabelle 5 betrifft die nosologische Zuordnung larvierter Depressionen. 40% klassifizierten sie als endogen, fast 24% als Mischform und nur 8% als psychogen. Gut 28% der Befragten gaben an, daß larvierte Depressionen bei allen nosologischen Zuordnungen möglich seien. Mit der nächsten Frage wollten wir von den Kollegen erfahren, welches psychopathologische Syndrom bei larvierten Depressionen nach ihrer Erfahrung am häufigsten vorkomme. Annähernd 24% hatten keine Häufigkeit bestimmter Syndrome beobachtet oder würden andere als die drei auf dem Fragebogen angeführten nennen. Fast 41% waren hingegen der Ansicht, daß es sich vorwiegend um gehemmt-ängstliche Zustandsbilder handle. Rechnet man zu diesen noch die Meinung derjenigen, die bei der larvierten Depression vorwiegend agitiert-ängstliche Zustandsbilder zu beobachten glauben, so stellen also mehr als 60% der Befragten die Angst in den Vordergrund. Hier scheint mir bereits ein Hinweis dafür zu liegen, daß es sich eigentlich um manisch-depressive Mischzustände handeln könnte, worauf ich später noch zurückkommen werde. In bezug auf den Schweregrad rechneten rund drei Viertel der Befragten die larvierten Depressionen

Tab. 4. Abgrenzbarkeit gegenüber psychosomatischen Erkrankungen und Definition der larvierten Depression

Wie beurteilen Sie die Abgrenzbarkeit larvierter Depressionen von psychosomatischen Erkrankungen	%
leicht möglich	30,2
schwer möglich	65,6
nicht möglich	4,2
	100
Welche Definition würden Sie an erster Stelle für die larvierte Depression als zutreffend erachten	
jede Depression mit ausgeprägter körperlicher Symptomatik	5,8
Depressionen, bei denen die körperliche Symptomatik die psychopathologischen Symptome überdeckt	62,2
Depressionen, welche von einem Voruntersucher nicht erkannt, sondern als körperliche Erkrankungen aufgefaßt wurden	19,8
periodisch auftretende Zustände von Antriebshemmung *(depressio sine depressione)*	8,1
andere Formulierung	4,1
	100

zu den leichten Depressionen, während sie von einem Viertel der Kollegen als schwer eingeschätzt wurden.

Tabelle 6 umfaßt Fragen nach der Prognose und der psychotherapeutischen Betreuung. Im Vergleich zu anderen Depressionsformen wird die Prognose larvierter Depressionen von etwas mehr als 60% der Kollegen als gleich gut gewertet; je 20% möchten sie dagegen als prognostisch günstiger bzw. ungünstiger bezeichnen. Die psychotherapeutische Betreuung larviert Depressiver ist nach dem Urteil fast der Hälfte aller Befragten schwieriger als bei anderen Depressionsformen.

In Tabelle 7 schließlich haben wir die Fragen zur Medikation bei larvierten Depressionen zusammengefaßt. Danach vertreten 40% der Teilnehmer unserer Umfrage die Ansicht, daß larviert depressive Patienten infolge der schon beste-

Tab. 5. Nosologische und syndromale Zuordnung sowie Einschätzung des Schweregrades larvierter Depressionen (N = 1152)

Bezüglich der nosologischen Zuordnung halte ich larvierte Depressionen für	%
endogene Depressionen	40,1
psychogene Depressionen	7,9
Mischformen	23,7
bei allen nosologischen Zuordnungen möglich	28,3
	100
Wenn die psychopathologischen Syndrome erkannt sind, handelt es sich vorwiegend um folgende Zustandsbilder	
gehemmt-apathisch	16,0
gehemmt-ängstlich	40,7
agitiert-ängstlich	19,7
andere oder keine Häufigkeit bestimmter Syndrome	23,6
	100
Bezüglich des Schweregrades sind larvierte Depressionen	
leichte Depressionen, die Konversionsmechanismen ermöglichen	75,6
schwere Depressionen, bei denen auch die somatische Symptomatik sehr ausgeprägt ist	24,4
	100

Tab. 6. Prognose und psychotherapeutische Betreuung larvierter Depressionen

Die Prognose larvierter Depressionen ist verglichen mit anderen Depressionsformen	%
besser	19,5
gleich	60,3
schlechter	20,2
	100
Die psychotherapeutische Betreuung larvierter Depressionen ist	
schwieriger	49,0
gleich	37,9
leichter	13,1
	100

henden Dominanz von körperlichen Symptomen besonders empfindlich auf Nebenwirkungen der Psychopharmaka reagieren; ein noch größerer Prozentsatz der Befragten, nämlich 53 %, hatten indessen zwischen diesen Patienten und anderen Depressiven keinen Unterschied feststellen können, und 6 % gaben sogar an, daß die Empfindlichkeit bei larviert Depressiven geringer sei. Auf unsere Frage, wie demnach Psychopharmaka bei larvierten Depressionen zu dosieren seien, antworteten knapp 64 %, daß gegenüber anderen Depressionsformen keine Dosisänderung notwendig sei, während 32 % für eine Reduzierung, aber nur 4 % für eine Erhöhung der Dosis eintraten. Recht eindeutig, d.h. zu zwei Dritteln, sprachen sich die Befragten zudem dafür aus, Antidepressiva vermehrt in Kombination mit Neuroleptika bzw. Tranquilizern zu verabreichen. Auch dieses Ergebnis mag dafür sprechen, daß larvierte Depressionen nicht als rein depressive, sondern eher als manisch-depressive Mischzustände auftreten.

Neben der eben referierten Auswertung unserer Meinungsumfrage haben wir in weiteren Rechengängen versucht, die verschiedenen Antworten mit den in Tabelle 2 angeführten Persönlichkeitsmerkmalen der Befragten zu korrelieren. Dabei haben sich zwar keine signifikanten Unterschiede, aber doch einige Trends ergeben:

- Der Terminus «larvierte Depression» wird von den über 45jährigen häufiger verwendet als von den jüngeren Kollegen.
- Die über 45jährigen betrachten aber vor allem solche Zustände als larviert, die von einem Voruntersucher nicht als Depression erkannt worden sind.
- Die unter 45jährigen halten eine Abgrenzung der larvierten Depression von psychosomatischen Erkrankungen für leichter möglich als die älteren Kollegen. Das deutet vielleicht auf eine gewisse Skepsis der älteren Generation gegenüber Theorien und Definitionen.

Tab. 7. Fragen zur Medikation bei larvierten Depressionen

Wegen der schon vorherrschenden körperlichen Symptomatik ist die Empfindlichkeit für Begleiterscheinungen der Psychopharmaka bei den larvierten Depressionen verglichen mit anderen Formen in der Regel	%
größer	40,5
gleich	53,5
kleiner	6,0
	100
Psychopharmaka sind daher zu dosieren	
höher	4,1
gleich	63,8
niedriger	32,1
	100
Antidepressiva sind vermehrt in Kombination mit Neuroleptika bzw. Tranquilizern zu verabreichen	
ja	63,1
nein	36,9
	100

- Häufiger als ihre männlichen Kollegen definieren Ärztinnen die larvierte Depression als *depressio sine depressione.*
- Frauen neigen zudem eher dazu, larvierte Depressionen zu den schweren Krankheitsformen zu zählen.
- Die ambulant arbeitenden Kolleginnen und Kollegen verwenden den Begriff «larvierte Depression» häufiger als die vorwiegend klinisch tätigen.
- Die ambulant Tätigen geben ferner häufiger an, in den letzten Jahren eine Zunahme der larvierten Depressionen beobachtet zu haben.
- Auch hinsichtlich der Frage, ob Depressionen ganz allgemein nach ihrer Erfahrung häufiger geworden seien, zeichnet sich bei der Gruppe der ambulant arbeitenden Kollegen ein Trend zur Bejahung ab.
- Für ambulant tätige Ärzte handelt es sich bei der larvierten Depression bevorzugt um Depressionen, die vom Voruntersucher nicht erkannt wurden.
- Die vorwiegend klinisch tätigen Kollegen zeigen demgegenüber einen Trend, die larvierte Depression den psychogenen Depressionen zuzuordnen.
- Sie beurteilen larvierte Depressionen auch eher als schwere Fälle; das mag damit zusammenhängen, daß vor allem die schweren Depressionen zur klinischen Aufnahme kommen.
- Bei den in Kleinstädten oder auf dem Lande tätigen Teilnehmern unserer Fragebogenaktion besteht ein Trend, durchwegs jede Depression mit ausgesprochener körperlicher Symptomatik als larviert zu bezeichnen.
- Im Hinblick auf die Nationalität der Kollegen läßt sich feststellen, daß der Terminus «larvierte Depression» in Österreich am stärksten verbreitet zu sein scheint. Hier spielt wohl die Tatsache eine Rolle, daß die Monographie von WALCHER das Werk eines Österreichers ist und in diesem Lande publiziert wurde.
- Auch bei den österreichischen Kollegen besteht der Trend, jede Depression mit deutlicher körperlicher Symptomatik als larvierte Depression zu werten.
- Nach Meinung der Kollegen aus der Bundesrepublik handelt es sich dagegen bei larvierten Depressionen eher um agitierte Formen der Depression.
- Überdies scheint man in Deutschland den larvierten Depressionen eine günstigere Prognose zu stellen als den übrigen Depressionen.

Es sei hier abschließend nochmals betont, daß die von uns durchgeführten Korrelationen zwischen den Antworten der Befragten und ihren Persönlichkeitsmerkmalen keine signifikanten Unterschiede ergeben haben. Die eben vorgetragenen Resultate stellen also nur Trends dar. Selbstverständlich war es nun aber nicht der einzige Zweck unserer Meinungsumfrage, vorhandene Unterschiede festzustellen und mit Hilfe verschiedener Auswertungsverfahren systematisch zu ordnen. Derartige Untersuchungen sollten uns zugleich auch immer einen Schritt weiterführen. Anlaß der Fragebogenaktion waren die begrifflichen Unklarheiten auf dem Gebiet der larvierten Depression. Aufgrund unserer eigenen Erfahrungen, die durch einige Aspekte dieser Aktion eine gewisse Unterstützung erfahren haben, möchten wir folgendes Konzept der «larvierten Depression» zur Diskussion stellen:

Wie das Schema der Abbildung 1 zeigt, muß man sich bei bipolaren Verläufen vergegenwärtigen, daß die Übergänge von depressiven zu manischen Phasen und umgekehrt entweder über dysphorische Verstimmungen oder über Mischzustände erfolgen können. Bei den letzteren muß man nach MENTZOS[16] zwischen einem statischen Nebeneinanderbestehen von manischen und depressiven Elementen und einem rasch alternierenden Wechsel derselben unterscheiden. Die Mischzustände und Mischbilder spiegeln offenbar diskordante, gelegentlich rasch sich ändernde zentrale Aktivierungs- und Hemmungsvorgänge wider, was JANZARIK[8] mit dem Begriff der «dynamischen Unstetigkeit» fassen wollte. Vieles spricht nun dafür, daß die ängstlich-gehemmten und ängstlich-agitierten Depressionen bereits Mischzustände im angegebenen Sinne sind. Das gleiche gilt für die «nasse» Depression, bei der die Kranken oft mitten in der Nacht schweißgebadet erwachen, oder für depressive Patienten, die nicht an der klassischen Obstipation, sondern an Durchfällen leiden. Gerade die im Rahmen der Mischbilder häufig anzutreffende vegetative Symptomatik mag oft für das Übersehen des mitvorhandenen depressiven Elementes verantwortlich sein. Dazu kommt noch, daß im Rahmen solcher Mischzustände die von vielen Ärzten – wohl zu Unrecht – für die Diagnose Depression als obligatorisch angesehene «traurige Verstimmung» fehlen kann. (Die Tatsache, daß sich auch bei nicht als «gemischt» aufzufassenden endogen-«depressiven» Syndromen die Störung

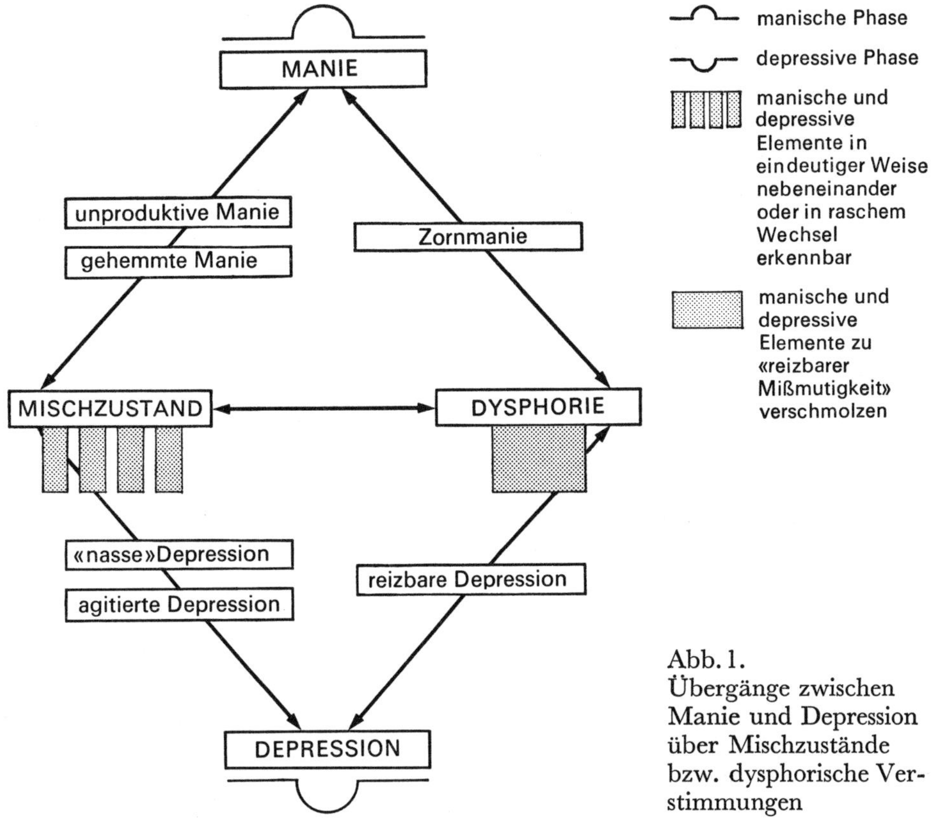

Abb. 1.
Übergänge zwischen Manie und Depression über Mischzustände bzw. dysphorische Verstimmungen

des Aktivierungsniveaus auf den Antrieb beschränken und den Stimmungsbereich aussparen kann, hat ja wohl zur Bildung des Begriffes *depressio sine depressione* geführt.) Schließlich muß noch erwähnt werden, daß die «dynamische Unstetigkeit» infolge der ihr meist eigenen ängstlichen Beunruhigung den Einsatz von neurotischen Abwehrmechanismen im Sinne der Psychoanalyse besonders fördert, wodurch ein weiterer Maskierungseffekt gegeben ist.
Im Hinblick auf diese Gegebenheiten möchten wir zunächst postulieren, daß für jedes «endogen-depressive» Querschnittssyndrom die genaue Stellung in der in Abbildung 1 dargestellten Raute näher bestimmt werden sollte. Die von HEIMANN angegebenen Versuche, dies mit Hilfe psychobiologischer Parameter zu objektivieren, erscheinen mir hierbei von besonderer Wichtigkeit. Des weiteren sollte man die Maskierung durch psychische Abwehrmechanismen von jener unterscheiden, die durch im Vordergrund stehende somatische Symptome bedingt ist. Den Begriff der «larvierten Depression» sollte man – im Hinblick auf die Ergebnisse unserer Umfrage – allein auf diese letztere beschränken.

Literatur

1 BIRKMAYER, W., DANIELCZYK, W., NEUMAYER, E., SEEMANN, D.: Die larvierte Depression. Öst. Ärzteztg *27*, 147 (1972)
2 DICHGANS, G.: Vegetative Depressionen. Dtsch. med. Wschr. *77*, 1602 (1952)
3 FONSECA, A.F. DA: Affective equivalents. Brit. J. Psychiat. *109*, 464 (1963)
4 HEINRICH, K.: Die maskierten Depressionen. In: Depressive Erkrankungen, IV. Veldener Symp., Velden am Wörthersee 1969, p. 32 (Banaschewski, München-Gräfelfing 1970)
5 HEMPEL, J.: Die «vegetativ-dystone Depression». Nervenarzt *10*, 22 (1937)
6 HOLE, G.: Die larvierte Depression und ihre Erkennung. Münch. med. Wschr. *114*, 578 (1972)
7 HOLE, G., PÖLDINGER, W.: Larvierte Depressionen und vegetative Symptome bei der Depression. Mkurse ärztl. Fortbild. *18*, 526 (1968)
8 JANZARIK, W.: Dynamische Grundkonstellationen in endogenen Psychosen. Monogr. Gesamtgebiet Neurol. Psychiat. Nr. 86 (Springer, Berlin/Göttingen/Heidelberg 1959)
9 KIELHOLZ, P.: Klinik, Differentialdiagnostik und Therapie der depressiven Zustandsbilder. Acta psychosom. (Docum. Geigy) Nr. 2 (1959)
10 KIELHOLZ, P., BECK, D.: Vegetative Untersuchungen und Therapie der Erschöpfungsdepressionen. Praxis *51*, 962 (1962)
11 LEMKE, R.: Über die vegetative Depression. Psychiat. Neurol. med. Psychol. (Lpz.) *1*, 161 (1949)
12 LINDNER, M.: Organsymptome in der Psychiatrie: Die verkannte Depression. Hippokrates (Stuttg.) *37*, 860 (1966)
13 LÓPEZ IBOR, J.J.: Las neurosis como enfermedades del ánimo (Gredos, Madrid 1966)
14 LÓPEZ IBOR, J.J.: Depressive Äquivalente. In Hippius, H., Selbach, H. (Eds.): Das depressive Syndrom, Int. Symp., Berlin 1968, p. 403 (Urban & Schwarzenberg, München/Berlin/Wien 1969)
15 LÓPEZ IBOR, J.J.: Larvierte Depressionen und Depressionsäquivalente. In Kielholz, P. (Ed.): Depressive Zustände. Erkennung, Bewertung, Behandlung, Int. Symp., St. Moritz 1972, p. 38 (Huber, Bern/Stuttgart/Wien 1972)

16 Mentzos, S.: Mischzustände und mischbildhafte phasische Psychosen (Enke, Stuttgart 1967)
17 Pakesch, E.: Zum Syndrom der larvierten Depression. In Kranz, H., Heinrich, K. (Eds.): Pharmakopsychiatrie und Psychopathologie, Symp., Bad Kreuznach 1966, p. 117 (Thieme, Stuttgart 1967)
18 Schick, A.: On the physical form of periodic depression. Psychoanalyt. Rev. *34*, 432 (1947)
19 Spiegelberg, U.: Zur Psychosomatik des Syndrom-Wechsels. Z. Psychother. med. Psychol. *16*, 1 (1966)
20 Walcher, W.: Die larvierte Depression (Hollinek, Wien 1969)
21 Walcher, W.: Provokationsprobleme bei larvierten Depressionen. In Walcher, W. (Ed.): Probleme der Provokation depressiver Psychosen. Int. Symp., Graz 1971, p. 103 (Hollinek, Wien 1971)

Diskussion

H. M. VAN PRAAG: Sie schlagen vor, die larvierte Depression als endogene Depression zu definieren, bei der die körperliche Symptomatik im Vordergrund steht. Wie definieren Sie aber eine endogene Depression in nosologischer oder syndromaler Hinsicht, und weshalb schließen Sie die neurotische Depression aus? Es gibt z.B. viele neurotische Depressionen, bei denen die somatische Symptomatik ganz im Vordergrund steht. Welche Bezeichnung würden Sie solchen Krankheitsbildern geben?

G. NISSEN: Aus kinderpsychiatrischer Sicht bedauere ich, daß Sie nicht auch die Frage nach der Häufigkeit larvierter Depressionen im Kindesalter gestellt haben. Sie werden sehr selten diagnostiziert. Deshalb könnte es ein Verdienst der Tagung werden, diesen Komplex miteinzubeziehen. Larvierte Depressionen bei Kindern werden auch in der Klinik nur gelegentlich erkannt.

P. KIELHOLZ: Herr NISSEN, ich stimme Ihnen zu, möchte aber beifügen, daß meinem Eindruck nach larvierte Depressionen im Kindesalter immer häufiger gesehen werden. Auch in der Literatur und auf Kongressen kann man dies feststellen. Trotzdem werden noch immer viele kindliche Depressionen verkannt und vor allem falsch behandelt.

H. E. LEHMANN: Ich möchte Herrn BERNER bitten, einige der in der Fragebogenaktion vorgeschlagenen Definitionen der larvierten Depression noch einmal zu erläutern. Aus der Tabelle 4 geht hervor, daß die Mehrzahl der Ärzte oder Psychiater unter «larvierter Depression» eine Depression verstanden, bei der physische Manifestationen die psychopathologische Symptomatologie verbergen, wobei aber nicht klar ist, ob es sich um eine endogene Depression handelt. Meine erste Frage lautet daher: Ist hier tatsächlich die endogene Depression gemeint? Ferner wird in derselben Tabelle als Definition vorgeschlagen: «periodisch auftretende Zustände von Antriebshemmung», und in Klammern ist hinzugefügt: *depressio sine depressione.* Die Beschreibung «periodisch auftretende Zustände von Antriebshemmung» scheint mir jedoch eine sehr eng gefaßte Definition der *depressio sine depressione* zu sein. Ich kann mir gut vorstellen, daß ein Patient neben der Antriebshemmung eine ganze Reihe physischer Symptome zeigt, jedoch ohne Depressionsgefühle und ohne depressive Affekte oder Stimmungen, und daß dieser Zustand – zumindest in Nordamerika – als *depressio sine depressione* definiert werden würde. Wie Herrn VAN PRAAG würde mich schließlich interessieren, wie Sie eine reaktive oder neurotische Depression bezeichnen, die entweder vorwiegend durch physische Symptome oder aber allein durch physische Symptome, ohne jede depressive Verstimmung, charakterisiert ist.

R. KUHN: Ich möchte wissen, ob im Fragebogen die Kombination von Antidepressiva einerseits mit Neuroleptika und andererseits mit Tranquilizern gegeneinander abgegrenzt wurde oder ob man beide zur Vereinfachung der statistischen Ergebnisse in einer Gruppe zusammengefaßt hat. Wenn man nämlich die theoretischen Überlegungen von Herrn BERNER, die ich voll und ganz teile, konsequent weiterverfolgt, und zwar im Zusammenhang mit den manisch-depressiven Mischzuständen, dann ist es nicht einleuchtend, solche larvierten Depressionen mit einer Kombination von Antidepressiva und Tranquilizern zu behandeln. Wir müssen doch einen grundsätzlichen Unterschied zwischen einer Kombination von Antidepressiva mit Tranquilizern und einer Kombination mit Neuroleptika annehmen. Nach meinen Erfahrungen erzielt man mit Tranquilizern wegen der damit verbundenen affektiven Distanzierung und Gleichgültigkeit ungünstige Behandlungsergebnisse. Bekanntlich ist es auch schwierig, von einer reinen Tranquilizer-Behandlung auf eine Antidepressiva-Therapie überzugehen. Demgegenüber ist die Kombination von Antidepressiva mit Neuroleptika oft sehr zweckmäßig.

H. P. ROME: Darf ich Herrn BERNER fragen, ob es zwischen Psychiatern und Nichtpsychiatern signifikante Unterschiede in der Beantwortung der Fragen gab?

P. Schmidlin: Ich hatte gehofft, daß wir im Laufe des Symposiums zu einer Übereinstimmung hinsichtlich der Definition der larvierten Depression gelangen würden. Ich beginne jedoch, an dieser Möglichkeit zu zweifeln, wenn wir die Attribute «larviert» oder «maskiert» mit zusätzlichen ätiologischen, pathogenetischen oder syndromalen Kriterien versehen.

P. Kielholz: Es gehört sicher zu den Zielsetzungen des Symposiums, einerseits eine einheitliche Nomenklatur und Definition für die larvierte Depression festzulegen und andererseits – zur Verbesserung der Diagnostik – die wesentlichsten Symptome herauszuarbeiten, und zwar beides nicht nur im Hinblick auf den Spezialisten, sondern auch auf den praktischen Arzt.

H. Hippius: Ich bin nicht so skeptisch wie Herr Schmidlin. Man könnte sich meiner Ansicht nach verhältnismäßig schnell darüber einigen, daß man den Begriff der larvierten Depression immer noch um den diagnostischen Terminus erweitert, der den nosologischen Bezug herstellt. Dann würde man z. B. von larvierten *endogenen* und larvierten *neurotischen* Depressionen sprechen.
Ich für mein Teil würde den Begriff der larvierten Depression gern auf den Bereich der endogenen Depression beschränkt wissen, halte aber auch die eben angedeutete Festlegung für durchaus praktikabel. Bedauerlich ist nur, daß wir bisher für die endogenen Depressionen über kein biologisch gut definiertes Kriterium zur diagnostischen Sicherung verfügen, wie wir es etwa für die Diagnostik epileptischer Krankheitsbilder im EEG besitzen. Hoffen wir also, daß es Herrn Coppen möglichst bald gelingt, einen biochemischen Parameter zu erfassen, der die Diagnose einer endogenen Depression zuverlässig gestattet.
Problematisch ist für mich jedoch ein anderer Gesichtspunkt, auf den früher Herr Nissen schon hingewiesen hat. Warum benutzen wir in der Psychiatrie den Begriff «larviert» immer nur in Verbindung mit der Diagnose «Depression?» Müßte man nicht im Falle eines Patienten, bei dem im Verlauf einer langfristigen Beobachtung schließlich eine schizophrene Symptomatik manifest wird, alle vorausgehenden Krankheitserscheinungen als «larvierte Schizophrenie» interpretieren? Müßte man bei entsprechenden Fällen mit Zwangssymptomatik nicht von einer «larvierten Zwangsneurose» sprechen? Solche Überlegungen führen schließlich zu der Frage, woher man bei langfristigen Verläufen mit wechselnder Querschnittssymptomatik eigentlich die Berechtigung ableitet, willkürlich ein Syndrom zur diagnostischen Bezeichnung des gesamten Krankheitsverlaufs heranzuziehen, um gleichzeitig alle anderen symptomatologischen Querschnittsbilder als «Maskierungen» dieser «eigentlichen» Grundkrankheit zu deuten.

W. Walcher: Die Untersuchung der Wiener Klinik halte ich deshalb für wichtig, weil sie sowohl den unterschiedlichen Standpunkt zwischen Klinikern und praktizierenden Nervenärzten als auch die deutlichere Sicht des Problems bei den praktizierenden Nervenärzten, die solche Fälle häufiger sehen, gezeigt hat. Möglicherweise bekommen Anstaltspsychiater larvierte Depressionen überhaupt nicht zu Gesicht.
Sollen wir den Terminus «larvierte Depression» nur quantifizierend oder auch typologisch und nosologisch verwenden? Erst aus der Langzeitbetrachtung dürfte sich doch die endgültige nosologische Zuordnung ergeben, während die primäre Diagnose oft nur eine typologische Wahrscheinlichkeitsdiagnose darstellt.

A. Coppen: Herr Hippius, als Antwort auf Ihre Frage möchte ich dafür eintreten, das Wort «larviert» nicht allein auf die Depression anzuwenden. Ich glaube, daß die larvierte Manie oft wichtiger ist und ernstere Folgen für den betreffenden Patienten haben kann. Ich denke z. B. an Patienten, die, etwa in den Vierzigern, ihre berufliche Stellung oder ihre Ehe ruinieren und die bei einer retrospektiven Betrachtung ihrer Fälle erkennen lassen, daß sie offensichtlich an einer manischen oder hypomanischen Krankheit gelitten haben, die aber niemals als Möglichkeit in Erwägung gezogen wurde. Ich bin sicher, wir alle haben diesen Patiententyp schon einmal kennengelernt.

P. Pichot: Ich möchte hier ein Terminologie-Problem aufwerfen. Herr Berner hat in seinem Vortrag den Begriff «larvierte Depression» verwendet. Es ist natürlich möglich, diesen Terminus mit «*dépression larvée*» wörtlich ins Französische zu übersetzen, denn das Adjektiv «larviert» wird – laut dem Französischen Medizinischen Wörterbuch* – in der französischen medizinischen Fachsprache zur Bezeichnung eines Krankheitsbildes verwendet, «das sich nicht vollständig manifestiert oder das sich in atypischen Symptomen äußert». Die dafür in dem genannten Wörterbuch angeführten Beispiele beziehen sich auf die «larvierte Epilepsie» bzw. den «larvierten Paludismus». Obgleich das Wort vom lateinischen «larvatus» (= Larve, Maske) abgeleitet ist, wird ein Franzose den Begriff «larviert» doch vor allem entomologisch verstehen, d.h. er wird in erster Linie an die Larve, die sich in ein vollentwickeltes Insekt verwandelt, denken. Der Terminus wäre also vom rein medizinischen Standpunkt aus gesehen nicht falsch, aber im Falle von Depressionen würde er von französischen Psychiatern wohl mit größerem Vorbehalt gebraucht werden als das gleichbedeutende Wort «maskiert». Im Englischen kennt man das Adjektiv «*masked*», aber es gibt meines Wissens keine wörtliche Entsprechung des deutschen Wortes «larviert». Ich würde es deshalb als nützlich erachten, wenn wir uns auf ein einziges Adjektiv einigen könnten, das sich wortgetreu in die verschiedenen Sprachen übersetzen läßt.

R. Oberholzer: Aus etymologischer Sicht besitzt das Wort «Larve» im deutschen Sprachgebrauch zwei Bedeutungen: Einerseits bezeichnet «Larve» das Lebewesen, das sich entpuppt, und andererseits die Maske vor dem Gesicht. In seiner zweiten Bedeutung wird das Wort in der Schweiz ausgesprochen häufig verwendet; man versteckt sich hinter der Larve, hinter der Maske. Da, wie die drei hier gesprochenen Kongreßsprachen zeigen, das Wort «larviert» wohl im Deutschen, nicht aber im Englischen und Französischen gebräuchlich ist, sollten wir einen Kompromiß eingehen und den Terminus «maskiert», «*masked*», «*masqué*» vorziehen – wobei dieser Begriff nicht allein auf die Depression anzuwenden wäre.

J. J. López-Ibor Aliño: Noch ein Wort zum Problem der Terminologie. Wie ich schon erwähnte, stellte sich im 19. Jahrhundert die gleiche Frage im Zusammenhang mit der Epilepsie. Schließlich setzte sich der noch heute übliche Begriff «epileptisches Äquivalent» durch. Ich würde daher vorschlagen, uns in analoger Weise für die Bezeichnung «depressives Äquivalent» zu entscheiden und alle Alternativen aufzugeben, obwohl ich persönlich auch den Ausdruck «maskierte Depression» für einen guten Terminus halte. Übrigens hat man im 19. Jahrhundert – ich glaube, es war vor allem Falret, der diese Meinung vertrat – angenommen, daß es so etwas wie ein «epileptisches Äquivalent» gar nicht gebe; vielmehr handle es sich dabei um Epilepsien, die nicht korrekt diagnostiziert worden seien. Vielleicht könnten wir bei einer bis ins letzte gehenden Analyse sagen, daß auch depressive Äquivalente nicht existieren, sondern lediglich Depressionen darstellen, die nicht – oder noch nicht – als solche diagnostiziert wurden.

G. Nissen: Ich möchte die Bemerkung von Herrn López-Ibor Aliño über die larvierte Epilepsie aus historischer Sicht ergänzen. 1920 fand in der *Berliner Medizinischen Gesellschaft* eine Diskussion statt, bei der führende Psychiater und Pädiater einhellig zu der Meinung gelangten, daß die Pyknolepsie eine hysterische Erkrankung des Kindesalters sei. Durch die Entdeckung des EEG wurde diese Meinung widerlegt. Es ist zu hoffen, daß Stoffwechseluntersuchungen die Pathogenese larvierter Depressionen in ähnlicher Weise aufzuklären vermögen.

H. E. Lehmann: Ich möchte dringend um etwas mehr Präzision bei der Formulierung von Diskussionsbemerkungen zur Definition der maskierten Depression bitten, denn wir wollen doch zu einer Definition gelangen, die allgemein akzeptiert werden kann. Sollen wir einen Unterschied machen zwischen depressiven Äquivalenten – im

* Manuila, A., Manuila, L., Nicole, M., Lambert, H.: Dictionnaire français de médecine et de biologie, Vol. II, p. 588 (Masson, Paris 1971)

Sinne der *depressio sine depressione* – und jenen Depressionen, bei denen physische Symptome im Vordergrund stehen? Wie ich die Sache sehe – und wahrscheinlich auch die meisten meiner nordamerikanischen Kollegen –, dürfen wir annehmen, daß es einerseits Fälle einer sogenannten *blurred depression* oder *verwischten Depression* geben könnte, bei denen die Depression nicht erkannt wird, weil die ganz im Vordergrund stehenden physischen Symptome den Diagnostiker verleiten, den somatischen Aspekten zu große Aufmerksamkeit zu schenken, und anderseits Fälle, bei denen depressive Symptome vollkommen fehlen und es möglicherweise überhaupt keinen Beweis für eine depressive Verstimmung gibt. Wie mir scheint, geht es in unserer jetzigen Diskussion um zwei Definitionen, nämlich erstens um die Definition der depressiven Äquivalente *(depressio sine depressione)* und zweitens um die der larvierten Depression, bei der depressive Symptome vorhanden sein können, die aber durch physische Symptome überdeckt werden. Entweder haben wir es hier mit zwei verschiedenen Einheiten zu tun, oder die beiden Begriffe stehen für ein und denselben Sachverhalt. Für mich bedeuten sie bis zu diesem Zeitpunkt ein und dasselbe.

R. KUHN: Noch eine Ergänzung zur Etymologie: Das Wort «Larve» kommt vom lateinischen «larva» und heißt «die Maske».

W. GRÜTER: Wir könnten auf alle Bilder, die nicht der medizinischen Terminologie entnommen sind, verzichten, wenn wir von «somatisierter Depression» sprechen würden. In allen Sprachen wäre dies einfacher. Außerdem würden wir das Vorhandensein oder das Fehlen psychopathologischer Phänomene nicht präjudizieren. Es würde nur die Vordergründigkeit der somatischen Symptome betont, was dem Konsensus der bisherigen Beiträge zur larvierten Depression entspräche.

P. KIELHOLZ: Herr BERNER, im Frageschema haben Sie nur die somatische Symptomatik als larvierend bezeichnet. Nach meiner Auffassung ist aber auch die Larvierung oder Maskierung der Depression durch psychopathologische Phänomene ein wichtiger Aspekt. Ich möchte nur an die Zwangsphänomenologie, an die phobischen Phänomene oder an die Angstphänomenologie erinnern. Es ist eindrücklich, daß die Mehrzahl der befragten Ärzte annimmt, die larvierten Formen der Depressionen nähmen zu. Vielleicht wäre dieser Prozentsatz noch höher ausgefallen, hätte man Maskierungsmöglichkeiten durch andere als somatische Symptome einbezogen.

P. BERNER: Nach meiner Meinung sollten wir uns auf das Attribut «maskiert» einigen. Wie Herr HIPPIUS und Herr COPPEN ausführten, gibt es nicht nur maskierte Depressionen, sondern auch z. B. maskierte Manien. Bereits Ende der zwanziger Jahre hat SCHWARZ* die manische Hypochondrie beschrieben, die PETRILOWITSCH** wieder aufgriff. Es gibt ebenso maskierte Schizophrenien, wobei ich auf die pseudoneurotische Schizophrenie von HOCH und POLATIN*** hinweisen möchte. Es erhebt sich lediglich die Frage, ob wir uns auf eine syndromale oder eine nosologische Ebene begeben wollen. Wir müssen uns zunächst auf eine Symptomatik der endogenen Depression in gemeinsamer Übereinkunft festzulegen versuchen. Wir wissen aber nicht, ob diese Symptomatik auf eine entsprechende Erbanlage zurückgeht. Vielleicht gibt es z. B. auch posttraumatische Syndrome, die gleich aussehen. Anhand eines Merkmalkatalogs müßten wir die Symptomatik der endogenen Depression jedoch von derjenigen einer neurotischen Depression abgrenzen. Was aber ist eine *maskierte neurotische Depression?* Die neurotische Genese können wir nur mit idiographischen Methoden diagnostizieren. Wir können auch festzustellen versuchen, ob der Mensch aufgrund seines Lebensschicksals depressiv geworden ist, eine depressive Entwicklung

---

*SCHWARZ, H.: Zirkumskripte Hypochondrien. Mschr. Psychiat. Neurol. *72*, 150 (1929)

**PETRILOWITSCH, N.: Die hypochondrische Euphorie. Arch. Psychiat. Nervenkr. *198*, 380 (1959)

***HOCH, P., POLATIN, P.: Pseudoneurotic forms of schizophrenia. Psychiat. Quart. *23*, 248 (1949)

eingeschlagen hat oder reaktiv depressiv ist. Zeigt er außerdem andere neurotische Mechanismen oder körperliche Korrelate zum Depressiven, handelt es sich nicht unbedingt um eine Maskierung der Depression; denn wir können kaum sagen, was vordergründig oder hintergründig und was in der ganzen Entstehung, der Entwicklung oder der Reaktion wichtiger ist. Ich möchte jedoch betonen, daß es viele Patienten gibt, bei denen zunächst eine reaktive oder neurotische Depression diagnostiziert wurde und die später als eindeutig zyklische Patienten einzuordnen waren. Deshalb bin ich sehr vorsichtig mit der Diagnose einer neurotischen oder reaktiven Depression.

Um Herrn NISSEN zu antworten, möchte ich bestätigen, daß die Depression im Kindesalter selten diagnostiziert wird. Ich habe zudem den Eindruck, daß gerade Depressionen im Kindesalter nicht typisch sind und daß es sich hier oft um Mischzustände oder dysphorische Zustände handelt, die deshalb falsch diagnostiziert werden.

Zu Herrn LEHMANN: Mit Antriebsstörung – ich kann mich hierbei auf JANZARIK* beziehen – ist die dynamische Restriktion oder der energetische Potentialverlust gemeint und nicht, was man im Englischen als *drive* bezeichnet.

Zu Herrn KUHN möchte ich bemerken, daß wir absichtlich nicht zwischen Neuroleptika und Tranquilizern unterschieden haben, und zwar aus der Erfahrung heraus, daß die meisten Kollegen in der Regel mit Tranquilizern behandeln. Ihre Ausführungen zu diesem Punkt möchte ich aber voll unterstützen.

Herr ROME, leider konnten wir die Unterschiede zwischen Psychiatern und Nichtpsychiatern nicht berechnen, da wir unsere Fragen nur an Psychiater gerichtet haben. Irrtümlicherweise erfaßten wir 2% anderer Fachärzte oder Allgemeinpraktiker.

Zu Herrn SCHMIDLIN: Ich glaube mit Herrn HIPPIUS, daß wir nosologische Gesichtspunkte berücksichtigen müßten. Ein Wort zur späten schizophrenen Symptomatik: Was man im deutschen Sprachraum als Spätschizophrenie bezeichnet, und das sind die meisten der hierher, d.h. in den Bereich der larvierten Schizophrenie gehörenden Fälle, nennt man in Frankreich Paraphrenie. Im übrigen ist es äußerst fraglich oder zumindest diskutabel, ob die Paraphrenien überhaupt etwas mit Schizophrenie zu tun haben, ganz abgesehen von der Fragwürdigkeit der Diagnose und der Abgrenzbarkeit der Schizophrenie schlechthin. Es gibt gut gestützte Auffassungen, daß die Spätschizophrenien zum manisch-depressiven Formenkreis gehören und daß es sich bei den paraphrenen Bildern um maskierte Mischzustände handelt, bei denen es zunächst zur Entzügelung des impressiven Wahrnehmungsmodus kommt und dann zur Koenästhopathie auf dem Wege der Interpretation der veränderten Wahrnehmungen. Nur wenn man die SCHNEIDERschen Symptome ersten Ranges heranzieht, kommt man hier zur Diagnose Schizophrenie.

Hinsichtlich des Problems der Terminologie habe ich bereits gesagt, daß ich im Grunde genommen den Ausdruck «maskiert» vorziehen würde. Es ist jedoch zu fragen, ob es Zustandsbilder gibt, die sich später aus der Larve zur Depression entpuppen. Ich glaube indes nicht, daß der gewählte Terminus einen solchen Vorgang meint. Ferner bin ich nicht der Ansicht, daß wir «maskierte Depression» mit «Äquivalent einer Depression» gleichsetzen sollten, denn wenn wir «maskiert» sagen, meinen wir das «Dahinter». Wenn wir die Maske wegziehen, was ich aufgrund entsprechender psychopathologischer Untersuchungen und zukünftiger biochemischer oder vegetativer Befunde für möglich halte, können wir die Depression vielleicht direkter angehen. Unter «Äquivalent» würde ich Zustände verstehen, von denen wir heute noch hypothetisch annehmen, sie könnten anstelle einer Depression auftreten, d.h. zum Beispiel periodisch erscheinende Ekzeme. Sie kennen alle zahlreiche Fälle somatischer Beschwerden, bei denen wir nichts von der typischen Symptomatik

---

*JANZARIK, W.: Dynamische Grundkonstellationen in endogenen Psychosen. Monogr. Gesamtgebiet Neurol. Psychiat. Nr. 86 (Springer, Berlin/Göttingen/Heidelberg 1959)

einer endogenen Depression finden können. Die von Herrn LEHMANN angeführte «verwischte» Depression läßt sich meines Erachtens schwer einordnen. Man kann sie wohl kaum als maskierte Depression bezeichnen. Hingegen würde ich den Terminus für Zustände reservieren, die keine traurige Verstimmung zeigen; diese Frage wurde bereits von Herrn VAN PRAAG angeschnitten. Wir sprechen bei solchen Fällen in der Regel von einer *depressio sine depressione*, wie sie z.B. auch SCHULTE beschrieben hat.

Zum Vorschlag «somatisierte Depression» von Herrn GRÜTER möchte ich bemerken, daß der Psychiater immer vor dem großen Problem steht, zu entscheiden, was bei einer Depression im Vordergrund und was im Hintergrund steht. Wenn ein Patient etwas mehr halluziniert, sprechen wir von einer Halluzinose oder von einem paranoid-halluzinatorischen Bild. Halluziniert er weniger, nennen wir seine Krankheit Schizophrenie oder Paraphrenie. Bei der somatisch maskierten Depression würde ich auf alle graduelle Einteilungen verzichten.

Nun noch zu Herrn KIELHOLZ: Die Tatsache, daß die Depression – und übrigens nicht nur sie – durch andere Symptome als somatische maskiert sein kann, will ich nochmals unterstreichen. Eine Depression, bei der Wahn, Zwänge oder Phobien ganz im Vordergrund stehen, kann man wohl kaum als somatisch maskiert bezeichnen. Daß sie aber maskiert ist, steht außer Zweifel. Daher könnten wir auch von «wahnhaft maskiert», «mit Zwängen maskiert» usw. reden. Dadurch kämen wir jedoch zu einer sehr diffizilen Einteilung. Unsere Untersuchung hat lediglich ergeben, daß die meisten Befragten unter dem Begriff «larvierte Depression» eine Depression verstanden, bei der somatische Beschwerden im Vordergrund stehen.

Depressive Äquivalente

von J. J. López Ibor *

Allgemeine Betrachtungen

Die Einführung der beiden Begriffe «maskierte» oder – im deutschen Sprachbereich – «larvierte Depression» und «affektive oder depressive Äquivalente» (in meinem 1950 erschienenen Buch über die *Vitalangst*[39] habe ich von «thymopathischen Äquivalenten» gesprochen) sowie die vor einiger Zeit von Kielholz[36] publizierte Klassifikation der verschiedenen Depressionstypen, die man sich wegen ihrer Klarheit immer gegenwärtig halten sollte, haben den Zugang zu den depressiven Erkrankungen und ihrer Therapie außerordentlich erweitert.

Bei den larvierten Depressionen handelt es sich etwa um das, was die Klassiker eine *depressio sine depressione* genannt haben – das heißt, die Niedergeschlagenheit oder Traurigkeit wird vom Patienten selbst nicht als ein wichtiges Symptom seiner Krankheit empfunden.

Nur beiläufig sei hier erwähnt, daß – aus Gründen, die uns allen bekannt sind – die Differenzierung zwischen endogenen und reaktiven Depressionen nicht derart fundiert ist, wie es wünschenswert wäre. Weder die Ergebnisse der verschiedenen Versuche, sie auf statistischem Wege zu rechtfertigen, noch die Resultate genetischer Studien oder Schlußfolgerungen aufgrund der Symptomatologie und des Ansprechens auf die Therapie haben völlig zu überzeugen vermocht. Aus der Zeit der ersten Erfahrungen mit der Elektroschock-Therapie existieren zahlreiche Publikationen, die über die günstige Wirkung dieser Methode bei Patienten berichten, die die Diagnose «reaktive Depression» erhalten hatten; in der Tat war der Anteil der Erfolge bei reaktiven Depressionen fast ebenso hoch wie bei endogenen Depressionen. Dieses Problem, von dessen Klärung wir sicher noch weiter entfernt sind, als es den Anschein hat, soll indessen nicht Gegenstand meines heutigen Referates sein. Kehren wir zurück zu den sogenannten *Äquivalenten.* Der Ausdruck «Äquivalente» ist in medizinischen Zusammenhängen schon öfters verwendet worden, zuletzt – und vor allem – in bezug auf die Epilepsie. Daß epileptische Äquivalente tatsächlich existieren, haben nicht nur klinische Beobachtungen, sondern auch EEG-Befunde sowie pathologisch-anatomische Untersuchungen und therapeutische Studien einwandfrei erwiesen.

Um einiges schwieriger scheint sich der Beweis für das Vorhandensein depressiver bzw. affektiver Äquivalente zu gestalten. Betrachtet man indessen die *iktalen Neurosen,* wie sie z. B. Jonas[34] beschrieben hat, und analysiert die in seinem Buch enthaltenen Krankengeschichten, so drängt sich die Schlußfolgerung auf,

---

* Aus der Universitätsklinik für Psychiatrie, Madrid (Spanien)

daß derartige iktale Neurosen überhaupt nichts mit der Epilepsie, hingegen sehr viel mit dem Kapitel der depressiven Krankheiten zu tun haben.
Wer sich mit depressiven Äquivalenten befaßt, sollte nicht lediglich nach einzelnen somatischen Symptomen fragen, wie sie als Begleiterscheinungen von Depressionen oder Angst auftreten können. Somatische Symptome im Zusammenhang mit Angstzuständen sind sehr eingehend schon von FREUD[25] sowie von STEKEL[64] erforscht worden, während die somatischen Symptome bei Depressionen sowohl durch die Klassiker auf diesem Gebiet der Medizin als auch – und zwar noch intensiver – durch jüngere Forscher untersucht worden sind.

Neurosen und depressive Äquivalente

Es ist üblich, Neurosen als Störungen infolge einer nichtadäquaten psychischen Verarbeitung von Erlebnissen (SPEER) zu definieren. «Eine *Erlebnisreaktion* ist» – nach KURT SCHNEIDER – «die sinnvoll motivierte *gefühlsmäßige Antwort auf ein Erlebnis.*»
Es ließen sich noch zahlreiche weitere Definitionen anführen, die sich alle um dieselbe Achse drehen. Die Frage lautet immer, wo die Linie zwischen einer normalen und einer die Grenzen des Normalen überschreitenden Reaktion zu ziehen ist. Die Reaktion kann z.B. in bezug auf die resultierenden somatischen Manifestationen oder einfach hinsichtlich ihrer Intensität abnorm sein. Was eine normale von einer abnormen Erlebnisreaktion unterscheidet, ist phänomenologisch mit aller Klarheit von JASPERS[33]* beschrieben worden.
Aufgrund langer Erfahrung bin ich überzeugt, daß neurotische Störungen eine ähnliche *endothyme Struktur* aufweisen, wie wir sie bei leichten Formen der Depression finden. Die sogenannte *vitale oder endothyme Traurigkeit* wie auch die *vitale oder endothyme Angst* können bei Neurosen und bei Depressionen vorkommen; sie haben ähnliche Grundmerkmale, wenn auch hinsichtlich Intensität und Morphoplastik Unterschiede bestehen.
Die Angst des Neurotikers oder die Traurigkeit des depressiven Menschen sind anders als die Angst oder Traurigkeit des Gesunden. Wie schon erwähnt, neige ich aufgrund meiner Erfahrung zu der Annahme, daß die pathologischen Veränderungen, denen wir bei Neurosen und psychosomatischen Störungen begegnen, auf krankhaften Gemüts- und Stimmungsänderungen beruhen.
Die Angst spielt bei Neurosen eine dominierende Rolle. Auch für FREUD stand die Angst im Kernpunkt der Neurosen, aber diese Angst des Neurotikers unterscheidet sich, ebenso wie die Traurigkeit des Depressiven, von der Angst oder der Depression des normalen Menschen. Bei der normalen Persönlichkeit entspricht die psychische Erlebnisreaktion des Ich in Gänze dem Erleben des körperlichen Ich.
Der von Physiologen und Psychologen geprägte Terminus *Gemeingefühl* soll einer Vorstellung Ausdruck geben, derzufolge von jedem Organ, ja von jeder Zelle

---

* KURT SCHNEIDER[56] hat diese Betrachtungen später einer kritischen Analyse unterzogen

wie über eine Art elektromagnetischer Leitung Botschaften in das Zentrum der Persönlichkeit, des sogenannten Ich, gelangen. Wir sind, glaube ich, allzu sehr gewöhnt, mit Denkschemata umzugehen, die der Wirklichkeit nicht entsprechen, wenn es selbstverständlich auch zutrifft, daß ein wirkliches Verständnis dieser Realität oft außerordentlich schwierig ist. Ein Charakteristikum aller Geisteskrankheiten ist eine eigentümliche Spaltung in dem Sinn, daß somatische Veränderungen anders als psychische Störungen erlebt werden. Die Einheit des Ich erfährt eine gewisse Desintegration. Man kann nicht Herr über seinen Körper sein, ohne ihm gleichzeitig einen Sinn zuzuschreiben – und diese Sinngebung stellt einen Akt jenes unfaßlichen Zentrums dar, das wir «Ich» nennen. Die Bedeutung des Ich, ebenso wie der Sinn des Lebens selbst, wird uns erst im Laufe unseres Lebens sichtbar und auch dann nur unvollständig. Vorstellungen über die Beziehungen zwischen Soma und Psyche, wie sie von Psychologen und Psychiatern konzipiert wurden, beruhen daher auf falschen Prämissen.

Nikolai Hartmann[31] bezeichnete Probleme, die jenseits unseres Fassungsvermögens liegen, als metaphysisch, und wahrscheinlich müssen wir auch die Beziehungen zwischen Soma und Psyche zu diesen Problemen rechnen.

Ausdrücke wie *Psychogenese* oder *Konversionsreaktion* erleichtern zwar die Beschreibung einer Störung, aber gleichzeitig bemänteln und verschleiern sie die Wirklichkeit. Der Ausdruck Psychogenese ist zu ergänzen durch den Begriff der *Katagenese*; er wurde für jene Fälle geprägt, bei denen eine Störung scheinbar auf einem seelischen Trauma beruht, nach Tagen oder Wochen sich aber als körperliche Krankheit manifestiert. Beispiele dieser Art sind des öfteren in der Literatur angeführt worden, und ich selbst habe einige in meinen Publikationen erwähnt.

Der Körper ist ein Werkzeug des Ich, und er hat somit wie das Ich einen intentionalen Charakter. Die kartesischen Methoden der Naturbetrachtung und -beschreibung haben, obgleich sie auch für die medizinische Wissenschaft in vieler Hinsicht von großem Nutzen waren, die Aufmerksamkeit vom eigentlichen Kern der Fragen abgelenkt. Zweifellos hat das Konzept der psychosomatischen Störungen dem Studium und der Erforschung mancher klinischer Probleme neue Perspektiven eröffnet, aber dieses Konzept muß nun seinerseits einer neuen Interpretation unterzogen werden. Eine Möglichkeit ist die Subsumierung zahlreicher als psychosomatisch beschriebener Störungen unter die leichten oder vegetativen Depressionen. In Fällen von sogenanntem *syndrome shift* sehen wir z.B., daß manche der für psychosomatisch gehaltenen Erscheinungen mit anderen alternieren, die offensichtlich, was selbst der größte Skeptiker nicht leugnen kann, depressiver Natur sind.

In vielen Fällen macht das Ansprechen auf die Therapie den depressiven Charakter derartiger Störungen sichtbar. Zahlreiche Patienten mit psychogenen Leiden reagieren auf eine rein psychologische Behandlung, d.h. auf psychotherapeutische Alleinmaßnahmen. Bei näherer Betrachtung solcher Fälle stoßen wir indessen nicht selten auf die merkwürdige Tatsache, daß die Psychotherapie gerade so lange notwendig zu sein pflegt, wie gemäß unserer klinischen Erfahrung die Störung von sich aus hätte dauern können.

Es ließen sich noch viele weitere Beispiele anführen, doch ich möchte mich hier mit dem Hinweis auf dieses eine Phänomen, das noch gründlicher untersucht zu werden verdient, begnügen. Wir sollten ferner nicht vergessen, daß Erkrankungen, die von den Autoren der Jahrhundertwende als Hysterie, Neurasthenie oder dergleichen bezeichnet wurden, sehr viel häufiger, als man im allgemeinen vermutet, mit lokalen Veränderungen einhergehen, die den depressiven Äquivalenten zuzurechnen sind.

Larvierte Depression und depressive Äquivalente

Im populären, aber auch im wissenschaftlichen Sprachgebrauch wird statt des Wortes «Melancholie» weitgehend der Terminus «Depression» verwendet, und zwar nicht nur, weil man Begriffe wie Melancholie oder manisch-depressives Irresein wegen ihres historischen Bedeutungsgehaltes vermeiden möchte, sondern weil wir es heute in den Spitälern und in der ambulanten Praxis sehr viel häufiger mit relativ milden Formen dieser Krankheit zu tun haben. Dennoch ist es notwendig, den Begriff der Depression sehr sorgfältig und genau zu definieren. Bei vielen Autoren klingen noch Vorstellungen FREUDS nach, wenn sie glauben, die Depression sei lediglich Ausdruck des realen oder imaginären Verlustes jenes Objektes, zu dem das Ich in konkreter oder symbolischer Abhängigkeit steht; Hoffnung oder Verzweiflung, wie wir sie zu Beginn einer depressiven Phase beobachten können, sollen danach nichts anderes als den Kampf oder das Sichergeben des Individuums offenbaren.

Es genügt, hier lediglich daran zu erinnern, daß wir in der Umgangssprache Begriffe wie *Schmerz, Angst, Depression* und *Traurigkeit* so verwenden, als ob sie völlig verschiedene, scharf gegeneinander abgrenzbare Zustände – sozusagen Inseln, die keinerlei Verbindungen untereinander aufweisen – bezeichneten. Allenfalls würden manche Autoren einräumen, daß diese Inseln, um im Bilde zu bleiben, als Teile eines Inselreichs, eines Archipels, aufzufassen seien. In dem 1936 von SAUERBRUCH und WENKE[54] publizierten Buch über «Wesen und Bedeutung des Schmerzes», in dem sie vor allem die Psychologie der vorausgegangenen 25 Jahre berücksichtigt hatten, mußte WENKE sich angesichts der unterschiedlichen Definitionen und Deutungen des Schmerzerlebnisses schließlich fragen, ob der Schmerz eine *Empfindung* oder ein *Gefühl* sei. Er war der Ansicht, daß man von Schmerz als einer *Empfindung* nur dann sprechen sollte, wenn er in einer *neutralen* Bewußtseinssphäre erfahren werde, wogegen der Schmerz als *Gefühl* unmittelbar an eine Geisteshaltung, die selbst zur Tat drängen könne, gebunden sei. Um ein Wort BERGSONS[7] zu zitieren: «*Toute douleur doit donc consister dans un effort, et dans un effort impuissant.*»

Andererseits wissen wir nur zu gut, daß der sogenannte *kausalgiforme* Schmerz schmerzhafte Zustände einschließt, die sich von der Kausalgie qualitativ unterscheiden. Der Physiologe ACHELIS[1–3] hat dazu in Worten, die an das bereits angeführte BERGSON-Zitat erinnern, festgestellt: «Der Schmerz wäre dann nicht mehr eine Sinnesempfindung, sondern das Erlebnis einer Leistung des Organismus.»

Wenden wir uns nun einem anderen Problem zu: Man hat in der Psychiatrie den Versuch unternommen, die Angst von der Depression zu trennen und – vom klinischen Standpunkt mit vollem Recht – zwischen ängstlichen und nichtängstlichen Depressionen zu unterscheiden. Wenn wir uns jedoch für einen Augenblick allein auf das Wort «Melancholie» konzentrieren, so dürfte kaum ein Zweifel darüber entstehen, daß der Melancholie, ebenso wie der Angst, drei Grundthemen bzw. drei Grundstimmungen eigentümlich sind: ein Schwanken zwischen Glaube und Nihilismus, die Angst zu verarmen sowie die Überzeugung, physisch krank zu sein (Hypochondrie). Es würde uns hier zu weit führen, die Übergänge, die zwischen diesen verschiedenen Stimmungslagen auftreten können, im einzelnen zu diskutieren, aber man muß sich der Tatsache bewußt sein, daß derartige Übergänge wirklich existieren. Künstlich – obgleich zuweilen sehr nützlich – ist die strikte Trennung der Stimmungslagen, als ob es sich um drei ganz verschiedene Typen handle.

In der Depression werden vitale oder endothyme Gefühle gedämpft und ersetzt – vorzugsweise durch Traurigkeit. Ein depressiver Patient muß nicht irgendeinen Verlust erlitten haben; um depressiv zu werden, genügt eine pathologische Senkung jenes Gemützustandes, jener Stimmung, die das Gesundsein ausmacht.

Es ist daher nicht nur legitim, sondern geradezu unerläßlich, von «larvierten Depressionen» und «depressiven Äquivalenten» zu sprechen.

Neurologische Tarnung depressiver Äquivalente

Die vorliegende Arbeit befaßt sich mit einer Gruppe depressiver Äquivalente, denen ich mich vor allem deshalb zuwenden möchte, weil sie sich häufig hinter neurologischen Zeichen und Symptomen verbergen.

Sogenannte psychosomatische Störungen sind meines Erachtens vielfach nichts anderes als depressive Äquivalente. Dazu gehören z. B. verschiedene Arten von Kopfschmerz, wie ich sie anläßlich des letztjährigen Symposiums in St. Moritz [42] behandelt habe und die ich heute übergehen will.

Akathisie

Unter allen Störungen, die ich als depressive Äquivalente betrachte, ist – meiner Meinung nach – eine der interessantesten die *Akathisie*, wie sie 1923 von Bing [9] beschrieben worden ist. Sie kann in Form einer Muskelunruhe bei sonst außerordentlich ruhigen Patienten auftreten; sie kann den Patienten aber auch dauernd in Bewegung halten, indem sie ihn zu unablässigem Strecken und Beugen der Glieder zwingt. Delay und Deniker [13] haben zwischen Akathisie und *Tasikinesie* unterschieden; als Akathisie bezeichneten sie das Unvermögen, ruhig dazuliegen, als Tasikinesie das zwanghafte Bedürfnis, sich ständig zu bewegen. In beiden Fällen handelt es sich um eine unkontrollierbare lokomotorische Aktivität, zuweilen begleitet von Dysästhesie. Die Störung kann spontan im Verlaufe einer organischen Krankheit, insbesondere beim M. Parkinson,

auftreten, sie kann aber auch durch Pharmaka induziert werden, z.B. durch Neuroleptika in der Behandlung gewisser Psychosen. Die spontane Akathisie war allerdings schon lange vor der Einführung der Neuroleptika bekannt; sie tritt ohne ersichtlichen Grund auf und muß wohl mit einer Störung der Neuroregulation in Zusammenhang gebracht werden.
Ich habe die Akathisie hier als Beispiel gewählt, um von vornherein klarzustellen, daß manche der Störungen, über die ich anschließend sprechen möchte, in bestimmten Fällen tatsächlich Folgen organischer Störungen oder Krankheiten sein können, die mit depressiven Äquivalenten nichts zu tun haben. Der Arzt muß eben angesichts von Patienten, die das eine oder andere dieser Syndrome zeigen, in der Lage sein, zwischen einer organischen und einer nichtorganischen Ätiologie zu unterscheiden. Das ist zugegebenermaßen nicht immer einfach, da es in der Pathogenese beider Fälle gewisse Gemeinsamkeiten geben kann.

«Restless legs»

Im Laufe der letzten Jahre sind zahlreiche Arbeiten über eine Störung publiziert worden, die wohl am bekanntesten unter der Bezeichnung «*restless legs*» ist. Synonym werden vor allem folgende Begriffe bzw. Beschreibungen verwendet: Anxietas tibiarum, Ekbom-Syndrom, Wittmaack-Ekbom-Krankheit, nächtliche Parästhesie der unteren Extremitäten, muskuläre Unrast, «*leg jitters*» und «*fidgety legs*».
Das Syndrom ist schon 1685 von *Thomas Willis*[71] beschrieben worden. Er hatte bei manchen Menschen vor dem Einschlafen das Auftreten von Sehnenkontraktionen in den Beinen beobachtet; die Betroffenen wurden von einer solchen Unruhe der Glieder geplagt, daß sie meinten, nicht im Bett, sondern auf einer Folterbank zu liegen.
Die geläufigste Bezeichnung dieses Zustands war während langer Zeit der Terminus «Anxietas tibiarum»; Wittmaack[72] sah darin ein Zeichen von Hysterie. Auch Beard[5] hat in seinem 1890 erschienenen Werk über Neurasthenie auf Fälle dieser Art hingewiesen: Es gebe Patienten, die, wenn sie nachts im Bett lägen, unfähig seien, ihre Beine ruhig zu halten, und diese Erscheinung könne allmählich in einen unerträglichen Schmerz ausarten. Die Kranken müßten schließlich aufstehen und herumlaufen, obgleich die körperliche Anstrengung sie schwäche und die Symptome nur verschlimmere. Beard betrachtete das Syndrom als eine der vielen möglichen Folgen spinaler Irritation. Oppenheim[50] rubrizierte das Phänomen unter den Oberbegriff Neurasthenie; in seiner Beschreibung des Zustands sprach er von einem quälenden Gefühl in den Beinen, das über Jahre und sogar Jahrzehnte fortdauern könne. Hinsichtlich der Ätiologie vermutete er das Mitspielen hereditärer Faktoren. Neben zahlreichen anderen Autoren, die sich mit dem Problem befaßt haben, ist in jüngster Zeit vor allem Ekbom mit einer Reihe von Publikationen hervorgetreten[15-22].
Das wichtigste Einzelsymptom der «*restless legs*» besteht in einer Dysästhesie der unteren Extremitäten, gelegentlich nur in der Knieregion, meist aber hinunter bis zu den Füßen. Sie ist in der Regel bilateral und symmetrisch ausgeprägt, kann aber auch auf der einen Seite überwiegen oder von einem zum ande-

ren Bein alternieren. Die Patienten klagen die Empfindung nicht an der Oberfläche, sondern tief im Innern des Beines, was offensichtlich zu einer der oben genannten Syndrombezeichnungen – nämlich «Anxietas tibiarum» – geführt hat. Es kommt relativ selten vor, daß ähnliche Empfindungen gleichzeitig auch in Armen und Händen verspürt werden, aber gerade vor einigen Tagen ist mir ein solcher Fall begegnet. Der Patient, es handelte sich um einen 60jährigen Mann, war zu keiner Stunde des Tages frei von dieser Erscheinung, die seinen ganzen Körper erfaßt hatte und ihn weder sitzen noch stehen ließ, so daß er zu fortwährender Bewegung gezwungen war. Der Zustand erinnerte deutlich an eine Akathisie, obgleich der Patient die ihn quälenden Symptome kaum zu beschreiben vermochte.

Viele Patienten schildern ihre Empfindung als ein Jucken im Innern der Glieder, manche haben den Eindruck, als ob die Füße einzuschlafen begännen, und wieder andere sprechen von höllischen Qualen, als ob sie gefoltert würden. Die Kranken sind oft tatsächlich nicht in der Lage, eine exakte Beschreibung ihres Zustands zu geben. Ähnlich wie bei der Brachialgia paraesthetica nocturna treten die Symptome meist nur nachts im Bett auf, und sie verschwinden fast immer, wenn das betroffene Glied bewegt wird. In leichteren Fällen schläft der Patient – vor allem nach Einnahme entsprechender Mittel – im Verlauf von 30 bis 60 Minuten ein. Er kann allerdings nach ein bis zwei Stunden wieder aufwachen, weil sich die Symptome aufs neue bemerkbar machen. Wie ich aus Berichten eigener Patienten weiß, versuchen manche der Betroffenen, sich der Wärme zu entziehen und dadurch eine Linderung ihrer Symptome zu erreichen, indem sie kalte Fliesenböden abschreiten. Ein Autor erwähnte einmal beiläufig den Fall einer Frau, die vor dem Zubettgehen einen Charleston zu tanzen pflegte. Es liegt in der Natur der Sache, daß der Zustand der «*restless legs*» mit Schlaflosigkeit verbunden ist; bestenfalls stellt sich ein sehr leichter Schlaf ein. Das ganze Leben der Kranken ist in Mitleidenschaft gezogen, und viele äußern, ein Gefühl des Wohlbefindens überhaupt nicht mehr zu kennen.

Bei manchen Kranken scheint die Unruhe zu verschwinden, wenn sie eine Krankheit durchmachen, die mit hohem Fieber einhergeht. Andere Patienten klagen hingegen über regelrechte, dem Spannungskopfschmerz vergleichbare Schmerzempfindungen. In etwa 5% der Fälle tritt die Sensation in milderer, sonst aber meist in außerordentlich schwerer Form auf. Man hat das Phänomen der «*restless legs*» mit einer Vielzahl möglicher Ursachen in Zusammenhang gebracht. Wittmaack glaubte an eine Vererbung. Auch Ekbom diskutiert die Beteiligung von Erbfaktoren und nennt einige Familienfälle mit dominantem Erbgang sowie den Fall eines eineiigen Zwillingspaares, dessen Mutter gleichfalls an diesem Syndrom litt. Ebenso haben andere Autoren, z.B. Oppenheim sowie Mussio Fournier und Rawak[47] ein familiäres Vorkommen des Syndroms beobachtet.

Ekbom[19] hatte 1951 Besserung der «*restless legs*» bei Patienten festgestellt, die aufgrund einer gleichzeitigen Anämie mit Eisenpräparaten behandelt worden waren; er wie auch Nordlander[49] betrachteten daraufhin den Eisenmangel als Ursache des Syndroms. Sie konnten zeigen, daß der Eisenspiegel bei Patienten mit «*restless legs*» erniedrigt war (60 μg pro 100 ml), während andere Autoren

erniedrigte Hämoglobinwerte und wieder andere Eisenmangel in Verbindung mit einem hämorrhagischen Ulcus pepticum fanden.
Einer meiner Mitarbeiter, der – im Verlauf einer Studie an Patienten mit Magenulzera – auf der chirurgischen Station vor und nach der Operation den Eisenspiegel bestimmte, hat in diesem Krankengut nur zwei Fälle von «*restless legs*» gefunden; einige der Patienten litten zwar tatsächlich an einer Eisenmangelanämie, aber ein Zusammenhang mit dem Syndrom der «*restless legs*» war nicht nachzuweisen. Ganz ausnahmsweise ist die Erscheinung bei gewissen bösartigen Leiden, z.B. bei Karzinomen, beobachtet worden.
Im Jahre 1953 hat TEN BERGE[6] über das Vorkommen von «*restless legs*» bei Schwangeren berichtet und die Häufigkeit dieser Fälle mit 27 % angegeben. Das Syndrom wurde vor allem in der zweiten Hälfte oder im letzten Trimester der Gravidität beobachtet. Auch TEN BERGE schrieb die Erscheinung dem Eisenmangel zu. In diesem Zusammenhang möchte ich auf ein anderes Symptom mancher schwangeren Frauen, nämlich das Phänomen der «brennenden Füße», hinweisen, dessen Ursache ein Defizit an Pantothensäure ist. Als nach dem Bürgerkrieg in Spanien die Pellagra grassierte, habe ich zahlreiche Fälle gesehen, bei denen nach einer entsprechenden Vitaminbehandlung sämtliche Symptome der Pellagra verschwanden, mit Ausnahme der «brennenden Füße»; dieses Symptom war nur durch Zufuhr von Pantothensäure zu beheben, es hatte also nichts mit der Pellagra zu tun. Auch bei Frauen in einem vorgeschrittenen Stadium der Schwangerschaft klang, wie ich selbst beobachten konnte, das unangenehme Gefühl der «brennenden Füße» nach intravenösen Pantothengaben völlig ab, ein Zeichen dafür, daß kein Zusammenhang mit dem Phänomen der «*restless legs*» bestand. Unter «brennenden Füßen» litten insbesondere solche Frauen, die auch während der Schwangerschaft Diät hielten, um nicht allzu stark zuzunehmen. Das Symptom der «brennenden Füße» ist auch bei Infektionskrankheiten und gewissen Stoffwechselstörungen berichtet und hier mit einer Erhöhung der Serumcholinesterase in Verbindung gebracht worden.
Hinsichtlich der psychologischen Faktoren, die am Zustandekommen des Syndroms der «*restless legs*» beteiligt sein könnten, hat man u.a. das Anschauen von Horror-Filmen namhaft gemacht. Manche der Patienten EKBOMS haben geäußert, keine Theater- oder Kinovorstellung, aber auch kein Konzert besuchen zu können, ohne daß sich die Erscheinung bemerkbar mache. WITTMAACK, BEARD sowie OPPENHEIM sind der Ansicht, daß Patienten mit «*restless legs*» zwar manchmal leicht depressiv oder ängstlich seien, in der Mehrzahl der Fälle aber als durchaus glücklich und ausgeglichen erschienen und keine Zeichen geistiger Störung aufwiesen. Der gleichen Meinung ist SELVAAG[60]. Nichtsdestoweniger ist die Ansicht, es handle sich dabei um ein hysterisches Leiden, so verbreitet, daß manche der Patienten sich scheuen, die Erscheinung auch nur zu erwähnen, falls die Symptome nicht sehr stark ausgeprägt sind.

Brachialgien und Meralgien

In zahlreichen Fällen einer *Brachialgie* ist die somatische Ursache des Schmerzes offensichtlich und eindeutig zu bestimmen. Es gibt aber auch Formen, bei denen die Ursache nicht so klar erkennbar ist. WARTENBERG hat schon vor langer Zeit ein Bild unter dem Namen «Brachialgia statica paraesthetica» beschrieben[65]. Kurz gesagt, handelt es sich dabei um ein Syndrom, das des Morgens, wenn der Patient aufwacht, an einem oder an beiden Armen auftritt und – im Gegensatz zu anderen neuralgischen Erscheinungen – wieder verschwindet, sobald der davon Betroffene den Arm zu bewegen beginnt.

Man hatte zunächst angenommen, daß der Schmerz in vielen Fällen lediglich durch eine ungünstige Schlafposition verursacht sei, doch weitere Erfahrungen haben bald gelehrt, daß diese Erklärung nicht ausreicht. Die Brachialgia paraesthetica ist mit Dysästhesie, vor allem in den Händen, verbunden, an denen sich überdies eine eigentliche Akroparästhesie entwickeln kann.

In seiner ersten Beschreibung des Syndroms hatte WARTENBERG gerade diesem Punkt, d.h. dem mechanischen Element, besonderes Gewicht beigemessen. Das bereits in den Vereinigten Staaten entstandene Werk «Neuritis, sensible Neuritis, Neuralgie»[68] läßt jedoch erkennen, daß er später manche seiner Anschauungen den vorherrschenden Auffassungen angepaßt und nunmehr den somatischen Faktoren weit größere Bedeutung zugesprochen hat. Er bezeichnete das Syndrom jetzt sogar als «Neuritis brachialis», so als ob die Erscheinung mit einer Nervenentzündung in Zusammenhang stünde. Selbstverständlich gibt es nichts, das diese Annahme unterstützen könnte, und WARTENBERG selbst hatte es früher immer abgelehnt, sie als eine Möglichkeit in Betracht zu ziehen. WARTENBERG hat des weiteren eine «kutane Neuralgie der dorsalen Oberfläche des Unterarms» beschrieben, für die weder ein Trauma noch eine Überanstrengung oder sonst eine bestimmte Ursache verantwortlich gemacht werden konnte. Dieses Syndrom gehört in die gleiche Kategorie wie die Cheiralgia paraesthetica.

Bei vielen Neuralgie-Formen, die er jetzt unter dem Oberbegriff «sensible Neuritis» zusammenfaßte, fand WARTENBERG Zonen der Hypästhesie und Hypalgesie unmittelbar neben Gebieten größerer Empfindlichkeit; dieser Befund ließe sich nur schwer erklären, wenn das Syndrom tatsächlich mit einer Nervenläsion in Zusammenhang stünde.

In vielen neurologischen Lehrbüchern – neuerdings z.B. in STAALS[63] Beitrag zu VINKEN und BRUYNS «Handbuch der klinischen Neurologie» – wird die *Meralgia paraesthetica* noch immer zu den durch Nervenkompressionen verursachten Krankheiten gezählt.

Nach KLIMKE[37] ist diese Kompression zumeist im Leistenband lokalisiert, er erwähnt aber auch den unteren Teil des Iliopsoas unterhalb der Aponeurosis und des Gebietes, wo der Nerv den Muskel verläßt. BOLLINGER[11] hebt die Tatsache hervor, daß er in einem Krankengut von 158 Patienten mit Nierentumoren keinem einzigen Fall einer Meralgia paraesthetica begegnet sei, obgleich der Nerv nahe dem kaudalen Pol der Niere verlaufe, rechts hinter dem Zäkum, links hinter dem Colon descendens. Er betont ferner, daß der Ort der Kompression in den Sehnen der schräg- und querverlaufenden Bauchmuskeln oder in der Aponeurosis liegen könne. WARTENBERG[67] schließlich war der Ansicht, daß der Nerv an jeder Stelle seines Verlaufs vom Thalamus zur Peripherie komprimiert werden könne.

Die Patienten klagen über Parästhesien, Empfindungslosigkeit und Schmerz, Hypästhesie oder Anästhesie, und zwar erstrecken sich diese Sensationen vor allem auf das Verteilungsgebiet des vorderen Astes des äußeren N. cut. femor. Manche schildern die Empfindung als eine Art Brennen. Die Störung ist selten bilateral ausgeprägt. Der Patient erklärt zuweilen, die Berührung durch irgendwelche Kleidungsstücke auf der Haut der affizierten Seite kaum ertragen zu können, und er hat überdies den Eindruck, daß sich die Symptome beim Gehen verschlimmern. Die neurologische Untersuchung derartiger Fälle kann verschiedene pathologische Befunde im Versorgungsgebiet des vorderen Nervenastes ergeben. Ecker und Woltman[14] betonen, daß bei etwa 60% der Patienten der Tastsinn wie auch die Schmerz- und Wärmeempfindlichkeit reduziert seien, wogegen man bei Prüfung der Druckempfindlichkeit der kranken Seite kaum jemals falsche Angaben erhalte. Manche Patienten zeigen einen Auslösepunkt längs der vorderen oberen Crista iliaca. Bollinger[11] sah in einigen Fällen trophische Veränderungen wie Hypotrichosis, Chhuttani et al.[12] haben in 13 Fällen sogar eine Atrophie des Quadrizeps beobachtet.
Erwähnung verdient die Tatsache, daß auch Freud an Meralgia paraesthetica litt. Erstmals beschrieben wurde das Syndrom durch Bernhardt[8] sowie durch Roth[53] im Jahre 1895. Hinsichtlich der Ätiologie ist man indessen noch immer geteilter Meinung. Manche Autoren, z. B. Móritz[45], leugnen, daß es überhaupt eine genuine Meralgie gebe; nach ihrer Ansicht ist die Erscheinung als Symptom eines Vertebralsyndroms oder eines krankhaften Prozesses in der Bauchhöhle zu werten. Goldstein[28] hat über zwei junge Brüder mit Meralgia paraesthetica berichtet, doch bis heute haben sich keine stichhaltigen Beweise für eine familiäre Belastung finden lassen. Im Rahmen der bereits erwähnten Studie über 158 Patienten mit Nierentumoren kommt Bollinger zu dem Schluß, daß das Leiden von einem Bruch der Beckenknochen, von einem schweren Fall auf das Gesäß oder ähnlichem herrühren könne. Nach Ecker und Woltman sollten vor allem abdominale Kompressionen, etwa als Folge eines Leistenbruchs, in Betracht gezogen werden. Die Autoren erwähnen übrigens auch den Fall eines Patienten, bei dem die Schmerzen verschwanden, nachdem er eine goldene Uhr in seiner Tasche zu tragen pflegte. Die Erklärungsversuche, die man dem Syndrom gewidmet hat, sind beinahe zahllos und zumeist alles andere als fundiert – sogar das Gewicht militärischer Ausrüstungen ist als Ursache genannt worden.
Móritz nimmt an, daß die Ursache der Störung vor allem in der Wirbelsäule oder in der Nachbarschaft der vorderen oberen Crista iliaca zu suchen sei und mit größerer Wahrscheinlichkeit bei Fettsucht oder bei Vorliegen eines Ganglions am äußeren N. cut. femor. beobachtet werde. Nach manchen Autoren sind in den Kreis der möglichen Ursachen sogar eine Spina bifida, Sakralisation des fünften Lendenwirbels und Kalzifikation der lumbo-sakralen Bandscheibe einzubeziehen. Bodechtel[10] hat den Fall eines Patienten beschrieben, bei dem die Ursache der Meralgie ein Aortenaneurysma war, und andere Autoren haben verschiedene Tumoren, z. B. Beckensarkome, für das Syndrom verantwortlich gemacht.
Sämtliche Neurologen scheinen heute immerhin darin übereinzustimmen, daß in jedem Einzelfall einer Meralgia paraesthetica alle nur möglichen Ursachen –

einschließlich Mikrotraumen, die durch die Kleidung des Patienten hervorgerufen sein könnten – sorgfältig erwogen und überprüft werden müssen. Befragt man nicht lediglich die neurologischen Statistiken, sondern auch die klinische Erfahrung, so wird man mir bestätigen, daß das Syndrom weit häufiger vorkommt, als es bei oberflächlicher Betrachtung den Anschein hat. Was die Therapie betrifft, so sei hier u.a. auf das Vorgehen STAALS hingewiesen, der durch Unterkühlung der Haut bis zur Anästhesie viele Patienten von der Meralgia paraesthetica befreien konnte; allerdings hält auch er in manchen Fällen die Resektion des Nerven für notwendig. HAGER[30] hat bei einem Patienten mit außerordentlich refraktärer Meralgia paraesthetica sogar die Crista iliaca entfernt, und es sei hier nicht verschwiegen, daß die Mehrzahl der Autoren chirurgischen Maßnahmen den Vorzug gibt.

Es fällt mir immer wieder auf, daß die Neurologen – was vielleicht eine Folge ihres speziellen Krankengutes ist – eine Reihe von Fakten unerwähnt lassen, die nach meiner Ansicht für die Definition der Meralgia paraesthetica außerordentlich wichtig sind. Dazu gehört vor allem die Tatsache, daß die Ausbreitung der Symptome nicht genau mit dem Versorgungsgebiet des zugehörigen Nerven korrespondiert. Zweitens ist zu erwähnen, daß die Patienten nicht über Anästhesie klagen, sondern über eine merkwürdige Empfindung, der sie kaum Ausdruck zu geben vermögen; überdies variiert die Sensation sehr stark, indem sie zunächst das eine, zwei Tage später aber das andere Bein befallen kann. Man hat mich kürzlich um die Behandlung einer Frau gebeten, deren Meralgia paraesthetica den Chirurgen bereits an einen Tumor im tieferen Bereich des Rückenmarks oder im Gebiet der zugehörigen Nervenwurzeln hatte denken lassen. Es waren alle nur denkbaren Untersuchungen, einschließlich verschiedener Myelographien, durchgeführt worden, und man hatte sich schließlich zur Strahlenbehandlung entschlossen, da eine Rückenmarkoperation in Anbetracht des Alters der Patientin (65 Jahre) als zu gefährlich erschien. Als ich sie das erste Mal sah, war sie bereits von Medikamenten abhängig. In einem anderen mir bekannten Fall hatte man als erstes eine Nervenanästhesie vorgenommen. Das zunächst prompte Verschwinden der Meralgie veranlaßte den Chirurgen, einen Teil des Nervs zu erhalten. Es waren indessen kaum 24 Stunden nach der Operation vergangen, als die Meralgie sich aufs neue bemerkbar machte. Dieses plötzliche Verschwinden und Wiederkehren der Schmerzen habe ich nicht nur in diesem einen Fall, sondern häufig gesehen. Die Empfindung, die der Patient in Worten seiner täglichen Umgangssprache gewöhnlich gar nicht darzustellen vermag, gleicht den Sensationen, wie sie auch bei anderen Störungen dieser Art verspürt werden. *Eine sorgfältig erhobene Anamnese und die genaue Beobachtung des Patienten führt nicht selten zur Entdeckung einer zugrunde liegenden Depression; ist sie einmal erkannt und adäquat behandelt worden, verschwindet auch die Meralgie.*

Selbstverständlich möchte ich mit all dem nicht zum Ausdruck bringen, daß periphere Nervenläsionen niemals die Ursache einer Meralgia paraesthetica sein können. Jeder Neurologe oder Neurochirurg müßte aufgrund seiner Erfahrung einer derartigen Behauptung widersprechen. Ich betrachte es indessen als außerordentlich wichtig, zwischen den zwei ätiologischen Typen – den traumatischen oder infektiösen Ursachen auf der einen und den depressiven Ursachen auf der anderen Seite – genau zu unterscheiden.

«Wanderneuritis»

Unter den verschiedenen Neuritiden gibt es eine Form, die man aufgrund ihres besonderen klinischen Charakters als «*Wanderneuritis*» beschrieben hat. Meiner Meinung nach ist es gerade diese *Neuritis migrans*, die uns berechtigt, derartige Störungen unter die depressiven Äquivalente einzureihen. SCHULTZE[58, 59] – ihm verdanken wir die Beschreibung der Akroparästhesie – hat von sich selbst behauptet, an einer multiplen Wanderneuritis zu leiden. Sie bereitete ihm Beschwerden, war aber nicht mit Lähmungen oder paretischen Erscheinungen verbunden. Man darf den Beobachtungen SCHULTZES besondere Bedeutung beimessen, da sie von einem durchaus kompetenten Autor stammen, der mit Symptomen dieser Art sehr vertraut war. Es sei hier nicht behauptet, daß solche Sensationen sehr häufig vorkommen, aber sie existieren tatsächlich und sind deshalb geeignet, die hier vorgetragenen Thesen zu unterstützen. Es gibt z.B. Fälle, in denen sich eine Neuritis an der Außenseite des Oberschenkels entwickelt – d.h. im Versorgungsgebiet des N.cut.femor.lat., also des gleichen Nerven, der eine Meralgia paraesthetica verursachen kann. Nach einer Weile verschwindet die Neuritis, aber nun findet man an der dorsalen Oberfläche des Unterarms eine hypästhetische Zone. Auch die Hypästhesie verschwindet wieder, etwas später jedoch zeigt sich das gleiche Phänomen an den Fingern, dann oberhalb des rechten Schulterblattes und schließlich an beiden Füßen.
Um es noch einmal zu wiederholen: Es sind in der Literatur nur relativ wenige Fälle einer Wanderneuritis berichtet worden, aber die Zahl ist groß genug, um sicher sein zu können, daß die Störung wirklich vorkommt.
Alle diese Dysästhesien verschiedener Lokalisation können, wie bereits erwähnt, *untergründig mit depressiven Zuständen einhergehen*, die nur schwer zu entdecken sind, wenn nicht der Arzt gezielt danach sucht und zudem über eine große Erfahrung verfügt. Eine richtige Diagnosestellung ist für die Therapie gerade dieser Fälle außerordentlich wichtig, denn wenn man sie als depressive Äquivalente erkennt, sollten sie auch als solche behandelt werden, und es erübrigt sich dann, nach Ursachen vasomotorischer, infektiöser oder traumatischer Natur zu suchen.

Der Zugang zur psychosomatischen Medizin und zu depressiven Äquivalenten

Die sogenannte psychosomatische Medizin ist heute an einen Punkt ihrer Entwicklung gelangt, der eine Um- und Neuorientierung als dringend notwendig erscheinen läßt. Seit dem Ende des Zweiten Weltkrieges hat dieser Zweig der Medizin zunehmend an Bedeutung gewonnen und ist mancherorts fast schon zu einer eigenständigen Disziplin geworden. Das, so scheint mir, bedeutet eine zu weit gehende Entwicklung, denn eine große Mehrzahl der Fälle, mit denen wir es hier zu tun haben, gehört doch wohl in den Fachbereich der Psychiatrie – den Fachbereich, der für larvierte Depressionen und depressive Äquivalente zuständig ist. Anfänglich hielt man psychosomatische Störungen für psychogenen Ursprungs und sah folglich in der Psychoanalyse die einzige Möglichkeit zu ihrer Behandlung. Tatsächlich können psychosomatische Leiden auf eine Psychoanalyse ansprechen, aber dieser Erfolg ist in vielen Fällen wahrscheinlich einzig der Tatsache zu danken, daß die *spontane Remission* der depressiven Phase den psychoanalytischen Maßnahmen ein Ende gesetzt hat.

Meines Erachtens sowie nach Meinung vieler Autoren, die sich in der Literatur dazu geäußert haben, verlieren heute Symbolbezüge zwischen Symptomen und Komplexen bzw. Interpretationen rein psychoanalytischer Natur immer mehr an Bedeutung und Interesse. GITELSON[27], ein kürzlich verstorbener amerikanischer Psychoanalytiker, der auf außerordentlich große Erfahrungen mit psychosomatischen Patienten zurückblicken konnte, hat in einer seiner letzten Publikationen erklärt, daß es seiner eigenen langjährigen Erfahrung zufolge unmöglich sei, die Ergebnisse psychodynamischer Untersuchungen mit dem Krankheitsverlauf zu korrelieren. Nach seiner Einsicht wären Zeit und Mühe, die man auf dieses Problem verwendet hat, in den meisten derartigen Fällen besser genutzt, wenn man sich auf das, was als «Verstärkung der Persönlichkeit des Patienten» bezeichnet worden ist, konzentrieren würde.

Daß allerdings die Psychotherapie – vor allem, wenn man das Wort in einem weiten Sinne nimmt – für sehr viele Kranke nützlich, ja sogar notwendig ist, steht außer Zweifel. Schon die klassischen Autoren unseres Gebietes wußten intuitiv sehr viel über die Psychotherapie. Psychodynamische Studien haben inzwischen die Literatur außerordentlich erweitert, aber nicht unbedingt auch unser Wissen um wesentliche Einsichten vermehrt. ALEXANDER[4] beanspruchte sogar, die Krankheit eines Patienten allein durch Beobachtung und Erforschung seiner Persönlichkeit bestimmen zu können. Sieht man sich jedoch die Resultate dieses Autors näher an, so zeigt sich bald, daß sie wenig überzeugend sind. Die psychosomatische Medizin hat denn auch andere Richtungen eingeschlagen, auf die ich hier nicht eingehen kann, obwohl einzelne sehr interessant sind.

Eine der wichtigsten Aufgaben, die vor uns liegen, sollte die Erforschung des Verlaufs psychosomatischer Störungen darstellen, und zwar nicht nur, weil wir es hier mit unleugbaren klinischen Realitäten zu tun haben, sondern auch deshalb, weil derartige Leiden allzu zahlreichen Interpretationen Raum geben und überdies von großer Bedeutung sind. Sorgfältige Studien dieser Art könnten wesentlich dazu beitragen, tieferen Einblick in die Genese zahlreicher pathologischer Veränderungen zu gewinnen. Wenn man sich bemüht, einen Patienten über mehrere Jahre hinweg im Auge zu behalten – wie viele Autoren und ich selbst es des öfteren getan haben – so frappiert nicht selten die Tatsache, daß eine Störung die andere ablöst, nach einem gewissen Intervall zwar, aber ohne das Dazwischentreten irgendwelcher Veränderungen von offensichtlich pathologischem Charakter. In meinem Buch über die *Vitalangst* habe ich bereits auf dieses Sichablösen der Syndrome aufmerksam gemacht. Andere Autoren, z.B. GROEN et al.[29], haben das Phänomen als «*syndrome shift*» bezeichnet. SPIEGELBERG[61, 62], der sich eingehend mit dem Problem beschäftigt hat, spricht von «*syndrome alternation*». Wie immer man die Erscheinung nennen will – bestehen bleibt die Tatsache, daß das Auftauchen und Verschwinden einer Störung und ihr Wiedererscheinen an anderer Stelle und in etwas abgewandelter Form als «pathologische Metabasis»* gedeutet werden kann. Man weiß z.B., daß es nach Magenresektionen häufig zu psychosomatischen Störungen mit nun nicht mehr lokalisierter, sondern generalisierter Symptomatik kommt. PFLANZ[51] konnte Patienten, die man einer Vagotomie unterzogen hatte, während längerer Zeit verfolgen und dabei feststellen, daß nach Verschwinden der Ulkussymptome andere an ihre Stelle traten; in manchen Fällen kehrten sogar die subjektiven Symptome, wie sie vor dem Eingriff bestanden hatten, zurück, obgleich ein Ulkusrezidiv radiographisch ausgeschlossen werden konnte. Der Autor hat die Erscheinung als ein «Phantom» des Ulkusschmerzes bezeichnet. Ich selbst habe zahlreiche Patienten gesehen, die nach einer Gastrektomie über heftige Kopfschmerzen klagten. Anfänglich wurden diese Kopfschmerzen als eine Folge der Anästhesie betrachtet, doch nachdem sie auch nach längerer Zeit nicht verschwunden waren, schloß man, daß es sich um eine Form des Symptomersatzes handeln müsse.

Bei anderen Patienten kann das Intervall zwischen dem Verschwinden des einen und dem Auftauchen des nächsten Symptoms beträchtlich länger sein. Ich kann dazu das Beispiel eines männlichen Patienten anführen, der im Alter von 25 Jahren an schwerer Schlaflosigkeit litt, mit 30 Jahren eine homosexuelle Phobie entwickelte, die etwa ein Jahr lang anhielt, im Alter von 40 Jahren Depressionen zeigte, begleitet von Syphilophobie, und schließlich – fünf Jahre später – wegen eines Magenulkus operiert werden mußte.

Ferner kommt es nicht selten vor, daß Patienten, die in ihrer Jugend asthmaähnliche Symptome hatten, zehn oder zwölf Jahre später über schmerzhafte Zustände klagen, wie Kokzygodynie oder Meralgia paraesthetica, die wir bei verschiedenen eigenen Fällen als depressive Äquivalente klassifizierten.

Mit den eben genannten Beispielen wollte ich lediglich demonstrieren, daß wir heute nicht in der Lage sind – und vermutlich auch nie in der Lage sein werden – vorauszusagen, welcher Art ein später auftretendes Syndrom sein könnte oder welchen Verlauf es nehmen wird. Meiner Ansicht nach sind die in jüngerer Zeit angestellten Versuche, von der Lebenshaltung bzw. dem Lebensstil eines Patienten auf die Art zukünftig zu erwartender Krankheiten zu schließen, in keiner Weise überzeugend. Die Ergebnisse ähneln den Resultaten jener Studien, die von der Voraussetzung konstitutioneller Besonderheiten ausgingen. Offensichtlich sind auf diesem Gebiet noch sehr viel umfangreichere und gründlichere Untersuchungen nötig.**

Sicher ist, daß innerhalb der Zeitspanne zwischen den beiden Weltkriegen sich die Erscheinungsart vieler Krankheiten geändert hat. Peptische Ulzera wurden erstmals um die Jahrhundertwende beobachtet und erreichten ihre größte Häufigkeit – wenn man von der Zahl der diagnostizierten Fälle ausgeht – in dem

---

*WEBSTER's Third New International Dictionary definiert «metabasis» (von gr. metabainein = zu etwas Neuem übergehen, sich verändern) als «Verschiebung von einem Gegenstand, Punkt, Bereich zu einem anderen; medizinischer Wechsel (z.B. bei Krankheiten, Symptomen, Behandlung)»

**Unter anderen Autoren haben MEADE et al.[44] eine in jüngster Zeit zu beobachtende Abnahme in der Häufigkeit des Ulcus duodeni berichtet, und MORRIS[46] konnte für die gleiche Krankheit auf einen Rückgang der Mortalität hinweisen.

Jahrzehnt von 1930 bis 1940. Magengeschwüre kamen vorwiegend bei Männern der unteren sozialen Klassen zur Beobachtung, wogegen sich bei Darmgeschwüren – man findet sie vor allem in den mittleren Jahrgängen – keine so deutliche Korrelation zu bestimmten sozialen Klassen nachweisen ließ.
Während des Zweiten Weltkrieges änderte sich die Situation insofern, als um 1940 die Häufigkeit von Magenulzera deutlich abzunehmen begann. Nach Statistiken des Jahres 1967[52] zu urteilen, hat diese Tendenz in jüngster Zeit sogar noch eine Akzentuierung erfahren. Die Gründe dafür sind nicht sehr deutlich. Man hat verschiedene psychologische Erklärungen angeführt, z.B. Veränderungen in den Streßfaktoren, und tatsächlich scheint es nicht ganz abwegig zu sein – zumindest im Hinblick auf die chronischen, nicht übertragbaren Krankheiten –, in erster Linie psychologische, mit unserem täglichen Leben in Zusammenhang stehende Faktoren verantwortlich zu machen.
Wie Kessel und Munro[35] einmal dargelegt haben, wird es beinahe täglich schwieriger, exakte Diagnosen zu stellen und vor allem im Einzelfall zu erkennen, ob es sich um ein psychosomatisches Leiden handelt. Mit den psychosomatischen Störungen scheint sich das gleiche zu ereignen wie mit der Hysterie – sie unterliegen je nach der geschichtlichen Zeit Veränderungen sowohl im Hinblick auf ihre Häufigkeit als auch in bezug auf die Erscheinungsformen. Trotzdem zwingt uns das Phänomen des «*syndrome shift*», die Möglichkeit einer all diesen verschiedenen Syndromen gemeinsamen Basis in Betracht zu ziehen, selbst wenn wir sie nicht zu definieren vermögen.
Nemiah und Sifneos[48] haben kürzlich, wie schon manche Autoren vor ihnen, erneut das Gemeinsame im Wesen psychosomatischer Persönlichkeiten unterstrichen. Sie wiesen insbesondere auf den in zahlreichen Fällen zu beobachtenden Mangel an Phantasie, Vorstellungskraft und anderen ähnlichen Qualitäten intellektueller oder affektiver Art hin. Allerdings ist auch diesem Erklärungsversuch, ebenso wie manchen früher unternommenen, in denen man z.B. Unreife der Persönlichkeit, Stärke oder Schwäche des Ich für die psychosomatische Krankheit verantwortlich machte, mit einer gewissen Skepsis zu begegnen.
Sinnvoller wäre vielleicht der Versuch, herauszufinden, ob derartige Störungen etwa in *Zyklen* auftreten – nicht in ein für allemal feststehenden Zyklen, wie sie Fliess[23] und eine Zeitlang auch Freud annahm, sondern in individuellen, von Patient zu Patient variierenden Zyklen. Selbst wenn wir über diesen Punkt Klarheit erhielten, stünden wir aber noch immer vor dem zweiten Problem – dem der Morphologie bzw. des Typus einer bestimmten Störung. Dieses Problem ließe sich eventuell leichter a posteriori aufgrund des Wissens über den Patienten (Alter, Umwelt, psychologische Faktoren usw.) lösen. Der psychosomatischen Pathologie könnte sich hier ein neuer Zugang eröffnen, ein Zugang, der in gewisser Weise dem der Psychiater ähnelt, wenn sie versuchen, bei zyklischen Psychosen die Wiederkehr einer Phase vorauszusagen.
Dieser Weg scheint mir speziell für die psychosomatische Pathologie, aber auch für die Psychiatrie als Ganzes nicht nur sehr wichtig, sondern auch realistisch zu sein. Sie werden sich vielleicht an den von Freud beschriebenen Fall eines Patienten[26] erinnern, dessen Störungen er mit der sogenannten «Urszene» in Zusammenhang brachte – d.h. mit der Tatsache, daß der Patient im Alter von

anderthalb Jahren eine sexuelle Begegnung der Eltern miterlebt hatte. Als FREUD diese Entdeckung machte, schenkte er selbstverständlich den verschiedenen, seit der Kindheit durchlaufenen Krankheitszyklen keine Beachtung. Zu Beginn des Ersten Weltkrieges entließ er den Patienten als geheilt. Der Kranke hat bis in sein hohes Alter hinein immer wieder depressive Phasen gehabt – und diese waren der eigentliche Grund seiner Störungen.

Dank der Bereicherung unseres Wissens durch die Entdeckung neuer Fakten erscheinen manche Erklärungsversuche psychosomatischer Leiden, z.B. Korrelationen zwischen Krankheit und Lebensweise, heute als weitaus interessanter als zur Zeit ihrer Entstehung, interessanter sogar als VON WEIZSÄCKERS[69, 70] so überzeugend vorgetragene Überlegungen zu der Möglichkeit einer Äquivalenz somatischer und psychischer Störungen. Ich möchte keineswegs behaupten, daß alle psychosomatischen Störungen als depressive Äquivalente zu betrachten seien. Gerade bei einigen der am besten erforschten Erkrankungen, z.B. Magenulzera oder Colitis pseudomembranacea, fällt es schwer, eine derartige Interpretation vorzunehmen. Bei agoraphobischen Schwindelanfällen und gewissen ähnlichen Störungen hingegen bereitet die Deutung keinerlei Schwierigkeiten, weil solche Zustände sehr rasch und vollständig auf eine antidepressive Therapie ansprechen. Ich kenne aus meinem eigenen Krankengut fünf Patienten, deren Schwindelanfälle durch den üblichen chirurgischen Eingriff nicht die geringste Besserung erfuhren, aber vollkommen verschwanden, nachdem man sie als depressive Äquivalente gedeutet und behandelt hatte.

Literatur

1 ACHELIS, J.D.: Der Schmerz. Z. Sinnesphysiol. *56*, 31 (1925)
2 ACHELIS, J.D.: Die Physiologie der Schmerzen. Nervenarzt *9*, 559 (1936)
3 ACHELIS, J.D.: Untersuchungen über die Hautsensibilität. VI. Mitteilung. Zur Theorie des Schmerzes. Pflügers Arch. ges. Physiol. *242*, 644 (1939)
4 ALEXANDER, F. et al.: Psychosomatic specificity, Vol. I (Univ. Press, Chicago 1968)
5 BEARD, G.M.: A practical treatise on nervous exhaustion (Wood, New York 1890)
6 BERGE, B.S. TEN.: Kuitkrampen en restless legs (anxietas tibiarum) in de zwangerschap. Geneesk. Gids *31*, 11 (1953)
7 BERGSON, H.: Matière et mémoire. Essai sur la relation du corps à l'esprit, XXXIIe Ed. (Alcan, Paris 1939)
8 BERNHARDT, M.: Über isolirt im Gebiete des N.cutaneus femoris externus vorkommende Parästhesien. Neurol. Cbl. *14*, 242 (1895)
9 BING, R.: Über einige bemerkenswerte Begleiterscheinungen der «extrapyramidalen Rigidität» (Akathisie – Mikrographie – Kinesia paradoxa). Schweiz. med. Wschr. *53*, 167 (1923)
10 BODECHTEL, G.: Differentialdiagnose neurologischer Krankheitsbilder, 2. Aufl. (Thieme, Stuttgart 1963)
11 BOLLINGER, A.: Die Meralgia paraesthetica. Klinisches Bild und Pathogenese anhand von 158 eigenen Fällen. Schweiz. Arch. Neurol. Psychiat. *87*, 58 (1961)
12 CHHUTTANI, P.N., CHAWLA, L.S., SHARMA, T.D.: Meralgia paraesthetica. Acta neurol. scand. *42*, 483 (1966)

13 Delay, J., Deniker, P.: Caractéristiques psycho-physiologiques des médicaments neuroleptiques. In Garattini, S., Ghetti, V. (Eds.): Psychotropic Drugs, Proc. Int. Symp., Milan 1957, p. 485 (Elsevier, Amsterdam etc. 1957)
14 Ecker, A.D., Woltman, H.W.: Meralgia paraesthetica. A report of one hundred and fifty cases. J. Amer. med. Ass. *110*, 1650 (1938)
15 Ekbom, K.A.: Asthenia crurum paraesthetica ("irritable legs"). Acta med. scand. *118*, 197 (1944)
16 Ekbom, K.A.: Restless legs. Acta med. scand. Suppl. 158 (1945)
17 Ekbom, K.A.: Restless legs. J. Amer. med. Ass. *131*, 481 (1946); Corresp.
18 Ekbom, K.A.: Restless legs. A report of 70 new cases. Acta med. scand. *138*, Suppl. 246:64 (1950)
19 Ekbom, K.A.: Restless legs. Svenska Läk.-Tidn. *48*, 862 (1951)
20 Ekbom, K.A.: Restless legs syndrome. Neurology (Minneap.) *10*, 868 (1960)
21 Ekbom, K.A.: Restless legs. Svenska Läk.-Tidn. *62*, 2376 (1965)
22 Ekbom, K.A.: Restless legs syndrome after partial gastrectomy. Acta neurol. scand. *42*, 79 (1966)
23 Fliess, W.: zit. in Jones, E.: Das Leben und Werk von Sigmund Freud. Vol. I (Huber, Bern/Stuttgart 1960)
24 Freud, S.: Über die Bernhardt'sche Sensibilitätsstörung am Oberschenkel. Neurol. Cbl. *14*, 491 (1895)
25 Freud, S.: Über die Berechtigung, von der Neurasthenie einen bestimmten Symptomenkomplex als «Angstneurose» abzutrennen. Gesammelte Werke, Vol. I; Werke aus den Jahren 1892–1899, p. 315 (Imago, London 1952)
26 Gardiner, M.: The wolf-man and Sigmund Freud (Hogarth Press, London 1972)
27 Gitelson, M.: A critique of current concepts in psychosomatic medicine. Bull. Menninger Clin. *23*, 165 (1959)
28 Goldstein, H.I.: Meralgia paraesthetica (Roth's, Bernhardt's disease) with the report of five cases; three cases occurring in the same family. Amer. J. med. Sci. *162*, 720 (1921)
29 Groen, J., Bastiaans, J., Valk, J.M. van der: Psychosomatic aspects of syndrome shift and syndrome suppression. In Booij, J. (Ed.): Psychosomatics. A Series of five Lectures, p. 33 (Elsevier, Amsterdam etc. 1957)
30 Hager, W.: Neuralgia femoris. Resection des Nerv. cutan. femoris anterior externus. Heilung. Dtsch. med. Wschr. *11*, 218 (1885)
31 Hartmann, N.: Das Problem des geistigen Seins, 2. Aufl. (de Gruyter, Berlin 1949)
32 Haskovec, L.: Meralgia paraesthetica. Wien. med. Bl. *22*, 520 (1899)
33 Jaspers, K.: Allgemeine Psychopathologie, 4. Aufl. (Springer, Berlin/Heidelberg 1946)
34 Jonas, A.D.: Ictal and subictal neurosis (Thomas, Springfield 1965)
35 Kessel, N., Munro, A.: Epidemiological studies in psychosomatic medicine. J. psychosom. Res. *8*, 67 (1964)
36 Kielholz, P.: Diagnose und Therapie der Depressionen für den Praktiker, 3. Aufl. (Lehmanns, München 1971)
37 Klimke, W.: Die Meralgia paraesthetica. Dtsch. Z. Nervenheilk. *110*, 95 (1929)
38 Kraepelin, E.: Psychiatrie, 8. Aufl. (Barth, Leipzig 1909/1910)
39 López Ibor, J.J.: La angustia vital (Paz Montalvo, Madrid 1950)
40 López Ibor, J.J.: Las neurosis como enfermedades del ánimo (Gredos, Madrid 1966)
41 López Ibor, J.J.: Depressive Äquivalente. In Hippius, H., Selbach, H. (Eds.): Das depressive Syndrom, Int. Symp., Berlin 1968, p. 403 (Urban & Schwarzenberg, München/Berlin, Wien 1969)
42 López Ibor, J.J.: Larvierte Depressionen und Depressionsäquivalente. In Kiel-

holz, P. (Ed.): Depressive Zustände, Int. Symp., St. Moritz 1972, p. 38 (Huber, Bern/Stuttgart/Wien 1972)
43 López-Ibor Aliño, J.J.: Los equivalentes depresivos (Paz Montalvo, Madrid 1972)
44 Meade, T.W., Arie, T.H.D., Brewis, M., Bond, D.J., Morris, J.N.: Recent history of ischaemic heart disease and duodenal ulcer in doctors. Brit. med. J. *ii*, 701 (1968)
45 Móritz, P.: Beiträge zur Pathogenese der Meralgia paraesthetica. Zbl. Neurochir. *22*, 295 (1962)
46 Morris, J.N.: Uses of epidemiology, 2nd Ed. (Livingstone, Edinburgh/London 1964)
47 Mussio Fournier, J.C., Rawak, F.: Agitation paresthésique des extrémités. Rev. neurol. *79*, 337 (1947)
48 Nemiah, J.C., Sifneos, P.E.: A study of the specificity of current psychological factors involved in the production of psychosomatic disease in patients, each suffering from two psychosomatic illnesses. Psychosom. Med. *30*, 553 (1968); Vortragsref.
49 Nordlander, N.B.: Therapy in restless legs. Acta med. scand. *145*, 453 (1953)
50 Oppenheim, H.: Lehrbuch der Nervenkrankheiten, 7. Aufl. (Karger, Berlin 1923)
51 Pflanz, M.: Soziale und epidemiologische Aspekte der psychosomatischen Medizin. In López Ibor, J.J. (Ed.): Proc. IVth World Congr. Psychiat., Madrid 1966, Pt 1, p. 566, Int. Congr. Ser. No. 150 (Excerpta med. Found., Amsterdam etc. 1967)
52 Registrar General for England and Wales: Annual Review of Statistics 1967, Pt I, Medical (London 1968)
53 Roth, W.K.: Meralgia paraesthetica (Karger, Berlin 1895)
54 Sauerbruch, F., Wenke, H.: Wesen und Bedeutung des Schmerzes (Junker und Dünnhaupt, Berlin 1936)
55 Schneider, K.: Die Schichtung des emotionalen Lebens und der Aufbau der Depressionszustände. Z. ges. Neurol. Psychiat. *59*, 281 (1920)
56 Schneider, K.: Klinische Psychopathologie, 9. Aufl., p. 41 (Thieme, Stuttgart 1971)
57 Schulte, W.: Nichttraurigseinkönnen im Kern melancholischen Erlebens. Nervenarzt *32*, 314 (1961)
58 Schultze, F.: Über ungewöhnliche localisirte Muskelkrämpfe mit Hypertrophie der betroffenen Muskeln. Dtsch. Z. Nervenheilk. *3*, 231 (1893)
59 Schultze, F.: Nachtrag zu meiner Mitteilung über «akute disseminierte Hauthyperalgesica» im 87. Band dieser Zeitschrift. Dtsch. Z. Nervenheilk. *89*, 304 (1926)
60 Selvaag, O.: Restless legs. Med. Årsb. *1961/62*, 407
61 Spiegelberg, U.: Über Beziehungen endogener Psychosen zu körperlichen Krankheiten. Fortschr. Neurol. Psychiat. *23*, 221 (1955)
62 Spiegelberg, U.: Problemas de la génesis psicosomática de los síntomas según el ejemplo de la colitis ulcerosa. Act. luso-esp. Neurol. *25*, 1 (1966)
63 Staal, A.: The entrapment neuropathies. In Vinken, P.J., Bruyn, G.W. (Eds.): Handbook of clinical neurology, Vol. VII, p. 285 (North-Holland, Amsterdam/Amer. Elsevier, New York 1970)
64 Stekel, W.: Nervöse Angstzustände und ihre Behandlung (Urban & Schwarzenberg, Berlin/Wien 1908)
65 Wartenberg, R.: Cheiralgia paraesthetica. (Isolierte Neuritis des Ramus superficialis nervi radialis). Z. ges. Neurol. Psychiat. *141*, 145 (1932)
66 Wartenberg, R.: Digitalgia paresthetica and gonyalgia paresthetica. Neurology (Minneap.) *4*, 106 (1954)
67 Wartenberg, R.: Meralgia paresthetica. Neurology (Minneap.) *6*, 560 (1956)

68 Wartenberg, R.: Neuritis, sensible Neuritis, Neuralgie (Thieme, Stuttgart 1959)
69 Weizsäcker, V. von: Körpergeschehen und Neurose. Analytische Studie über somatische Symptombildungen (Klett, Stuttgart 1947)
70 Weizsäcker, V. von: Pathosophie (Vandenhoek & Ruprecht, Göttingen 1956)
71 Willis, T.: The London practice of physic (Basset/Crook, London 1685)
72 Wittmaack, T.: Lehrbuch der Nervenkrankheiten. I. Pathologie und Therapie der Sensibilität-Neurosen (Schäfer, Leipzig 1861)
73 Woltman, H.W.: Crossing the legs as a factor in the production of peroneal palsy. J. Amer. med. Ass. *93*, 670 (1929)

Diskussion

G. Nissen: In der Kinderpsychiatrie spielt das Problem des hyperkinetischen, hypermotorischen Kindes eine große Rolle. Im letzten Jahrzehnt wurde, unter dem Einfluß von Untersuchungen über *minimal brain dysfunction*, besonders in den USA die Behandlung mit Amphetaminen stark ausgeweitet. Wir in Europa standen oder stehen dieser Therapieform bisher recht ablehnend oder abwartend gegenüber. Mir erscheint die Wirkungsweise von Amphetamin beim *minimal brain dysfunction*-Syndrom, die als eine paradoxe Wirkung beschrieben wird, schwer erklärbar. Obwohl Amphetamin wohl keine antidepressive Droge ist, fragt man sich, ob nicht bei einem Teil dieser hyperkinetischen Kinder somatische Äquivalente in Form von Tasikinesie bzw. «*restless legs*», wie sie López Ibor bei Erwachsenen beschrieben hat, eine Rolle spielen. Aufgrund meiner Erfahrungen findet man bei einer Reihe von Kindern mit starker Hyperkinese und leerer Anamnese hinsichtlich einer leichten frühkindlichen Hirnschädigung Hinweise für eine schwere emotionale Frustration. Bei diesen Kindern erzielen wir mit kleinen Dosen antidepressiver Medikamente gute Erfolge. Es besteht meines Erachtens kein Zweifel, daß in solchen Fällen auch eine larvierte Depression vorliegen kann. Infolge der bei Kindern weniger ausgeprägten Symptomatik befinden wir uns in der Kinderpsychiatrie hinsichtlich der depressiven Äquivalente noch ganz am Anfang.

R. de la Fuente: Ich glaube, Herr López Ibor hat uns einen großen Dienst erwiesen, als er – vor mehr als 20 Jahren – in seinem wohlbekannten Buch über die *Vitalangst* das Konzept der «thymopathischen Äquivalente» einführte und damit unsere Aufmerksamkeit auf die im Grunde affektive Natur einer Reihe sowohl psychischer als auch somatischer Symptome, einschließlich einiger scheinbar neurologischer Erscheinungen, lenkte. Sie stehen seiner Ansicht nach mit einer tiefgreifenden, vitalen Veränderung der Stimmung in Zusammenhang. Ein anderer und spezifischerer Begriff als «larvierte Depression» ist der Terminus «depressive Äquivalente». Wir müssen meines Erachtens versuchen, zwischen Fällen einer, sagen wir getarnten oder maskierten Depression und Fällen, bei denen an die Stelle der Depression ein oder mehrere organische Symptome treten, zu unterscheiden. Ich möchte Herrn López Ibor bei dieser Gelegenheit eine Frage vorlegen: Welches sind die Kriterien, mit deren Hilfe Sie – ohne jedes Anzeichen einer Depression – depressive Äquivalente diagnostizieren? Ist es eventuell so, daß diese Äquivalente lediglich außerordentlich gut maskierte Symptome sind und daß eine geringgradige Depression dennoch vorhanden ist?

J. Angst: Die Differenzierung zwischen depressiven Äquivalenten und maskierter Depression, d. h. einer Depression, die zwar vorhanden, aber nicht erkannt ist, halte ich für wichtig. Dadurch besitzt man eine schärfere Umschreibung der maskierten Depression, die operationalisiert werden kann und eine genauere Abgrenzung von den depressiven Äquivalenten erlaubt. Herr de la Fuente erwähnte den Ausdruck «thymopathische Äquivalente» – ein Terminus, der mir sehr einleuchtet. Dieser neutralere Begriff wäre weit umfassender, würde bezüglich der depressiven Stimmung weniger präjudizieren und so auch anergische depressive Zustände einschließen, bei denen sich der Patient gar nicht depressiv fühlt.

H. E. Lehmann: Im Anschluß an die Bemerkungen von Herrn Angst möchte ich vorschlagen, eher zwischen thymopathischen Angst- und thymopathischen Depressionsäquivalenten zu unterscheiden. Das thymopathische Äquivalent als Begriff ist ein sehr guter Vorschlag. Vom klinischen Standpunkt aus und im Hinblick auf die Behandlung wäre es jedoch wichtig, diagnostische und differentialdiagnostische Kriterien für die Unterscheidung zwischen Angst und Depression sowie zwischen maskierter Depression und maskierter Angst zu finden.

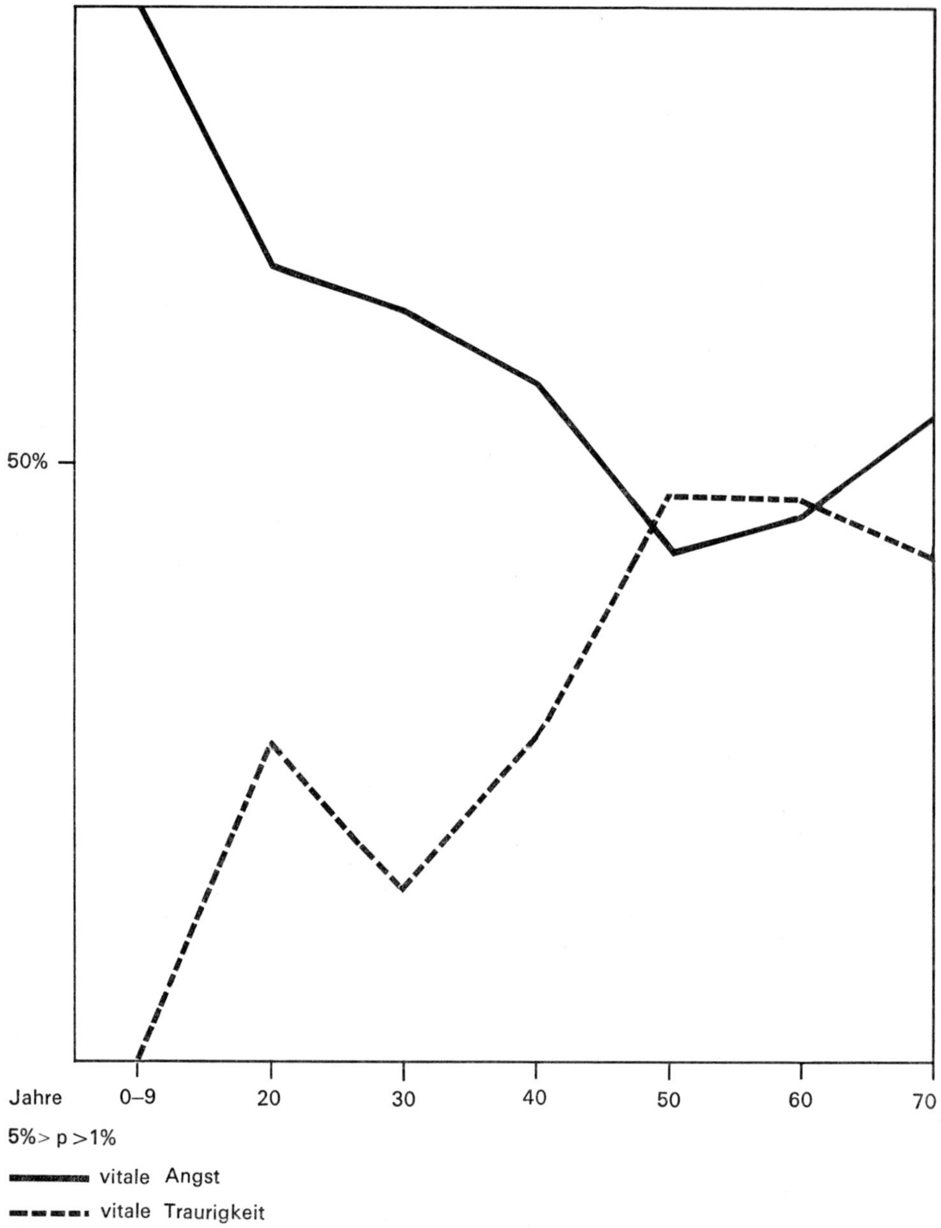

Abb. 1. Vitale Angst und vitale Traurigkeit in Relation zum Lebensalter

H. P. Rome: Lassen Sie mich in Ergänzung zu den Ausführungen von Herrn López Ibor zwei Beispiele anführen. Einer der in seinem Bericht erwähnten Neurologen war mein ehemaliger Kollege Henry Woltman, der vor mehreren Jahren über das, wie er es nannte, «*restless legs*»-Syndrom berichtete. Ich hatte Gelegenheit, drei seiner Patienten, die er als klassische Beispiele beschrieb, zu sehen. Meiner Meinung nach handelte es sich um Fälle von depressiven Äquivalenten; wurden sie als solche behandelt, reagierten sie prompt. Mein zweites Beispiel betrifft Patienten mit einem

Karpaltunnel-Syndrom, das in klassischer Weise den von SCHULTZE aufgezeigten Kriterien der Akroparästhesie entsprach. Ich hatte die Möglichkeit, diese Patienten nach den chirurgischen Eingriffen weiterzubeobachten: Die Störungen verschwanden für mehrere Wochen, kehrten jedoch in Form klassischer depressiver Symptome zurück.

H. M. VAN PRAAG: Meiner Meinung nach ist die Tatsache, daß ein bestimmtes somatisches Symptom positiv auf antidepressive Präparate anspricht, keineswegs ein überzeugender Beweis für die depressive Natur dieses Symptoms. Wir müssen uns davor hüten, die spezifische Wirkung antidepressiver Präparate zu hoch einzuschätzen. Wir alle wissen, daß die meisten Antidepressiva bei gewissen Arten von Depressionen tatsächlich einen sehr guten Effekt entfalten, aber sie haben noch viele andere Wirkungsqualitäten – z.B. in Richtung Sedierung. Aus diesem Grunde müssen wir vorsichtig sein, in der Reaktion auf antidepressive Präparate den überzeugenden Beweis zu sehen, daß ein bestimmtes somatisches Symptom tatsächlich depressiver Natur bzw. ein depressives Äquivalent ist.

P. BERNER: Die von LÓPEZ IBOR seit vielen Jahren aufgezeigten Zusammenhänge zwischen körperlicher Kondition und den verschiedenen psychogenen Symptomen halte ich für wesentlich, insbesondere im Hinblick auf etwaige «Übergänge» zwischen psychogenen und endogenen Psychosen. Wir haben es hier jedoch mit zwei grundlegend verschiedenen Konzepten zu tun. Auf der einen Seite kennen wir Zustände, bei denen wir eine körperliche Veränderung als primäre Störung annehmen; man sollte hier noch nicht von «endogener» Depression sprechen, weil wir die Ätiologie bisher nicht wirklich kennen. Besser wäre es, sie – wie HEIMANN es getan hat – als «psychotische» Depression zu bezeichnen, unter der Voraussetzung, daß man K. SCHNEIDERS Definition der «Psychose» als einer körperlich bedingten seelischen Störung akzeptiert. Auf der anderen Seite steht das Konzept, daß ein völlig normales Substrat, also ein normales Gehirn, auf Belastungen auch depressiv reagieren kann und die Belastung demnach als primär anzusehen ist. Außerdem kennen wir eine Reihe somatischer Mechanismen als Reaktionen auf äußere Erlebnisse, an die sich eine psychoreaktive Entwicklung im Sinne von Lernprozessen anschließt. Bei den «psychotischen» Störungen im Sinne SCHNEIDERS stellen wir aber auch körperliche Korrelate fest. Die Verquickung der beiden Konzepte besteht wohl darin, daß der Patient auf eine Veränderung der körperlichen Befindlichkeit psychisch mit Mechanismen reagiert, die wir psychogen nennen. Herr LÓPEZ IBOR hat zu Recht betont, daß bei vielen neurotischen Depressionen primär körperliche Substrate die Basis bilden. Schon FREUD strich heraus, daß eine Ergänzungsreihe zwischen konstitutionellen – besser dispositionellen – Momenten und psychischen Einflüssen besteht. In diesem Zusammenhang muß uns heute interessieren, wie weit körperliche Dispositionen, z.B. im Sinne der psychotischen Depression oder – allgemeiner gesagt – der «thymopathischen» Disposition, gewisse Lernvorgänge wie die Konditionierung, die Generalisierung und die Löschung «neurotischer» oder auch somatischer Verhaltensmuster beeinflussen.

J.J. LÓPEZ-IBOR ALIÑO: Eine Bemerkung zum Problem der Unterscheidung von Angst- und depressiven Äquivalenten. Ich habe einmal die Altersverteilung dieser Äquivalente untersucht und dabei keine großen Unterschiede entdeckt – mit Ausnahme der psychischen Symptomatologie. Ich stellte fest, daß die vitale Traurigkeit, gemäß der Definition von K. SCHNEIDER, eine größere Rolle in den Anamnesen älterer Patienten spielte und daß die vitale Angst, wie sie LÓPEZ IBOR beschrieben hat, mehr bei jungen Patienten in den Vordergrund trat. Das veranschaulicht die nebenstehende Abbildung, in der die gestrichelte Linie die vitale Traurigkeit und die ausgezogene Linie die vitale Angst wiedergibt. Wie Sie sehen, sinkt die ausgezogene Linie mit zunehmendem Alter zunächst ab, steigt dann in den höheren Altersklassen aber wieder an. Der Anstieg ist wohl durch die sogenannten Spätdepressionen bedingt, die häufig mit Angst einhergehen. Es ist allerdings hinzuzufügen, daß die vorliegende Abbildung auf der statistischen Auswertung der Daten von über 300 Patienten basiert*; selbstverständlich fügen sich nicht alle Fälle in diese altersbezogene Darstellung ein. So findet man z.B. oft typisch depressive Patienten – mit der charakteristischen Symptomatologie der sog. endogenen Depression –, bei denen diese Symptomatik mit Asthma bronchiale alterniert. Da die Patienten während der Asthmaanfälle deutlich an Angst leiden, scheint mir der Terminus «Angstäquivalent» auf solche Fälle gut anwendbar zu sein. Wie gesagt, zeigen diese Patienten nicht den in der Abbildung dargestellten Verlauf mit vorherrschender Angst in den jungen Jahren und vorherrschender Depression in den späteren Jahren. Die Abbildung demonstriert lediglich den Verlaufstrend großer Patientenserien. Die Stimmung eines Patienten kann durchaus Schwankungen unterworfen sein, die sich manchmal als Angst, manchmal als Depression sowie in Form eines Schmerzes oder irgendeines anderen Äquivalents äußern. Überdies bereitet die Beurteilung des affektiven Zustandes, die ja schon beim Gesunden nicht einfach ist, große Schwierigkeiten, insbesondere wenn der Patient nicht fähig ist, seinen Zustand in Worten auszudrücken; er möchte vielleicht sagen, daß er Angst empfindet, aber der Psychiater beschreibt ihn als «traurig» und umgekehrt.

A. Selvini: Zum Begriff «depressives Äquivalent» möchte ich ein Phänomen erwähnen, das man in der Kardiologie beobachtet und das vielleicht diese Bezeichnung verdient. Ein Infarktpatient kann psychisch auf zwei verschiedene Arten reagieren. Sehr oft sind es Angstgefühle, die sich in Tachykardie und Blutdruckerhöhung äußern und das ganze sympathische Nervensystem aktivieren. Andere Infarktpatienten reagieren anders, sie sind davon überzeugt, sehr schwer krank zu sein und sterben zu müssen – sie haben jede Hoffnung aufgegeben. In diesen Fällen ist die Reaktion depressiv; wir erleben eine Erniedrigung der Herzfrequenz, einen Blutdruckabfall, kurz eine parasympathische Reaktion, die sehr gefährliche Herzrhythmusstörungen provozieren kann. Ich werde in meinem Referat darauf zu sprechen kommen. Vermutlich kann diese vagale Reaktion, die durch eine unmittelbar nach dem Infarkt auftretende psychische Depression ausgelöst wird, als depressives Äquivalent bezeichnet werden.

H. Hippius: Die Diskussion der «depressiven oder thymopathischen Äquivalente» berührt ein allgemeines Problem der psychiatrischen Diagnostik.

In allen in der Psychiatrie gebräuchlichen diagnostischen Systemen werden mindestens zwei grundverschiedene Ordnungsgesichtspunkte miteinander vermengt. Manche Diagnosen gehen von ätiologischen Gesichtspunkten aus; andere Diagnosen beruhen auf syndromatischen (symptomatologischen) Kriterien. Oft wird übersehen, daß diagnostische Begriffe aus diesen beiden Kategorien an sich inkommensurabel sind und grundsätzlich unterschiedlich bewertet werden müssen – und das führt zu vielen Verwirrungen und Mißverständnissen. Mit der Erörterung der «Äquivalente» führen wir nun einen besonderen Aspekt einer dritten Klassifikationskategorie ein: Neben die Klassifikationskriterien der Ätiologie und der Symptomatologie tritt die Verlaufscharakteristik. Dabei muß berücksichtigt werden, daß diese drei Dimensionen keineswegs als voneinander unabhängig angesehen werden. Das führt schließlich dazu, daß bei den zeitlich gegenüber symptom- und beschwerdefreien Perioden abgesetzen «phasischen» oder «episodischen» Verläufen selbst dann noch auf eine gemeinsame Basis der verschiedenen Krankheitsmanifestationen geschlossen wird, wenn diese symptomatologisch völlig unterschiedlich sind.

Ein weiteres Problem: Es ist ziemlich willkürlich, innerhalb der durch die Symptomatologie charakterisierten Dimension festzulegen, daß es sich z.B. bei phasenhaft manifest werdenden körperlichen Beschwerden, phobischen Symptomen oder Schlafstörungen um «depressive oder thymopathische Äquivalente» handele. Vielleicht könnte man daher anstelle dieser Begriffe die Einführung des voraussetzungsfreieren Ausdrucks «phasisches Äquivalent» empfehlen, wenngleich auch dieser Terminus

* López-Ibor Aliño, J.J.: Los equivalentes depresivos (Paz Montalvo, Madrid 1972)

nicht sehr glücklich ist. Immerhin hat der Begriff «phasisches Äquivalent» den Vorteil, letztlich nur auf ein deskriptives Element abzuzielen, ohne vorschnell bestimmte Hypothesen hinsichtlich der Ätiologie der symptomatologisch verschiedenartigen Krankheitsmanifestationen vorwegzunehmen.
Wir hoffen, daß wir zur differentialdiagnostischen Abgrenzung und Sicherung der verschiedenartigen Krankheitsmanifestationen bald über ein gut definiertes biochemisches Kriterium (z.B. Mangel an freiem Tryptophan im Plasma) verfügen. Wenn sich eines Tages diese in die biochemische Depressionsforschung gesetzte Hoffnung erfüllt, dann werden wir eine Entwicklung durchlaufen haben, wie wir sie beispielsweise für all die verschiedenen Krankheitsbilder, die auf einem Vitamin-B_{12}-Mangel beruhen, bereits hinter uns haben. Lange Zeit hindurch war die Ätiologie der perniziösen Anämie unbekannt. Kam es im Zusammenhang mit dieser Krankheit zu einer Psychose, so bezeichnete man das Krankheitsbild als Perniziosa-Psychose; manifestierte sich eine spinale neurologische Symptomatik, so wurde sie als funikuläre Myelose klassifiziert. Heute wissen wir, daß allen diesen Krankheitsbildern ein Vitamin-B_{12}-Mangel zugrunde liegt, so daß man von einer Vitamin-B_{12}-Mangel-Anämie, einer Vitamin-B_{12}-Mangel-Psychose und von einer durch Vitamin-B_{12}-Mangel bedingten funikulären Spinalerkrankung sprechen kann. Hoffen wir, daß uns die biochemische Depressionsforschung möglichst bald in ähnlicher Weise aus unseren semantischen Schwierigkeiten, die letztlich auf den zu geringen Grundlagenkenntnissen beruhen, heraushilft!

P. Pichot: Herr López Ibor hat das große Verdienst, darauf aufmerksam gemacht zu haben, daß es sich bei einigen neurologischen Syndromen, einschließlich und insbesondere bei gewissen Algien, um depressive Äquivalente handeln könnte. Allerdings befinden wir uns hier in einer oft schwierigen Situation; die Meralgia paraesthetica z.B. ist in gewissen Fällen ein depressives Äquivalent, aber in anderen Fällen ist sie eine z.B. durch Kompression bedingte neurologische Erkrankung. Wir stehen also immer wieder vor dem Problem, das eben Herr Hippius angeschnitten hat: Nach welchem Kriterium läßt sich die Ätiologie bestimmen? Wie Herr López Ibor erwähnte, haben wir das Kriterium des Therapieerfolgs – z.B. nach Elektroschock –, aber ein anderes als ein posttherapeutisches Kriterium wäre doch wesentlich besser. Die «depressiven Äquivalente» drohen eine Art Monstrum zu werden, wie es seinerzeit die Hysterie war, der man alle möglichen Syndrome, über die man nicht recht Bescheid wußte, anlastete. Wenn es nicht gelingt, ein präzises Kriterium für die Äquivalente zu finden, werden wir auf dem Gebiet der Depression Ähnliches erleben.

H. E. Lehmann: Wenn man, im Anschluß an die Bemerkung von Herrn Hippius, den Ausdruck «phasische Erkrankung» verwendet, sollte man aber, meiner Ansicht nach, kaum auch von «phasischen Äquivalenten» sprechen. Äquivalent wofür? Man könnte mit Vorteil an Begriffe wie «phasische Erkrankung», «phasische thymopathische oder somatopathische Erkrankung» denken. Hingegen sollte das Wort «Äquivalent» in diesem Zusammenhang nicht gebraucht werden, da nicht feststeht, daß tatsächlich eine Depression involviert ist.

A. Coppen: Wir befinden uns zur Zeit offenbar in einer Art Übergangssituation. Was den Begriff «klassische Depression» betrifft, so werden uns die kommenden Jahre vielleicht den Beweis einer ziemlich eindeutigen Stoffwechselstörung – oder vielmehr zweier oder dreier Stoffwechselstörungen liefern. Immerhin verfügen wir bereits über relativ spezifische Behandlungsmöglichkeiten für Depressionen und Manien. Es scheint mir nicht nur denkbar, sondern auch in der Tat wahrscheinlich, daß ein und dieselbe biochemische Störung für verschiedene atypische Zustände verantwortlich sein könnte und daß diese auf die gleichen Therapiemethoden ansprechen, wie sie sich bei typischen depressiven Krankheiten als wirksam erweisen. Wenn wir zeigen könnten, daß solchen atypischen Zuständen die gleiche pathologische Veränderung zugrunde liegt, dann würde es sicher sinnvoll und nützlich sein, sie als depressive Äquivalente zu bezeichnen. Im Augenblick befinden wir uns noch in einer ähnlichen Situation wie die

Ärzte am Anfang des 19. Jahrhunderts angesichts der Infektionskrankheiten; wie sie sehen wir uns einer relativ kleinen Anzahl von Symptomen gegenüber und empfinden es als sehr schwierig, irgendeine rationale Klassifizierung vorzunehmen. Vielleicht sind wir, wenn wir uns in 10 oder 15 Jahren wiedersehen, in der Lage, das ganze Problem mit größerem Nutzen zu diskutieren, denn ich hoffe, daß wir bis dahin eine sichere Basis für die Klassifizierung dieser Äquivalente besitzen werden. Aufgrund des uns dann zur Verfügung stehenden Wissens – z.B. über das Serotonin-Defizit – könnten wir wahrscheinlich sehr genau die verschiedenen klinischen Zustände ermitteln, die, außer den sogenannten klassischen Depressionen, aus diesem Defizit resultieren.

W. GRÜTER: Die von Herrn LÓPEZ IBOR erwähnten Eisenmangelbefunde bei «*restless legs*» lassen mich an die Eisenmangelbefunde bei Depressionen und deren nicht seltene Therapieresistenz denken. Dieses Problem ist in seiner Bedeutung noch ziemlich unklar und erst in jüngster Zeit von KUHN sowie von FISCHBACH* wieder aufgegriffen worden. Ich möchte deshalb die Frage an Herrn KUHN richten, ob er im Zusammenhang mit Depressionen, bei denen er ja in größerem Umfang Untersuchungen des Serum-Eisens durchgeführt hat, im Falle von Eisenmangel auch «*restless legs*» beobachten konnte. Bestehen hier ätiologisch-pathogenetische Beziehungen?

J.J. LÓPEZ-IBOR ALIÑO: Das soeben von Herrn HIPPIUS zitierte Beispiel des Vitamin-B_{12}-Mangels scheint mir insofern gefährlich zu sein, als es uns zu der Annahme verleiten könnte, daß allen Formen von Depressionen irgendein Mangelzustand zugrunde liegen muß. Nehmen wir als Beispiel Tryptophan: Um in der Klinik einen therapeutischen Erfolg zu erzielen, müssen wir Tagesdosen von 5, 6 oder 7 g verabreichen; Psychopharmaka dagegen führen schon in Mikro- und Milligrammdosen zu guten Erfolgen. Ich bezweifle daher, daß der Tryptophan-Mangel der einzige hier involvierte Faktor ist. Es scheint überdies nicht nur möglich, sondern sogar sehr wahrscheinlich, daß die Präparate, die wir verwenden, nicht nur auf das Zentralnervensystem wirken, sondern überdies periphere Effekte besitzen – wie z.B. Hydantoine, die auch die Reizleitung des Herzens beeinflussen, oder α- und β-Rezeptoren-Blocker, die zentrale und periphere Effekte aufweisen. Folglich können, wie schon Herr PICHOT ausgeführt hat, die von uns verschriebenen antidepressiven Präparate sowohl eine antidepressive Wirkung auf das Zentralnervensystem als auch eine periphere Wirkung haben. Dies mag z.B. erklären, warum Patienten, die sich über Schmerzen in den Beinen beklagen, nach Antidepressiva eine Erleichterung verspüren: Das Präparat wirkt vielleicht auf irgendeine biochemische Veränderung im peripheren Nervensystem, die den biochemischen Veränderungen im Zentralnervensystem ähnelt.
Ein weiterer Punkt, den wir nicht vergessen sollten, ist die Tatsache, daß depressive Äquivalente schon lange vor dem Aufkommen der antidepressiven oder thymotropen Präparate beschrieben worden sind, und man findet in der Literatur Fallberichte über den günstigen Effekt einer Elektroschockbehandlung bei Schmerzen, die mit einer psychischen Krankheit einhergingen. Der große amerikanische Neurochirurg KENNEDY** bezeichnete Schmerzen im Gesicht oder in anderen Regionen, die auf die Elektroschocktherapie ansprachen, als «affektive Äquivalente». Obwohl der Elektroschock wahrscheinlich nur zentral wirkt, könnte seine Anwendung trotzdem von peripheren Effekten begleitet sein – und diesem Punkt sollten wir meines Erachtens Rechnung tragen, wenn wir uns über die therapeutische Wirkung der Antidepressiva Gedanken machen.

A. M. FREEDMAN: Gestatten Sie mir, in unsere Bemühungen um diagnostische Klassifikationen mit einem warnenden Wort einzugreifen. Die Einführung einer neuen Diagnose-Klasse birgt doch immer die Gefahr eines voreiligen Schlußpunktes in sich, denn wir dürfen wohl annehmen, später einmal mehr zu wissen als heute. Hinsichtlich

---

* FISCHBACH, R.: Persönliche Mitteilung

** KENNEDY, F.: The neuroses: related to manic-depressive constitution. Med. clin. N. Amer. *28*, 452 (1944)

unserer Kenntnis der Depressionen stehen wir zur Zeit in einer wichtigen Phase der Entwicklung. Im Laufe nur weniger Jahre sind wir in den Besitz wirksamer antidepressiver Präparate gelangt; die genetischen Studien zur bipolaren Krankheit haben zu echten Fortschritten geführt, und wir haben jetzt damit begonnen, aus der Gruppe der Depressionen bestimmte Formen, die wir erkennen können, näher zu analysieren und damit verschiedene Manifestationen, die die zugrunde liegende Störung larvieren, deutlicher zu sehen. Es scheint mir wesentlich, diese Arbeit in der Hoffnung fortzusetzen, am Ende über eine wirklich solide nosologische Basis zu verfügen und die Symptomatologie in ihren verschiedenen Formen klar erkennen zu können. Herr COPPEN hat als analoges Beispiel das Problem zitiert, vor das die Infektionskrankheiten die Ärzte des 19. Jahrhunderts gestellt hatten; vielleicht stehen wir hinsichtlich der «Depressionen» heute an der gleichen Stelle wie diese Ärzte vor mehr als einem Jahrhundert, als sie vom «Fieber» sprachen.
Das bringt mich auf das praktische Problem zurück, nämlich die Gefahr, unklare und vielgestaltige Syndrome diagnostisch den Depressionen zuzuordnen. Wir gehen damit vielleicht das Risiko ein, die gründliche Erforschung einer Krankheit zu vernachlässigen, bei der die Depression nur eine sekundäre Erscheinung ist. Möglicherweise werden wir gerade dann zu Fortschritten gelangen, wenn wir uns der heutigen Zweifel und Unsicherheiten deutlich bewußt sind und sie akzeptieren, denn diese Zweifel und Unsicherheiten werden immer wieder Anlaß zu weiteren Forschungen sein.
Manche der Zustände, mit denen wir es zu tun haben, lassen in der Tat komplexe Kombinationen und Wechselwirkungen erkennen. Wenn wir Fälle in ihrer Entwicklung betrachten, entdecken wir z.B., daß das Kind, das schon sehr früh an Asthma leidet, mit Angst und Depressionen nicht nur auf die Asthma-Anfälle, sondern auch auf die große Sorge der Eltern reagiert. Manche Mütter schauen während der Nacht jede halbe Stunde nach ihrem Kind, weil sie einen tödlichen Anfall befürchten. Diese Sorge überträgt sich in irgendeiner Art auf das Kind, und im Laufe der Jahre bildet sich ein komplexer Zustand heraus: Die später im Leben zu beobachtende Störung läßt sich weder als eine Begleiterscheinung des Asthmas noch als eine Reaktion auf überängstliche Eltern deuten; sie ist das Resultat einer Verkettung zahlreicher Variablen.

H. M. VAN PRAAG: Die Ausführungen von Herrn FREEDMAN möchte ich unterstreichen. Wir sollten uns vor dem Versuch hüten, zwischen gewissen biochemischen Befunden bei der Depression und gewissen psychopathologischen Konzepten allzu rasche Korrelationen herzustellen. In der experimentellen Psychiatrie ist es zur Zeit schwierig genug, im Einzelfall den Grad der Angst und den Grad der Depression auch nur eindrucksmäßig zu quantifizieren – und gerade das wäre von größter Wichtigkeit, wenn man biochemische und andere biologische Befunde bei depressiven Patienten auswerten will. Bevor wir über die biochemische Pathologie der depressiven Äquivalente oder der Angstäquivalente diskutieren können, müssen wir zunächst wissen, wie man diese diagnostiziert und wie man zwischen Angst- und depressiven Äquivalenten unterscheiden kann. Ferner müssen wir uns – um auf einen von Herrn HIPPIUS angeführten Punkt zurückzukommen – angesichts eines Patienten, der zwei oder drei verschiedene Phasen während seines Lebens gehabt hat, auch fragen: Handelt es sich hier tatsächlich um eine phasische Erkrankung, oder sind die Phasen voneinander unabhängig? Infolgedessen bin ich der Ansicht, daß wir noch sehr viel mehr als heute wissen müssen, bevor wir das Problem der biochemischen Pathologie auf diesem sehr wichtigen und sehr schwierigen Gebiet der depressiven und der Angstäquivalente wirklich lösen können.

H. HEIMANN: Im Anschluß an die Bemerkungen von Herrn HIPPIUS und von Herrn PICHOT möchte ich darauf hinweisen, daß wir augenblicklich einer gewissen Dynamik des medizinischen Denkens zu unterliegen drohen. Es gab immer Zeiten, in denen Ärzte Syndrome minuziös beschrieben und unterteilt haben, und dann kamen andere

Perioden, in denen man alles wieder in einen Topf warf. Herr PICHOT erwähnte die Hysterie; man könnte noch die Neurasthenie beifügen. Auch in der Psychiatrie finden wir einerseits solche minuziösen Beschreibungen psychotischer Syndrome und andererseits die Einheitspsychose. Ebbe und Flut! Wir pflegen in verschiedenen Bezugssystemen zu denken, wie Herr HIPPIUS betont hat. Solange wir jedoch die verschiedenen Ebenen, die phänomenologische, die psychophysiologische und die biochemische nicht in strenge Beziehungen miteinander setzen können, so daß wir Typen abzugrenzen vermögen, die durch alle diese Ebenen durchgehend definiert sind, verharrt unsere Diskussion noch zu sehr im akademischen Bereich. Daher empfehle ich eine gewisse Bescheidenheit und intellektuelle Reserve, bis wir mehr wissen.

R. DE LA FUENTE: Eine in der klinischen Praxis immer wieder begegnende Situation ist die, daß für die Depression völlig atypische Symptome sich verstärken und in der depressiven Phase zu dem eigentlichen zentralen Leiden des Patienten werden. Wir haben es hier mit einer völlig anderen Situation zu tun als in jenen Fällen, bei denen eine auch üblicherweise mit dem depressiven Syndrom verbundene Erscheinung zum Kardinalsymptom wird. Es gibt allerdings noch eine andere Situation, die ich gerne erwähnen möchte: Ein habituelles, schon seit langer Zeit bestehendes Symptom – z.B. Kopfschmerz – kann verschwinden, wenn der Patient in eine depressive Phase gerät; es kehrt aber wieder, sobald die Depression überwunden ist. Diese Situation illustriert einen weiteren Aspekt der sehr komplexen Beziehungen zwischen Soma und Psyche bei der Depression.

R. KUHN: Die Ausführungen von Herrn LÓPEZ IBOR über Eisenmangel und dessen Zusammenhang mit bestimmten motorischen Symptomen sind für mich von großem Interesse. Seit geraumer Zeit verfolge ich nämlich die Beziehung zwischen Eisenmangel und Depression anhand von Eisenbestimmungen im Serum.
Um Herrn GRÜTER zu antworten, möchte ich sagen: Wir alle wissen, daß Antidepressiva häufig extrapyramidal-motorische Störungen verursachen. Auch Herr LÓPEZ IBOR hat in seinem Referat kurz darauf hingewiesen. Es ist meines Erachtens eindeutig, daß bei Patienten, die zu schweren extrapyramidalen Nebenwirkungen, wie z.B. «*restless legs*» oder anderen parkinsonoiden und dyskinetischen Funktionsstörungen neigen, solche Nebenwirkungen verschwinden können, wenn man einen gleichzeitig bestehenden Eisenmangel und übrige Defekte an Elektrolyten und Spurenelementen behebt. Ich kenne Fälle, die nach Regulierung des Mineralstoffwechsels und bei Beibehaltung der Medikation, unter der sie vorher wegen extrapyramidaler Nebenwirkungen kaum zu behandeln waren, ohne Antiparkinson-Mittel und nebenwirkungsfrei weiterbehandelt werden konnten.
Wir sollten in diesem Zusammenhang auch zwischen organischer und funktioneller Störung unterscheiden, z.B. zwischen extrapyramidalen Symptomen und depressiver Stimmungslage. Häufig beeinflußt eine Depression die körperliche Symptomatologie und gestaltet sie unter Umständen derart um, daß gewisse Symptome depressiver und ausschließlich nichtorganischer Natur zu sein scheinen. Dies gilt auch für motorische Begleitsymptome, sowohl der Krankheit wie der Medikamente, zu denen Symptome aus dem ganzen Bereich der extrapyramidalen Störungen, wie z.B. die «*restless legs*», gehören. Das will besagen, daß eine organische Erkrankung, z.B. des Bewegungsapparates, bei einem Depressiven eine sehr viel intensivere Symptomatik zeigen kann als bei einem psychisch Gesunden. *Damit ist jedoch nicht gesagt, daß die Beschwerden psychischer Natur seien.*

J.J. LÓPEZ IBOR: Es würde zuviel Zeit beanspruchen, auf jeden einzelnen Punkt dieser umfangreichen Diskussion einzugehen; ich möchte mich daher auf eine generelle Stellungnahme beschränken.
Als erstes sei darauf hingewiesen, daß in den USA der Terminus «*masked depression*» sogar in die speziell für den Allgemeinpraktiker bestimmte Literatur Eingang gefunden hat. Wenn ich richtig orientiert bin, war der berühmte Neurologe FOERSTER

Kennedy einer der ersten Autoren, der diesen Begriff – kurz nach dem Zweiten Weltkrieg – verwendete.
Der in Zentraleuropa üblichere Begriff ist «larvierte Depression». Abgesehen von diesen Ausdrücken habe ich 1950 – in einem in spanischer Sprache erschienenen Buch, in dem ich mich auf Artikel bezog, die einige Jahre zuvor veröffentlicht worden waren – von «thymopathischen Äquivalenten» gesprochen. Das Problem, zu dem ich in diesem Buch Stellung nahm, war das der Existenz einer neurotischen Angst, d.h. einer sowohl von der normalen als auch von der reaktiven Angst qualitativ unterschiedenen Angst.
Reaktive Gefühle sind Antworten auf Ereignisse in der Außenwelt. Es ist merkwürdig, daß Scheler die Traurigkeit nicht unter die Vitalgefühle, sondern lediglich unter die reaktiven Gefühle eingereiht hat. In dem Versuch, die Existenz einer «Thymopsyche» vorzuschlagen – und damit den kartesianischen Dualismus durch eine dreidimensionale Persönlichkeitsbeschreibung zu ersetzen –, verwendete ich den Begriff «Angstthymopathie» für eine Gruppe von Neurosekranken, deren Psychodynamik weder das Vorhandensein noch die Symptomatologie dieser Neurosen erklären konnte.
Freud sprach bei der Diskussion des Angstproblems von *Angstäquivalenten*, doch die Beschreibung dieser Äquivalente in seinen Publikationen erschöpft sich in einem Katalog vegetativer Symptome, die häufig in Begleitung von Angst auftreten.
Nachdem ich überzeugt war, daß die Angst, wie Freud sagt, das Kernsymptom der Neurosen darstellt, ging ich einen Schritt weiter und schloß in den Neurose-Begriff jenen Typ der Angst ein, den ich dann zur Unterscheidung von anderen Formen als «thymopathisch» bezeichnet habe.
Meine eigene klinische Erfahrung, gestützt durch die Beobachtungen und Ansichten einer Reihe anderer Psychiater, hat mich zu der Überzeugung gebracht, daß es – entgegen der Auffassung von K. Schneider – einen nicht wahrnehmbaren Übergang zwischen endothymer Angst und Traurigkeit, die wir ebenfalls endothym nennen könnten, gibt. Der melancholische oder depressive Mensch ist unfähig, traurig zu sein (Schulte*).
Eine detaillierte Analyse der Erfahrungen, die mir Patienten berichtet haben – Patienten sowohl mit Neurosen oder Depressionen sowie Patienten, die mit verschiedenen Diagnosen, auch neurologischen, in mein Sprechzimmer gekommen sind –, hat mich veranlaßt, für meine eigene Person das Problem so zu sehen: Es gibt Depressionen, die von dem Betroffenen selbst nicht erlebt werden; es sind dies die unerkannten oder larvierten Depressionen. Besonders deutlich ist mir das bei einer Patientin geworden, deren Krankengeschichte ich später in einem didaktischen Film mit dem Titel «Der Fall der Antonia L.»** dargestellt habe. Im Laufe der Zeit habe ich dann solche Fälle in zunehmender Häufigkeit gesehen. Da ich auf dem letztjährigen Symposium*** ausführlich über dieses Thema gesprochen habe, möchte ich jetzt nicht näher darauf eingehen.
Freuds Diskussion der Angstäquivalente brachte mich auf das Problem der Äquivalente bei Patienten, die manchmal als atypisch depressiv und manchmal sogar als neurotisch diagnostiziert werden. Erstmals wurde meine Aufmerksamkeit auf das Problem durch einen Patienten gelenkt, der nach einer vorausgegangenen Gonokokkeninfektion als Initialsymptom Perinealschmerzen zeigte und deshalb bereits in verschiedenen Teilen Europas und der Vereinigten Staaten führende Urologen und andere Spezialisten konsultiert hatte. Schließlich schickte man ihn zu Foerster

* Schulte, W.: Studien zur heutigen Psychotherapie (Quelle und Meyer, Heidelberg 1964)
** Erschienen in der Filmreihe «Documenta Geigy»
*** López Ibor, J.J.: Larvierte Depressionen und Depressionsäquivalente. In Kielholz, P. (Ed.): Depressive Zustände. Erkennung, Bewertung, Behandlung. Int. Symp., St. Moritz 1972, p. 38 (Huber, Bern/Stuttgart/Wien 1972)

Kennedy. Kurz gesagt, Kennedy* behandelte ihn mit Elektroschocks. Später traten bei diesem Patienten, unterbrochen von langen Intervallen, Phasen entweder typischer Depression oder depressiver Äquivalente auf.

Seitdem haben wir uns immer wieder mit der Frage beschäftigt, ob es sich bei vielen der atypischen Bilder, wie wir sie bei den von Klinik zu Klinik wandernden Patienten sehen, nicht um depressive oder affektive Äquivalente handeln könnte. López-Ibor Aliño** hat in seiner Dissertation eine sehr gründliche Darstellung aller Fälle dieses Typs gegeben, die wir im Laufe der letzten Jahre gesehen haben.

Außer Depressionen, die als larviert, maskiert oder ähnlich bezeichnet werden können, gibt es Formen, die man vielleicht als inkomplett beschreiben sollte, da der Patient lediglich über ein Symptom klagt, aber absolut nichts äußert, das als direkter Hinweis auf eine zugrunde liegende Depression gewertet werden könnte. Eine Beschreibung mancher dieser Symptome wird man in der Literatur eher bei den Klassikern der Neurologie als der Psychiatrie, mit Ausnahme Griesingers, finden.

Englischsprachige Autoren benutzen statt der Begriffe «depressive und Angstäquivalente» lieber den Terminus «affektive Äquivalente». Entscheidend ist jedoch das Problem an sich und die aus ihm resultierenden neuen Wege der Forschung.

---

* Kennedy, F.: Persönliche Mitteilung

** López-Ibor Aliño, J. J.: Los equivalentes depresivos (Paz Montalvo, Madrid 1972)

Zur Korrelierung psychischer und somatischer Symptome bei Depressionen

von J. Gordesch *, H. Katschnig **, W. Pöldinger ** und P. Sint *

Angenommen, es sei sinnvoll, den seelischen Bereich des Menschen gegen seine körperliche Sphäre abzugrenzen, und es stünde überdies fest, welche meß- oder beobachtbaren Größen dem einen und welche dem anderen Bereich zuzuordnen seien. Unter dieser Voraussetzung ist es möglich, nach Relationen zwischen Variablen des einen und des anderen Bereichs zu fragen, ohne dabei ihren Inhalt in Betracht zu ziehen. Mit anderen Worten: Unabhängig von der sachbezogenen – hier der medizinischen – Realität existiert eine formal mathematische Realität, «Korrelation» genannt. Wir haben es in diesem Referat mit beiden Realitäten zu tun, doch wird die sachbezogene Realität der Depressionen und ihrer Merkmale in den Hintergrund treten, da in erster Linie methodische Probleme der mathematischen Realität behandelt werden sollen.

Von Korrelation sprechen wir ganz allgemein immer dann, wenn zwischen verschiedenen, durch Messung zu erfassenden Bereichen eine nachweisbare Beziehung oder Abhängigkeit besteht. Damit ist über die Natur der Korrelation, z.B. einen eventuellen Kausalitätsbezug, noch nichts ausgesagt; dieses Problem muß unter Berücksichtigung des jeweiligen sachlogischen Zusammenhangs durch eigene Verfahren geklärt werden.

Eine *ideale* Korrelation würde bedeuten, daß man aus den Meßergebnissen in einem Bereich mit völliger Sicherheit die Werte im anderen Bereich voraussagen, d.h. das eine durch das andere ersetzen könnte. In der *Praxis* sind jedoch Voraussagen über das Verhalten einer Variablen aufgrund von Messungen in einem anderen Bereich immer nur mit einer gewissen Wahrscheinlichkeit möglich. Die Stärke des Zusammenhangs zwischen zwei Variablen kann in vielen Fällen durch eine Maßzahl, den *Korrelationskoeffizienten*, angegeben werden.

Je nach Zahl und Art der betrachteten Variablen lassen sich, wie unsere Klassifikation in den Abbildungen 1 und 2 zu erkennen gibt, verschiedene mathematische Korrelationsverfahren unterscheiden. Die Übersicht kann gleichzeitig als eine Orientierungshilfe zur Auswahl desjenigen Verfahrens dienen, das

- einem bestimmten Problem am besten entspricht (Abb. 1) und
- für eine bestimmte Struktur (Meßniveau) der gegebenen Daten am besten geeignet ist (Abb. 2).

Für einige der angegebenen Verfahren haben wir Beispiele berechnet. Als Zahlenmaterial standen uns die Daten zur Verfügung, die einer der Autoren für eine Studie über den Zusammenhang zwischen Depression und Kopfschmerz an der Psychiatrischen Universitätsklinik Basel gesammelt hat (Pöldinger und Gnirss,

---

* Aus dem Interfakultären Rechenzentrum der Universität Wien
** Aus der Psychiatrischen Universitätsklinik Wien (Österreich)

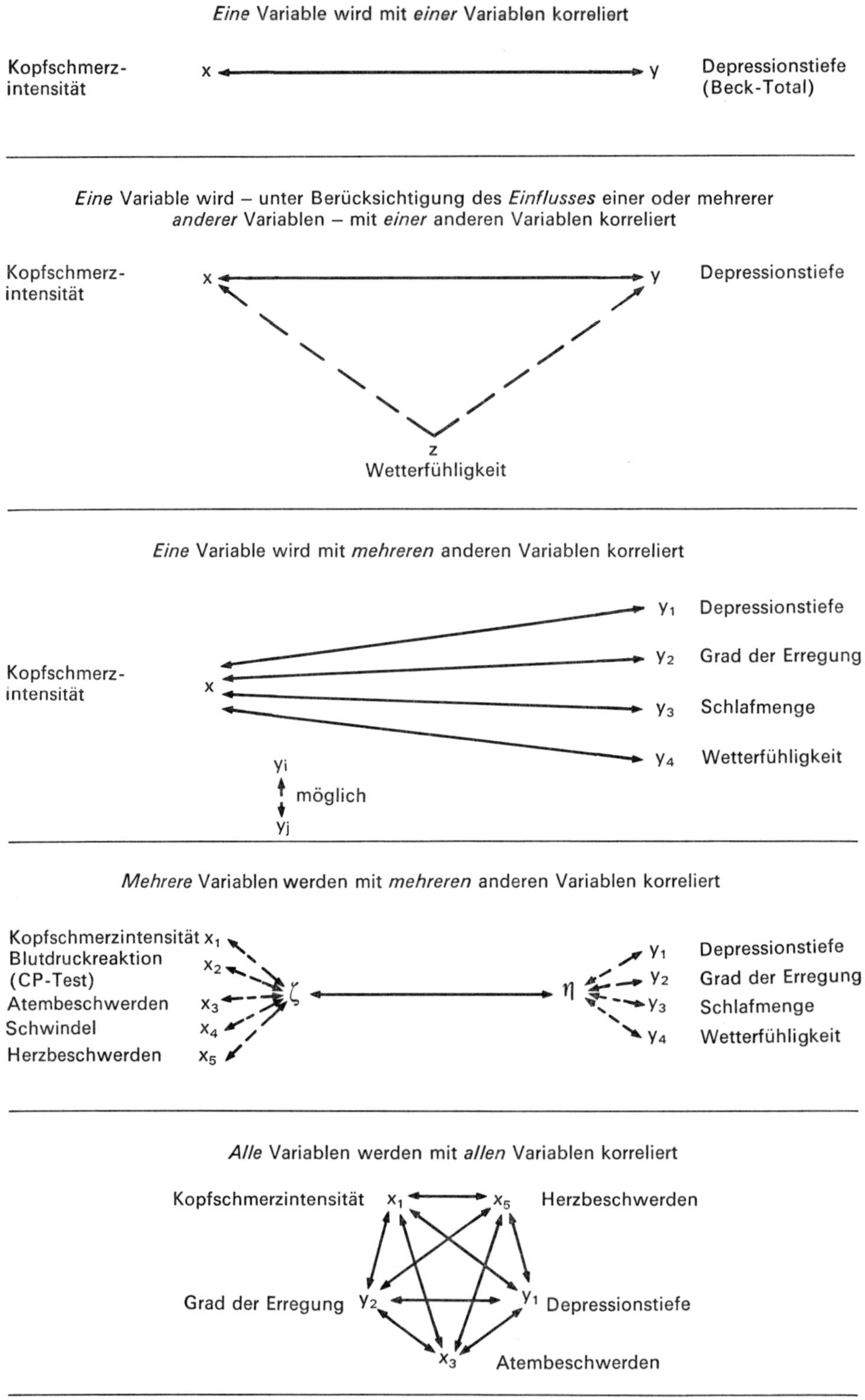

 Abb. 1. Statistische Korrelationsverfahren. Klassifikation nach Anzahl der Variablen

Verfahren für quantitative Merkmale		Verfahren für Rang- bzw. Klassenmerkmale
Pearsonscher Korrelations-koeffizient (r)		Spearmanscher Rangkorrelations-koeffizient (ρ) Kendallscher Rangkorrelations-koeffizient (τ) Vierfelderkorrelation (z. B. χ^2) Vorzeichentest
partieller Korrelations-koeffizient ($r_{xy \cdot z}$)	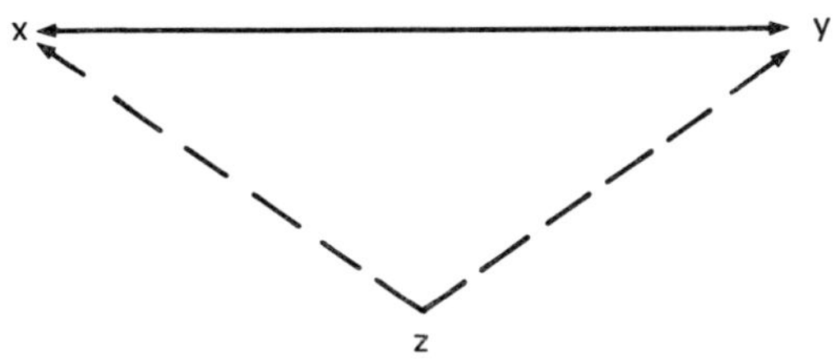	partieller Rangkorrelations-koeffizient ($\tau_{xy \cdot z}$)
multiple Korrelation (R)	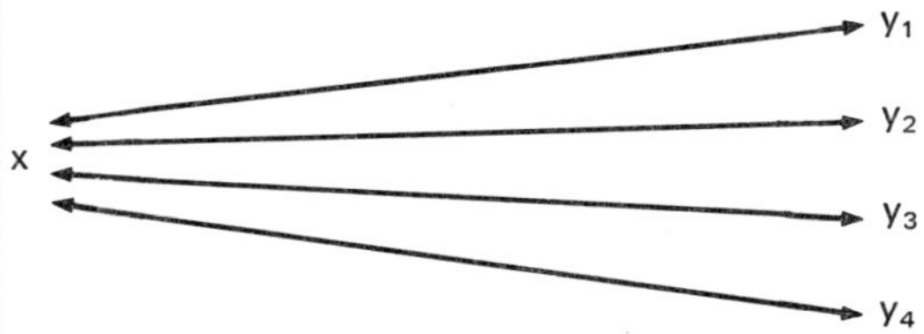	bedingte Klassifikation
kanonische Korrelation	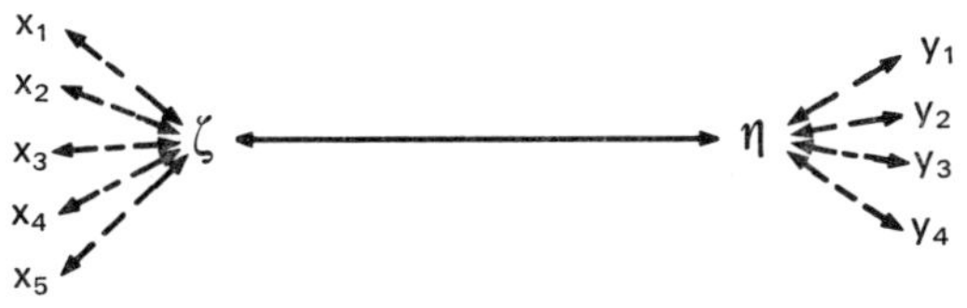	bedingte Klassifikation
Faktorenanalyse	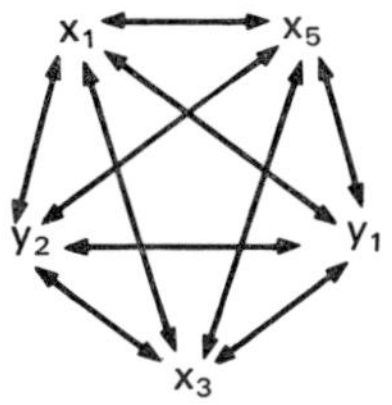	Clusteranalyse Konkordanz-koeffizient

Abb. 2. Statistische Korrelationsverfahren. Klassifikation nach Art der Variablen

1969). Es handelt sich überwiegend um psychophysiologische Daten, die teils durch direkte Messung, teils durch Einschätzung auf einer Skala erhoben wurden. Die einzelnen Daten befinden sich auf unterschiedlichem Meßniveau, was jedoch aus didaktischen Gründen bei den Rechenbeispielen gelegentlich nicht berücksichtigt wurde. Das untersuchte Krankengut bestand aus 193 depressiven Patienten, und zwar 55 endogen Depressiven, 114 psychogen Depressiven und 24 Patienten mit anderen Diagnosen.

Betrachten wir zunächst Abbildung 1. Im einfachsten Fall wird *eine* Variable aus einem Bereich, z.B. dem somatischen, mit *einer* Variablen aus einem anderen Bereich, z.B. dem psychischen, in Beziehung gesetzt. Als Beispiel haben wir die Korrelation zwischen Depressionstiefe, gemessen in Beck-Scores, und der Intensität von Kopfschmerzen errechnet.

Etwas schwieriger gestaltet sich das Verfahren, wenn die Möglichkeit besteht, daß eine Korrelation zwischen zwei Variablen von einer *außenstehenden dritten* Variablen mitbeeinflußt wird. So könnte es beispielsweise sein, daß bei Wetterfühligkeit häufiger schwere Depressionen und schwere Kopfschmerzen auftreten, bei Fehlen dieses Faktors aber leichte Depressionen und leichte Kopfschmerzen. Es gibt nun statistische Verfahren, die derartige Einflüsse dritter Variablen eliminieren. Der Einfluß dritter bzw. vierter und weiterer Variablen auf die errechnete Korrelation ist im Prinzip auch bei allen nachstehend angeführten Verfahren denkbar, doch werden wir diese Möglichkeit dort nicht mehr berücksichtigen.

Auch für den nächstkomplexeren Fall stehen ausgefeilte Verfahren zur Verfügung. Hier geht es darum, *eine* Variable aus einem Bereich, z.B. aus dem somatischen, mit *mehreren* Variablen aus einem anderen Bereich, in unserem Fall also wieder dem psychischen, zu korrelieren. Als Beispiel haben wir die Intensität von Kopfschmerzen wiederum mit der Depressionstiefe und zusätzlich mit den Merkmalen Erregungsgrad, Schlafmenge und Wetterfühligkeit in Beziehung gesetzt.

Auf der nächsthöheren Komplexitätsstufe können *mehrere* Variablen aus dem einen Bereich mit *mehreren* Variablen aus dem anderen Bereich korreliert werden. Bei dieser Methode handelt es sich nicht einfach um die Anhäufung zahlreicher Einzelkoeffizienten, sondern, wie unsere Abbildung erkennen läßt, um ein Verfahren, in dem die Beziehungen simultan betrachtet werden. Für das Rechenbeispiel haben wir aus der Reihe der somatischen Variablen die Merkmale Kopfschmerzen, Blutdruckreaktion (CP-Test), Atembeschwerden, Schwindel und Herzbeschwerden ausgewählt, während aus der Reihe der psychischen Merkmale wieder Depressionstiefe, Grad der Erregung, Schlafmenge und der Einfluß der Wetterfühligkeit berücksichtigt wurden.

Verzichtet man schließlich auf eine Dichotomierung der Merkmale in psychische und somatische und ermittelt simultan die Beziehungen *sämtlicher* Variablen, so ergibt sich, wie wir noch sehen werden, eine korrelative Beziehungsstruktur ganz anderer Art.

Die Klassifikation statistischer Korrelationsverfahren, wie sie Abbildung 2 zeigt, berücksichtigt das unterschiedliche Meßniveau der Variablen. Es werden die gebräuchlichsten Korrelationsverfahren einerseits für *quantitative Daten*, andererseits für *Rang-* bzw. *Klassenmerkmale* angeführt. Es gibt darüber hinaus noch eine Reihe weiterer Verfahren, auf die wir hier aber nicht eingehen können; das gilt insbesondere für Methoden, die der Korrelation quantitativer mit qualitativen Daten dienen.

Bei der einfachen Korrelation im engeren Sinn wird für quantitative Daten der Korrelationskoeffizient nach PEARSON verwendet. Für Rangmerkmale steht der Korrelationskoeffizient nach SPEARMAN oder nach KENDALL zur Verfügung, bei reinen Klassendaten bedient man sich der *Chi-Quadrat-Methode.* Wir haben den PEARSONschen Korrelationskoeffizienten für die Variablen Kopfschmerz und Depressionstiefe in verschiedenen diagnostischen Untergruppen errechnet und erhielten für die Diagnose endogene Depression den Wert 0,52. Wesentlich schwächer war die Beziehung bei der psychogenen Depression; hier ergab sich nur eine Korrelation von 0,18.

Einen weiteren Verfahrenstyp stellt die sogenannte *partielle Korrelation* dar. Zweck dieser Methode ist es, Einflüsse dritter und weiterer Variablen auf eine Korrelation festzustellen, wobei für quantitative Daten und für Rang- bzw. Klassenmerkmale analoge Verfahren existieren. Wir haben in verschiedenen diagnostischen Untergruppen das Verfahren der partiellen Korrelation zur Eliminierung des Einflusses der Wetterfühligkeit auf die Korrelation Kopfschmerz und Depressionstiefe angewandt, um zu erfahren, wie stark der statistische Zusammenhang zwischen diesen beiden Variablen von der Wetterfühligkeit mitbestimmt wird. Die Resultate unserer Berechnungen zeigen, daß der Einfluß der Wetterfühligkeit auf diese Beziehung bei psychogenen Depressionen größer sein muß als bei endogenen. Im ersten Fall sinkt der Korrelationskoeffizient um 15 %, im zweiten nur um 3,5 %.

Die mathematischen Beziehungen der folgenden Verfahren sind komplexer und daher schwieriger zu interpretieren als die bis anhin beschriebenen Korrelationen.

Soll eine Variable aus einer Kategorie mit mehreren Variablen aus einer anderen Kategorie korreliert werden, so benutzt man für quantitative Daten das Verfahren der *mehrfachen* oder *multiplen Korrelation* (z. B. KENDALL und STUART, 1961), für qualitative Daten die Methode der *bedingten Klassifikation* (SINT, 1971). Mit Hilfe der multiplen Korrelation kann demonstriert werden, wie sich der Korrelationskoeffizient unter Berücksichtigung einer Mehrzahl zusätzlicher Variablen verändert. Im allgemeinen ist es so, daß die Hinzunahme nur weniger Variablen bereits eine sehr starke Änderung bewirkt, während die Einführung immer weiterer Variablen nur noch relativ geringfügige Auswirkungen hat. So beträgt beispielsweise, berechnet für das gesamte hier untersuchte Krankengut, der Korrelationskoeffizient zwischen Kopfschmerz und Depressionstiefe 0,29, zwischen Kopfschmerz und Wetterfühligkeit 0,26. Korreliert man nun Kopfschmerz einerseits mit Depressionstiefe plus Wetterfühligkeit andererseits, so ergibt sich ein Wert von 0,37. Die Hinzunahme der Variablen Erregungsgrad und Schlafmenge erhöht den multiplen Korrelationskoeffizienten aber nur noch auf 0,40. Bei der Methode der *bedingten Klassifikation,* dem analogen Verfahren für qualitative Daten, geht es darum, mit Hilfe der Variablen, die die Vorhersage gestatten, Individuen so in Klassen einzuteilen, daß sie in bezug auf die vorherzusagende Variable eine möglichst weitgehende Übereinstimmung zeigen. Es gibt darüber hinaus noch eine weitere Anwendungsmöglichkeit der bedingten Klassifikation; wir werden auf diesen komplizierteren Fall etwas später eingehen und dann auch ein Rechenbeispiel geben.

Die Komplexität der mathematischen Beziehungen nimmt weiter zu, wenn wir mehrere Variablen aus einer mit mehreren Variablen aus einer anderen Reihe in Beziehung setzen. Das entsprechende Verfahren für quantitative Daten ist das der maximalen *kanonischen Korrelation* (z.B. VAN DE GEER, 1971). Dabei wird in jede der beiden Gruppen in erster Näherung eine künstliche Variable eingeführt und zwischen diesen beiden künstlichen Variablen eine gewöhnliche Korrelation berechnet. In die künstlichen Variablen gehen die ursprünglichen Variablen der beiden Gruppen mit unterschiedlichem Gewicht ein. Unser nach dieser Methode durchgeführtes Rechenbeispiel hat ergeben, daß in den verschiedenen diagnostischen Gruppen eine unterschiedlich starke Korrelation besteht zwischen den Variablen Kopfschmerz, Blutdruckreaktion (CP-Test), Atembeschwerden, Schwindel und Herzbeschwerden einerseits sowie den Variablen Depressionstiefe, Grad der Erregung, Schlafmenge und Wetterfühligkeit andererseits. Für die psychogene Depression beträgt der Korrelationskoeffizient 0,52, für die endogene Depression 0,60. Von besonderem Interesse ist der kanonische Korrelationskoeffizient für alle Diagnosen zusammengenommen, der mit 0,48 deutlich niedriger liegt; die Unterteilung in psychogene und endogene Depression scheint demnach durchaus sinnvoll zu sein.

In manchen Fällen kommt man mit der Einführung einer künstlichen Variablen je Gruppe nicht aus. Dann müssen eine zweite oder auch weitere künstliche Variablen je Gruppe eingeführt werden, und zwar so, daß die Variablen in der gleichen Gruppe miteinander nicht korrelieren, die entsprechenden Variablen in verschiedenen Gruppen jedoch eine maximale Korrelation aufweisen.

Die entsprechende Methode für qualitative Daten ist wiederum die *bedingte Klassifikation*. Die Klassen werden hier so gesucht, daß die Individuen einer Klasse möglichst homogen in bezug auf *alle* vorherzusagenden Variablen sind. In unserem Beispiel ergaben sich bei Verwendung von insgesamt 34 Variablen – 19 somatischen und 15 psychischen – zwei Klassen, die sich auf der einen Seite vor allem in den Variablen Kopfschmerz, Hauttemperatur, Speichelfluß und Herzbeschwerden, auf der anderen Seite hauptsächlich in der Variablen Libido unterschieden. Allerdings läßt sich diese Differenzierung nur in beschränktem Maße erklären, was an den Daten, eventuell aber auch an der Methode liegen kann.

Noch kompliziertere Verfahren zerstören die bilaterale Struktur der bisher betrachteten Korrelationsmethoden. Sollen alle Variablen mit allen Variablen korreliert werden, so steht für quantitative Daten die *Faktorenanalyse*, für qualitative Daten die *Clusteranalyse* zur Verfügung. Eine zusammenfassende Darstellung dieser Methoden findet sich in einer früheren Arbeit der Autoren (DEMEL et al., 1972). Ihr ist das in Abbildung 3 wiedergegebene Schema entnommen, in dem ein Überblick über die Anwendung multivariater statistischer Verfahren bei psychiatrischen Klassifikationsproblemen gegeben wird und graphische Modelle der Verfahren zusammengestellt sind.

	Beurteilung einer Aprioritypologie	Konstruktion einer neuen Typologie von Personen	Zuordnung einer neuen Person zu einer vorgegebenen Typologie	Modell für zwei Variable	Erforderlicher Datentyp	Normalverteilung erforderlich
Diskriminanz-analyse	+++	–	+++	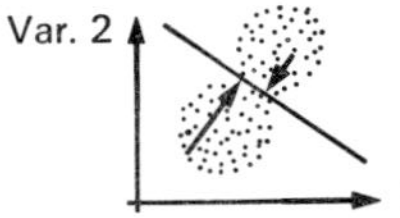	Quantitativ (Qualitativ)	+/(–)
Profil-analyse	+++	–	–	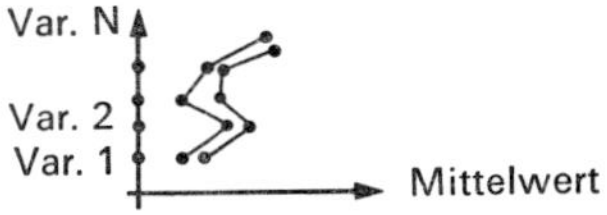	Quantitativ oder Qualitativ	–
Faktoren-analyse	–	+[1]	+	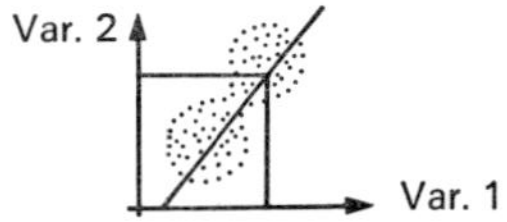	Quantitativ (Qualitativ)	+/(–)
Cluster-analyse	–	++	++/–[2]	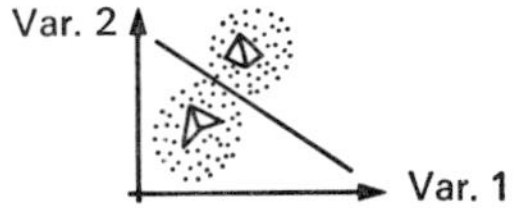	Quantitativ oder Qualitativ	–
bedingte Klassifikation	–	+++[3]	++	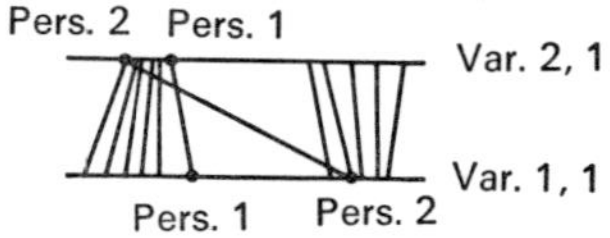	Quantitativ oder Qualitativ[3]	+/–[2]

[1]) +++ für Typologie von Variablen (Messniveau oder «Dimensionale Struktur»)
[2]) Abhängig von der verwendeten Methode
[3]) Zwei Klassen von Variablen erforderlich (z. B. somatische und psychische)

Abb. 3. Anwendung multivariater statistischer Verfahren bei psychiatrischen Klassifikationsproblemen

1 Agius, S., Eisert, H.G., Heimann, H.: Essai de classification psychologique et physiologique du syndrome dépressif. Schweiz. Arch. Neurol. Psychiat. *106*, 105 (1970)
2 Anderson, T.W.: An introduction to multivariate statistical analysis (Wiley & Sons, New York/London/Sydney 1958)
3 Baumann, U.: Psychologische Taxometrie (Huber, Bern/Stuttgart/Wien 1971)
4 Boudon, R.: L'analyse mathématique des faits sociaux (Plon, Paris 1970)
5 Cattell, R.B. (Ed.): Handbook of multivariate experimental psychology (Rand McNally, Chicago 1966)
6 Cooley, W.W., Lohnes, P.R.: Multivariate procedures for the behavioral sciences (Wiley & Sons, New York/London 1962)
7 Demel, I., Gordesch, J., Katschnig, H., Pöldinger, W., Schreiber, V., Sint, P.: Multivariate procedures in the statistical analysis of psychic and somatic symptoms in depression. In: Proc. IXth Europ. Conf. Psychosom. Res., Wien 1972 (Karger, Basel/New York, im Druck)
8 Dempster, A.P.: Elements of continuous multivariate analysis (Addison-Wesley, Reading, Mass. etc. 1969)
9 Gordesch, J.: Multivariate Verfahren in den Sozial- und Wirtschaftswissenschaften (Physica, Wien/Würzburg 1972)
10 Heimann, H.: Typologische und statistische Erfassung depressiver Syndrome. In Hippius, H., Selbach, H. (Eds.): Das depressive Syndrom, Int. Symp., Berlin 1968, p. 279 (Urban & Schwarzenberg, München/Berlin/Wien 1969)
11 Jardine, N., Sibson, R.: Mathematical taxonomy (Wiley & Sons, London etc. 1971)
12 Kendall, M.G.: Rank correlation methods, 3rd ed. (Griffin, London 1962)
13 Kendall, M.G.: A course in multivariate analysis, 3rd ed. (Griffin, London 1965)
14 Kendall, M.G., Stuart, A.: The advanced theory of statistics. Vol. II: Inference and relationship; Vol. III: Design and analysis and time-series (Griffin, London 1961; 1966)
15 Krishnaiah, P.R.: Multivariate analysis, Proc. Int. Symp., Dayton, Ohio 1965 and 1968, Vol. I and II (Acad. Press, New York/London 1966; 1969)
16 Kshirsagar, A.M.: Multivariate analysis (Dekker, New York 1972)
17 Morgenstern, D.: Eine mehrdimensionale Ausdehnung des gewöhnlichen und des kanonischen Korrelationskoeffizienten. Metrika *14*, 40 (1968)
18 Morrison, D.F.: Multivariate statistical methods (McGraw-Hill, New York etc. 1967)
19 Müller, P.H. (Ed.): Wahrscheinlichkeitsrechnung und mathematische Statistik, Lexikon (Akademie-Verlag, Berlin 1970)
20 Pichot, P.: Überlegungen zur Faktorenanalyse des depressiven Syndroms, loc. cit.[10], p. 269
21 Pöldinger, W., Gnirss, F.: Der Kopfschmerz als Symptom seelischer Krankheit. Mkurse ärztl. Fortbild. *19*, 136 (1969)
22 Puri, M.L., Sen, P.K.: Nonparametric methods in multivariate analysis (Wiley & Sons, New York etc. 1971)
23 Rao, C.R.: Linear statistical inference and its applications, 3rd Ed. (Wiley & Sons, New York/London/Sydney 1967)
24 Roy, S.N., Gnanadesikan, R., Srivastava, J.N.: Analysis and design of certain quantitative multiresponse experiments (Pergamon Press, Oxford etc. 1971)
25 Sint, P.: Klassifikation und Information. Mittbl. Öst. Ges. Statist. Inform. Nr. 1:1 (1971)
26 Van de Geer, I.P.: Introduction to multivariate analysis for the social sciences (Freeman, San Francisco 1971)

Diskussion

P. Pichot: Herr Pöldinger, ich beglückwünsche Sie zur Darstellung einer Reihe multivariater Analysen in so kurzer Zeit. Sie haben uns einige der wichtigsten Methoden demonstriert, mit deren Hilfe sich psychiatrische Probleme im allgemeinen und – möglicherweise – die der larvierten Depression im besonderen lösen lassen. Was die entsprechende Literatur anbelangt, so möchte ich Ihre Aufmerksamkeit auf ein Anfang 1972 erschienenes Buch von Overall und Klett * lenken, das einen allgemeinen Überblick über die in der Psychiatrie anwendbaren multivariaten Methoden gibt. Das Werk scheint mir bemerkenswert, weil alle angeführten Beispiele aus der Psychiatrie stammen; es behandelt überdies einige interessante Techniken, auf die wir hier nicht eingehen konnten.

Für jene, die mit statistischen Methoden weniger vertraut sind, sei noch bemerkt, daß die mathematische Bearbeitung von Daten große Vorsicht und Sorgfalt erfordert, da die gegenwärtigen Methoden auf einer Reihe von Hypothesen beruhen; so basiert z.B. der einfache Korrelationskoeffizient nach Pearson auf einer Hypothese, wonach die Verteilung der Variablen homoskedastisch ist. Wenn eine Hypothese nicht verifiziert werden kann, müssen die Resultate der Berechnungen als fragwürdig gelten. Das trifft für alle diese Methoden zu, und ich glaube, es ist wichtig zu betonen, daß vor ihrer Verwendung Spezialisten hinzugezogen werden sollten. Weil die Methoden nur unter ganz bestimmten Bedingungen anwendbar sind, läuft man sonst Gefahr, falsche Schlußfolgerungen zu ziehen.

H. Heimann: Die Darstellung dieser verschiedensten Methoden, wie sie uns eben Herr Pöldinger in so kurzer Zeit gegeben hat, finde ich ausgezeichnet. Besonders beeindruckt hat mich sein Hinweis, daß man zwischen dem mathematischen Modell, das wir anwenden, und den sachbezogenen Realitäten, die wir in unseren Daten antreffen, unterscheiden muß. Denn es ist ja in der Psychiatrie leider fast ein Usus geworden, beliebige Korrelationen zu berechnen, ohne zunächst einmal Überlegungen anzustellen, wie diese Dinge überhaupt zusammenhängen könnten. Dies ist aus einem, sagen wir, empirischen Impetus der Psychiater entstanden, die froh waren, endlich einmal mit mathematischen Methoden etwas aus Daten zu erfahren. Nach meiner Erfahrung ist dieses Vorgehen jedoch nicht sehr vielversprechend. Wir erhalten bei den Berechnungen verschiedenster Korrelationen Zahlen, die wir nachher wieder interpretieren müssen. Zudem ist die Nullhypothese wegen der Interdependenz der Variablen häufig falsch. Es ist vorsichtiger und der Sache angemessener, diese Verfahren sehr sorgfältig auszuwählen, in bezug auf Hypothesen, die man vor der Datensammlung und vor den Berechnungen aufstellt. Ferner möchte ich noch beifügen, daß Korrelationen in diesem schwierigen Bereich zwischen Verhaltensebene und physiologischen Messungen ja immer nur analogische Beziehungen sind und nicht mehr.

Es lohnt sich – das als praktischer Hinweis –, die Daten, die man gesammelt hat, nicht nur in Form von Zahlen, die der Computer aus Korrelationen, multiplen Korrelationen, Korrelationsmatrizen usw. herausgibt, zu interpretieren; man sollte korrelative Beziehungen zunächst einmal auch in roher Form, möglichst graphisch dargestellt, anschauen. Dazu ist ein Programm für ein Scatterdiagramm nützlich. Dann kann man auch besser beurteilen, ob die Voraussetzungen für eine Berechnung, auf die Herr Pichot hingewiesen hat, überhaupt gegeben sind.

Ich möchte nochmals auf das zurückkommen, was ich in meinem Vortrag nur kurz gestreift habe, nämlich auf die Beziehung der verschiedenen Aktivierungsparameter zu verschiedenen psychischen Variablen. Da bestehen sehr oft kurvilineare Beziehungen, d.h. daß von einem geringen Grad bis zu einem mittleren Grad der Akti-

---

* Overall, J.E., Klett, C.J.: Applied multivariate analysis (McGraw-Hill, New York etc. 1972)

vierung die Beziehung zunimmt, daß sie aber von einem höheren Grad wieder abnimmt. Beispielsweise hat MURRAY* sehr schön gezeigt, daß die Beziehung zwischen Ängstlichkeit, gemessen mit verschiedenen subjektiven Methoden, und der Sprechgeschwindigkeit (Zahl der Silben in der Zeiteinheit) kurvilinear ist, wenn man verschiedene Grade von Ängstlichkeit berücksichtigt. Wenn man jedoch nur im unteren oder im oberen Bereich der Ängstlichkeit Korrelationen berechnet, werden sie positiv oder negativ, in einem mittleren Bereich überhaupt nicht signifikant.

W. PÖLDINGER: Ich darf Herrn PICHOT zunächst einmal für die genannte Literatur danken, dann aber auch für seinen Hinweis darauf, daß das Problem der mathematischen Bearbeitung von Daten noch viel hintergründiger ist, als ich aufgezeigt habe, da hinter diesen mathematischen Methoden ja auch wieder Hypothesen stehen. Wir sind – fasziniert vom Computer – geneigt anzunehmen, daß alles, was sich mathematisch errechnen läßt, den realen Verhältnissen entsprechen müsse.

Wenn man die Geschichte der jüngeren Depressionsforschung in ihren Beziehungen zwischen Psychiatrie und Statistik verfolgt, so war es doch zunächst einmal so, daß die Psychiater einfach Daten sammelten und die Statistiker ihnen dann sagen mußten, daß bei der Erhebung dies oder jenes vergessen worden sei. Die Psychiater haben daraus gelernt und in einem zweiten Stadium der Entwicklung sich von vornherein mit dem Statistiker zusammengesetzt, der sie orientierte, was alles bei der Erhebung berücksichtigt werden müsse, um später bestimmte Rechenoperationen durchführen zu können. In einem dritten Stadium diskutiert man nun im Sinne einer Methodenkritik auch die mathematische Problematik, was allerdings voraussetzt, daß beide – Statistiker und Psychiater – sich in das jeweils andere Fachgebiet einarbeiten. Der Statistiker muß unsere Fragestellung genau kennen und sie verstehen, während wir u.a. einiges darüber wissen müssen, wie der Computer unsere Daten verarbeitet, weil wir sonst mit unseren Interpretationen möglicherweise ganz falsch liegen könnten. Eine interdisziplinäre Zusammenarbeit, wie sie Herr KIELHOLZ schon immer gefordert hat und die wir jetzt in unserer Klinik in Wien versucht haben, scheint mir deshalb von größter Wichtigkeit zu sein.

---

* MURRAY, D.C.: Talk, silence, and anxiety. Psychol. Bull. *75*, 244 (1971)

Die larvierte Depression bei Kindern und Jugendlichen

von G. Nissen *

Wenn von Depressionen im Kindes- und Jugendalter die Rede ist, wird meistens nur danach gefragt, wie Depressionen Erwachsener sich bei Kindern und Jugendlichen manifestieren. Widersprüche und Fehldiagnosen, die aus einer so gerichteten Fragestellung resultieren können, sind denn auch immer wieder dort nachweisbar, wo die Kinderpsychiatrie sich zu sehr auf die deskriptive und nosologische Diagnostik der Erwachsenenpsychiatrie stützt. Bestimmend für die Ausgestaltung der psychopathologischen Symptome ist jedoch der entwicklungstypische «*Zeitfaktor*»[73] des Kindes; er stellt keine abschätzbare Größe dar, sondern hat eine eigenständige pathoplastische Valenz.

Die Diagnose einer larvierten Depression erfordert sowohl bei Erwachsenen wie bei Kindern grundlegende Kenntnisse über die *Struktur* typischer depressiver Syndrome in den verschiedenen Lebensabschnitten. Während die Erwachsenenpsychiatrie über ein gut fundiertes Wissen auf diesem Gebiet verfügt, steht die altersbezogene Erforschung depressiver Syndrome bei Kindern noch im Anfangsstadium.

So ist das Wissen über die *endogenen* Affektpsychosen im mittleren und frühen Kindesalter noch relativ gering und umstritten. Übereinstimmung besteht nicht einmal in bezug auf den Zeitpunkt der Erstmanifestation. Während erfahrene Autoren erste Phasen schon vor dem zehnten Lebensjahr annehmen[5, 13, 32, 38, 40, 61, 66, 68, 75], äußern andere, nicht weniger erfahrene Beobachter demgegenüber begründete Zweifel[2, 7, 17, 28, 48, 63]. Es scheint daher angebracht, eine Darstellung der larvierten Depression und der somatischen Äquivalente bei Kindern nicht allein auf die endogene Depression zu beschränken; sie sollte vielmehr auf die depressiven Syndrome im Kindesalter überhaupt abstellen – und hier lassen sich bereits einige Vorurteile und Fehleinschätzungen durch gesicherte Fakten ersetzen.

Einige Autoren[9, 14, 25, 34, 56, 57] sind der Ansicht, daß Depressionen im Kindesalter ausschließlich oder doch ganz überwiegend als larvierte Depressionen auftreten, weil sie vor allem durch Verhaltensstörungen und somatische Äquivalente gekennzeichnet sind[7, 8, 45, 58, 72, 76]. Das läßt sich aber nur aus der Sicht und im Hinblick auf die Symptomatik der Depression des Erwachsenenalters vertreten. Tatsächlich handelt es sich nicht um larvierte, sondern um primäre, altersadäquate und somit «echte» Depressionen im Kindesalter. Im Gegensatz zur Adultenpsychiatrie, die sich auf eine zwar fiktive, aber doch relative Homogenität von Depressionen bei Erwachsenen, etwa des mittleren Lebensalters, stützen

---

* Aus der Städtischen Klinik für Kinder- und Jugendpsychiatrie Wiesengrund, Berlin

kann, hat es der entwicklungspsychologisch orientierte Pädopsychiater mit rasch sich wandelnden, altersspezifischen Erscheinungsformen zu tun, die eine Darstellung *der* Kinderdepression außerordentlich erschweren. Sie soll hier einleitend dennoch versucht werden, um eine Basis für die Abgrenzung der larvierten Formen zu gewinnen.

Für die empirische Untersuchung primärer und sekundärer Symptome stehen im Kindes- und Jugendalter grundsätzlich zwei modifizierbare Ansätze zur Verfügung:

1. Die *retrospektive* Methode, bei der aus Anlaß der manifesten Erkrankung die Vorgeschichte erhoben wird, um Aufschluß über Erstmanifestation, Symptomgestaltung und Symptomwandel zu erhalten. Diese Methode weist bekanntlich hohe Fehlerquoten auf; sie ist schon beim Probanden an gewisse Bedingungen geknüpft und überdies in Analogie zur «Unschärferelation» der modernen Physik durch die subjektive Schau des Beobachters beeinträchtigt.

2. Die *prospektive* Methode; sie ist bisher in der Entwicklungspsychiatrie noch nicht systematisch praktiziert worden. Voraussetzung für ihre Anwendung wäre eine statistisch ausreichende Zahl unausgewählter Kinder, die von der Geburt bis ins Erwachsenenalter in regelmäßigen Abständen psychiatrisch untersucht werden müßten, um erb-, entwicklungs- und milieubedingte Verhaltensanomalien objektiv zu dokumentieren; so könnte man eine Korrelationsmatrix für später sich manifestierende psychische Erkrankungen gewinnen.

Bis zur Realisierung solcher aufwendiger Enqueten bietet sich die *Kombination beider Methoden* in Form von Quer- und Längsschnittuntersuchungen ehemals kinderpsychiatrischer Probanden an. Wir selbst[48] haben unter ca. 6000 stationär untersuchten Kindern der letzten 30 Jahre 105 Krankengeschichten ausgewählt, und zwar – um eine homologe Kerngruppe depressiver Kinder und Jugendlicher zu erhalten – nur Fälle mit relativ «harten» depressiven Merkmalen.

Die *Depressionssymptomatik* dieser Kinder ließ erwartungsgemäß keine erwachsenentypischen Symptome wie Schuldgefühle, Selbstvorwürfe, Versündigungsideen oder Verarmungsfurcht erkennen. Der intrapsychische Konflikt zwischen dem Gewissen und dem Ich ist jüngeren Kindern infolge der Unreife ihrer psychischen Instanzen im allgemeinen versperrt. Aber auch ältere Kinder verfügen oft noch nicht über die Voraussetzungen zur Intellektualisierung ihrer Affekte und Emotionen. In diesem Alter sind die noch nicht internalisierten Gewissensinstanzen noch konkret und leibhaftig in den Eltern und Autoritätspersonen verkörpert, mit denen das Kind sich direkt auseinandersetzen kann. Anders als der depressive Erwachsene gerät das depressive Kind deshalb nicht in gedankliche Konflikte. Vielmehr sind Verhaltensstörungen und psychosomatische Beschwerden primäre kindereigentümliche Manifestationsformen der Depression. Die sogenannte larvierte Depression ist davon oft nur schwer abgrenzbar.

In der Eichgruppe unserer 105 depressiven Kinder registrierten wir in nachstehender Reihenfolge als häufigste *psychosomatische* Symptome: Aggressionen, Enuresis, Schlafstörungen, Mutismus, Weinen, Weglaufen. Die ersten vier *psychischen* Symptome waren Kontaktschwäche, Angst, Gehemmtheit und Isolierungstendenzen.

Bei der Mehrzahl dieser Kinder bestand der Einweisungsgrund nicht in der regelmäßig diagnostizierbaren ängstlich-traurigen, gehemmt- oder agitiert-depressiven Grundstimmung, sondern in Schul- und Erziehungsschwierigkeiten (51 %), Verhaltensstörungen (26 %) und psychosomatischen Beschwerden (9 %); nur bei 14 % der Fälle wurde die Depression bereits vor der Einweisung als Syndrom erkannt und bildete dann den Einweisungsgrund.
Vergleicht man die prozentuale Häufigkeit von wichtigen psychosomatischen Symptomen depressiver Erwachsener[35, 36] mit ihrem Vorkommen bei depressiven Kindern[48], so findet man, wie Tabelle 1 zeigt, einen annähernd gleichen Zahlenwert nur bei Beschwerden des Verdauungstraktes. Bei den Kindern würde sich dieser Wert unter Berücksichtigung des Merkmales Enuresis (30 %) sogar auf 70 % erhöhen. Schlafstörungen und/oder Kopfschmerzen werden nach der vorliegenden Gegenüberstellung nur von etwa einem Drittel der Kinder angegeben. Diese bemerkenswerte Altersdifferenz funktioneller Störungen weitet sich zu einer altersbezogenen Manifestationsdiskrepanz aus, wenn psychosomatische Beschwerdebilder miteinbezogen werden, die in dem jeweils anderen Lebensalter offenbar nicht vorkommen. So haben wir bei Kindern u.a. weder Atembeschwerden noch Schmerzen und Mißempfindungen in den Extremitäten oder Hyperhidrosis[36] registriert. Andererseits fand man bei depressiven Erwachsenen praktisch keine Symptome wie Enuresis (30 % bei Kindern), Mutismus, Nägelkauen, Weglaufen, Naschsucht (je 20 %), Enkopresis (11 %), Daumenlutschen, Kotschmieren (je ca. 8 %) – ganz abgesehen von Schulangst und Schulschwänzen (31 %), den Spiel- und Lernstörungen, die bei 66 % der depressiven Kinder nachweisbar sind, sowie Verwahrlosungserscheinungen (21 %).
Unterzieht man die Kollektion der genannten kindereigentümlichen Depressionsmerkmale einer genaueren Analyse und vergleicht sie mit den depressiven Merkmalen Erwachsener, so ließe sich von einer *Metamorphose* der depressiven Symptome und Syndrome in den verschiedenen Entwicklungsabschnitten des Menschen sprechen. In dieser Hinsicht gewinnen die Resultate älterer Forschungen über die Zusammenhänge von Intelligenz und Symptomatik[21] sowie Ergebnisse der transkulturellen Depressionsforschung[50, 51, 69, 77] an Interesse, da sie darin übereinzustimmen scheinen, daß weniger intelligente Depressive unseres Kulturkreises und weniger intellektualisierte depressive Menschen nichtwestlicher Kulturen eine verstärkte Tendenz zu leibnahen Depressionsformen

Tab. 1. Psychosomatische Symptome bei depressiven Erwachsenen (KIELHOLZ[36]) und depressiven Kindern (NISSEN[48])

Symptome	Erwachsene	Kinder
Schlafstörungen	66%	23%
Kopfschmerzen	40%	14%
Magen-Darm-Beschwerden	36%	40%
Herzbeschwerden	32%	2%

aufweisen. Die These findet ferner eine gewisse Bestätigung in der depressiven Symptomatik von Kindern unterschiedlicher Intelligenz bzw. verschiedener Altersklassen. Mit steigendem Lebensalter läßt sich eine Zunahme erwachsenentypischer psychischer und eine Abnahme kindereigentümlicher psychosomatischer Merkmale feststellen; das depressive Syndrom zeigt also schon in den verschiedenen Entwicklungsabschnitten der Kindheit einen kontinuierlichen Symptomwandel (Tab. 2).

Befassen wir uns nun mit den *larvierten Formen.* Um einen ungefähren Überblick über die *Häufigkeit* larvierter depressiver Syndrome bei 495 unausgewählten Kindern mit psychischen oder psychosomatischen Störungen zu gewinnen, haben wir kürzlich (1972) die Ergebnisse *projektiver Testverfahren* auf Depressionsmerkmale durchgesehen. Auf diese Weise konnten PAUL und ich in 53 Fällen (42 Jungen, 11 Mädchen), d.h. bei 11% der insgesamt 495 Kinder und und Jugendlichen im Alter von 6–20 Jahren, die während eines Klinikaufenthaltes mit projektiven Testverfahren untersucht worden waren, eindeutige Depressionszeichen feststellen. Dieser Befund deckt sich in etwa mit den Ermittlungen von KUHN[40], der bei fast 13% von insgesamt 177 ambulant untersuchten normal intelligenten Schweizer Kindern depressive Störungen diagnostizierte.

In der von uns vorgenommenen Prüfung der Ergebnisse von projektiven Testverfahren haben wir im einzelnen folgende Kriterien als Depressionszeichen gewertet: Im *Rorschach-Test* einen bei 13 Kindern gefundenen koartierten Erlebnistyp mit dominierenden helldunklen und dunklen Farbwerten, fehlenden Bewegungs-Antworten, verlängerten Reaktionszeiten, erhöhten Form-Schärfe-Prozenten und verminderten Ganz-Antworten; außerdem wurden inhaltliche Kategorien berücksichtigt. Bei 14 Kindern im *TAT* und *CAT*, 20 Kindern im

Tab. 2. Depressive Merkmale bei Kindern und Jugendlichen

	Psychische Symptome	Psychosomatische Symptome
Kleinkinder und Vorschulkinder	Spielhemmung Agitiertheit	Wein- und Schreikrämpfe Enkopresis (ab 3. Lj.) Schlafstörungen Jaktationen Appetitstörungen
Jüngere Schulkinder	Gereiztheit Unsicherheit Spielhemmung Kontaktsucht Lernhemmung	Enuresis (ab 5. Lj.) Pavor nocturnus Genitale Manipulationen Wein- und Schreikrämpfe
Ältere Schulkinder und Jugendliche	Grübeln Suizidimpulse Minderwertigkeitsgefühle Bedrücktheit	Kopfschmerzen

Szeno-Test und insgesamt 26 Kindern, die in anderen Tests *(WZT, Baum-Test, Rosenzweig-Test)* untersucht worden waren, ließen sich eine allgemeine Einfallsverarmung – wenige Antworten, formal armer Aufbau, starre und statische Zeichnungen – sowie depressive Inhalte nachweisen. Das Kriterium beim *Lüscher-Test* waren Schwarz, Grau und Blau als Zielfarben, insbesondere Grau vor Blau in verschiedenen Farbkonstellationen. Alle diese Merkmale wurden aber nur dann als depressionsverdächtig angesehen, wenn sich in der Anamnese, in der Symptomatik und im Verlauf zusätzliche Hinweise fanden.

Der Versuch, die *Häufigkeitsverteilung* der Symptome dieser Kinder zu ermitteln, führte zu keinem verwertbaren Ergebnis. Wir gewannen den Eindruck, daß es praktisch keine Verhaltensstörung und kein psychosomatisches Symptom gibt, das grundsätzlich nicht auch als Resultat einer larvierten Depression oder als somatisches Äquivalent angesehen werden kann. Der Mahnung von KURT SCHNEIDER[59], mit der Diagnose *depressio sine depressione* vorsichtig umzugehen, kommt daher für die Kinder- und Jugendpsychiatrie eine besondere Bedeutung zu – nicht nur wegen der Seltenheit zyklothymer Depressionen in diesem Lebensalter, sondern auch deshalb, weil das gleiche diagnostische Syndrom vielfältige Ursachen haben kann. Nur bei solchen Fällen von psychischen oder psychosomatischen Erkrankungen, die – etwa im Projektionstest – depressive Merkmale erkennen lassen, wird es wahrscheinlicher, daß es sich um ein larviertes depressives Syndrom handeln könnte.

Für die *Diagnose* einer larvierten Depression hat das Symptom, etwa Enuresis, Anorexie oder Obstipation, natürlich keine pathognostische Bedeutung. Es stellt nur eine Etikette dar, hinter der, wie gesagt, sich nosologisch sehr unterschiedliche Krankheitsbilder verbergen können. In der Kinderpsychiatrie sind derartige Symptome allerdings nicht – im Gegensatz zu manchen phänomenologisch identischen Erscheinungen in der Erwachsenenpsychiatrie – mit differenten und scheinbar syndrom-zentrierten Termini belegt worden, wie wir sie z.B. in dem Ausdruck «Zerfahrenheit» bei der Schizophrenie oder «Klebrigkeit» im Falle der Epilepsie kennen. Infolge des fast gleichzeitigen Zusammenspiels vieler pathogenetischer Faktoren ist es bei Kindern oft beinahe unmöglich, in dem Chaos überhaupt noch Strukturen[66] zu erkennen. Das darf allerdings auch in der Kinderpsychiatrie nicht dazu führen, alle nosologischen Ambitionen zugunsten einer dynamisch-pragmatisch orientierten Klassifikation aufzugeben.

Das gilt auch für die *Differentialtypologie* der larvierten Depressionen im Kindes- und Jugendalter. Für die *Säuglings- und Kleinkinderzeit* konnte SPITZ[62] somatische depressive Äquivalente in sogenannten psychotoxischen Störungen nachweisen, die er als direkte Auswirkung einer schädlichen mütterlichen Einstellung zum Kind betrachtet. So wird z.B. die Dreimonatskolik angeführt und als Ausdruck einer mütterlichen Abneigung gedeutet. Ein weiteres Beispiel ist das in der zweiten Hälfte des ersten Lebensjahres auftretende und mit Weinerlichkeit einhergehende Säuglingsekzem, für das eine ungewöhnlich starke, unbewußte verdrängte Feindseligkeit der Mutter verantwortlich sein soll. In den gleichen Zusammenhang gehören die bei hospitalisierten Kindern häufig zu beobachtenden stereotypen Schaukelbewegungen; im Falle der Familienkinder fand man mit großer Regelmäßigkeit Mütter, die ihre Kinder bald verwöhnten, bald mit

offener Feindseligkeit behandelten. Fäkalspiele und Koprophagie waren in diesem Lebensalter vorwiegend bei abrupten Stimmungsumschwüngen der Mutter festzustellen. Die präzisen Beobachtungen von Spitz sind interessant, bezüglich ihrer Zuordnungsrelevanz und Häufigkeit aber umstritten.
Bei *Kleinkindern* konnten wir[48] mehrfach ein Syndrom beobachten, das mit Schlafstörungen, Wein- und Schreikrämpfen sowie Anorexie auftrat. In fast allen Fällen ließen sich chronische emotionale Vernachlässigungen und bei den Müttern starke Weglaufimpulse nachweisen – was sicher von entscheidender pathogenetischer Bedeutung für eine depressive Fehlentwicklung ist. Frommer[22] hat depressive Vorschulkinder mit Anorexie, Enuresis, Leibschmerzen und Schlafstörungen beschrieben; während die nicht aggressiven Kinder, die meist auch ängstlicher waren, auf antidepressive Medikamente gut ansprachen, reagierten die aggressiven und vielfach antisozial sich verhaltenden Kinder schlecht darauf.
Schließlich seien für das Kleinkindalter noch zwei typische Beispiele eigener Beobachtung angeführt, bei denen es erlaubt ist, im Hinblick auf die Vorgeschichte und das reaktive Syndrom eine einfach strukturierte larvierte Depression in den Kreis der Überlegungen einzubeziehen. Ein fast dreijähriges Kind, das den vom Vater verschuldeten Tod der Mutter miterlebt und innerhalb eines Jahres fünf Pflegestellen durchlaufen hatte, wurde wegen anhaltender Anorexie und schwerer Schlaflosigkeit eingewiesen; das Kind trank Urin und aß Papier und Kot. Es reagierte gut auf Imipramin. Ein anderes Kind, das nach der Geburt von der Mutter getrennt worden war, führte seit dem zehnten Lebensmonat exzessive genitale Manipulationen mit orgasmusähnlicher Lysis aus; erst nach Herstellung eines guten Kontaktes zu liebevollen Pflegeeltern setzte eine allmähliche Besserung ein. Ähnliche Beispiele einer in vielen Fällen offenbar depressiven Genese ließen sich beibringen für Nabelkoliken, nächtliche Angstanfälle und Jaktationen, Enkopresis, motorische Stereotypien, Tic-Erscheinungen und Kopfschmerzen.
Bei *jüngeren Schulkindern* wird die Enuresis nocturna häufig als Symptom einer larvierten Depression gewertet. Dabei ist aber zu bedenken, daß sich in etwa 40% aller Fälle eine homologe Belastung der Eltern eruieren läßt – man muß allerdings danach fragen. Eine *enuresis sine depressione* berechtigt noch nicht zu der von Frommer[22] inaugurierten Diagnose einer *enuretic depression*, auch dann nicht, wenn die Imipramin-Behandlung erfolgreich war[20, 23, 27]. Immerhin konnten zwei Autoren[6] bei etwa 40% enuretischer Kinder im Rorschach-Test depressive Charakteristika feststellen. An die Möglichkeit depressiver Äquivalente sollten auch exzessive genitale Manipulationen, Störungen des Schlaf-Wach-Rhythmus und nächtliche Unruhezustände denken lassen, insbesondere dann, wenn sie – wie der sogenannte Schulkopfschmerz – in dem noch nicht chronifizierten Stadium mit dem Beginn der Entlastungssituation sistieren.
Bei *Schulkindern* weisen kombinierte leistungs- und projektionspsychologische Untersuchungen auf die große Bedeutung des Schulversagens als Begleiterscheinung einer zugrunde liegenden depressiven Störung hin[16]. Gerade hier ist der entwicklungsspezifische Aspekt sich wandelnder, im Kern jedoch unveränderter depressiver Syndrome unschwer zu erkennen: Spielhemmungen bei Kleinkin-

dern und Lernhemmungen bei Schulkindern manifestieren sich bei Jugendlichen und im Erwachsenenalter als Arbeits- und Leistungsstörungen. Das Weglaufen, das bekanntlich viele Ursachen hat, findet sich nicht selten als Leitsymptom einer hintergründigen Depression, besonders in der Vorpubertät und in der Pubertät[43].

Bei den *älteren Schulkindern* und bei *Jugendlichen* nähert sich die Manifestationsform ihrer Depression qualitativ der des Erwachsenenalters. In der Pubertät und Adoleszenz treten gehäuft depressive Verstimmungszustände auf. So fand STORK[65] bei 1743 französischen Schülern und Studenten, daß 6% der Jungen und 10% der Mädchen bereits einen Suizidversuch unternommen hatten; ein Drittel der Befragten berichtete über frühere Suizidabsichten. Diese Angaben sind überraschend hoch und schon im Hinblick auf die sehr differenten Motivationen nur mit Vorsicht zu verwerten. Im Hinblick auf die larvierte Depression hat einerseits PINKERTON[53] erneut auf das sogenannte *syndrome shift* von Asthma bronchiale und Depression im Kindesalter und andererseits ALTSCHULOVA[1] auf die depressionsbedingten Aspekte des Asthma-Ekzem-Syndroms bei Kindern und Jugendlichen hingewiesen. GIRARD[24] untersuchte Zusammenhänge zwischen Depression und Kopfschmerzen bei Jugendlichen. Weitere Untersuchungen bei Kindern liegen vor über die Zusammenhänge von Depression und Fettsucht[11, 71], Magersucht[70, 71], Mutismus[19, 65], Tic-Erscheinungen[47] sowie u.a. von Depression und Colitis ulcerosa und den auch bei Kindern nicht seltenen Magen-Darm-Geschwüren[67].

Frühere Annahmen[10], daß depressive Kinder und Jugendliche nicht oder nur in geringem Maße *kriminell* werden, sind durch neuere Untersuchungen[46, 52] widerlegt worden. So konnten GLUECK und GLUECK[26] in den USA bei 14%, STOLL[64] in England bei 50% und HARTMANN[30] in Deutschland bei 48% der jeweils untersuchten Fälle von delinquenten bzw. dissozialen Kindern und Jugendlichen depressive Verstimmungen nachweisen. HARTMANN berichtet zudem über fast regelmäßige Korrelationen depressiver Verstimmungen mit mangelhafter Kontaktbindung und mangelhafter Entmutigungstoleranz. WEINBERG und VAN DEN DUNGEN[74] nennen als Leitsymptome bei depressiven delinquenten Jugendlichen Kontaktschwäche, Einsamkeit und Schuldgefühle.

Relativ häufig finden sich depressive Strukturen auch bei *drogenabhängigen* Kindern und Jugendlichen[37, 49, 54, 55].

Zusammenfassend ist festzustellen, daß die vorwiegend somatischen depressiven Manifestationsformen des Kindesalters sich nur aus der Sicht der Erwachsenenpsychiatrie als «larvierte» Depressionen einstufen lassen. Vom entwicklungspsychiatrischen und vom transkulturellen Aspekt sind sie jedoch als *primäre*, «echte» Depressionen zu registrieren, von denen – nach diesem Konzept – die kulturell überformten typischen Depressionsformen des Erwachsenenalters als *sekundäre* abzugrenzen wären.

1 ALTSCHULOVA, J.: Psychiatric aspects of the asthma-eczema syndrome in children and young people with special reference to depression, loc. cit.[4], p. 193
2 ANGST, J., GROF, P., HIPPIUS, H., PÖLDINGER, W., VARGA, E., WEIS, P., WYSS, F.: Verlaufsgesetzlichkeiten depressiver Syndrome, loc. cit.[31], p. 93
3 ANNELL, A.-L.: The prognosis of psychotic syndromes in children. Acta psychiat. scand. *39*, 235 (1963)
4 ANNELL, A.-L. (Ed.): Depressionszustände bei Kindern und Jugendlichen, Verh. IV. Kongr. Un. Europ. Pädopsychiater, Stockholm 1971 (Almqvist & Wiksell, Stockholm 1972)
5 ANTHONY, J., SCOTT, P.: Manic-depressive psychosis in childhood. Child Psychol. Psychiat. *1*, 53 (1960)
6 ARAJÄRVI, T., HUTTUNEN, M.: Encopresis and enuresis as symptoms of depression, loc. cit.[4], p. 212
7 ASPERGER, H.: Heilpädagogik, 5. Aufl. (Springer, Wien/New York 1968)
8 BAEYER, W. v.: Depressionszustände in Kindheit und Jugend, loc. cit.[31], p. 361
9 BLEULER, M.: Die Depressionen in der ärztlichen Allgemeinpraxis, 2. Aufl. (Schwabe, Basel 1948)
10 BRESSER, P. H.: Grundlagen und Grenzen der Begutachtung jugendlicher Rechtsbrecher (de Gruyter, Berlin 1965)
11 BRUCH, H.: Über die psychologischen Aspekte der Fettleibigkeit. Med. Klin. *55*, 295 (1960)
12 CAMERON, D. E.: Some relationships between excitement, depression and anxiety. Amer. J. Psychiat. *102*, 385 (1945)
13 CAMPBELL, J. D.: Manic depressive psychosis in children. Report of 18 cases. J. nerv. ment. Dis. *116*, 424 (1952)
14 CHWAST, J.: Depressive reactions as manifested among adolescent delinquents. Amer. J. Psychother. *21*, 575 (1967)
15 CIMBAL, W.: Vegetative Äquivalente der Depressionszustände. Dtsch. Z. Nervenheilk. *107*, 36 (1929)
16 CLYNE, M. B.: Schulkrank? Schulverweigern als Folge psychischer Störungen (Klett, Stuttgart 1969)
17 CORBOZ, R.: Gibt es Geisteskrankheiten im Kindesalter? Schweiz. med. Wschr. *88*, 703 (1958)
18 DESTUNIS, C.: Die Depressionsneurose im Kindesalter. Psychiat. Neurol. med. Psychol. (Lpz.) *14*, 398 (1962)
19 ELSON, A., PEARSON, C., JONES, C. D., SCHUMACHER, E.: Follow-up study of childhood elective mutism. Arch. gen. Psychiat. *13*, 182 (1965)
20 EPSTEIN, S. J., QUEVEDO, A. DE: The control of enuresis with imipramine in the presence of organic bladder disease. Amer. J. Psychiat. *120*, 908 (1964)
21 FLÜGEL, F. E.: Das Bild der Melancholie bei intellektuell Minderwertigen. Z. ges. Neurol. Psychiat. *92*, 634 (1924)
22 FROMMER, E. A.: Indications for antidepressant treatment with special reference to depressed preschool children, loc. cit.[4], p. 449
23 GILLISON, T. H.: Imipramine in treatment of enuresis. Lancet *i*, 278 (1965); Correspondence
24 GIRARD, J.: La cephalée d'attention comme symptôme de dépression chez l'enfant, loc. cit.[4], p. 197
25 GLASER, K.: Masked depression in children and adolescents. Amer. J. Psychother. *21*, 565 (1967)
26 GLUECK, S., GLUECK, E.: Jugendliche Rechtsbrecher, 2. Aufl. (Enke, Stuttgart 1972)
27 HÄGGLUND, T. B.: Enuretic children treated with imipramine (Tofranil), fluid restriction or forced drinking. In López Ibor, J. J. (Ed.): Proc. IVth World Congr.

Psychiat., Madrid 1966, Pt 3, p. 1623. Int. Congr. Series No. 150 (Excerpta med. Found., Amsterdam etc. 1968)
28 Harbauer, H.: Endogene Psychosen im Kindesalter, loc. cit.[33], p. 39
29 Harbauer, H., Lempp, R., Nissen, G., Strunk, P.: Lehrbuch der speziellen Kinder- und Jugendpsychiatrie (Springer, Berlin/Heidelberg/New York 1971)
30 Hartmann, K.: Theoretische und empirische Beiträge zur Verwahrlosungsforschung, p. 102 (Springer, Berlin/Heidelberg/New York 1970)
31 Hippius, H., Selbach, H. (Eds.): Das depressive Syndrom, Int. Symp., Berlin 1968 (Urban & Schwarzenberg, München/Berlin/Wien 1969)
32 Homburger, A.: Vorlesungen über Psychopathologie des Kindesalters (Springer, Berlin 1926)
33 Huber, G. (Ed.): Schizophrenie und Zyklothymie. Ergebnisse und Probleme (Thieme, Stuttgart 1969)
34 Keeler, W. R.: Children's reaction to the death of a parent. In Hoch, P. H., Zubin, J. (Eds.): Depression, p. 109 (Grune & Stratton 1954)
35 Kielholz, P.: Klinik, Differentialdiagnostik und Therapie der depressiven Zustandsbilder. Acta psychosom. (Docum. Geigy) Nr. 2 (1959)
36 Kielholz, P.: Ätiologische Faktoren bei Depressionen, loc. cit.[4], p. 63
37 Kielholz, P., Ladewig, D.: Über Drogenabhängigkeit bei Jugendlichen. Dtsch. med. Wschr. *95*, 101 (1970)
38 Kraepelin, E.: Das manisch-depressive Irresein. In: Psychiatrie. Ein Lehrbuch für Studierende und Ärzte, 7. Aufl., Vol. II, p. 496 (Barth, Leipzig 1904)
39 Kranz, H.: Symptomwandel schizophrener und zyklothymer Psychosen?, loc. cit.[33], p. 125
40 Kuhn, R.: Über kindliche Depressionen und ihre Behandlung. Schweiz. med. Wschr. *93*, 86 (1963)
41 Kuhn, V., Kuhn, R.: Drug therapy for depression in children. Indications and methods, loc. cit.[4], p. 455
42 Ling, W., Oftedal, G., Weinberg, W.: Depressive illness in childhood presenting as severe headache. Amer. J. Dis. Child. *120*, 122 (1970)
43 Löwnau, H. W.: Fortlaufen bei Kindern und Jugendlichen als psychopathologisches Symptom. Arch. Kinderheilk. *163*, 215 (1961)
44 Lutz, J.: Über die Schizophrenie im Kindesalter. Schweiz. Arch. Neurol. Psychiat. *39*, 335 (1937) und *40*, 141 (1937/38)
45 Maljuf, E.: Síndromes depresivos en el niño. Rev. Neuro-psiquiat. *23*, 338 (1960)
46 Mende, W.: Die kriminologische Bedeutung von Depressionen, loc. cit.[60], p. 221
47 Nissen, G.: Psychogener Tic und Altersdisposition bei Kindern. Z. Kinderpsychiat. *23*, 97 (1956)
48 Nissen, G.: Depressive Syndrome im Kindes- und Jugendalter (Springer, Berlin/Heidelberg/New York 1971)
49 Nissen, G.: Droge, Persönlichkeit und Gesellschaft. Berl. Ärztekammer *8*, 171 (1971)
50 Pfeiffer, W. M.: Psychiatrische Besonderheiten in Indonesien. In Petrilowitsch (Ed.): Beiträge zur vergleichenden Psychiatrie, Teil I, p. 102. Akt. Fragen Psychiat. Neurol. Vol. V (Karger, Basel/New York 1967)
51 Pfeiffer, W. M.: Transkulturelle Aspekte der Depression, loc. cit.[60], p. 93
52 Phillip, H.: Aggressionsdelikte bei depressiven Verstimmungen. Beitr. gerichtl. Med. *27*, 182 (1970)
53 Pinkerton, P.: Depression v. denial in childhood asthma: equipotent fatal hazards, loc. cit.[4], p. 187
54 Remschmidt, H., Dauner, I.: Zur Ätiologie und Differentialdiagnose depressiver Zustandsbilder bei Kindern und Jugendlichen. Jb. Jugendpsychiat. *8*, 13 (1971)
55 Remschmidt, H., Dauner, I.: Klinische und soziale Aspekte der Drogenabhängigkeit bei Jugendlichen. Med. Klin. *65*, 1993, 2041, 2078 (1970)

56 Rochlin, G.: The loss complex. J. Amer. psychoanal. Ass. *7*, 299 (1959)
57 Rümke, H. C.: Über Psychosen bei Kindern, in Zusammenhang mit einigen Problemen der klinischen Psychiatrie betrachtet. Z. ges. Neurol. Psychiat. *114*, 113 (1928)
58 Sandler, J., Joffe, W. G.: Notes on childhood depression. Int. J. Psychoanal. *46*, 88 (1965)
59 Schneider, K.: Klinische Psychopathologie, 7. Aufl., p. 138 (Thieme, Stuttgart 1966)
60 Schulte, W., Mende, W. (Eds.): Melancholie in Forschung, Klinik und Behandlung (Thieme, Stuttgart 1969)
61 Spiel, W.: Die endogenen Psychosen des Kindes- und Jugendalters (Karger, Basel/New York 1961)
62 Spitz, R. A.: Vom Säugling zum Kleinkind. Naturgeschichte der Mutter-Kind-Beziehungen im ersten Lebensjahr (Klett, Stuttgart 1967)
63 Stockert, F. G. von: Psychosen im Kindesalter. Jb. Jugendpsychiat., p. 223 (Huber, Bern/Stuttgart 1956)
64 Stoll, D. G.: Delinquency and human nature (Carnegie United Kingdom Trust, Dunfermline 1950)
65 Stork, J.: Suizidverhalten und depressiver Zustand bei Adoleszenten, loc. cit.[4], p. 340
66 Strömgren, E.: Endogene Psychosen und degenerative Erkrankungen des Kindesalters in ihrer Beziehung zur Altersphase. In Stutte, H., Harbauer, H. (Eds.): Concilium paedopsychiatricum, Verh. III. Europ. Kongr. Pädopsychiatr., Wiesbaden 1967, p. 80 (Karger, Basel/New York 1968)
67 Strunk, P.: Psychogene Störungen mit vorwiegend körperlicher Symptomatik. XVI. Ulcus duodeni et ventriculi, loc. cit.[29], p. 117
68 Stutte, H.: Kinderpsychiatrie und Jugendpsychiatrie. In Gruhle, H. W. et al. (Eds.): Psychiatrie der Gegenwart, Vol. II, p. 952 (Springer, Berlin/Göttingen/Heidelberg 1960)
69 Tellenbach, H.: Transkulturelle Aspekte der Melancholie, loc. cit.[60], p. 100
70 Thomä, H.: Anorexia nervosa (Huber, Bern/Klett, Stuttgart 1961)
71 Tolstrup, K.: Psychosomatische Aspekte der Fettsucht im Kindesalter. Psyche (Stuttg.) *16*, 592 (1963)
72 Toolan, J. M.: Depression in children and adolescents. Amer. J. Orthopsychiat. *32*, 404 (1962)
73 Tramer, M.: Lehrbuch der allgemeinen Kinderpsychiatrie, 4. Aufl. (Schwabe, Basel/Stuttgart 1964)
74 Weinberg, J., Van den Dungen, M.: Depression and delinquency in adolescence, loc. cit.[4], p. 296
75 Wieck, C.: Schizophrenie im Kindesalter (Hirzel, Leipzig 1965)
76 Winzenried, F. J. M.: Beziehungen periodischer Verhaltens- und Befindensstörungen im Kindes- und Jugendalter zu den endogenen Psychosen, loc. cit.[31], p. 379
77 Wittkower, E. D., Hügel, R.: Transkulturelle Aspekte des depressiven Syndroms, loc. cit.[31], p. 141

Diskussion

L. S. Geisler: Herr Nissen, es war mir außerordentlich interessant, von Ihnen zu hören, daß Herzbeschwerden bei depressiven Kindern nur ausnahmsweise und Atembeschwerden praktisch überhaupt nicht vorkommen. Auf ganz andere Weise – nämlich bei Literaturrecherchen im Rahmen einer Studie über Dyspnoe – bin ich in einer 1962 von Plügge und Mappes* publizierten Arbeit auf das gleiche Phänomen gestoßen: Die Autoren berichten darin, daß Kinder mit angeborenen oder erworbenen Herzfehlern fast nie über Herzbeschwerden oder Atemnot klagen. Sehr eindrücklich schildern sie den Fall eines Kindes mit einem schweren Herzfehler, das – offensichtlich infolge Dyspnoe und Zyanose – sein Spiel plötzlich unterbrechen mußte, aber auf die Frage, warum es aufhöre, nicht etwa antwortete: Ich bekomme keine Luft mehr oder ich habe Herzbeschwerden, sondern behauptete: Das Spiel ist mir langweilig geworden. Meine Frage an Sie, Herr Nissen: Würden Sie das Fehlen von Atem- und Herzbeschwerden bei Ihren Kindern als ein spezifisches Zeichen der kindlichen Depression werten, oder handelt es sich dabei eher um eine Eigentümlichkeit dieses Lebensalters überhaupt?

H. P. Rome: Es gibt eine relativ selten erkannte Störung – eine spezifische Sprachbehinderung oder Dyslexie –, an der, in verschiedenen Schweregraden, etwa 10% der Kinder leiden. Allzu oft wird eine entsprechende Behandlung dieser Störung durch heilpädagogische Maßnahmen unterlassen. Die Kinder befinden sich in einer Sackgasse, wenn von ihnen Leistungen erwartet werden, die dem Niveau ihrer intellektuellen Fähigkeiten entsprechen. Ihre Frustration drückt sich in Form von Untaten, Schulschwänzen, somatischen Symptomen und einer Reihe von Äquivalenten aus, deren spezifische Natur einen Komplex prädisponierender Faktoren widerspiegelt. Neurologen wie Gomez und Macdonald Critchley haben ausführlich über das Problem berichtet. Darf ich Herrn Nissen nach seinen Erfahrungen auf diesem Gebiet fragen?

A. M. Freedman: Ich glaube, wir alle sind Herrn Nissen für seine Ausführungen zu Dank verpflichtet. Vermutlich entspricht unsere Vorstellung von der angeblich so glücklichen Kindheit des Menschen in vielen Fällen keineswegs den Tatsachen. Es ist vielleicht interessant zu wissen, daß der Kinderhilfe-Bewegung in den Vereinigten Staaten der Gedanke zugrunde lag, durch die Beachtung relativ leichter Störungen bei Kindern psychopathologische Entwicklungen im Erwachsenenalter zu verhindern. Als dann aber die Helfer mit der Untersuchung krankhafter Veränderungen bei Kindern begannen, fanden sie so viel, daß die Behandlung all dieser Störungen ihre Hauptbeschäftigung wurde.

Da ich selbst eine Reihe von Jahren in der Kinderpsychiatrie tätig war, habe ich besonderes Verständnis und Interesse für die Probleme, die Sie, Herr Nissen, in Ihrem Vortrag behandelt haben. Ich möchte Sie fragen, ob Sie eventuell auch Licht in gewisse andere Formen des Larvierungs-Phänomens bringen können. Bei der retrospektiven Überprüfung einer Anzahl von Fällen, die zuvor von Paul Schilder, Lauretta Bender und ihren Mitarbeitern als kindliche Schizophrenien diagnostiziert worden waren, fand man, daß viele der Patienten in ihren früheren Jahren Phänomene gezeigt hatten, wie Sie sie eben beschrieben haben, u.a. Depressionen, Zwangssymptome und Phobien. Obwohl diese Phänomene zur Zeit ihres ersten Auftretens anscheinend Beachtung gefunden hatten, wurde erst später die Diagnose «Schizophrenie» gestellt. In welchem Ausmaß können die Symptome, besonders bei kleinen Kindern oder bei Kindern im Schulalter, die Entwicklung einer Schizophrenie wie auch einer Depression maskieren? Glauben Sie aufgrund Ihrer Erfahrung, daß es möglich ist, hier eine Differenzierung vorzunehmen? Ich hatte Gelegenheit, einige

---

* Plügge, H., Mappes, R.: Über das Leiden herzkranker Kinder. Internist (Berl.) *3*, 49 (1962)

der eben erwähnten Kinder zu untersuchen, nachdem sie das Erwachsenenalter erreicht hatten, und die meisten waren eindeutig schizophren.

N. MATUSSEK: Herr NISSEN, sehen Sie in Ihrem Krankengut auch manische oder maniforme Zustände? Und ferner: Kommen bei jenen Kindern, die depressive Symptome zeigen, manische oder maniforme Phasen vor?

W. WALCHER: Die Verifizierung kindlicher Depressionen bereitet, wie eben auch Herr NISSEN wieder bestätigt hat, oft außerordentliche Schwierigkeiten. Ganz besonders gilt das für die endogenen Verläufe, da Kinder noch nicht in der Lage sind, ihren Zustand zu verbalisieren. Persönlich bin ich der Meinung, daß Erstmanifestationen endogener Depressionen vor dem zehnten Lebensjahr wahrscheinlich häufiger sind, als man heute vielfach noch annimmt; das geht auch aus der neueren Literatur hervor. KUHN* hat schon mehrfach darauf hingewiesen, ebenso STUTTE**.
Zur Illustration meiner Auffassung möchte ich hier kurz drei kasuistische Beispiele von endogenen Depressionen vor dem zehnten Lebensjahr anführen. Unsere jüngste Patientin war erst 4 ½ Jahre alt, und man kann nicht einmal behaupten, daß die depressive Verstimmung larviert gewesen sei: Sie trat vielmehr im Anschluß an ein Schreckerlebnis recht offensichtlich als Verhaltensstörung in Erscheinung. Das normal entwickelte Kind sträubte sich plötzlich, wie gewohnt in den Hof hinunterzugehen, um mit seinen Kameraden zu spielen; am Morgen nach dem Erwachen flüchtete es rasch in das Bett der Mutter und klammerte sich an sie. Die Mutter, die ihrerseits an phobischen Symptomen litt und deswegen schon seit langem in unserer Klinik bekannt war, berichtete uns von den Störungen ihres Kindes erst nach etwa drei Monaten. Als wir noch überlegten, wie die augenscheinlich depressiv bedingte Verhaltensstörung zu behandeln sei, kam es über Nacht zur spontanen Remission. Das Kind fuhr wieder selbständig vom fünften Stockwerk in den Hof, spielte mit den anderen Kindern und machte sich während einer vorübergehenden hypomanischen Nachschwankung sogar zu ihrem Anführer.
Die depressiven Phasen unserer beiden anderen Fälle lassen sich besonders eindrücklich anhand von Schriftproben demonstrieren, die während und nach Abklingen der depressiven Verstimmung entstanden sind. Im ersten Fall handelt es sich um ein von beiden Elternteilen hereditär zyklisch belastetes achtjähriges Mädchen, das an der Kinderklinik schon monatelang wegen anhaltender abdomineller Beschwerden behandelt worden war. Die depressive Phase ging, wie der obere Teil der Abbildung 1 sehr deutlich erkennen läßt, mit einem ausgesprochenen schulischen Leistungsverlust einher. Wir haben das Kind einer thymoleptischen Therapie zugeführt und nach 14 Tagen eine völlige Normalisierung gesehen, wie u. a. die nun wieder fließend und sauber geschriebene Aufsatzprobe bezeugt. Allerdings neige ich zu der Annahme, daß dieser rasche Erfolg weniger unserer Medikation als dem spontanen Abklingen der bei Kindern ja gewöhnlich kürzeren depressiven Phase zuzuschreiben ist. Auch unser dritter Fall, ein neunjähriger Knabe, war ein von beiden Elternteilen hereditär belastetes Kind. Vor Einsetzen der depressiven Phase hatte es in der Schule normal gearbeitet und beispielsweise, wie Sie sehen (Abb. 2), das sogenannte Turmrechnen beherrscht. Plötzlich zeigte es sich aber zu der gleichen Leistung nicht mehr fähig. Der Lehrer, der durch mehrere begütigende Aussprachen eine Besserung herbeizuführen versucht hatte, schrieb einmal an den Rand einer solchen Rechenprobe: «Michael, das ist sehr traurig, was Du da machst. Jetzt könntest Du es wirklich schon können!» Das Kind – es litt überdies an Schlafstörungen und zeigte gewisse psychische Veränderungen – war in seiner depressiven Verstimmung aber ganz einfach nicht

* KUHN, R.: Über kindliche Depressionen und ihre Behandlung. Schweiz. med. Wschr *93*, 86 (1963)
** STUTTE, H.: Kinderpsychiatrie und Jugendpsychiatrie. In Gruhle, H.W. et al. (Eds.): Psychiatrie der Gegenwart, Vol. II, p. 952 (Springer, Berlin/Göttingen/Heidelberg 1960)

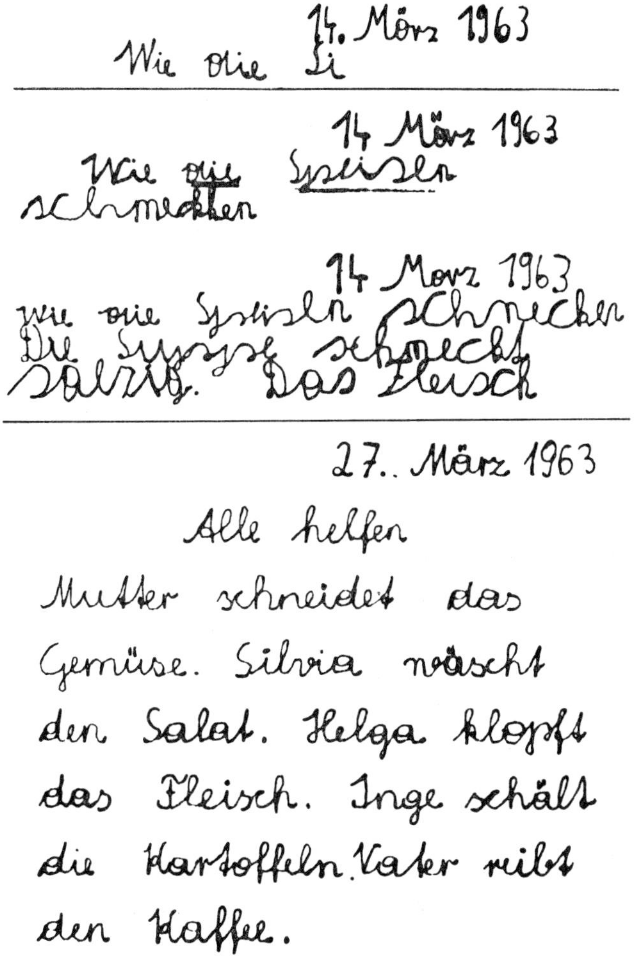

Abb. 1. Schriftprobe eines achtjährigen Mädchens während und nach Abklingen einer depressiven Phase

in der Lage, die gestellten Anforderungen zu erfüllen. Auch hier handelte es sich, wie ich noch einmal betonen möchte, um eine endogene Depression.

R. Kuhn: Der diagnostische Wert von Rorschach-Tests bei Kindern ist, wie Herr Nissen völlig zu Recht hervorgehoben hat, mit großer Vorsicht zu beurteilen. Die Resultate derartiger Tests sind einfach zu vieldeutig, als daß allein auf ihrer Basis depressive Verstimmungen oder auch andere psychische Störungen diagnostizierbar wären. Gleichzeitig möchte ich aber betonen, daß diese Tests oft außerordentlich wertvoll sein können, wenn man die Ergebnisse in Zusammenhang mit dem übrigen klinischen Befund betrachtet.

Unterstützen möchte ich Herrn Nissen auch in seiner Ansicht, daß man in der Kinderpsychiatrie von den Verhältnissen im Kindesalter und den direkt am Kind erhobenen Befunden und nicht von Beobachtungen an Erwachsenen ausgehen sollte. Allerdings muß ich Herrn Nissen gerade hier um eine Präzisierung bitten. Einerseits hat er am Beginn seines Vortrages darauf hingewiesen, daß es eine echte Depression des Kindesalters gebe und folglich unsere Auffassung, es bei Kindern fast ausschließlich mit larvierten Depressionen zu tun zu haben, nicht völlig zutreffe, da sich das typische Erscheinungsbild beim Kind von dem des Erwachsenen unterscheide. Andererseits

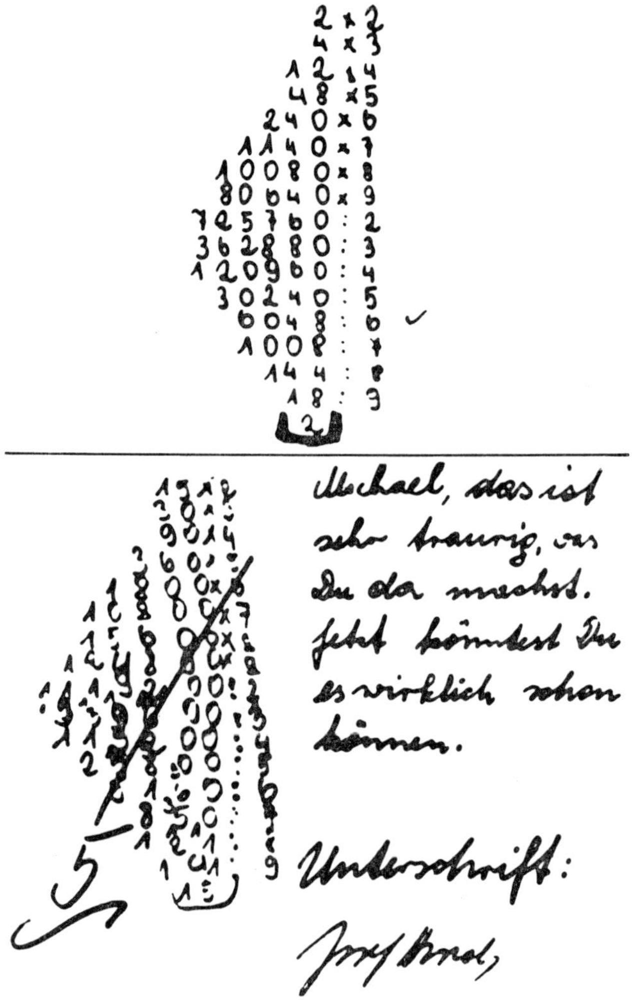

Abb. 2. Rechenprobe eines neunjährigen Knaben vor und während einer depressiven Phase

war in seinem Vortrag dann aber doch immer wieder von larvierten Depressionen die Rede, und es wurden dafür vom Autor die gleichen Symptome angeführt, die vorher als Ausdruck der typischen Depression des Kindesalters bezeichnet worden waren.

J. J. López-Ibor Aliño: Als erstes möchte ich Herrn Nissen fragen, ob er zwischen Depression und Autismus bei Kindern irgendeinen Zusammenhang sieht. Dabei denke ich mehr an Aspergers Psychopathia autistica* als an Kanners frühkindlichen Autismus**.
Zweitens habe ich einen Vergleich angestellt (Abb. 3) zwischen meinen Patienten mit depressiven Äquivalenten sowie Depressionsfällen der Münchner Klinik zur Zeit Bumkes (Einzelheiten über diese Fälle wurden von Matussek et al.*** publiziert),

* Asperger, H.: Die «Autistischen Psychopathen» im Kindesalter. Arch. Psychiat. Nervenkr. *117*, 76 (1944)
** Kanner, L.: Early infantile autism. J. Pediat. *25*, 211 (1944)
*** Matussek, P., Halbach, A., Troeger, U.: Endogene Depression. Eine statistische Untersuchung unbehandelter Fälle (Urban & Schwarzenberg, München/Berlin 1965)

obwohl ich mir natürlich bewußt bin, daß es sehr schwierig ist, Patientengruppen zweier Länder, die zudem durch einen zeitlichen Abstand von vielen Jahren getrennt sind, miteinander zu vergleichen. Ich stellte fest, daß unser Patientengut zwar hinsichtlich Geschlecht, sozialer Bedingungen, Erziehung usw. genau der Vergleichsgruppe entsprach, in bezug auf die Altersverteilung aber deutliche Abweichungen zeigte. Meine Patienten mit depressiven Äquivalenten waren jünger als die von MATUSSEK et al. beschriebenen Patienten. Andererseits fanden sich in meiner Gruppe ausgesprochene Depressionen wie auch milde Depressionssymptome häufiger bei den mittleren und älteren als bei den jüngeren Jahrgängen (Abb.4). Ich zog daraus die Schlußfolgerung, daß das, was wir als «typische» Depression bezeichnen, einfach dem entspricht, was die Ärzte, insbesondere KRAEPELIN, am Anfang dieses Jahrhunderts als «Depression» beschrieben haben, d.h. als schwere Depression der Art, wie man sie hauptsächlich bei Patienten mittleren Alters findet. Zu den Punkten, die ich in Ihrem Bericht besonders geschätzt habe, Herr NISSEN, gehört der Hinweis, daß es auch gewisse andere Symptome der Depression gibt, die man mit gutem Recht als «typisch» beschreiben könnte; wenn sich die Psychiater zur Zeit KRAEPELINS der Existenz von Depressionen bei Kindern und Adoleszenten deutlicher bewußt gewesen wären, so würde man wahrscheinlich viele der von Ihnen erwähnten Symptome heute als ebenso typisch akzeptieren wie etwa Traurigkeit, Hemmung und Schuldgefühle beim Erwachsenen.

J. LEME LOPES: Ich möchte Herrn NISSEN fragen, wie viele der Kinder bis zum Heranwachsen weiterbeobachtet wurden und bei wie vielen man später typische depressive Zustände fand. Während 17 Jahren war ich als Kinder-Neuropsychiater tätig, und ich habe viele Fälle mit der Symptomatologie gesehen, die hier als typisch für die larvierte Depression bezeichnet wurde. Nach meinen Erfahrungen findet man jedoch

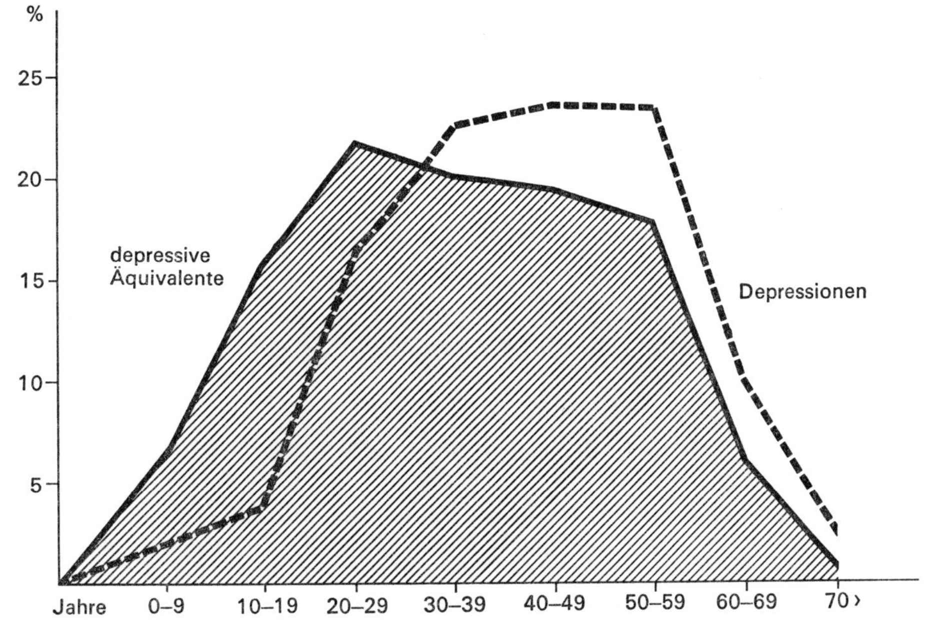

Abb.3. Altersverteilung von depressiven Äquivalenten in einem Krankengut von J.J. LÓPEZ-IBOR ALIÑO (schraffiert) im Vergleich zur Altersverteilung von Depressionen in einem von MATUSSEK et al. (loc. cit. S.154) beschriebenen Krankengut der Universitäts-Nervenklinik München

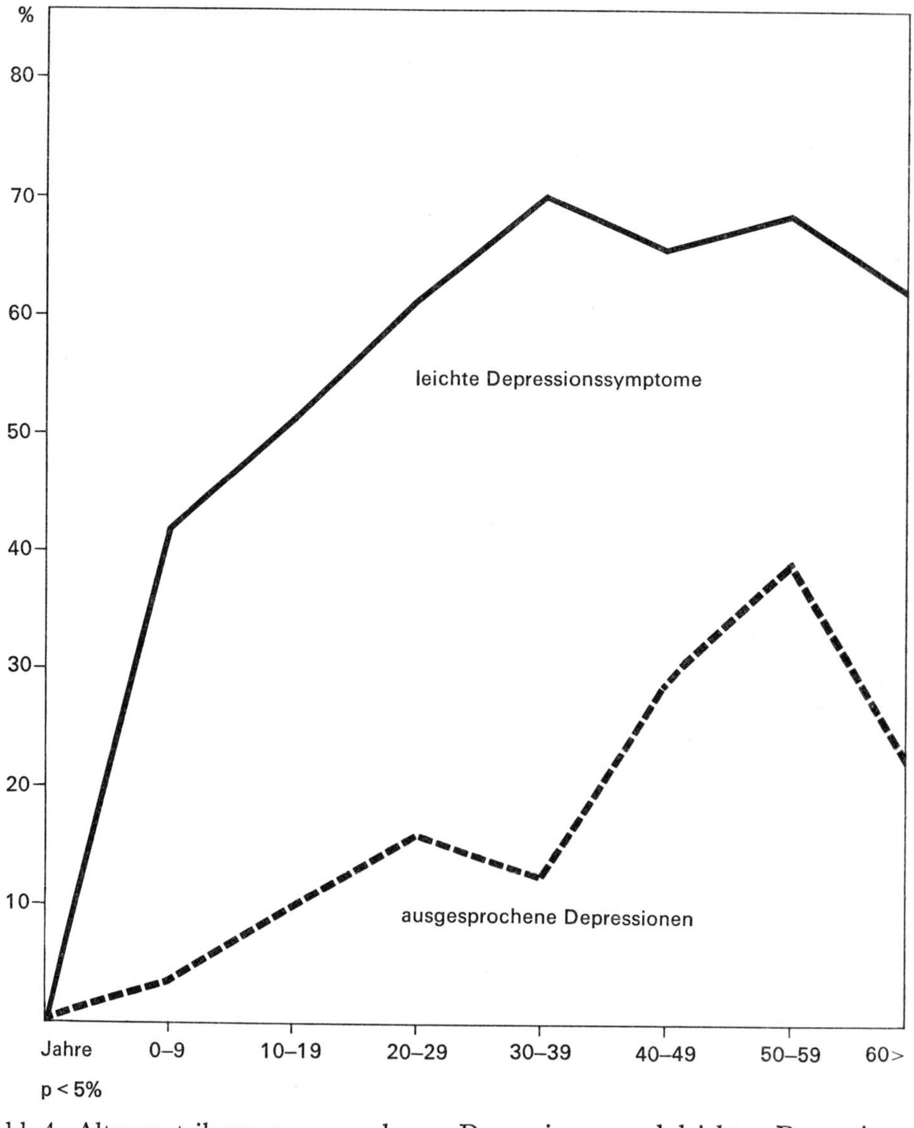

Abb. 4. Altersverteilung ausgesprochener Depressionen und leichter Depressionssymptome in einem Krankengut von J. J. López-Ibor Aliño

später, in der Adoleszenz, zumeist Verhaltensstörungen und nicht typische depressive Zustände.

R. de la Fuente: Herr Nissen, wie häufig haben Ihrer Erfahrung nach depressive Kinder Suizidideen oder unternehmen in der Tat einen Suizidversuch? Vor Jahren war ich an einem Studien-Projekt über Kinder unter zehn Jahren beteiligt, die entweder Suizidversuche unternommen oder tatsächlich Suizid begangen hatten. Damals hatten wir den Eindruck, daß Rachsucht gegenüber den Eltern die Hauptrolle spielte, aber nachdem ich jetzt Ihren Vortrag gehört habe, glaube ich, daß vielleicht einige dieser Kinder an larvierten Depressionen gelitten haben könnten. Zur Zeit unserer Untersuchung waren wir uns der Bedeutung von larvierten Depressionen bei Kindern noch nicht bewußt.

P. Kielholz: Herr Nissen, mir ist aufgefallen, daß Sie, in Bestätigung eines früheren Befundes von Kuhn, die Häufigkeit kindlicher Depressionen mit 11 % angegeben haben. Könnten Sie bitte Umfang und Zusammensetzung des von Ihnen untersuchten Kollektivs noch einmal präzisieren? Bekanntlich gibt es für Erwachsene in dieser Hinsicht keine genauen Daten, aber die wenigen existierenden Untersuchungen haben ergeben, daß hier nur ungefähr 2 % eines Bevölkerungskollektivs an Depressionen erkranken.

G. Nissen: Im Hinblick auf die von Herrn Geisler vorgebrachte Frage kann ich einerseits lediglich wiederholen, daß wir bei unseren Kindern tatsächlich nur ausnahmsweise Atem- und Herzbeschwerden beobachteten, möchte aber andererseits die generelle Gültigkeit meiner Untersuchungsergebnisse dahingehend einschränken, daß ich es zur Hauptsache mit einem vorausgewählten Krankengut zu tun hatte. Kinder mit Organbeschwerden kommen zur Abklärung in erster Linie in die Kinderklinik und nicht in die Kinderpsychiatrische Klinik. Ergänzend möchte ich Sie auf eine von Göllnitz* in Greifswald durchgeführte Studie aufmerksam machen, in deren Rahmen eine altersspezifische Skala der Prädilektionsorte hypochondrischer Erscheinungen erarbeitet wurde. Danach lokalisiert das Kleinkind seine hypochondrischen Syndrome am häufigsten in die Bauchregion, ferner in den Kopf- und erst in dritter Linie in den Herzbereich. Weit eher als bei depressiven Kindern sehen wir Atembeschwerden im Beginn schizophrener Psychosen; ich erinnere mich an drei jugendliche Patienten, die mit dem Initialsymptom einer Hyperventilation in unsere Klinik eingewiesen wurden.
Herr Freedman, Sie haben mich nach unserer schizophrenen Kasuistik gefragt und dabei sicher daran gedacht, daß gerade die Schizophrenie-Diagnostik im Kindesalter ein Gegenstand ständiger Diskussion zwischen europäischen und amerikanischen Kinderpsychiatern ist. Ich bin der Ansicht, daß es sich hier in erster Linie um ein Problem der Nomenklatur und Zuordnung handelt. In meiner gesamten psychiatrischen Tätigkeit habe ich nicht so viele schizophrene Kinder gesehen wie vor 12 Jahren anläßlich des Besuchs einer Universitätsklinik in New York. Auf der Kinderstation befanden sich dort etwa 20 Kinder im Alter zwischen 6 und 12 Jahren, die alle als schizophren bezeichnet wurden. Uneingeschränkt beipflichten möchte ich dagegen Ihren Zweifeln, Herr Freedman, hinsichtlich der angeblich glücklichen Kindheit vieler Menschen. Ich möchte fast noch weitergehen und sagen, daß es für zahlreiche Menschen kaum eine unglücklichere Lebensperiode gibt als ihre Kindheit.
Die mir weiterhin gestellte Frage nach der maskierten Schizophrenie im Kindesalter beantwortet sich zur Hauptsache schon aus meiner Diskussionsbemerkung zum Vortrag von Herrn Pichot, in der ich berichtete, daß sich bei neun unserer depressiven Kinder (mit einem durchschnittlichen Katamnesen-Abstand von zehn Jahren) eine eindeutige paranoid-halluzinatorische Psychose nachweisen ließ. Nur bei einem Patienten lag eine nicht definitiv abzuklärende Mischpsychose vor. Ich bin der Ansicht, daß Depressionssyndrome in der Kindheit erste Manifestationsformen einer Schizophrenie sein können. Manische Zustandsbilder bzw. Stimmungsschwankungen ließen sich bei 18 Kindern des Gesamtkollektivs nachweisen. Davon wiesen acht einen günstigen und zehn einen ungünstigen Verlauf auf. Bei fünf Kindern entwickelte sich eine schizophrene Psychose; eine affektive Psychose konnte zu unserer großen Überraschung in keinem Fall nachgewiesen werden.
Herrn Walcher möchte ich zu seinen sehr eindrucksvollen kasuistischen Beispielen beglückwünschen. Allerdings möchte ich gerade hier noch einmal auf Spiels Monographie über Psychosen im Kindesalter bzw. auf seine eigene spätere Stellungnahme** zu dieser Arbeit hinweisen. Spiel hat darin ausgeführt, daß viele der von

---

* Göllnitz, G.: Über das Syndrom der Hypochondrie im Kindes- und Jugendalter. Psychiat. Neurol. med. Psychol. (Lpz.) *15*, 261 (1963)
** Spiel, W.: Depressive Zustandsbilder im Kindes- und Jugendalter. In Schulte, W., Mende, W. (Eds.): Melancholie in Forschung, Klinik und Behandlung, p. 208 (Thieme, Stuttgart 1969)

ihm als endogen-depressiv oder manisch-depressiv diagnostizierten Fälle nicht einen entsprechenden Verlauf aufwiesen.
Herr KUHN, der Rorschach-Test stellt für die Diagnose selbstverständlich nur ein Mosaiksteinchen dar, das aber zusammen mit der Anamnese die Diagnose erleichtern kann. Besonders der Anamnese und der aktuellen Situation kommt in der Kinderpsychiatrie oft große Bedeutung zu. Der Kinderpsychiater kann ja noch in die Umwelt hineingehen und mit ihren Gestaltern und den Bezugspersonen des Kindes direkt in Kontakt treten und sich sein eigenes Urteil über sie und ihr mögliches Fehlverhalten bilden. Das ist, meine ich, überhaupt ein Vorzug der Kinder- gegenüber der Erwachsenenpsychiatrie. Nun zu Ihrer zweiten Frage, die Sie in die Form einer Bitte um nähere Präzisierung des Problems der larvierten Depression im Kindesalter gekleidet haben. Ich muß Ihnen zugestehen, daß Sie damit in der Tat einen wunden Punkt berühren. Meiner Überzeugung nach ist es nicht erlaubt, die Depression des Kindesalters in toto als larvierte Formen der Depression des Erwachsenen zu werten. Ich meine, aus entwicklungspsychiatrischer wie aus transkultureller Sicht ist die Depression im Kindesalter die erste Erscheinungsform der Depression überhaupt. Diese «primäre» Depression bekommt erst im späteren Lebensalter und in Abhängigkeit von der jeweiligen Kultur einen mentalen Überbau, z.B. durch Schuld- und Versündigungsideen in der christlich-okzidentalen Kultur. Die typische Depression des Erwachsenen im westlichen Kulturbereich ist nicht «schlechter» und nicht «besser», sie ist vielmehr anders als bei Kindern oder etwa bei orientalischen Erwachsenen. Die Schwierigkeit besteht indessen darin, gegen diese lediglich aus der Sicht der Erwachsenenpsychiatrie «larvierte» Depression im Kindesalter noch eine kindereigentümliche larvierte Depression abzugrenzen. Hier ist noch einiges an Forschungsarbeit zu leisten; man müßte z.B. wissen, wie sich die kindereigentümlichen Depressionen differentialdiagnostisch von den «larvierten» Erscheinungsformen des Kindesalters zuverlässig unterscheiden lassen. Das Problem liegt, glaube ich, in der zuverlässigen Messung des depressiven Affektes. Überall dort, wo wir neben den mehr oder minder ausgeprägten psychosomatischen Symptomen einen dominanten depressiven Affekt mit starker Gehemmtheit oder mit einer deutlich hervortretenden Agitation erkennen können, würde ich eher von einer typischen Depression des Kindesalters sprechen, während alle Zustandsbilder, bei denen solche Merkmale nur wenig oder gar nicht in Erscheinung treten, als larvierte Depressionen zu bezeichnen wären. Aus eben diesem Grunde habe ich die in meinem Vortrag näher beschriebene Untersuchung ausführen lassen, in der wir die verschiedenen Testergebnisse nach Hinweisen auf ein möglicherweise zugrunde liegendes depressives Geschehen überprüft haben. Ich darf hierbei vorwegnehmend eine Frage von Herrn KIELHOLZ beantworten: Bei dem von uns untersuchten Kollektiv handelt es sich um fast 500 Kinder mit schweren Verhaltensstörungen oder psychosomatischen Erscheinungen, die stationär behandelt wurden. Die in 11% dieser Fälle festgestellten depressiven Symptome sind nicht zur Zeit des stationären Aufenthaltes, sondern erst retrospektiv anhand der Krankengeschichten ermittelt worden.
Herrn LÓPEZ-IBOR ALIÑO danke ich für seine anerkennenden Bemerkungen. Auf seine Frage ist zu antworten: Direkte Beziehungen zwischen depressiven Syndromen und kindlichem Autismus, die über das hinausgehen, was man auch sonst an Zusammenhängen zwischen anderen psychopathologischen Kerngruppen findet, konnten wir nicht feststellen. Wir haben uns in Berlin ziemlich intensiv mit dem Autismus-Syndrom beschäftigt und z.B. eine Gruppe von etwa 50 Kindern über längere Zeit verfolgt. Wir sind der Ansicht, daß neben dem Kanner- und dem Asperger-Syndrom noch psychogene und somatogene (zerebralorganische) Autismusformen existieren, die allerdings zu ihrer Manifestation einer erbgenetischen Disposition bedürfen, wie dies ja auch von ASPERGER* und KANNER** ausgeführt wurde. Natür-

*ASPERGER, H.: Heilpädagogik, 4. Aufl. (Springer, Wien/New York 1965)
**KANNER, L.: Child psychiatry (Thomas, Springfield, Ill., 1966)

lich sind auch einige dieser Kinder depressiv, aber doch nicht in einem Ausmaß, daß man etwa den Autismus als Leitsymptom einer larvierten Depression werten könnte.
Herr LEME LOPES, Sie haben mich gefragt, wie viele unserer kindlichen Patienten in ihrer späteren Jugend an Depressionen, Verhaltensstörungen usw. litten. Wir haben von unseren 105 Kindern 96 Fälle nachuntersuchen können, und zwar mit einem durchschnittlichen Katamnesen-Abstand von annähernd zehn Jahren. Dabei haben wir bei 47% neurotische Depressionen, bei 7% symptomatische Depressionen und bei 5% psychopathische Depressionen feststellen können. In einem Fall hatte sich eine endokrine Störung entwickelt, in zwei Fällen lagen zerebrale Anfallsleiden und in zwei weiteren Fällen nichtdepressive Neurosen vor; acht der früher stationär behandelten Kinder wiesen später ein Verwahrlosungs-Syndrom auf. Neun der nachuntersuchten Patienten hatten schizophrene Psychosen entwickelt, während 15 psychiatrisch unauffällig waren.
Zu der Frage von Herrn DE LA FUENTE: Suizidimpulse ließen sich bei diesen Kindern in 15%, Suizidversuche bei 12% registrieren. Suizid ist unter den 96 nachuntersuchten Patienten in drei Fällen begangen worden. Das scheint nicht sehr viel zu sein, aber die Korrelation dieser Zahl mit der Suizidrate Westberlins, die ja bekanntlich eine der höchsten in der Welt ist, hat ergeben, daß unser Material eine negative Auslese darstellt.
Herr KUHN, ich weiß, daß Sie zu anderen Resultaten gelangt sind – aber ich muß daran festhalten, daß ich, in Übereinstimmung mit anderen Untersuchern, nur selten manisch-depressive Erkrankungen bei Kindern sehe.
Eine letzte Antwort bin ich Herrn ROME schuldig. Wir haben sehr häufig depressive Verstimmungszustände bei legasthenischen Kindern gefunden. Dieses Problem ist so komplex, daß es fast eines eigenen Symposiums würdig wäre. Hinsichtlich der depressiven Erscheinungen bei dyslektischen Kindern bin ich der Auffassung, daß es sich hierbei nicht um ein Symptom einer larvierten Depression, sondern um eine polyätiologische Teilleistungsstörung (erbbiologischer bzw. zerebralorganischer Ursache) handelt, die allerdings mit großer Häufigkeit reaktive Depressionen aufweist. Die meist normal oder sogar überdurchschnittlich intelligenten Kinder machen immer wieder die Erfahrung, unterbewertet zu werden – eine Erfahrung, die im Gegensatz zu ihrer eigenen und zutreffenden Einschätzung ihrer Intelligenz steht.

Die Behandlung larvierter Depressionen bei Kindern und Jugendlichen

von Verena Kuhn-Gebhart *

In einem durchschnittlichen kinderpsychiatrischen Krankengut sind ca. 10 bis 15 % der Fälle dem depressiven Formenkreis zuzuordnen. Aus der Sicht der Erwachsenenpsychiatrie handelt es sich dabei fast ausschließlich um *larvierte Depressionen* mit den üblichen manischen und neurotisch-reaktiven Beimischungen und psychosomatischen Symptomen sowie vor allem um Verhaltensstörungen, die mit den besonderen Gegebenheiten des Kindes- und Jugendalters und mit entwicklungspsychologischen Faktoren in Beziehung stehen.

Aus der Zuordnung der Krankheitsbilder ergeben sich die Richtlinien für die Behandlung. Zunächst ist bei allen depressiven Erkrankungen eine *medikamentöse antidepressive Therapie* einzuleiten, und zwar mit einem oder mehreren Medikamenten, die von Kindern auch während längerer Zeit gut vertragen werden und die ihre Wirksamkeit behalten, ohne durch Nebenwirkungen, vor allem sedativ-hypnotischer Art, die Leistungen in der Schule und die Entwicklung der Persönlichkeit zu beeinträchtigen. Wenn die Wirkung ausreicht, verwenden wir nur ein Präparat, wegen der guten Verträglichkeit bei Kindern meist ®Ludiomil. Falls Ludiomil alleine nicht genügt, fügen wir in kleineren Dosen ®Tofranil oder ®Anafranil hinzu, gemäß dem Prinzip, eine Monomethylamino- mit einer Dimethylaminoverbindung zu kombinieren. Bei stärkeren Schlafstörungen ergänzen wir am Abend die antidepressive Medikation gerne durch ®Insidon.

Die Dosierung der Antidepressiva ist grundsätzlich individuell anzupassen; sie schwankt von 10–30 mg pro die bis zu Tagesdosen, wie sie bei Erwachsenen verwendet werden. Natürlich bereitet es nicht selten Schwierigkeiten, den Kindern die Medikamente zu verabreichen.

Manische Komponenten im depressiven Geschehen kommen bei Kindern zwar häufig vor, sind aber schwer zu erkennen; vielfach wird nur über Konzentrationsunfähigkeit, Erregbarkeit und Aggressivität geklagt. Hier ist es oft zweckmäßig, zusätzlich *Neuroleptika* zu verabreichen, vor allem solche mit stärker sedierender Wirkung. Man sollte aber stets prüfen, ob im Einzelfall nicht eher Amphetamine angezeigt sind. Bei stark irritativen EEG-Befunden kombinieren wir mit Antiepileptika wie Phenobarbital, Hydantoinen oder Carbamazepin (®Tegretol), je nach klinischem Zustand. Wie bei depressiven Erwachsenen scheinen auch bei Kindern Elektrolyt-, vor allem Kaliumdefizite, Verminderung wichtiger Spurenelemente und Eisenmangelzustände sehr viel häufiger vorzukommen, als man im allgemeinen annimmt. Der Effekt einer antidepressiven Medikation kann dadurch wesentlich beeinträchtigt, wenn nicht sogar aufgehoben werden.

---

* Aus der Kantonalen Psychiatrischen Klinik, Münsterlingen (Schweiz)

Bei Kindern spielt die *psychische Symptomatik* depressiver und vor allem larviert depressiver Erkrankungen meist eine beträchtliche Rolle. Dementsprechend ist neben der psychopharmakologischen auch eine *psychotherapeutische Behandlung* angezeigt, ja oft unerläßlich. Mit ihr treten die spezifischen Aspekte und Probleme von psychotherapeutischen Maßnahmen bei Kindern in den Vordergrund. Es handelt sich hier in erster Linie um die *Beziehung des Kindes zur Mutter* oder eventuell zu anderen nahestehenden Personen und damit auch um die Stellung dieser Menschen zum Kind.

Mit der Person der Mutter muß sich der behandelnde Arzt oft schon bei Einleitung der medikamentösen Therapie auseinandersetzen. Nicht selten stellt sich nämlich die Frage, wie man die Mutter dazu bringt, dem Kind die Medikamente regelmäßig und in der vorgeschriebenen Dosierung zu verabreichen und sich zu vergewissern, daß das Kind die Tabletten auch tatsächlich geschluckt hat. Es ist einfach nicht zulässig, dem Kind ein Medikamentenfläschchen in die Hand zu drücken und anzunehmen, es werde die Vorschriften des Arztes von sich aus befolgen. Bekanntlich sind Mütter aber sehr mißtrauisch, wenn es um das Wohl ihrer Kinder geht. Ihr Argwohn richtet sich sowohl gegen die Diagnose einer psychischen Störung als auch gegen die vorgeschlagene medikamentöse Behandlung. Eine Mutter möchte viel lieber hören, daß es sich um eine banale, wachstumsbedingte Erscheinung handle oder daß ihr Kind in der Schule überfordert sei; es soll höchstens an einer besonderen Veranlagung leiden, aber nicht an einer Krankheit. Die Mutter sucht im Arzt einen Verbündeten gegen den unverständigen Ehemann und Vater, gegen die Schwiegermutter, den Lehrer, die Nachbarskinder, aber nicht jemanden, der Tabletten verordnet. Forscht man nach den Ursachen dieses Verhaltens, so stößt man nicht selten auf eigene Konflikte der Mutter mit ihrer Umwelt, Konflikte, die ihrerseits in vielen Fällen von depressiven Wesenszügen oder einer eigentlichen depressiven bzw. zyklischen Erkrankung herrühren. So stellt sich denn die Aufgabe, auch die Mutter zu behandeln, ja oft muß erst die Depression der Mutter behoben sein, bevor man überhaupt erwarten kann, beim Kind einen Erfolg zu erzielen. Solche Situationen sind sehr kompliziert und weitgehend undurchsichtig. Der Arzt erfährt stets nur einen Teil, oft nur einen Bruchteil der Wahrheit und wird unabsichtlich oder vorsätzlich getäuscht. Schwerwiegende erbliche Belastungen werden verschwiegen und Familienverhältnisse als völlig normal geschildert, obwohl sie tatsächlich in gravierender Weise gestört sind.

Derartige Unsicherheitsfaktoren, die sich in jeder kinderpsychiatrischen Situation nachteilig auswirken, stellen für Fälle aus dem depressiven Formenkreis insofern eine besondere Gefahr dar, als hier die Heredität meist sehr ausgesprochen ist und die psychopathologischen Verhaltensweisen der Mutter die Beziehungen sowohl zum Kind wie auch zum Arzt stören.

Mehr noch als bei Erwachsenen bleibt somit in der Kinderpsychiatrie die Situation in vielem offen. Für den Arzt kann hier eine Gefahr entstehen, wenn er sich verleiten läßt, sein infolge der unzulänglichen Angaben lückenhaftes Wissen durch eigene Interpretationen zu ergänzen. Daraus resultieren dann die bekannten Vorwürfe an die Mütter und andere Erzieher, sie seien selbst schuld an der Fehlentwicklung des Kindes. In Einzelfällen mag das zwar tatsächlich zu-

treffen, aber meist sind derartige Anschuldigungen unberechtigt. Im Falle depressiver Erkrankungen und besonders bei larvierten Depressionen können apodiktisch vorgebrachte Äußerungen dieser Art sich sogar verhängnisvoll für Mutter und Kind auswirken und sollten daher unbedingt vermieden werden.
Wer durch Kritik, sei sie nun berechtigt oder unberechtigt, die Ablehnung oder gar Feindschaft der Mutter hervorruft, kann nicht erwarten, der Vertraute des Kindes zu werden. Sollte das in dem einen oder anderen Fall doch einmal gelingen, so wird dieses Vertrauen auf abnormen oder pathologischen Fundamenten entstehen und deshalb weder fruchtbar noch dauerhaft sein. Ein echtes Vertrauensverhältnis zwischen Kind und Arzt ist jedoch eine unabdingbare Voraussetzung der Behandlung, insbesondere dann, wenn psychotherapeutische Maßnahmen notwendig werden. Aus der Fülle von Problemen und Aufgaben, denen die Psychotherapie speziell bei depressiven Kindern gegenübersteht, sei hier nur ein Beispiel herausgegriffen. Zahlreich sind die Konflikte und Ängste, die heutzutage direkt oder indirekt durch das Fernsehen erzeugt werden. Das depressive Kind leidet vor allem unter dem fragmentarischen Charakter und den ihm nicht sichtbaren Zusammenhängen der dargestellten Ereignisse. Da es im eigenen Werdensvollzug und in seiner Reifung zu geschichtlicher Lebensgestaltung gestört ist, bedarf das depressive Kind mehr als andere Kinder einer heilen Welt, die ihm Richtlinien und Anhaltspunkte für die Gestaltung einer eigenen inneren Lebensgeschichte liefert. Das depressive Kind braucht daher verläßliche Eltern und, wenn nötig, einen Arzt, die durch ihre Haltung, durch alles, was sie tun und lassen, was sie sagen und worüber sie schweigen, ihm die Gewißheit geben, in einer wohlgeordneten und sicheren Welt zu stehen.
Wir müssen uns mit diesen Andeutungen begnügen. Sie mögen immerhin gezeigt haben, wie schwierig es ist, larvierte Depressionen bei Kindern zu behandeln und welcher Kenntnisse und Erfahrungen es für die Begründung des ärztlichen Handelns im Einzelfall bedarf. Wir haben auf einige Aspekte der psychopharmakologischen wie auch der psychotherapeutischen Behandlung hingewiesen und dabei nur ganz äußerliche Gesichtspunkte berühren können. Tatsächlich führen diese jedoch in zentrale Probleme und Zusammenhänge, die entscheidend sind für Erfolg oder Mißerfolg der Behandlung.

Diskussion

G. NISSEN: Frau KUHN hat in ihrem Vortrag insbesondere die Schwierigkeiten akzentuiert, die sich für den behandelnden Arzt aus der Einstellung der Mutter ergeben können. Ich möchte ergänzend auf eine andere Gefahr hinweisen, die m. E. vielleicht noch größer ist: In der Allgemeinpraxis neigt man dazu, viel zu rasch und allzu leichtfertig Medikamente zu verordnen. Vor allem bei Verhaltensstörungen kann damit großer Schaden angerichtet werden, der heilpädagogisch und psychotherapeutisch oft nur noch schwer korrigierbar ist. Indem man nämlich das Kind sofort mit Medikamenten behandelt, stempelt man es als krank ab und enthebt so die Eltern jeder Verantwortung und Mithilfe bei der weiteren heilpädagogischen und psychotherapeutischen Betreuung. Ein anderer Fehler, auf den auch Frau KUHN schon aufmerksam gemacht hat und den nach meiner Erfahrung vor allem junge Ärzte begehen, ist der, daß sie sich mit dem Kind gegen die Eltern verbünden. Das ist absolut töricht, denn das Kind kann natürlich viel eher auf den Psychiater als auf die Eltern verzichten. Eine weitere Bemerkung möchte ich als Bitte an den Gastgeber richten, bei der Entwicklung der Applikationsformen doch auch an die Pädiatrie zu denken. Das Kleinkind vermag Dragées kaum zu schlucken, und das Zerkleinern mit dem Messer stellt für die Eltern eine manchmal schwierige Aufgabe dar. Liquida und Suppositorien sind daher sehr erwünscht – wobei ich mir noch die Bemerkung erlauben möchte, daß europäische Kinder eher eine Abneigung gegen so stark aromatisierte Darreichungsformen haben, wie man sie in Amerika zu bevorzugen scheint.

P. KIELHOLZ: Herr NISSEN, ich bin ganz Ihrer Meinung und danke Ihnen vor allem für Ihre Hinweise auf Gefahren in der Allgemeinpraxis. Man darf dieses Problem keinesfalls übersehen oder vernachlässigen, denn es sind ja angesichts der kleinen Zahl von Kinderpsychiatern in erster Linie die Allgemeinpraktiker, die heute Depressionen diagnostizieren und behandeln müssen.

N. MATUSSEK: Setzt die antidepressive Wirkung bei Kindern ähnlich wie bei Erwachsenen erst nach einer Latenzperiode von 10 bis 14 Tagen ein, oder ist hier ein therapeutischer Effekt schon früher zu beobachten?

P. SCHMIDLIN: Frau KUHN, auf welchen Erfahrungen basiert das von Ihnen in der Kinderpsychiatrie angewandte Prinzip, eine Monomethylamino- mit einer Dimethylaminoverbindung zu kombinieren? Und ferner: Lassen sich die Schlafstörungen depressiver Kinder in das gleiche Schema einordnen, wie man es mehr oder weniger für Erwachsene akzeptiert, oder sind das Schlafstörungen ganz spezifischer Art?

J. J. LÓPEZ-IBOR ALIÑO: Darf ich Frau KUHN fragen, ob sie in der Behandlung kindlicher Depressionen Erfahrungen mit Monoaminooxydase-Hemmern hat? Ich stelle diese Frage, weil nach unseren Beobachtungen trizyklische Pharmaka – mit Ausnahme vielleicht von ®Ludiomil – im allgemeinen von Kindern nicht gut vertragen werden.

V. KUHN: Ich möchte als erstes Herrn NISSEN für seine ergänzenden Bemerkungen danken, die ich ohne weiteres unterstützen kann. Auch manche unserer Kinder sind vorher schon in der Allgemeinpraxis medikamentös behandelt worden, und es hat sich dann zuweilen als schwierig erwiesen, die Medikation umzustellen. Auf der anderen Seite scheint mir hier aber doch eine gewisse Einschränkung angebracht; sehr viele Kinder wollen gar nicht krank sein, und sie entwickeln meist auch dann kein Krankheitsgefühl, wenn sie Tabletten einnehmen müssen. Sie neigen nach unseren Beobachtungen im Gegenteil viel eher dazu, die Medikation von sich aus einzustellen, weil sie sich eben nicht als krank betrachten und sich nicht von ihren Kameraden unterscheiden wollen. Aus diesem Grunde muß man ja so stark darauf bedacht sein, die Eltern zu einer gewissenhaften Beaufsichtigung der Therapie anzuhalten. Ebenso wie Herrn Nissen sind auch uns geeignete pädiatrische Applikationsformen ein großes Anliegen. ®Insidon z.B., das wir sehr viel verwenden, steht nur in Tabletten à 50 mg zur Verfügung, wogegen uns sehr viel mehr mit Tabletten à 10 mg gedient wäre.

Den verschiedenen Hinweisen auf die große Bedeutung der Allgemeinpraxis in der Diagnose und Therapie depressiver Zustandsbilder ist ebenfalls beizupflichten. Wir selbst sind immer bemüht gewesen, die Allgemeinpraktiker unseres Kantons zu beraten und zu informieren – mit dem Resultat, daß heute zahlreiche praktische Ärzte unserer Umgebung durchaus in der Lage sind, die Therapie psychiatrisch bedingter Symptome, wie z.B. die Behandlung des Bettnässens mit ®Tofranil, richtig und erfolgreich durchzuführen. Falls sie auf Schwierigkeiten stoßen oder wenn ihnen das Krankheitsbild nicht klar ist, überweisen sie die Kinder uns, und wir schicken sie ihnen im allgemeinen und auf jeden Fall dann zurück, wenn wir wissen, daß sie die Behandlung so fortführen, wie wir es ihnen vorschlagen. Dasselbe gilt für die Kinderärzte unseres Kantons, die uns sehr viele ihrer Fälle vorstellen.

Herrn Matussek möchte ich sagen, daß bei Kindern das Einsetzen der therapeutischen Wirkung individuell sehr verschieden ist. Im allgemeinen dauert es eher ziemlich lange, bis man eine Wirkung sieht, aber das ist, wie gesagt, sehr unterschiedlich. Gelegentlich sehen wir allerdings auch relativ rasche Wirkungen.

Herr Schmidlin, unser Prinzip der Kombination von Monomethylamino- mit Dimethylaminoverbindungen basiert auf der praktischen Erfahrung, daß mit der Kombination eine bessere Wirkung zu erzielen ist als mit jedem Mittel allein, und zwar haben wir den Eindruck, es dabei nicht einfach mit einem zusätzlichen Effekt, sondern mit einer Potenzierung der Wirkung und Verlängerung der Wirkungsdauer zu tun zu haben. Hinsichtlich der Schlafstörungen bei Kindern kann meiner Meinung nach kaum ein Zweifel darüber bestehen, daß diese erstens noch viel stärker variieren als bei Erwachsenen und daß man zweitens nicht bei jeder Schlafstörung gleich an eine Depression denken darf. Man muß vielmehr sehr genau abklären, ob nicht andere Ursachen verantwortlich sein könnten. Andererseits ist es aber vielleicht doch ganz interessant zu hören, daß man aus der Anamnese von depressiven Kindern, die im Schulalter zu uns kommen, nicht selten erfährt, daß sie schon im Vorschulalter und vorwiegend im ersten oder vielleicht im zweiten Lebensjahr phasenweise Schlafstörungen hatten, und zwar sehr schwere und hartnäckige. Wir neigen deshalb zu der Annahme, daß es sich hier vielleicht doch um erste depressive Manifestationen oder kurze Schübe handeln könnte.

Herr López-Ibor Aliño, Ihnen muß ich antworten, daß wir keine Erfahrungen mit Monoaminooxydase-Hemmern bei Kindern haben, da wir sie überhaupt nicht anwenden. Wie bereits gesagt, geben wir im allgemeinen Ludiomil, da es am besten vertragen wird. Wenn Ludiomil allein nicht ausreicht, fügen wir in niedriger Dosierung Tofranil oder ®Anafranil hinzu und sehen dann meistens eine gute Wirkung.

Die larvierte Depression beim alten Menschen

von W. Birkmayer, E. Neumayer und P. Riederer *

Das Depressionssyndrom repräsentiert eine spezifische Störung der Befindlichkeit und des Verhaltens. Im Mittelpunkt steht eine unerklärbare Unlust, ein nicht einfühlbares Unbehagen. Neben diesem Kernsymptom kann eine Summe von Beschwerden das klinische Bild umrahmen. Diese Rahmensymptome haben dazu geführt, daß man der Depression verschiedene spezifizierende Adjektiva beigefügt hat, zum Beispiel die Adjektiva «neurotisch», «klimakterisch», «involutiv», «vegetativ», «larviert». Unserer Meinung nach klärt die Beiziehung eines Eigenschaftswortes die Pathogenese keineswegs. Es gibt eine Neurose mit depressiven Zügen, und es gibt eine Depression, die als individuelles Abwehrmuster eine neurotische Verhaltensweise zur Schau stellt. Das ist aber eine Depression mit neurotischen Abwehrmechanismen; eine «neurotische» Depression gibt es nicht. Das gleiche gilt für die larvierte Depression. Natürlich gibt es Depressionen, bei denen die Rahmensymptome des Kopfschmerzes, des Schwindels, der Müdigkeit, der Appetitlosigkeit, der Obstipation, der Darmkrämpfe, der Herzbeschwerden so sehr im Vordergrund stehen, daß man bei oberflächlicher Exploration an ein neurotisches oder psychosomatisches Leiden denken könnte. Wenn aber der Schwindel oder der Kopfschmerz nur in den Morgenstunden auftreten und nachmittags verschwinden, wird man, ausgehend von dieser abendlichen Remission, an ein depressives Grundgeschehen denken müssen.
Unsere Hypothese zur Depression sei kurz skizziert: Die biogenen Amine als Transmitter autonomer und affektiv-emotionaler Funktionen befinden sich normalerweise in einem *steady state*. Dieses Fließgleichgewicht ist die Voraussetzung für ein normales Befinden und Verhalten. Ist das Fließgleichgewicht der biogenen Amine gestört, so resultiert daraus das klinische Syndrom der Depression. Ist die Balancestörung im extrazerebralen Bereich des Nervensystems stärker ausgeprägt, dann überwiegen die hypochondrischen körperlichen Beschwerden, und wir sprechen von einer larvierten Depression. Die larvierte Depression ist keine Krankheit sui generis, sondern durch eine vorwiegend in der Peripherie aufscheinende Balancestörung der biogenen Amine charakterisiert. Die Adaptationsleistungen des Organismus an jeden Streß und an jede Frustration sind an die Aktion der biogenen Amine gebunden. Die Frustrationstoleranz ist individuell verschieden. Für jedes Individuum gibt es eine Grenze der Belastbarkeit. Eine Summation von Belastungsfaktoren, wie sie Kielholz [20] herausgestellt hat, führt von einem gewissen Zeitpunkt an zu einer Dekompensation; Kielholz selbst beschrieb sie als Erschöpfungsdepression. Diese energiekonsumierenden

---

* Aus dem Ludwig-Boltzmann-Institut für Neurochemie an der Neurologischen Abteilung des Alterskrankenhauses der Stadt Wien (Österreich)

Faktoren sind aber keineswegs kausal, sondern nur als Trigger zu werten. Wir sehen immer wieder, daß nach einer Operation, nach einer schweren Grippe, nach dem Tod eines Angehörigen, nach einer Frustration im Beruf ein Depressionssyndrom in Erscheinung tritt. Die aufgezählten Faktoren sind jedoch, wie bereits gesagt, nur Auslöser und nicht kausale Faktoren.

Der von uns postulierte Verlust der biogenen Balance als Trigger einer Depression läßt sich eindrucksvoll an der Dopa-Therapie des Parkinsonismus demonstrieren. Als Nebenwirkung einer Dopa-Therapie beim Parkinsonsyndrom entstehen nicht selten depressive Verstimmungen (AJURIAGUERRA[1], BIRKMAYER, CLARK[13], DAMÁSIO et al.[15], JENKINS und GROH[19], MCDOWELL et al.[24]). Im Verlaufe einer Dopa-Therapie kommen aber auch Remissionen einer Depression zur Beobachtung (BIRKMAYER et al.[7], BUNNEY et al.[11], INGVARSSON[18], MATUSSEK et al.[23]). Das heißt, die Zufuhr des Precursor L-Dopa kann einerseits eine biochemische Balancestörung induzieren, mit dem Resultat eines Depressionssyndroms, andererseits eine gestörte Balance kompensieren, mit dem Resultat einer Remission. Ein analoges klinisches Experiment liegt bei der durch Reserpin ausgelösten Depression vor. Die Freisetzung der biogenen Amine führt bei etwa 10% der mit Reserpin behandelten Patienten zu einem Depressionssyndrom. Die induzierte Freisetzung der biogenen Amine überschreitet also bei ca. 10% die Toleranz der Balanceerhaltung. Das Resultat ist eine pharmakologisch ausgelöste Depression.

Im Alter besteht eine physiologische Verarmung an biogenen Aminen; die Folge ist eine mangelhafte Regulation autonomer und affektiv-emotionaler Funktionen sowie eine Minderung der motorischen Instinktschablone und der Triebaktivitäten. Warum treten dann im Alter Depressionen nicht gehäuft auf?

Im Alter kommt es zur Einengung der biologischen «Wirkschalen» (BIRKMAYER und NEUMAYER[9]), das heißt, es kommt zu einer Verminderung aller Kommunikationen. Diese Einengung sämtlicher Umweltbeziehungen im Alter vermindert die Summe der Streßreaktionen und stellt damit eine physiologische Prophylaxe gegen biochemische Dekompensationen dar. Tritt allerdings im Alter eine Depression auf, dann ist eine Rekompensation meist langwieriger.

In Tabelle 1 sind die anhand unserer Bewertungsskala erhobenen Symptommuster von 105 Patienten, die vor Behandlungsbeginn jünger als 65 Jahre, und 53 Patienten, die vor Behandlungsbeginn älter als 65 Jahre alt waren, wiedergegeben. Wie ersichtlich, treten im Alter prozentual mehr Beschwerden einer larvierten Depression in Erscheinung. Schlaflosigkeit registrierten wir bei den jüngeren Fällen in 71,5%, bei den älteren in 87%; hinsichtlich Appetitlosigkeit betrug das Verhältnis 50,5:60%, bei der Gewichtsabnahme 45,7:60%, bei Kopfschmerzen 14,3:24,5%, bei Schwindel 9,5:13,2%. Die Patienten erhielten während 4–12 Wochen eine Medikation von ®Ludiomil. Nach 12 Wochen erfolgte eine Kontrolluntersuchung, deren Ergebnisse graphisch jeweils unter den Ausgangswerten angegeben sind.

Eine optimale Wirkung sahen wir nach Infusionen von Ludiomil (25–50 mg täglich, 2 Wochen lang). Gleichzeitig und anschließend an die Infusionsphase gaben wir 3mal täglich 25 mg Ludiomil p.o. bei den älteren und 3mal 50 mg bei den jüngeren Depressiven. Die Remissionsrate der jüngeren Patienten erwies sich als überaus hoch, das heißt, die Quote der persistierenden Beschwerden war sehr niedrig. Die Remissionsrate der über 65jährigen Depressiven lag im Schnitt wesentlich niedriger als bei den unter 65jährigen. Während die Merkmale der Stimmungslage etwa die gleiche Verbesserung wie bei den jüngeren Fällen zeigten, erwiesen sich die Beschwerden Schlaflosigkeit, Herzbeschwerden, Kopfschmerzen, Schwindel und die Beschwerden im abdominellen Bereich als wesentlich resistenter. Da eine Erhöhung der Tagesdosis auf 3mal 50 mg Ludiomil

Tab. 1. Symptommuster bei 105 unter 65 und 53 über 65 Jahre alten depressiven Patienten vor und nach Behandlung mit Ludiomil (Bewertungsskala nach Ambrozi, Birkmayer, Neumayer)

	Jünger als 65 Jahre %		Älter als 65 Jahre %	
	vor Behandlung	nach Behandlung	vor Behandlung	nach Behandlung
Zahl der Fälle	105		53	
Vitale Unlust	86	5,7	90,5	7,55
Entschlußlosigkeit	67	3,8	79	1,9
Interesselosigkeit	68,5	1,9	62,5	5,65
Freudlosigkeit	67	0,95	77,5	3,8
Verminderte Leistungsfähigkeit	43	1,9	38	0
Schlaflosigkeit	71,5	7,6	87	17
Abendliche Remission	68,5	0	74	3,8
Appetitlosigkeit	50,5	0,95	60	0
Obstipation	7,6	0,95	13,2	3,8
Gewichtsverlust	45,7	0	60	3,8
Libidoverlust	43	1,9	9,4	0
Müdigkeit	37,3	1,9	28,3	7,5
Herzbeschwerden	5,7	0,95	13,2	7,5
Kopfschmerzen	14,3	2,85	24,5	17
Schwindel	9,5	0,95	13,2	5,65
Abdominalbeschwerden	5,7	0	11,3	7,5
Angst	75	7,6	73,5	9,4
Zwangsgrübeln	75	2,85	73,5	11,3
Selbstmordtendenz	29,5	0,95	26,5	3,8
Selbstvorwürfe	19	0,95	18,9	0
Schuldgefühle	9,5	0,95	9,4	0

vor Behandlung / nach Behandlung

p. o. bei den alten Patienten vermehrt Nebenwirkungen auslöst, wie Müdigkeit, Benommenheit, Verwirrtheit, so konnte dieses effektsteigernde Prinzip der Dosiserhöhung nicht generell angewendet werden. Im Gegenteil, eine Dosierung von 3mal 10 mg Ludiomil p. o. pro die erwies sich als besonders gut verträglich und stellt bei den senilen Depressionen, die besonders zur Chronizität neigen, eine optimale Medikation dar. Ludiomil muß allerdings während 6–12 Monaten verabreicht werden, da eine Dekompensation der biochemischen Balance als Auslöser eines Depressionssyndroms im Alter nur langsam rekompensiert werden kann.

Antidepressiva haben immer einen Balancierungseffekt. Wenn beispielsweise im Rahmen einer L-Dopa-Therapie Nebenwirkungen wie Schlaflosigkeit, Erregungszustände, Angst, Delirien, aber auch Übelkeit, Obstipation, Appetitverlust und Anurie auftreten, dann können wir diese unerwünschten Effekte durch Reduktion der Dosis zum Verschwinden bringen. Das heißt, durch die Zufuhr eines Precursor können Nebenwirkungen entstehen, die mit dem Zielsymptom der Therapie in keinem direkten Zusammenhang stehen. Bartholini, da Prada und Pletscher[3] haben im Tierversuch gezeigt, daß nach Dopa-Zufuhr im Gehirn eine Dopaminanreicherung und gleichzeitig eine Serotoninverminderung zustandekommt. Das bedeutet, daß die kompetitive Relation zwischen Dopamin und Serotonin nach Erhöhung eines Amins (Dopamin) zur Depletion des anderen (Serotonin) führt. Die normale Balance wird dadurch gestört, und als Resultat treten sogenannte Nebenwirkungen auf. Wir konnten zeigen, daß bei psychotischen Nebenwirkungen einer Dopa-Medikation im Liquor eine Zunahme der 5-Hydroxyindolessigsäure und eine Verminderung der Homovanillinsäure zu verzeichnen ist. Die Zufuhr von L-Tryptophan senkt die 5-Hydroxyindolessigsäure im Liquor, die Homovanillinsäure steigt an, und gleichzeitig verschwinden die psychotischen Symptome und die pathologischen Wellenmuster im EEG. Eine pharmakologisch bedingte biochemische Dekompensation kann durch Zufuhr des entsprechenden Precursor, aber auch eines Antidepressivums, rekompensiert werden. So kann eine im Rahmen einer Dopa-Medikation entstandene Depression durch Ludiomil (3mal täglich 25 mg p.o.) rekompensiert werden. Desgleichen lassen sich Obstipation, Schlaflosigkeit, Erregungszustände und Angst durch zusätzlich gegebene Antidepressiva beseitigen. Dieser biochemische *Balancierungseffekt* scheint uns für die antidepressive Wirkung eines Psychopharmakons ausschlaggebend zu sein. Ludiomil hat nach unserer Erfahrung einen optimalen Balancierungseffekt, das heißt höchste Zielwirkung und geringste Nebenwirkungen. Im Alter muß eine niedrigere Dosierung gewählt werden, die allerdings über lange Zeit fortzusetzen ist.

Zur Biochemie: Der moderne Trend der Psychiatrie fordert eine Korrelation zwischen biochemischen Daten und psychischem Verhalten. So geschlossen die Forschungskette beim Parkinsonsyndrom ist (Dopamindefizit – Akinese – Substitution mit L-Dopa – Besserung der Akinese), so ungeklärt scheint uns derzeit noch die Biochemie der Depression. Jeder Forscher wählt einen Parameter, dessen Abweichung er für entscheidend hält. Von unserem Gesichtspunkt aus hat jeder nur einen Zipfel des Problems in der Hand. Ausgehend von den grundlegenden Forschungen über den pharmakologischen Reserpineffekt (Bein[4]), gibt es im wesentlichen zwei Forschergruppen, von denen die eine den Serotoninstoffwechsel und seine Störungen (Ashcroft et al.[2], Coppen et al.[14], Goodwin et al.[16], Lapin und Oxenkrug[22]) und die andere den Katecholaminstoffwechsel (Schildkraut und Kety[26], Bunney und Davis[12], Greenspan et al.[17]) erforscht. Jedem Forscher erscheinen seine Parameter entscheidend und signifikant zu sein. Eine allgemein anerkannte Meinung über die biochemischen Faktoren besteht derzeit noch nicht. Unsere persönliche Ansicht entspricht nicht einem Entweder-Oder (Serotonin – Katecholamine), sondern einem Sowohl-als-Auch. Aufgrund unserer biochemischen Analysen im Hirnstamm verstorbener Depressiver haben wir 1966 am Internationalen Psychiatrie-Kongreß in Madrid berichtet, daß sowohl die Noradrenalin- wie die Serotoninwerte erniedrigt waren, daß aber die Relation dieser beiden Amine zueinander eine Verschiebung aufwies (Birkmayer[6]). Ausgehend von diesen Daten haben wir die Precursors Tyrosin und Tryptophan im Serum untersucht und eine signifikante Erniedrigung gefunden (Birkmayer und Linauer[8], Birkmayer et al.[10]). Nicht nur die Erniedrigung dieser Aminosäuren konnte erstmals demonstriert werden, sondern auch eine völlige Umkehrung des 24-Stunden-Rhythmus. Diese Veränderung des zirkadianen Rhythmus konnte von Benkert et al.[5] sowie von Klempel[21] bestätigt werden. In den folgenden Jahren verfolgten wir den Parameter des Tyrosin/Tryptophan-Quotienten im Längsschnitt der Depressionen. Abbildung 1 zeigt den Längsschnitt einer 79jährigen Patientin mit periodischen Depressio-

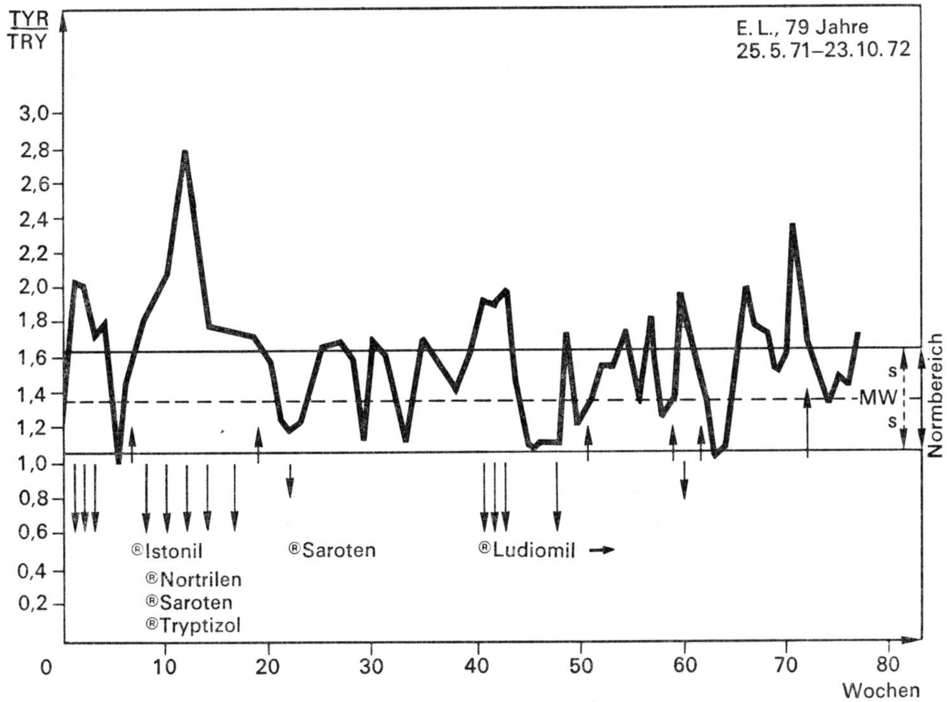

Abb. 1. Tyrosin/Tryptophan-Quotient im Längsschnitt bei einer 79jährigen Patientin mit periodischen Depressionen in Korrelation zum klinischen Verhalten

nen. Die normalen Tyrosinwerte betragen 8,4 μg/ml Plasma (±1,24), die normalen Tryptophanwerte 6,5 μg/ml Plasma (±1,04). Die Ratio Tyrosin zu Tryptophan beträgt 1,32 (±0,25). In der Abbildung ist der Normbereich eingezeichnet; die individuellen Abweichungen und Streuwerte der Patientin korrelieren mit dem klinischen Verhalten. Man sieht, daß das pathologische Ausscheren aus dem Normbereich stets mit einer depressiven Stimmungslage korreliert war. Beim Vergleich zahlreicher Patienten konnte aber gelegentlich keine Korrelation zwischen Ratio und klinischem Verhalten festgestellt werden. Wenn ein Patient beispielsweise Werte von 5 μg/ml Tyrosin und 3,5 μg/ml Tryptophan zeigte, war die Ratio normal, obwohl beide Werte im pathologischen Bereich lagen. RIEDERER[25] hat daher ein Tyrosin/Tryptophan-Diagramm entworfen, in dem auf der Abszisse die Tryptophanwerte und auf der Ordinate die Tyrosin-

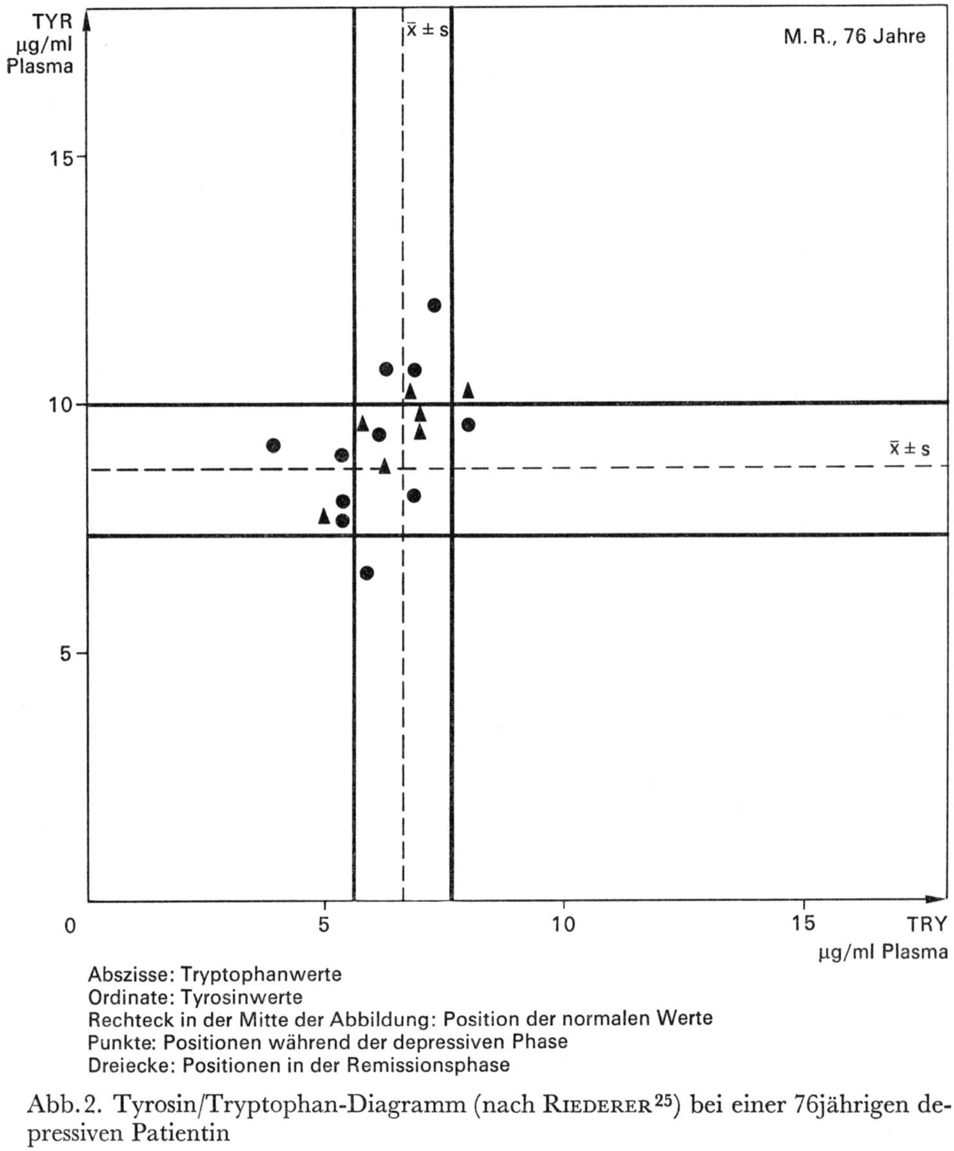

Abszisse: Tryptophanwerte
Ordinate: Tyrosinwerte
Rechteck in der Mitte der Abbildung: Position der normalen Werte
Punkte: Positionen während der depressiven Phase
Dreiecke: Positionen in der Remissionsphase

Abb. 2. Tyrosin/Tryptophan-Diagramm (nach RIEDERER[25]) bei einer 76jährigen depressiven Patientin werte abgetragen werden. Abbildung 2 zeigt ein solches Diagramm für eine 76jährige Patientin, die im Verlauf von 51 Wochen beobachtet und untersucht wurde. Das Rechteck in der Mitte der Abbildung 2 gibt die Position der normalen Werte an. Die Positionen während der depressiven Phase sind mit Punkten, diejenigen in der Remissionsphase mit Dreiecken bezeichnet. Der größte Teil der pathologischen Positionen korreliert mit dem klinischen Bild. Die Patientin bekam während der depressiven Phasen täglich Infusionen von Ludiomil, während der Remissionsphasen 3mal täglich 10 mg Ludiomil p.o. Tyrosin/Tryptophan-Diagramme im Längsschnitt einer Depression scheinen uns ein korrelierbarer Parameter der biochemischen Balance und des klinischen Befindens zu liefern, wenngleich damit kein Hinweis auf die Pathogenese der Depression gegeben ist.

Zusammenfassung

Das klinische Bild der Depression wird nach unserer Auffassung durch eine Balancestörung der biogenen Amine ausgelöst. Der *steady state* oder das Fließgleichgewicht dieser biochemischen Transmitter kann durch vielfache Stressoren des äußeren und inneren Milieus dekompensieren. Die Triggerfaktoren einer Depression sind vielfältig. Antidepressiva im allgemeinen und Ludiomil im speziellen haben einen balanceinduzierenden Effekt. Die Toleranz der biochemischen Belastbarkeit ist im Alter reduziert, die Wiederherstellung der Balance erschwert. Ludiomil in niedriger Dosierung erwies sich uns nicht nur als wirksames Antidepressivum, sondern auch als wirksames Geriatrikum.

Literatur

1 Ajuriaguerra, J. de: Etude psychopathologique des parkinsoniens. In Ajuriaguerra, J. de, Gauthier, G. (Eds.): Monoamines noyaux gris centraux et syndrome de Parkinson, Symp. Bel-Air IV, Genève 1970, p. 327 (Georg, Genève/Masson, Paris 1971)

2 Ashcroft, G. W., Crawford, T. B. B., Eccleston, D., Sharman, D. F., MacDougall, E. J., Stanton, J. B., Binns, J. K.: 5-Hydroxyindole compounds in the cerebrospinal fluid of patients with psychiatric or neurological diseases. Lancet *ii*, 1049 (1966)

3 Bartholini, G., da Prada, M., Pletscher, A.: Decrease of cerebral 5-hydroxytryptamine by 3,4-dihydroxyphenylalanine after inhibition of extracerebral decarboxylase. J. Pharm. Pharmacol. *20*, 228 (1968)

4 Bein, H. J.: The pharmacology of Rauwolfia. Pharmacol. Rev. *8*, 435 (1956)

5 Benkert, O., Renz, A., Marano, C., Matussek, N.: Altered tyrosine daytime plasma levels in endogenous depressive patients. Arch. gen. Psychiat. *25*, 359 (1971)

6 Birkmayer, W.: Die polygraphische Registrierung des antidepressiven Effektes. In López Ibor, J. J. (Ed.): Proc. IVth World Congr. Psychiat., Madrid 1966, Pt IV, p. 2337. Int. Congr. Series No. 150 (Excerpta med. Found., Amsterdam etc. 1968)

7 BIRKMAYER, W., DANIELCZYK, W., NEUMAYER, E., RIEDERER, P.: The biochemical aspects of behavior. In Siegfried, J. (Ed.): Parkinson's disease. Rigidity, akinesia, behavior. Vol. I, Proc. IVth Int. Symp. Parkinson's disease, Zürich 1972, p. 176 (Huber, Bern/Stuttgart/Wien 1972)
8 BIRKMAYER, W., LINAUER, W.: Störung des Tyrosin- und Tryptophanmetabolismus bei Depression. Arch. Psychiat. Nervenkr. *213*, 377 (1970)
9 BIRKMAYER, W., NEUMAYER, E.: In Doberauer, W. (Ed.): Die Wirkschalen des alten Menschen in Alter und Krankheit, p. 112 (Verlag Ges. Förderung wiss. Forsch., Wien 1957)
10 BIRKMAYER, W., NEUMAYER, E., STÖCKL, W., WEILER, G.: Biochemischer Shunt bei der endogenen Depression. In Hippius, H., Selbach, H. (Eds.): Das depressive Syndrom, Int. Symp., Berlin 1968, p. 17 (Urban & Schwarzenberg, München/Berlin/Wien 1969)
11 BUNNEY, W. E., jr., BRODIE, H. K. H., MURPHY, D. L., GOODWIN, F. K.: Studies of alpha-methyl-para-tyrosine, L-dopa, and L-tryptophan in depression and mania. Amer. J. Psychiat. *127*, 872 (1971)
12 BUNNEY, W. E., jr., DAVIS, J. M.: Norepinephrine in depressive reactions. Arch. gen. Psychiat. *13*, 483 (1965)
13 CLARK, W. G.: Some aspects of the pharmacology of the psychic and behavioral effects of L-3,4-dihydroxyphenylalanine (L-dopa). In Barbeau, A., McDowell, F. H. (Eds.): L-Dopa and parkinsonism, p. 349 (Davis, Philadelphia 1970)
14 COPPEN, A., SHAW, D. M., HERZBERG, B., MAGGS, R.: Tryptophan in the treatment of depression. Lancet *ii*, 1178 (1967)
15 DAMÁSIO, A. R., ANTUNES, J. LOBO, MACEDO, C.: L-Dopa, parkinsonism, and depression. Lancet *ii*, 611 (1970)
16 GOODWIN, F. K., MURPHY, D. L., BRODIE, H. K. H., BUNNEY, W. E., jr.: L-DOPA, catecholamines, and behavior: a clinical and biochemical study in depressed patients. Biol. Psychiat. *2*, 341 (1970)
17 GREENSPAN, K., SCHILDKRAUT, J. J., GORDON, E. K., LEVY, B., DURELL, J.: Catecholamine metabolism in affective disorders. Arch. gen. Psychiat. *21*, 710 (1969)
18 INGVARSSON, C. G.: Orientierende klinische Versuche zur Wirkung des Dioxyphenylalanins (L-Dopa) bei endogener Depression. Arzneimittel-Forsch. *15*, 849 (1965)
19 JENKINS, R. B., GROH, R. H.: Mental symptoms in parkinsonian patients treated with L-dopa. Lancet *ii*, 177 (1970)
20 KIELHOLZ, P.: Diagnose und Therapie der Depressionen für den Praktiker, 3. Aufl. (Lehmanns, München 1971)
21 KLEMPEL, K.: Orientierende Untersuchung des zirkadianen Plasma-Tyrosin-Rhythmus depressiver Syndrome unterschiedlicher Ätiologie. Arch. Psychiat. Nervenkr. *216*, 131 (1972)
22 LAPIN, I. P., OXENKRUG, G. F.: Intensification of the central serotoninergic processes as a possible determinant of the thymoleptic effect. Lancet *i*, 132 (1969)
23 MATUSSEK, N., POHLMEIER, H., RÜTHER, E.: Die Wirkung von Dopa auf gehemmte Depressionen. Klin. Wschr. *44*, 727 (1966)
24 McDOWELL, F., LEE, J. E., SWIFT, T., SWEET, R. D., OGSBURY, J. S., KESSLER, J. T.: Treatment of Parkinson's syndrome with L-dihydroxyphenylalanine (levodopa). Ann. int. Med. *72*, 29 (1970)
25 RIEDERER, P.: Das Tyrosin/Tryptophan-Diagramm im Längsschnitt der Depression. J. neural Transmiss. (im Druck)
26 SCHILDKRAUT, J. J., KETY, S. S.: Biogenic amines and emotion. Science *156*, 21 (1967)

Diskussion

H. J. Bein: Herr Birkmayer, gestatten Sie mir zu sagen, daß ich Ihre Arbeitshypothese als sehr fruchtbar erachte. Es sind etwa 25 Jahre her, seit ich an peripheren Kreislauforganen zeigen konnte, daß eine Balancestörung zwischen Noradrenalin und Adrenalin zu einer Funktionsänderung führt. Dies gilt nicht nur für Noradrenalin, sondern auch für die Wirkung von Histamin. Wir können also auch in der Peripherie bestimmte Phänomene auf eine Balanceänderung solcher Amine zurückführen. Und wenn wir den Gedanken von Herrn Birkmayer noch etwas weiterführen, so könnten wir sagen, daß es sich bei der Depression um eine Enzymopathie handelt. Es wäre nun zu prüfen, ob diese Enzymopathie nur das ZNS ergreift, oder ob wir in ähnlicher Weise Balancestörungen auch in der Peripherie finden. Wenn dem so wäre, so würde es sich bei den peripheren Organsensationen nicht mehr um eine Somatisierung sui generis handeln, sondern um eine echte Funktionsstörung auf biochemischer Grundlage. Ich glaube, wir dürfen uns in diesem Zusammenhang nicht täuschen lassen, wenn vom Internisten keine sogenannten Funktionsstörungen nachgewiesen werden können. Denken Sie an den Bereich des Magen-Darm-Kanals. Ich glaube nicht, daß unsere heutige Diagnostik imstande wäre, solche feinen Funktionsänderungen nachzuweisen. Auch auf dem Gebiet des Kreislaufs haben wir in den letzten Jahren enorm viel gelernt, allein durch die Theorien der Betarezeptorenerregung und Betarezeptorenblockade. Und was das Kopfweh betrifft, so darf ich vielleicht darauf hinweisen, daß wir auch heute noch nichts Genaues über die pathophysiologischen Ursachen der Migräne wissen.
Was schließlich das Gehirn angeht, so wird es vielleicht eines Tages möglich sein, ähnlich wie beim Parkinson in ganz bestimmten Gebieten eine Aminstörung nachzuweisen. Dies scheint mir nicht unwahrscheinlich, da wir aus pharmakologischen Versuchen ableiten können, daß die Amine in bestimmten Hirnabschnitten durch bestimmte Medikamente in ganz bestimmter Weise verändert werden.

N. Matussek: An die Ausführungen von Herrn Birkmayer ließen sich umfangreiche Diskussionen knüpfen. Ich möchte mich auf vier Punkte beschränken, und zwar auf vier Punkte des uns eben in so geistreicher Art präsentierten mündlichen Vortrags. 1. In die Balancetheorie müßte man neben dem Serotonin und den Katecholaminen auch das Azetylcholin miteinbeziehen. Ich erinnere an die Arbeit von Janowsky et al.*. Azetylcholin steht nach diesen, auch tierexperimentellen Untersuchungen zum Noradrenalin in einer gewissen Gleichgewichtsrelation. 2. Es wurde meines Wissens von Schildkraut nie behauptet, daß das Methoxyhydroxyphenylglykol (MHPG) völlig aus dem ZNS stammt. Die Untersuchungen von Schildkraut basieren auf den Untersuchungen von Maas und Mitarbeitern. Zuerst nahm man an, daß etwas mehr als 30% des im Urin erscheinenden MHPG aus dem ZNS stammen. Neuere Untersuchungen von Maas zeigten hingegen, daß nach 6-Hydroxydopamin-Injektion ins ZNS die MHPG-Ausscheidung um ungefähr 50% reduziert wird. Das ist ein ziemlich eindeutiges Zeichen dafür, daß etwa 50% des im Urin erscheinenden MHPG aus dem ZNS stammen. 3. Ich würde gerne fragen, ob die Tryptophan-Dosis gesteigert werden muß, wenn man während mehrerer Tage oder Wochen eine Dauertherapie mit Tryptophan durchführt. Man kennt aus biochemischen Untersuchungen die Induktion der Tryptophanpyrrolase. Durch Induktion dieses Enzyms wird in der Leber dem Kynurenin-Stoffwechsel mehr Tryptophan zugeführt. Aus diesem Grunde sollte man besser mit MAO-Hemmern arbeiten. Der Decarboxylase-Hemmstoff spielt nach meiner Ansicht keine so bedeutende Rolle. Heute geht man wohl eher dazu über, auch mit niedrigen Dosen von L-5-Hydroxytryptophan die Serotonin-Menge im ZNS (möglicherweise nicht so physiologisch wie

---

*Janowsky, D. S., El-Youssef, M. K., Davis, J. M., Sekerke, H. J.: A cholinergic-adrenergic hypothesis of mania and depression. Lancet *ii*, 632 (1972)

mit Tryptophan) zu erhöhen. Dazu liegen einige Befunde vor. SANO* hat im vorigen Jahr über den Effekt von 5-HTP bei Depressionen berichtet. 4. Schließlich möchte ich noch darauf hinweisen, daß BENKERT in meiner Arbeitsgruppe den Tyrosin-Stoffwechsel nicht nur über 5 Stunden verfolgt hat. Die Untersuchung ging von morgens 5 bis abends 22 Uhr. Die Befunde sind nicht voll identisch mit denen von Herrn BIRKMAYER, aber im Grunde fanden auch wir beim überwiegenden Teil der endogenen Depressionen in der zirkadianen Rhythmik eine Abweichung vom Normalen.

G. NISSEN: Ich scheue mich etwas, das, was ich sagen möchte, als Frage an Sie zu richten, weil sie möglicherweise ohne Echo bleiben wird. Nehmen Sie es in diesem Fall als Mitteilung hin. Unter meinen ausschließlich mittelschwer depressiven Kindern fand ich in 8% hyperthyreotische Mütter. Ich habe das noch nicht publiziert, weil ich keine Erklärung dafür hatte, bzw. ich habe gedacht, es handle sich vielleicht um eine Art Erschöpfungsdepression der Kinder als Symptomreaktor der Mütter, die ja agitiert, hektisch, ängstlich usw. sind. Humangenetiker teilten mir auf Anfrage mit, daß erbbiologische Zusammenhänge ihnen nicht bekannt seien. Meine Frage lautet daher: Kann man sich stoffwechselmäßige Beziehungen vorstellen, wenn in der Aszendenz Hyperthyreose vorkommt?

P. KIELHOLZ: Es gibt dazu verschiedene Arbeiten, besonders aus früherer Zeit. Man hat bei endogenen Depressionen eine geringe Hypothyreose, geringe NNR-Insuffizienz oder eine Hypotonie gefunden und für die Aszendenz das Gegenteil angenommen. Nach unseren Erfahrungen sind das Mikrobefunde, die falsch kausalisiert wurden.

H. M. VAN PRAAG: Herr BIRKMAYER, Sie sagten, daß bei psychotischen Nebenwirkungen einer Dopa-Medikation die Konzentration von 5-Hydroxyindolessigsäure erhöht sei und bei Zufuhr von Tryptophan sich wieder normalisiere. Das ist hochinteressant, aber merkwürdig. Man fragt sich, warum dieses Übermaß an Tryptophan nicht in Serotonin und anschließend in 5-Hydroxyindolessigsäure umgesetzt wird. Das erinnert mich an einige Befunde von BOWERS** wie auch an unsere eigenen. Es scheint bestimmte Depressionen zu geben, bei denen ein Übermaß an Tryptophan nicht in 5-Hydroxyindolessigsäure umgesetzt werden kann. Meine Frage lautet: Wie lange nach Beginn der Tryptophan-Therapie haben Sie bei diesen dopapsychotischen Patienten die Konzentration von 5-Hydroxyindolessigsäure im Liquor cerebrospinalis bestimmt?

A COPPEN: Ich stimme Herrn BIRKMAYER zu, daß die Gleichgewichtstheorie zwischen Katecholaminen und Serotonin sehr verlockend ist, bin aber auch der Meinung von Herrn MATUSSEK, daß wir die Bedeutung der verschiedenen Transmitter im Zentralnervensystem und die biochemischen Effekte antidepressiver Präparate mit größter Vorsicht beurteilen sollten. Wir haben letzten Endes ja nur das gemessen, was wir messen können; sicher gibt es viele andere Möglichkeiten, von denen wir heute noch gar keine Kenntnis haben. Natürlich ist es sehr schwierig, diese Substanzen im Zentralnervensystem des Menschen zu bestimmen, ich glaube aber, daß die Bestimmung der Metaboliten im Liquor sehr aufschlußreich ist. In diesem Zusammenhang möchte ich kurz über den Befund einer Studie berichten, die wir über die Konzentration von Methoxyhydroxyphenylglykol (MHPG) bei depressiven Patienten vor der Behandlung wie auch bei einigen der Patienten nach ihrer klinischen Besserung durchgeführt haben. Die Werte wurden außerdem mit denen einer Kontrollgruppe verglichen. Obwohl zwischen den depressiven Patienten und der Kontrollgruppe

* SANO, I.: Diskussionsvoten. In Kielholz, P. (Ed.): Depressive Zustände, Int. Symp., St. Moritz 1972, p. 26 und 280 (Huber, Bern/Stuttgart/Wien 1972)

** BOWERS, M.B., jr.: Cerebrospinal fluid 5-hydroxyindoles and behavior after L-tryptophan and pyridoxine administration to psychiatric patients. Neuropharmacology *9*, 599 (1970) kein Unterschied der MHPG-Konzentration festzustellen war, konnten wir doch zwei interessante Befunde erheben: Zum einen zeigte sich nach der klinischen Besserung eine geringe, aber signifikante *Abnahme* der MHPG-Konzentration; zum anderen war in der depressiven Phase eine Korrelation zwischen der MHPG-Konzentration und der Tiefe der Depression – gemessen nach der Beck-Skala – zu erkennen. In gewisser Hinsicht sah es so aus, als ob sich das MHPG wie, beispielsweise, Cortisol verhalte; das könnte durch die emotionelle Störung infolge des depressiven Zustandes bedingt gewesen sein, aber in dieser Studie haben wir mit Sicherheit keinerlei Anzeichen eines Defizits gefunden – die MHPG-Spiegel waren in der depressiven Phase tatsächlich etwas höher.

Unser Interesse richtete sich ferner auf den Parkinsonismus und seine Behandlung mit L-Dopa, da bei dieser Erkrankung ein sehr deutliches Defizit eines zerebralen Amins besteht, nämlich des Dopamins. Wir kontrollieren seit zwei Jahren eine Gruppe Parkinson-Patienten. Eingeschlossen in die Studie war eine Untersuchung ihres affektiven Zustandes vor der Behandlung. Zu unserer Überraschung war es nicht möglich, irgendeinen Hinweis auf eine auffallende affektive Morbidität zu finden. Ich glaube, es wird allgemein angenommen, daß Parkinson-Kranke zu Depressionen neigen, doch wir konnten bei diesen Patienten – unter Anwendung der Bewertungsskalen von Hamilton und Beck – keine größere Häufigkeit von Depressionen nachweisen, als man sie in einer Gruppe randomisierter Patienten gleichen Alters und Geschlechts finden würde. Wir haben die Patienten dann in einer kontrollierten Blindprüfung entweder mit L-Dopa oder mit L-Dopa plus Tryptophan behandelt; beide Behandlungen ergaben – was den neurologischen Zustand der Patienten anbetraf – ausgezeichnete Resultate. Die mit L-Dopa allein behandelten Patienten ließen keinerlei Anzeichen einer Depression oder einer Manie erkennen. Bei den Patienten, die L-Dopa plus L-Tryptophan erhalten hatten, beobachteten wir eine geringe, aber signifikante Abnahme ihrer – wie bereits erwähnt – schon vor der Behandlung nicht sehr hohen Hamilton- und Beck-Scores sowie eine geringe, aber signifikante Zunahme ihres Validitäts-Scores, eines auf den psychischen Antrieb bezogenen Scores. Es scheint demnach, daß die Patienten, die neben L-Dopa noch L-Tryptophan erhielten, aus der Behandlung zusätzlich einen gewissen Vorteil hinsichtlich ihres psychischen Zustandes gezogen haben; es deutete jedoch, wie ich nochmals hervorheben möchte, nichts darauf hin, daß L-Dopa allein – in den hier verwendeten Dosen – eine Depression oder eine Manie ausgelöst haben könnte.

Noch ein letzter Punkt: In einigen Bemerkungen klang die Frage an, ob es irgendeinen Beweis dafür gebe, daß beim Abbau des Tryptophans zum 5-Hydroxytryptamin eine periphere Störung mit im Spiele sein könnte. Wir haben gerade eine Untersuchung abgeschlossen, in der wir depressiven Patienten und Kontrollpersonen ^{14}C-markiertes Tryptophan injizierten und dann die Ausscheidung der ^{14}C-markierten 5-Hydroxyindolessigsäure und der Indolessigsäure im Harn gemessen haben; es konnte kein Unterschied zwischen den depressiven Patienten und den Kontrollpersonen festgestellt werden.

W. PÖLDINGER: Sehr wichtig scheint mir die Bemerkung von Herrn BIRKMAYER zu sein, daß bei Depressionen im Alter niedrig dosiert werden muß. Das gilt nach unseren Erfahrungen generell für Antidepressiva und speziell für ®Ludiomil. Als wir noch keine 10-mg-Tabletten hatten, haben wir die 25-mg-Tabletten halbiert und 12,5 mg gegeben, und das nicht nur wegen der erhöhten Empfindlichkeit alter Menschen für Begleiterscheinungen, sondern auch wegen der besseren Resultate, die wir mit der niedrigen Dosierung erzielten.

P. BERNER: Ich möchte – im Anschluß an die Ausführungen von Herrn BEIN – eine kurze terminologische Bemerkung machen. Herr BIRKMAYER ist mit dem Begriff der «neurotischen Depression» sehr streng ins Gericht gegangen, mit Recht, wie ich glaube. Wenn wir seine Balancetheorie, wie er sie auf die larvierte Depression angewandt hat, als Arbeitshypothese akzeptieren, sollten wir aufhören, von psychosomatischen Beschwerden zu sprechen. Mit diesem Begriff implizieren wir nämlich etwas, das wir noch gar nicht nachweisen können: Im Hinblick auf die erwähnten peripheren Effekte könnten die somatischen Symptome durchaus anders als primär psychogen begründet sein.

J.J. López-Ibor Aliño: Die von Herrn Birkmayer vorgetragene Theorie des Bioamin-Gleichgewichts halte ich für sehr interessant, besonders weil sie recht gut mit dem übereinzustimmen scheint, was wir tatsächlich sehen, wenn wir unsere Patienten behandeln. Wie ich schon erwähnte, haben wir bei depressiven Patienten Untersuchungen über die Nützlichkeit von Tryptophan – allein oder in Kombination mit anderen Präparaten – angestellt. Es zeigte sich, daß die kombinierte Behandlung mit Tryptophan gute therapeutische Effekte erzielte, vergleichbar denen, wie man sie mit den gebräuchlichen Antidepressiva erreicht. Wir haben Tryptophan auch zur Behandlung von Depressionen bei Fällen vom M. Parkinson eingesetzt. Es sei mir gestattet, in diesem Zusammenhang auf einen Beitrag von Herrn López Ibor und mir* zu einer in Graz durchgeführten Tagung zu verweisen. Während einer Tagung über Psychochirurgie** berichtete ich über einen mir besonders interessant erscheinenden Fall mit folgendem Sachverhalt: Im Rahmen einer geplanten Nachuntersuchung aller Patienten, die in Madrid wegen Zwangsneurosen oder chronischer Depression psychochirurgisch behandelt worden waren, bat ich die Patienten schriftlich, sich in unserer Poliklinik zu melden. Unter ihnen war eine etwa 40jährige Frau, die vor sechs Jahren wegen M. Parkinson operiert worden war. Sie sagte mir, daß sie sich deprimiert fühle und daß die Symptome wieder so ausgeprägt seien wie vor der Operation. Ich untersuchte sie neurologisch, und mein Befund deckte sich fast völlig mit dem der Ärzte, die sie kurz nach ihrer Operation gesehen hatten – mit dem einzigen Unterschied, daß sie jetzt sehr depressiv war. Da ich keinen objektiven Beweis dafür finden konnte, daß die Parkinson-Symptomatik in irgendeiner Hinsicht ausgeprägter sei, als sie es einen Monat nach der Operation gewesen war, verschrieb ich ihr lediglich ®Tofranil zur Behandlung der Depression. Als die Patientin mich zwei oder drei Monate später wieder aufsuchte, sagte sie: «Herr Doktor, diese Pillen haben mir gegen meinen Parkinsonismus gleich gut geholfen wie die vor Jahren ausgeführte Operation.» Natürlich konnte in Wahrheit nicht von einem Parkinson-Rückfall die Rede sein, sondern die Frau hatte an einer Depression gelitten, die durch das Präparat gebessert worden war. Ein oder zwei Jahre später kam sie in einer – allerdings weniger ausgeprägten – depressiven Phase wieder zu uns, und auch diesmal sprach sie auf die medikamentöse Behandlung gut an.
Schon vor der Ära der L-Dopa-Therapie wußten wir also, daß Parkinson-Patienten häufig an Depressionen leiden, die nicht selten einen phasischen Verlauf nehmen. In Madrid haben wir vor kurzem auch die Kombination von Tryptophan mit Amantadin in der Depressionsbehandlung versucht, ohne damit jedoch einen Erfolg zu erzielen – außer bei den Fällen, die nach ein oder zwei Wochen zusätzlich einen MAO-Hemmer erhielten. Selbstverständlich sieht man bei Parkinson-Patienten nach L-Dopa plus Amantadin eine sehr eindrucksvolle Besserung, aber nicht nach Tryptophan plus Amantadin; ich kann für diese Befunde keine Erklärung anbieten, sondern berichte nur, was wir als Kliniker tatsächlich beobachten.

W. Walcher: Wie Herr Birkmayer und Herr Pöldinger möchte ich die gute Wirkung von niedrig dosiertem Ludiomil bei Altersdepressionen unterstreichen. Man steht bei der Altersdepression häufig vor dem Dilemma, wegen der Schlafstörungen und der ängstlich-hypochondrisch-klagsamen Hintergrundsymptomatik primär sedierend-

---

*López Ibor, J.J., López-Ibor Aliño, J.J.: Depressionen bei organischen Krankheiten. Ärztl. Prax. *21*, 5430 (1969)
**López-Ibor Aliño, J.J., Burzaco, J.: Stereotaxic anterior limb capsulotomy in selected psychiatric patients. In Hitchcock, E., Laitinen, L., Varnet, K. (Eds.): Psychosurgery, p. 391 (Thomas, Springfield, Ill. 1972)

thymoleptisch behandeln zu müssen. Die Amitriptylin-Derivate, die bisher für diese Zielsymptomatik die Mittel der Wahl waren, fördern jedoch delirante Entgleisungen. Bei dem nicht nur im Hinblick auf anticholinergische Nebenerscheinungen gut verträglichen Ludiomil ist das weniger der Fall. Ein weiterer Vorteil besteht darin, daß, wenn unter der Behandlung die vitale Hemmung in den Vordergrund treten sollte, Ludiomil sehr gut mit kleinen morgendlichen Gaben von ®Anafranil kombiniert werden kann, so daß wirklich das gesamte depressive Spektrum durch die Behandlung erfaßt wird.

A. M. Freedman: Die Balance-Hypothese von Herrn Birkmayer ist sehr reizvoll und beeindruckend. Ich bin überzeugt, er ist sich der Möglichkeit bewußt, daß es eine Reihe weiterer Variablen geben könnte und daß das System, auf dem seine Hypothese basiert, nicht unbedingt das entscheidende biochemische System sein muß, das den klinischen Depressionen, die wir sehen, zugrunde liegt. In diesem Zusammenhang möchte ich unsere Beobachtung erwähnen, daß gewisse Pharmaka, die sich in keine der bekannten Klassen einordnen lassen, gleichfalls eine antidepressive Wirkung entfalten. Ich denke hier an Opiat-Antagonisten, wie man sie in der Behandlung Heroinsüchtiger einsetzt. Cyclazocin, ein Opiat-Antagonist, den wir verwendet haben, bewirkt nach den Angaben der damit behandelten Heroinsüchtigen eine ähnliche Stimmungshebung wie Marihuana oder Amphetamine. Durch diese klinischen Beobachtungen angeregt, untersuchten meine Kollegen Max Fink vom New York Medical College und Turan Itil von der University of Missouri den Effekt von Cyclazocin anhand programmierter EEG-Profile. Wie sie feststellten, wiesen die Kurvenbilder große Ähnlichkeit mit dem EEG nach Imipramin auf. Wir prüften deshalb Cyclazocin in einer Gruppe depressiver Patienten, d.h. bei hospitalisierten psychotischen Depressiven, sowie bei ambulanten Patienten, die auf Imipramin nicht angesprochen hatten. Die Resultate waren recht ermutigend: 8 von 10 hospitalisierten Depressiven sowie 10 von 19 ambulanten Depressiven, alle Imipramin-Versager, zeigten eine Besserung. Leider ist die therapeutische Breite für einen routinemäßigen klinischen Einsatz nicht ausreichend. Um jedoch auf den Punkt zurückzukommen, um den es mir eigentlich zu tun war: Cyclazocin wirkt zweifellos wie ein Antidepressivum, obwohl es – soviel ich gegenwärtig weiß – den Katecholamin- oder Serotoninstoffwechsel nicht direkt beeinflußt; es wäre natürlich denkbar, daß die Substanz einen indirekten Einfluß ausübt. Andererseits ist es möglich, daß eine Reihe ganz anderer biochemischer Prozesse involviert ist. Weitere Forschungen werden zeigen, ob es in der Tat andere biochemische Systeme gibt, die bei der Depression eine Rolle spielen.

H. Heimann: Ich habe gewisse Schwierigkeiten mit den Schlußfolgerungen, und zwar mit der Feststellung, daß die Balancestörung der biogenen Amine im Alter an sich besonders ausgeprägt sei. Worauf basiert diese Aussage, und was besagt die Feststellung: Ludiomil ist ein gutes Geriatrikum? Bedeutet das, daß überhaupt die Altersbeschwerden mit diesen Balancestörungen, z.B. auch peripherer Art, wie es Herr Bein postuliert hat, zusammenhängen könnten und das Präparat daher auch außerhalb depressiver Zustände gegen Altersbeschwerden wirksam ist?

H. M. van Praag: Lassen Sie mich den Bemerkungen von Herrn Coppen und Herrn López-Ibor Aliño noch einige Worte hinzufügen. In der Original-Publikation von Bernheimer et al.* berichteten die Autoren nicht nur einen ausgesprochenen Defekt im Dopamin-Stoffwechsel von Parkinson-Kranken, sondern auch einen ausgesprochenen Defekt im Serotonin-Stoffwechsel der post mortem untersuchten Gehirne solcher Patienten. Nun haben wir hier gehört, daß es, abgesehen vom Dopa, auch Vorstufen des Serotonins gibt, die bei Parkinson-Patienten einen gewissen günsti-

* Bernheimer, H., Birkmayer, W., Hornykiewicz, O.: Verteilung des 5-Hydroxytryptamins (Serotonin) im Gehirn des Menschen und sein Verhalten bei Patienten mit Parkinson-Syndrom. Klin. Wschr. *39*, 1056 (1961)

gen Effekt besitzen. Als wir* die Probenecid-Technik bei Parkinson-Patienten anwendeten, fanden wir – wie vor uns schon Olsson und Roos** –, daß ein schwerer Dopaminmangel im Hirn solcher Patienten sich mit Hilfe dieser Technik nachweisen lasse. Noch wesentlicher aber ist die Tatsache, daß wir mit dieser Technik auch in der Lage waren zu demonstrieren, daß der Serotonin-Stoffwechsel bei Parkinson-Patienten schwer gestört sein kann. Das mag die günstigen Erfolge erklären, die mit Vorstufen von Serotonin bei diesem Typ von Patienten erreicht wurden.

H. E. Lehmann: Herr Birkmayer, erlauben Sie mir eine etwas unorthodoxe Bemerkung. Als Sie über die Altersdepression sprachen, erwähnten Sie in Ihren mündlichen Ausführungen den Fall einer alten Dame, die ihren Mann verloren hatte und drei Monate später immer noch trauerte und sich grämte. Als die Patientin zu Ihnen kam, haben Sie ihr etwa gesagt: «Sehen Sie, die Trauer ist doch etwas Gutes; Sie fühlen sich auf diese Weise mit Ihrem Mann verbunden und können eine innere Beziehung zu ihm aufrechterhalten.» In manchen Einzelfällen mag das eine Hilfe bedeuten – aber wie verhält es sich mit den alten Menschen im allgemeinen? Für einen 75 oder 80 Jahre alten Menschen sind die drei Hauptquellen der Freude versiegt, die uns alle vor der Depression schützt – Vergnügen, Erfolg sowie Beziehungen zu anderen Menschen. Sie können einem Menschen, der sich den Achtzigern nähert und der schon viele seiner Freunde und Verwandten verloren hat, zwar sagen: «Es ist gut für Sie, die Erinnerung an die Verstorbenen wachzuhalten und um sie zu trauern», aber wird das dem Achtzigjährigen wirklich helfen? Das gleiche gilt im Hinblick auf andere Dinge, die er verloren hat, wie Prestige, Status sowie physische und geistige Fähigkeiten. Sie können ihm wiederum raten: «Nun, denken Sie doch an das, was Sie gehabt haben! Auf diese Weise können Sie zumindest eine gewisse Verbindung mit der Vergangenheit aufrechterhalten.» Aber ich fürchte, das wird dem alten Menschen nicht viel helfen. Selbstverständlich sind im Alter auch die Möglichkeiten geistiger und körperlicher Entspannung sehr begrenzt: Von den wenigen Ausnahmen, zu denen etwa König Gustav von Schweden gehörte, abgesehen, kann niemand bis in sein 90. Lebensjahr hinein Ski fahren oder Tennis spielen. Nun, meiner Ansicht nach haben wir es bei diesen alten Menschen weder mit einer Enzymopathie zu tun, wie sie Herr Bein zur Diskussion stellte, noch mit einer Störung des Gleichgewichts der Monoamine, von der Herr Birkmayer gesprochen hat. Es handelt sich hier vielmehr um eine physiologisch oder existentiell bedingte, gewissermaßen normale Art von Depression, um eine Schmerz- und Gramreaktion, die an Intensität unvermeidlich zunimmt, je älter der Mensch wird und je mehr er im Leben verliert; und Verlust – oder besser gesagt: die Reaktion auf den Verlust, die natürlich eine normale Reaktion darstellt – ist eine Form der Depression. Was ich daher vorschlagen möchte – und ich bin mir durchaus bewußt, daß es sich dabei um einen sehr ungewöhnlichen Vorschlag handelt –, ist, daß die pharmazeutische Industrie und unsere Forscher nicht nur nach Substanzen suchen sollten, die ein gestörtes Gleichgewicht auf physiologischer oder biochemischer Ebene ins Lot bringen können, sondern auch – *horribile dictu* – nach euphorisierenden Mitteln! Ich meine irgendwelche künstliche Mittel, die für den alten Menschen eine andere Quelle der Freude darstellen könnten, auf die er sonst weitgehend verzichten müßte. Da Erfolg, zwischenmenschliche Beziehungen und die verschiedenen Arten von Vergnügen für ihn der Vergangenheit angehören, sollte er sich statt dessen von Tag zu Tag oder von Woche zu Woche auf irgend etwas anderes freuen können, und sei es auf ein künstlich geschaffenes Mittel. Die Entwicklung eines solchen Präparates auch nur zu erwägen, hat bisher völlig

* Puite, J. K., Schut, T., Praag, H. M. van, Lakke, J. P. W. F.: Monoamine metabolism and depression in Parkinson patients. Psychiat. Neurol. Neurochir. (Amst.) *76*, 61 (1973)

** Olsson, R., Roos, B.-E.: Concentrations of 5-hydroxyindoleacetic acid and homovanillic acid in the cerebrospinal fluid after treatment with probenecid in patients with Parkinson's disease. Nature (Lond.) *219*, 502 (1968) außerhalb des ärztlichen Vorstellungsbereichs gelegen. Als Ärzte betrachteten wir es als unsere Pflicht, Krankheiten zu bekämpfen; das ging bis zur Besiegung des Schmerzes, aber nicht weiter. Alles andere hielt man für anmaßend oder leichtfertig. Ich glaube, da immer mehr Menschen ein Lebensalter von 80 und mehr Jahren erreichen, sollten wir in Zukunft Traurigkeit und existentielle Depression nicht einfach als unabänderliche Begleiterscheinungen des Greisenalters hinnehmen, sondern sollten uns bemühen, sie – wenn nötig mit chemischen Mitteln – zu überwinden.

W. Birkmayer: Ich danke Herrn Bein, dessen Meinung bezüglich der Enzymopathie ich teile. Damit verlagern wir das Problem aber eigentlich nur in die Peripherie. Beim Parkinson besteht ein Dopamin-Defizit. Aber wieso? Das wissen wir noch nicht.

Nebenwirkungen der Dopa-Therapie, Herr Coppen, bestehen in Obstipation, Anurie, Brechreiz, Magenblutungen, Rektalblutungen, Blutungen der Mundschleimhaut. Alles Reaktionen auf Serotonin-Freisetzung. Wenn so ein Parkinson-Patient von 70 Jahren wegen einer Anurie zum Urologen geht, dann sagt der sofort: Prostatahypertrophie! Das muß operiert werden. Wir hingegen geben eine Woche lang 1 ½ g Tryptophan, und die Anurie ist verschwunden. Es besteht also eine Dekompensation in der Peripherie. Das gleiche Phänomen haben wir bei den Schleimhautblutungen. Die «*competition*» zwischen den biogenen Aminen ist nicht nur im ZNS, sondern auch in der Peripherie vorhanden. Liegt der Schwerpunkt in der Peripherie, kann man theoretisch eine larvierte Depression annehmen.

Selbstverständlich, Herr Matussek, ist bei dieser Balance viel mehr unbekannt als bekannt. Was das Azetylcholin betrifft, so müssen wir uns im klaren sein, daß eine Unmenge von cholinergischen Neuronen im ZNS tätig ist, die als Transmitter das Azetylcholin haben. Im Striatum steht Azetylcholin zu Dopamin in einem antagonistischen Verhältnis. Führe ich jetzt L-Dopa zu, so störe ich dieses Azetylcholin-Dopamin-Gleichgewicht. Folge davon sind die entsetzlichen Hyperkinesen, die wir nach Dopa-Therapie sehen. Ein Nachteil ist, daß wir noch über keine verläßliche Methode der Azetylcholinbestimmung verfügen, d.h. es gibt zwar sieben verschiedene Methoden, aber noch keine wirklich verwertbare. Wir haben uns jetzt in unseren Arbeiten auf die Gamma-Aminobuttersäure konzentriert, weil sie ein Inhibitor der cholinergischen Neurone ist. Vielleicht kommt etwas dabei heraus.

Nun zum Methoxyhydroxyphenylglykol. Schildkrauts Befunde habe ich nicht bezweifelt. Jeder hat einen Zipfel in der Hand und glaubt, damit das Problem erfaßt zu haben. Ich kann die Untersuchung von Herrn Coppen zum Teil bestätigen; wir haben natürlich sofort versucht, im Liquor der Depressiven dieses MHPG auszutesten, und konnten dabei weder in der Remission der depressiven Phase noch bei den Kontrollpersonen signifikante Unterschiede feststellen.

Was die Dauer der Tryptophan-Therapie betrifft, besteht kein Zweifel, daß bei Zusatz des Decarboxylase-Hemmers viel geringere Tryptophan-Mengen notwendig sind als ohne ihn, weil wir durch die Decarboxylase-Hemmung in der Peripherie die Anreicherung im Gehirn auf das Fünf- bis Sechsfache steigern. Ich komme mit niedrigen Dosen aus. In den Fällen, die wir untersucht haben, ist es sicher nicht zu einer Aktivierung der Tryptophanpyrrolase gekommen, weil der Abbaustoff des Tryptophans, das Kynurenin, vermindert war; über diesen Weg geht es meines Erachtens nicht. 5-Hydroxytryptophan (5-HTP) ist eine sehr viel teurere Substanz als Tryptophan. Zusammen mit Hornykiewicz* haben wir auch 5-HTP angewendet. Coppen** hat Tryptophan mit einem MAO-Inhibitor kombiniert und damit bessere Erfolge als mit Elektroschock erzielt. Ich kann diese Ergebnisse bestätigen, allerdings nur für 30% unserer Depressiven. In den Fällen, in denen durch Serotonin-Anreicherung die Balance wiederhergestellt wird, erfolgt eine volle Remission. Wenn aber nicht das

---

* Birkmayer, W., Hornykiewicz, O.: Der L-3,4-Dioxyphenylalanin(=Dopa)-Effekt bei der Parkinson-Akinese. Wien. klin. Wschr. *73*, 787 (1961)

** Coppen, A., Shaw, D. M., Farrell, J. P.: Potentiation of the antidepressive effect of a monoamine-oxidase inhibitor by tryptophan. Lancet *i*, 79 (1963)

Serotonin-Defizit die Ursache der Depression bzw. der depressiven Phase ist, bleibt der Erfolg aus.

Zur Publikation von BENKERT ist zu sagen, daß ich nur die Arbeit in englischer Sprache kenne. Dort sind die Werte lediglich bis 11 Uhr vormittags angegeben, aber das ist ja nicht entscheidend. Er hat gezeigt, daß um 8 Uhr früh im nüchternen Zustand die Tyrosin-Werte höher sind als um 11 Uhr. Die Tyrosin-Kurve sinkt im Gegensatz zur Norm ab, läßt also den paradoxen Verlauf erkennen.

In Beantwortung Ihrer Frage, Herr NISSEN, möchte ich sagen, daß «Hyperthyreose» bei uns heute so eine Diagnose ist wie früher «vegetative Dystonie». In Lainz sind von allen zugewiesenen Hyperthyreosen, die mit der Isotopen-Methode untersucht werden, nicht einmal 5% objektivierbar. Sie haben wahrscheinlich von dem sexuellstimulierenden Effekt der Dopa-Therapie gehört. Amerikanische Autoren haben ihn zunächst mit dem «*well-being*» erklärt. Die Patienten fühlen sich wohl, und das verstärkt ihren Wunsch nach sexuellen Beziehungen. Skandinavische Autoren konnten zeigen, daß im Hypothalamus, im Nucleus paraventricularis, dopaminergische Neuronenketten vorhanden sind, die über den Spatzschen nucleus infundibularis zur Hypophyse ziehen und hier die Gonadotropinbildung stimulieren. Das könnte auch für das Thyreotropin zutreffen. Ein anderer Zusammenhang ist mir nicht bekannt.

Herr VAN PRAAG hat nach dem Zustandekommen der 5-Hydroxyindolessigsäure-Vermehrung in der psychotischen Phase gefragt. Wir müssen unterscheiden zwischen Fakten und Erklärungen. Ich kann daher nur die Tatsache als solche, nämlich eine Erhöhung der 5-Hydroxyindolessigsäure-Konzentration auf das Drei- bis Fünffache bei Dopa-Psychosen, anführen. Daß bei diesen Patienten gleichzeitig die Homovanillinsäure absinkt, zeigt die Balancestörung. Da beides Metaboliten biogener Amine sind, ist anzunehmen, daß die Erklärung von NG et al.*, EVERETT und BORCHERDING** sowie von BARTHOLINI et al.***, diese Abnahme sei durch Dopamin-Anreicherung ausgelöst, stimmt. Die Zufuhr von Tryptophan stellt die Balance wieder her. Daher ist der *turnover* vermindert. Das bedeutet eine erniedrigte 5-Hydroxyindolessigsäure-Konzentration und eine erhöhte Homovanillinsäure-Konzentration. Das eine sind Tatsachen, das andere Erklärungen. Ob es wirklich so ist, weiß ich nicht. Wir haben natürlich auch Elektroenzephalogramme angefertigt. Es ist interessant, daß sie in der psychotischen Phase schwer pathologisch waren. Nach Normalisierung der biochemischen Befunde erhielten wir dann wieder ein EEG-Muster, wie es für alte Menschen typisch ist. Drei Wochen nach dem Verschwinden der psychotischen Zeichen haben wir nochmals lumbalpunktiert.

Herr COPPEN, ich habe bereits mitgeteilt, daß wir MHPG-Bestimmungen vorgenommen haben. Gefunden haben wir nichts, d.h. keine signifikanten Verschiebungen gegenüber den Kontrollen und gegenüber den remittierten Depressionen. Ihre Ergebnisse bei Parkinson-Patienten, die Sie mit L-Dopa plus Tryptophan behandelt haben, sind sehr interessant. Es hat mich besonders gefreut, daß mit einer so seriösen und wirklich breit gestreuten Testung eine Normalisierung der psychopathologischen Veränderungen nachgewiesen wurde, die eingetreten ist, ohne daß der kinetische Dopa-Effekt gelitten hat. Das ist ja das Entscheidende.

Herr PÖLDINGER, ich bin ganz Ihrer Meinung, wir brauchen 10-mg-Tabletten von Ludiomil, weil diese Dosierung dem alten Menschen auch im Hinblick auf die Verträglichkeit am besten entspricht. Man muß sie eben längere Zeit geben. Sie erinnern

---

*NG, K.Y., CHASE, T.N., COLBURN, R.W., KOPIN, I.J.: L-Dopa-induced release of cerebral monoamines. Science *170*, 76 (1970)

**EVERETT, G.M., BORCHERDING, J.W.: L-Dopa: effect on concentrations of dopamine, norepinephrine and serotonin in brains of mice. Science *168*, 849 (1970)

***BARTHOLINI, G., DA PRADA, M., PLETSCHER, A.: Decrease of cerebral 5-hydroxytryptamine by 3,4-dihydroxyphenylalanine after inhibition of extracerebral decarboxylase. J. Pharm. Pharmacol. *20*, 228 (1968)

sich an die Tabelle in meinem Vortrag, die zeigte, daß bei den senilen Depressionen relativ häufig die somatischen Beschwerden bestehen blieben. Nun haben wir natürlich gedacht, wir müßten höher dosieren, und haben 3mal 50 mg gegeben. Leider kam es aber zu Verwirrtheitszuständen und anderen unerwünschten Nebenwirkungen. Deshalb muß man beim alten Menschen länger, aber mit niedrigeren Dosen behandeln.
Der Bemerkung von Herrn BERNER habe ich kaum etwas hinzuzufügen. Ich teile seine Ansicht, daß der Terminus «psychosomatische Beschwerden» bald einmal verschwinden wird. Denn entweder sind diese psychosomatischen Beschwerden die Projektion eines tiefen psychischen Konfliktes im psychoanalytischen Sinn einer Neurose, oder sie sind Ausdruck, d.h. Symptom, einer Depression. Und es sollte eigentlich möglich sein, das zu diagnostizieren.
Herr LÓPEZ-IBOR ALIÑO, wir haben die Tryptophan-Applikation bei Depressionen durchgeführt und konnten die Befunde von Herrn COPPEN bestätigen. Es geht ja immer nur um die Bestätigung. Wenn Sie die therapeutischen Erfolge einer Dopa-Therapie in der Weltliteratur kontrollieren, finden sie Erfolgsquoten von 10% bis 100%. So groß sind die Schwankungen. Sie haben, wenn ich mich richtig erinnere, 53%, wir haben 30%, das deckt sich ungefähr. Zu den MAO-Inhibitoren: Es war unser erster Gedanke, die Dopamin-Anreicherung durch Kombination von L-Dopa mit einem MAO-Hemmer zu potenzieren. Denn wenn die Monoaminooxydase, die in der Zelle den Abbau der biogenen Amine katalysiert, blockiert wird, dann kommt es zu einer Anreicherung. Darauf basiert ja der antriebssteigernde Effekt. Die gebräuchlichen MAO-Hemmer haben aber den Nachteil einer langen Anlaufzeit. Es dauert ungefähr 10 Tage, bis sie wirken, und wenn wir sie absetzen, wirken sie noch 10 Tage weiter. Dadurch ist die Therapie schwer steuerbar. Wir sind daher wie Frau KUHN von der Verordnung bei Depressionen völlig abgekommen. Nun zu dem speziellen Fall der operierten Parkinson-Patientin. Es stimmt, daß beim Parkinson Depressionen vorkommen. Das war schon sehr lange vor der L-Dopa-Therapie bekannt und spricht für die Enzymopathie sowohl beim Parkinson als auch bei der Depression. Bei den stereotaktischen Operationen können die Ergebnisse unterschiedlich ausfallen. HASSLER* aus Frankfurt und STEG** aus Göteborg haben gefunden, daß die Unterbrechung der von der Substantia nigra zum Pallidum ziehenden Bahn zu einer Verminderung des Serotonin-Gehalts im Pallidum führt. Die Serotonin-Theorie des Tremors wird dadurch allerdings nicht bestätigt, weil der Tremor trotzdem bestehen bleibt. Da ist noch vieles unklar.
Herr WALCHER, ich stimme Ihnen selbstverständlich völlig zu. Bei den Antriebsstörungen der alten Menschen muß man manchmal mit einem antriebssteigernden Medikament kombinieren.
Die Frage von Herrn FREEDMAN habe ich z.T. schon Herrn MATUSSEK beantwortet. Ich teile seine Ansicht vollkommen, daß hier viele Faktoren beteiligt sind und wir bei unseren Analysen primär nicht wissen können, ob wir den entscheidenden Faktor haben. Möglicherweise spielen andere Momente eine entscheidende Rolle, z.B. Eisen. Wir bestimmen seit einiger Zeit bei Depressionen die Spurenelemente.
Zu Herrn HEIMANN: Wie das Langzeitdiagramm der Tyrosin-Tryptophan-Werte zeigt, kam es in der Remission zu einer Normalisierung des paradoxen Rhythmus. Die Balancestörung im Alter veranschauliche ich durch folgenden Vergleich: In der Jugend ist es wie bei einem jungen Baum. Windstöße lassen ihn hin- und herpendeln, und er kommt dann wieder zur Ruhe. Der alte Baum kann nicht mehr pendeln. Er steht, oder er bricht. Ich glaube, daß überstarke Stressoren im Alter viel eher zu einem Zusammenbruch führen. Im Hinblick auf die Altersbeschwerden bin ich überzeugt,

---

* HASSLER, R.: Physiopathology of rigidity. In Siegfried, J. (Ed.): Parkinson's disease. Rigidity, akinesia, behavior. Vol. I: Proc. IVth Int. Symp. Parkinson's disease, Zürich 1972, p. 19 (Huber, Bern/Stuttgart/Wien 1972)
** STEG, G.: Biochemical aspects of rigidity, loc. cit., p.47

daß ein Antidepressivum in niedriger Dosierung das beste Geriatrikum ist, besser als Vitamine, Hormone usw. Ich scheue mich auch nicht, alten Menschen morgens eine geringe Amphetamindosis zu geben. Sie werden nicht süchtig und brauchen keine Dosissteigerungen. Nach dem Absetzen sind die Patienten wieder antriebsgestört, haben aber kein Entzugssyndrom.
Herr VAN PRAAG, Sie haben die Arbeit von BERNHEIMER, HORNYKIEWICZ und mir zitiert, aus der hervorgeht, daß beim M. Parkinson nicht nur das Dopamin, sondern auch das Serotonin vermindert ist; allerdings besteht hier bezüglich der Störung des Dopamin-, Noradrenalin- und Serotonin-Stoffwechsels ein grundlegender Unterschied. Wenn man einem Parkinson-Patienten mehrere Monate hindurch MAO-Inhibitoren gibt, zeigt sich beim Exitus ein Anstieg des Noradrenalins auf pathologisch hohe Werte, während das Dopamin unverändert bleibt. Das haben wir so interpretiert: Die Noradrenalin- und Serotonin-Störungen des Parkinson sind reversibel. Sie sind offenbar für die psychopathologischen Verhaltensstörungen verantwortlich, denn sie sind beim Parkinson laufend Schwankungen unterworfen. Dopamin ist ein rein motorischer Transmitter. Probenecid verhindert die Rückresorption der aromatischen Säuren. Nach Probenecid-Gaben, z.B. bei einer Chorea, steigen die Homovanillinsäurewerte im Liquor auf 100–120 Nanogramm. Beim Parkinson bleiben die Homovanillinsäurewerte trotz Probenecid niedrig. Probenecid ist nicht in den Metabolismus der biogenen Amine eingeschaltet. Es verhindert lediglich den Abtransport der Schlacken. Wenn ich den Abtransport verhindere, dann finde ich im Untersuchungssubstrat höhere Werte.
Bei der Beantwortung Ihrer Frage, Herr LÓPEZ-IBOR ALIÑO, habe ich Amantadin zu erwähnen vergessen. Amantadin ist eine hochinteressante Substanz. Die Potenzierung von L-Dopa durch Amantadin steht heute außer Zweifel. Aber Amantadin führt nicht zu faßbaren Stoffwechselveränderungen. Das erklärt wohl, warum wir mit der Kombination L-Dopa plus Amantadin bei Depressionen keine Erfolge haben.
Die anthropologische Frage von Herrn LEHMANN ist für einen biochemisch orientierten Neurologen sehr schwer zu beantworten. Sind die Belastungen des alten Menschen schlechthin behandelnswert, oder kann es genügen, einer alten Dame, die nicht über den Tod ihres Gatten hinwegkommt, zu sagen: «Schauen's, sein's froh, daß Sie traurig sind, 's ist schließlich etwas, das Sie noch mit ihm verbindet.» Ich weiß es nicht. Jedes Alter hat seine Symptome, seine Beschwerden, seine Entgleisungen. Sie sind individuell. Es gibt nicht nur unglückliche alte Menschen. Aber das übersteigt meine Kompetenz.

Die psychogene Auslösung der larvierten endogenen Depression

von W. WALCHER *

Vor etwa 1½ Jahrzehnten fiel im Einzugsbereich unserer Klinik, vorwiegend an nichtpsychiatrischen Abteilungen, eine gewisse Zunahme von Krankheitsbildern auf, die sich durch anhaltende lokalisierte Beschwerden, die den Symptomen von Organerkrankungen ähnelten, aber auch durch wechselnde und uncharakteristische somatische Beschwerden auszeichneten. Trotz Ausschöpfung aller modernen klinischen Untersuchungsmöglichkeiten konnten in diesen Fällen keine krankhaften Befunde erhoben werden.

Durch die psychiatrische Exploration der Patienten, deren Krankheitsbild manchmal wie eine Konversionsneurose anmutete, wurde neben einem eigenartigen Nachlassen der geistigen, emotionalen und körperlichen Leistungsfähigkeit und einer Beeinträchtigung des gesamten vegetativen Rhythmus – vorwiegend in Form von hartnäckigen Durchschlafstörungen sowie einer Zunahme des gesamten Beschwerdenkomplexes in der ersten Tageshälfte – meist die freud- und lustlose, hypochondrisch-grüblerisch-quälende und pessimistische Einstellung der Kranken offenbar. Im Längsschnitt waren der oft völlig unmotivierte, zeitlich unterschiedliche Beginn und der sich über viele Monate erstreckende protrahierte Verlauf auffallend. Psychotherapeutische Bemühungen sowie die damals bereits mögliche medikamentöse Behandlung mit trizyklischen Basisneuroleptika und Meprobamaten brachten den Kranken bisweilen vorübergehend Besserung, nachdem zuvor somatische Behandlungsmaßnahmen, einschließlich operativer Verfahren, weitgehend wirkungslos geblieben waren. Das wiederholt beobachtete, von therapeutischen Maßnahmen unabhängige spontane Abklingen aller Krankheitserscheinungen, der Hinweis auf ähnlich gelagerte Erkrankungsphasen in früheren Lebensabschnitten sowie der häufig mögliche Nachweis hereditärer zyklischer Belastungen veranlaßten uns in vielen dieser Fälle, einen endogen depressiven Hintergrund anzunehmen. Für unsere Vermutung sprach ferner, daß körperlich erlebte Vitalgefühle als Initial- und Begleitsymptome melancholischer Episoden seit langem bekannt waren (LANGE[7], BLEULER[1]) und bei anhaltender Vordergründigkeit auch mehrfach als vegetative, larvierte, getarnte oder maskierte Depressionen bzw. depressive Äquivalente beschrieben worden sind (HEMPEL[4], LEMKE[8, 9], LÓPEZ IBOR[10, 12], WEITBRECHT[26] u.a.).

Unsere ersten, nicht selten dramatischen therapeutischen Erfolge mit Imipramin, die in gleicher Weise 1960 auch von SELBACH[16] am ®Tofranil-Symposium in Graz beschrieben wurden, schienen die Vermutungsdiagnosen zu bestätigen. In den folgenden Jahren sprach die nun immer häufiger zu beobachtende ängst-

---

* Aus der Psychiatrisch-Neurologischen Universitätsklinik Graz (Österreich)

lich-agitierte, klagsame Hintergrundsymptomatik auch hinsichtlich ihrer maskierenden somatischen Vitalgefühle und psychischen Äquivalente – wie kompensatorischem Analgetika-, Schlafmittel- und Alkoholabusus oder aggressiven und auch anankastischen Verhaltensstörungen – erstaunlich gut auf die primär sedierenden Amitriptylinderivate an, die sich vor allem in der poliklinischen Behandlung dieser Krankheitsbilder bewährten. Seit unserer ersten ausführlichen Mitteilung über larvierte Depressionen in der «Wissenschaftlichen Gesellschaft der Ärzte Steiermarks» im Jahre 1962[17] haben diese Krankheitsbilder ständig zugenommen und dazu geführt, daß alle medizinischen Disziplinen vermehrt mit Fragen der psychiatrischen Diagnostik und Therapie konfrontiert wurden.

Der Anteil vegetativ Gestörter war im Krankengut einer allgemeinmedizinischen oder internistischen Praxis, aber auch einer Medizinischen Klinik von jeher hoch. Die typologische Zuordnungsmöglichkeit und therapeutische Beeinflußbarkeit dieser Krankheitsbilder hat sich jedoch im letzten Jahrzehnt wesentlich verbessert. Das hatte nicht nur eine Aufwertung des psychiatrischen Fachbereiches im Rahmen der Allgemeinmedizin zur Folge, sondern auch eine deutliche Verminderung des abwertenden Beigeschmacks psychischer Krankheitsdiagnosen in unserer sonst so somatisch bezogenen Schulmedizin. Die Vermutung, eine Zunahme depressiver Erkrankungen beruhe auf den verbesserten diagnostischen Möglichkeiten, besteht allerdings nicht zu Recht, denn auch hier ist das vermehrte wissenschaftliche Interesse und die immer größere Palette thymoleptischer Behandlungsmöglichkeiten eine Folge von Angebot und Nachfrage. Die Gefahr einer Überwertung bei langjähriger Beschäftigung mit der Problematik soll bei allem Bemühen um eine korrigierende Einstellung nicht verkannt werden. Wir glauben, daß die Faustregel, bei allen organisch nicht begründbaren Krankheitsbildern an eine larvierte Depression zu denken, im Hinblick auf die Chronizität dieser Zustände und die Kostspieligkeit fruchtloser somatischer Behandlungsverfahren gerade auch für die nichtpsychiatrischen medizinischen Disziplinen von wesentlichem sozialpsychiatrischem Interesse ist, ganz abgesehen von der Bedeutung des seelischen Leidensdruckes für den Erkrankten selbst. Die in jüngster Zeit in der eher zu einer psychodynamischen Betrachtungsweise neigenden amerikanischen Literatur veröffentlichten Studien über affektive Äquivalente unterstreichen die zunehmende Bedeutung der Problematik. Die Notwendigkeit psychodiagnostischer und psychotherapeutischer Verfahren wird hierdurch in keiner Weise berührt. Denn es ist sicher, daß die enorme Zunahme dieser phasenhaft verlaufenden und immer mehr zur Chronifizierung neigenden somatisierten depressiven Krankheitsbilder durch exogene Faktoren maßgeblich mitbestimmt wird.

Um die Bedeutung von Auslöse- und Provokationsfaktoren beurteilen zu können, haben wir 200 Krankengeschichten von Patienten mit larvierter Depression ausgewertet, die in den letzten Jahren an unserer Klinik stationär oder ambulant behandelt worden waren. Es handelte sich um 132 Frauen und 68 Männer im Alter zwischen 13 und 74 Jahren (Tab. 1). Es wurden, wie aus dem Titel dieses Beitrages ersichtlich, nur Krankheitsfälle ausgewählt, bei denen die nosologische Zuordnung zur endogenen Gruppe zumindest mit großer Wahrscheinlichkeit

Tab. 1. Krankengut von 200 Patienten mit larvierten endogenen Depressionen, aufgeschlüsselt nach Geschlecht, hereditärer Belastung und Verlaufsform

	Frauen	Männer	Gesamt
Larvierte endogene Depressionen	132	68	200
zyklisch hereditär belastet	107	56	163
rezidivierender phasenhafter Verlauf	103	52	155
hiervon mit bipolarem Verlauf	76	36	112

erfolgen konnte. Die typologische Differenzierung stützte sich, neben der Bewertung der Symptomatologie und des Verlaufs in der akuten Erkrankungsphase, auf den Nachweis einer einschlägigen, zyklisch-hereditären Belastung in der Aszendenz oder bei den genealogisch registrierten übrigen Blutsverwandten der gleichen Generation sowie auf Angaben über frühere affektive oder ähnlich gelagerte vegetative Erkrankungsphasen. Eine hereditäre Belastung war bei 163 Kranken, 107 Frauen und 56 Männern, nachweisbar. Bei 155 Kranken, 103 Frauen und 52 Männern, konnten entsprechende Erkrankungsphasen in der Vorgeschichte eruiert werden; durch exakte katamnestische Auswertungen im Rahmen von Kontrolluntersuchungen wurde trotz der nur latenten Manifestation des emotionalen Geschehens in 112 Fällen, bei 76 Frauen und 36 Männern, ein bipolarer Verlauf ersichtlich. Die nicht leicht erfaßbare hypomanische Grundeinstellung trat, im Gegensatz zur früheren Niveausenkung in allen Vitalbereichen, durch das Abklingen der hypochondrischen Vitalgefühle, vor allem aber durch einen auffälligen Leistungsanstieg mit einer gewissen Tendenz zur Übersteigerung der Aktivität in beruflichen und privaten Belangen, gelegentlich auch durch Unbeständigkeit, Aggressionsneigung, Unruhe, Schlafstörungen sowie eine latente Kritik- und Distanzlosigkeit in Erscheinung. Gerade bei den Kranken mit bipolarer Verlaufsneigung war die retrospektive Eigenregistrierung der depressiven Verstimmung – die sie während der depressiven Phase kaum erkannt oder reaktiv als Folge unklarer und nicht zu beeinflussender körperlicher Beschwerdenkomplexe gedeutet hatten – besonders deutlich. Die belastende Erinnerung gab den Patienten nach Abklingen der als beglückend erlebten manischen Phase und dem Einschwingen in die syntone Affektlage manchmal Anlaß zu Behandlungswünschen, da sie ein Verstimmungsrezidiv vermuteten. Mangels objektivierbarer vegetativer oder emotionaler Symptome bezeichneten wir solche Zustände als «relative Depressionen». Auffällig und für die vorwiegend endothym bestimmten Verläufe nahezu charakteristisch erschien uns die Tatsache, daß die Kranken, trotz ihrer Erfahrungen mit früheren Episoden, neuen somatisch erlebten Vitalgefühlen und Auswirkungen der latenten Verstimmung wieder mit der gleichen Rat- und Hilflosigkeit gegenüberstanden wie bei früheren Erkrankungsphasen, oft sogar mit einem noch stärkeren pessimistisch-hypochondrischen Gefühl der Ausweglosigkeit.

Den Schwierigkeiten der Erkennung und Interpretation psychophysischer Korrelate bei larvierten depressiven Verläufen geht naturgemäß auch die Problematik ihrer nosologischen Zuordnung und damit die Beurteilung des Stellenwertes von Auslöse- und Provokationsfaktoren parallel. Bei unserem, für die Auswertung besonders selektionierten Krankengut waren – abgesehen von den vom Patienten selbst als solche erlebten oder vermuteten Anlässen – ärztlich anerkannte Auslösemechanismen, bezogen auf die zuletzt zur Aufnahme bzw. ambulanten Behandlung führenden Erkrankungsphasen, bei 80 Patienten (40 %) eruierbar (Tab. 2). In 28 Fällen (14 %) war die Frage nach dem Anlaß nicht sicher zu entscheiden, bei 92 Kranken (46 %) kam die Erkrankung motivlos zum Ausbruch. Eine Bewertung der Auslösefaktoren früherer Erkrankungsphasen bei insgesamt 273 Episoden erfolgte wegen der gerade bei latent verlaufenden Verstimmungen schwierigen Beurteilbarkeit der Angaben nur in sehr beschränktem Rahmen. Unter den psychischen Auslösefaktoren standen langanhaltende Belastungen mit Auswirkungen im Sinne einer Störung der gewohnten Lebenssituation im Vordergrund. Meist handelte es sich um ähnliche Mechanismen, die auch bei der Ingangsetzung reaktiver depressiver Psychosen eine Rolle spielen, wie langdauernde seelische Belastung mit anschließender Entlastungssituation. Als Beispiele seien vor allem die gesteigerten und chronisch werdenden Belastungsmomente unserer heutigen, einem unabdingbaren Leistungsprinzip unterstellten Lebensführung mit ihren Auswirkungen auf die berufliche und private Sphäre genannt. Zu erwähnen sind aber auch langdauernde Pflegetätigkeit und schließlicher Verlust eines nahen Verwandten, existentielle Bedrohungen, wiederholte Frustrierungen und Enttäuschungen sowie unerwarteter beruflicher Aufstieg nach vorangegangenen Enttäuschungen, Vereinsamungs- und Entwurzelungssituationen, vor allem bei Frauen und in höherem Lebensalter. Nach vollendetem Hausbau haben wir wiederholt nicht nur die Auslösung reaktiver, sondern auch larvierter endogener Depressionen beobachtet.

Während bei den ersten depressiven Erkrankungsphasen langanhaltende seelische Belastungssituationen als auslösende Faktoren überwiegen, scheinen bei späteren Rezidiven oft schon wesentlich weniger eingreifende psychische und somatische Ereignisse zu genügen, wie z. B. ein selbst angestrebter Wohnungs- oder Berufswechsel, leichtere Verletzungen, Unfälle, somatische Erkrankungen

Tab. 2. Eruierbarkeit von Auslösefaktoren in absoluten und Prozentzahlen bei einem Krankengut von 200 Patienten mit larvierten endogenen Depressionen

	Frauen	Männer	Gesamt N	%
Eruierbare Auslösefaktoren	53	27	80	40
Nicht sicher eruierbare Auslösefaktoren	18	10	28	14
Motivlose Auslösung	61	31	92	46

und Operationen. Die situationsbedingte psychische Dekompensation birgt bei flüchtiger Differenzierung die Gefahr einer Zuordnung zu depressiven Erlebnisreaktionen oder Aktualneurosen. Besonders erschwert wird die nosologische Klassifizierung durch die häufig zu beobachtende innige Verflechtung kryptogen präformierender und exogen belastender Faktoren, aber auch durch eine lange bestehenbleibende Abhängigkeit der larvierten endogenen Verstimmung von der Umwelt und situativen Belastungen. Die früher so oft beschriebene Umweltstabilität der klassischen Melancholie scheint immer mehr in den Hintergrund zu treten, und selbst nach erfolgreicher thymoleptischer Behandlung bleiben Depressionen aller Schweregrade häufig noch lange Zeit außerordentlich umweltlabil, wie dies auch SCHULTE[15] mehrfach betont hat. Das Wechselspiel von biologisch endogenen und psychisch reaktiven Komponenten kann äußerst vielseitig sein, wobei der psychogenen Auslösung endogener Phasen die endogene Ingangsetzung neurotischer Entwicklungen gegenübersteht. Im einen Fall erledigt sich primär neurotisch anmutendes Konfliktmaterial mit der Normalisierung der affektiven Grundstimmung von selbst, im anderen wird durch die thymoleptische Medikation nur eine unzureichende Restauration der Verstim-

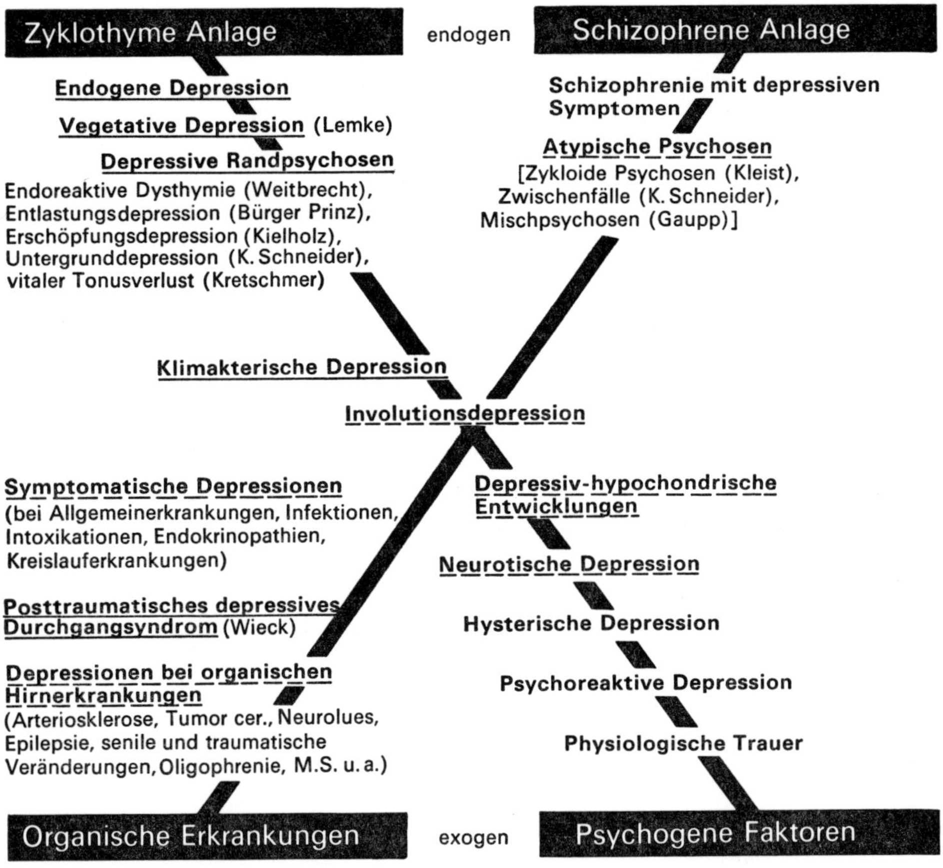

Abb. 1. Darstellung der ätiologischen Überschneidungsmöglichkeiten bei der Entwicklung larvierter Depressionen

Tab. 3. Merkmale des Stilwandels depressiver Psychosen

Absolute Frequenzzunahme
Tendenz zu vegetativer Somatisierung
Chronifizierungsneigung
Häufige ätiologische Überschneidung

mung erzielt, die daher besonderer psycho- und soziotherapeutischer Bemühungen in der zweiten Behandlungsphase bedarf. Schon Mauz[13] hat darauf hingewiesen, und wir konnten dies immer wieder bestätigen. Gerade bei den latenten Verlaufsformen, auch bei endothymer Präformierung, besteht eine Neigung zu situationsbedingter Dekompensation, zu psychogenen Teilstrecken und zur Chronifizierung auf psychogener Basis. Eine endgültige typologische Zuordnung wird häufig erst in der Längsschnittbetrachtung des Krankheitsverlaufes möglich, da einer primären verbindlichen Nosologie nicht nur die pathogenetische Vielseitigkeit psychopathologisch ähnlicher oder identischer Bilder, sondern auch die Variabilität des vital depressiven Erkrankungssyndroms entgegenstehen. So kommt es, daß die Grenzen ätiologischer Bereiche gerade bei den partiell realisierten Formen außerordentlich verwischt sein können (Janzarik[5]). Eine Hierarchie der Symptome, die in der Regel die endgültige psychiatrische Diagnose bestimmt, ergibt sich hier nur selten aus dem spontanen Krankheitsverlauf. Sie muß gewissermaßen explorativ erarbeitet werden. Dabei wird ersichtlich, daß vorwiegend somatisch-vegetativ maskierte endogene Verstimmungen infolge der dynamischen Vielfalt pathoplastischen Geschehens vor allem gegenüber reaktiven depressiven Psychosen (depressiven Randpsychosen, Weitbrecht[26]) mit ihrem langsamen Hineingleiten in eine Devitalisierung (Kielholz[6]) oft schwer zu differenzieren sind (Abb. 1). Bedeutungsvoll erscheinen uns in diesem Zusammenhang die durch Glatzel[3] an der Bonner Klinik vorgenommenen Verlaufsbeobachtungen von vegetativen Depressionen, die durchwegs eine Zugehörigkeit zum zyklothymen Formenkreis erkennen ließen, während die Ähnlichkeiten mit der endoreaktiven Dysthymie lediglich auf dem phänomenologischen Aspekt basierten. Hier ergibt sich nun die Frage, ob es bei dem sich abzeichnenden Stilwandel depressiver Psychosen (Tab. 3) mit ihrer absoluten Frequenzzunahme, ihrer Neigung zu vegetativer Somatisierung und Chronifizierung sowie ihrer nosologischen Überschneidung noch gerechtfertigt erscheint, eine scharfe Trennung von Persönlichkeitsveranlagung und affektiver Psychose im Sinne von Kurt Schneider[14] aufrechtzuerhalten.

Literatur

1 Bleuler, M.: Die Depressionen in der ärztlichen Allgemeinpraxis, 2. Aufl. (Schwabe, Basel 1948)

2 Bleuler, M.: Bedeutung der modernen Lehre über die Depressionen in der Allgemeinpraxis. Ther. Umsch. *25,* 3 (1968)

3 Glatzel, J.: Über zyklothyme Depressionen mit vegetativer Symptomatik. Fortschr. Neurol. Psychiat. *35*, 441 (1967)
4 Hempel, J.: Die «vegetativ-dystone Depression». Nervenarzt *10*, 22 (1937)
5 Janzarik, W.: Die Wirkungsebene der Pharmakotherapie im Aufbau depressiver Syndrome. Arzneimittel-Forsch. *14*, 493 (1964)
6 Kielholz, P.: Diagnose und Therapie der Depressionen für den Praktiker, 3. Aufl. (Lehmanns, München 1971)
7 Lange, J.: Die endogenen und reaktiven Gemütserkrankungen und die manisch-depressive Konstitution. In Bumke, O.: Handbuch der Geisteskrankheiten, Vol. VI (Springer, Berlin 1928)
8 Lemke, R.: Über die vegetative Depression. Psychiat. Neurol. med. Psychol. (Lpz.) *1*, 161 (1949)
9 Lemke, R.: Über die Bedeutung der Leibgefühle in der psychiatrischen Diagnostik. Psychiat. Neurol. med. Psychol. (Lpz.) *3*, 325 (1951)
10 López Ibor, J.J.: Manic-depressive psychosis and anxiety (the timopathic circle). Acta psychiat. scand. *27*, 269 (1952)
11 López Ibor, J.J.: Las neurosis como enfermedades del ánimo (Gredos, Madrid 1966)
12 López Ibor, J.J.: Depressive Äquivalente. In Hippius, H., Selbach, H. (Eds.): Das depressive Syndrom, Int. Symp., Berlin 1968, p. 403 (Urban & Schwarzenberg, München/Berlin/Wien 1969)
13 Mauz, F.: Psychotherapeutische Möglichkeiten bei endogenen Psychosen. Ein persönlicher Rückblick und Ausblick. In Schulte, W. (Ed.): Almanach für Neurologie und Psychiatrie (Lehmanns, München 1967)
14 Schneider, K.: Klinische Psychopathologie, 9. Aufl. (Thieme, Stuttgart 1971)
15 Schulte, W.: Melancholie. Kombinierte Pharmako- und Psychotherapie, loc. cit.[13], p. 285
16 Selbach, H.: Klinische und theoretische Aspekte der Pharmakotherapie des depressiven Syndroms. Wien. med. Wschr. *110*, 264 (1960)
17 Walcher, W.: Zum Krankheitsbild der larvierten endogenen Depression. Wien. med. Wschr., Suppl. 98: 111 (1963)
18 Walcher, W.: Untersuchungen über larvierte endogene Depressionen im Kindesalter. In: Atti II Congr. europ. Pedopsychiat., Roma 1963, Vol. II, Pte 2a, p. 1159 (Tipografia Porziuncola, Assisi 1964)
19 Walcher, W.: Prognose kindlicher Affektpsychosen. In: IVth World Congr. Psychiat., Madrid 1966, Abstr., p. 432. Int. Congr. Series No. 117 (Excerpta med. Found., Amsterdam etc. 1966)
20 Walcher, W.: Die larvierte Depression (Hollinek, Wien 1969)
21 Walcher, W.: Provokationsprobleme bei larvierten Depressionen. In Walcher, W. (Ed.): Probleme der Provokation depressiver Psychosen, Int. Symp., Graz 1971, p. 103 (Hollinek, Wien 1971)
22 Walcher, W., Caruso, I. A.: Einige Bemerkungen über die Kongruenz psychopharmakologischer und psychotherapeutischer Behandlungsmethoden, insbesondere der Depressionen. Z. psychosom. Med. Psychoanal. *13*, 130 (1967)
23 Weitbrecht, H.J.: Zyklothymie. Fortschr. Neurol. Psychiat. *17*, 437 (1949)
24 Weitbrecht, H.J.: Zur Typologie depressiver Psychosen. Fortschr. Neurol. Psychiat. *20*, 247 (1952)
25 Weitbrecht, H.J.: Kritik der Psychosomatik (Thieme, Stuttgart 1955)
26 Weitbrecht, H.J.: Depressive und manische endogene Psychosen. In Gruhle, H.W. et al. (Eds.): Psychiatrie der Gegenwart, Vol. II, p. 73 (Springer, Berlin/Göttingen/Heidelberg 1960)

W. PÖLDINGER: Mir ist aufgefallen, daß in der Statistik 56% bipolare Verläufe zu verzeichnen waren. Das ist eine auffallend hohe Ziffer. Vielleicht könnte Herr WALCHER auf diesen Sachverhalt noch einmal zurückkommen.

J. ANGST: Ihre Erörterungen über Auslösefaktoren, Herr WALCHER, bestätigen die früheren Ergebnisse anderer Untersuchungen, auch meiner eigenen, und ich möchte nochmals darauf hinweisen, wie nahe es liegt, Kausalzusammenhänge bei depressiven Phasen im Rahmen bipolarer Erkrankungen zu suchen. Das Umgekehrte – also reaktive Faktoren bei manischen Episoden – ist selten studiert worden. Zu nennen wäre hier die Arbeit von TÖLLE*. Bei uns hat M. ERLANGER eine noch nicht veröffentlichte Studie dieser Art durchgeführt, in der bei bipolaren Erkrankungen sowohl depressive als auch manische Phasen mit gleicher Methodik untersucht wurden. Wir fanden zwischen manischen und depressiven Phasen keinen Unterschied in der Häufigkeit von auslösenden Mechanismen und auch keine Geschlechtsdifferenzen.
Wir sind gewohnt, von neurotischer Depression zu sprechen, nicht dagegen von reaktiver Manie oder neurotischer Manie. Wenn man konsequent wäre, müßte man das tun, aber so weit ist – wohl zu Recht – noch niemand gegangen. Dies zeigt eben doch, wie relativ die Bedeutung dieser Auslöser im ganzen Krankheitsgeschehen ist. Ihre Bedeutung nimmt mit der Häufigkeit der Phasen ab. Die Häufigkeit der Auslösung hängt meines Erachtens von der Episode ab, auf die man sich bezieht, z. B. ob man erste Episoden zählt, dritte oder fünfte. Das ist eine wichtige Variable. Das Alter spielt ebenfalls eine Rolle. Man kann daher nur sehr schwer zwei Kollektive miteinander vergleichen. Generell sind die Kriterien für die Auslösungsmechanismen schwierig zu definieren. Da spielen viele methodische Fragen hinein, die einen Vergleich erschweren.

P. KIELHOLZ: Ich bin ganz Ihrer Meinung, Herr ANGST. Wir haben seinerzeit in unserer Studie** ebenfalls gefunden, daß man bei den ersten, zweiten und dritten Phasen häufiger einen Auslösungsmechanismus erkennen kann. Auch bei Ihnen, Herr WALCHER, müßte es sich doch eigentlich um frühe Phasen handeln, wenn in 40% Ihrer Fälle Auslösefaktoren eruierbar waren.

H. P. ROME: Zur Frage der Auslösungsmechanismen möchte ich bemerken, daß das Psychiatrische Departement der Mayo-Klinik einen Verbindungsdienst zu anderen Departementen unterhält, der uns – besonders während der letzten Jahre – auffallend häufig mit verschiedenen Symptomen des Hyperventilationssyndroms konfrontiert hat, die andere zugrunde liegende Probleme komplizierten. Die hauptsächlichen Beschwerden sind: Schwindel, den die Patienten als «Benommenheit» bezeichnen und der Untersuchungen durch unsere Otologen und Neurologen veranlaßt, verschwommenes Sehen, was eine augenärztliche Untersuchung zur Folge hat, sowie verschiedene Arten von Schmerzen in der Brust, die kardiologische Untersuchungen erforderlich machen. Nach allen diesen Untersuchungen werden die Psychiater konsultiert, und sie erkennen den Fall als Folge einer Hyperventilation. Nach weiterer Exploration, Herr WALCHER, finden wir dann genau das, was Sie bei Ihren Patienten fanden. Ich möchte deshalb fragen, ob Sie jemals das Hyperventilationssyndrom als Auslösungsmechanismus bei Patienten mit latenten Depressionen gesehen haben?

H. HIPPIUS: Können wir in der Psychiatrie wirklich exakt entscheiden, ob ein bestimmtes Faktum in der Vorgeschichte eines Patienten die Funktion eines «Auslösers»

* TÖLLE, R.: Vegetative Effekte der Thymoleptika und ihre Beziehungen zur antidepressiven Wirksamkeit im Behandlungsverlauf. Fortschr. Neurol. Psychiat. *38*, 1 (1970)
** KIELHOLZ, P.: Klinik, Differentialdiagnostik und Therapie der depressiven Zustandsbilder. Acta psychosom. (Docum. Geigy) Nr. 2 (1959)

gehabt hat? Meiner Ansicht nach ist die psychiatrische Forschung noch nicht in der Lage, zuverlässig zwischen ätiologischen, auslösenden und für die Krankheit nebensächlichen Faktoren zu unterscheiden. Daher sollte man derartigen Interpretationen stets eine saubere, vorurteilsfreie Beschreibung der in der Anamnese aufgedeckten Sachverhalte voranstellen, bevor man mehr oder minder willkürlich dem einen oder dem anderen Faktor die Rolle eines «Auslösers» zuschreibt.

J.J. López Ibor: Meine kurze Frage, die ich mir selbst auch immer stelle, lautet, ob eine depressive Phase ausgelöst *ist* oder nur ausgelöst *scheint*.

P. Kielholz: Die Auslöserfunktion hat uns ja seit Jahrzehnten beschäftigt, und ich bin dankbar, daß Herr Angst das einmal gründlich untersucht hat. Ich sehe zwei Probleme im Hinblick auf die Auslöserfunktion. Zum einen findet man oft, daß der Kranke oder seine Angehörigen ein Bagatelltrauma, manchmal ein weit zurückliegendes Trauma, heranziehen, um die Depression zu erklären. Zum anderen besteht die Möglichkeit, daß der Patient bereits leicht depressiv war und daß daraus irgendwelche Fehlentscheidungen oder Liebesenttäuschungen resultierten, die man dann als Auslöser betrachtet. Man kann meiner Meinung nach nicht vorsichtig genug sein, besonders mit den körperlichen Auslösern. Nach unserer schon genannten Untersuchung sind sie sehr selten, viel häufiger sind die psychischen Auslöser.

G. Nissen: Ich möchte an die Frage von Herrn Rome anknüpfen und kurz auf drei Fälle hinweisen, die mir interessant erscheinen. Es handelt sich um drei Frauen, bei denen otologisch ein nachgewiesener Funktionsausfall des Nervus vestibularis vorlag, ein befristeter Ausfall, den wir seinerzeit als vegetatives Angstsyndrom beschrieben haben. Heute würde ich glauben, daß es sich um ein somatisches Äquivalent handelte.

P. Kielholz: Uns allen ist wohl bekannt, was eben Herr Rome geschildert hat: das Wandern des Patienten von einem Arzt zum andern, bis er zum Psychiater gelangt. Wir nennen das «*le tour des médecins*». Die Beschwerden sind vielgestaltig: Schwindel, Kopfschmerzen, Augen-, Hals-, Herz- oder Magen-Darm-Beschwerden. Ich habe schon Patienten gesehen, die mit einem Koffer voll Röntgenbilder zu mir gekommen sind, um zu zeigen, auf was alles man sie bereits untersucht hatte – und unsere Diagnose lautete dann: Depression.

J. Angst: Die methodische Frage, die Herr Hippius angeschnitten hat, ist natürlich wichtig. Es ist wirklich ein schwieriges Problem, die Persönlichkeitsspezifität zu erfassen. Ich glaube, diesbezüglich gibt es bis jetzt kaum verwertbare Modelle oder Methoden, hingegen gibt es doch schon nützliche Methoden für statistische Untersuchungen über die Häufigkeit von auslösenden Momenten und zeitlichen Zusammenhängen. Besonders hervorzuheben sind hier die in den letzten Jahren erschienenen Arbeiten von Brown über Schizophrenien* und über Depressionen. Sie weisen in dieser Richtung einiges auf, zumal in bezug auf die Häufigkeit solcher traumatischer Ereignisse auch Kontrollgruppen von Gesunden untersucht worden sind. Wir haben zusammen mit Cohen in Konstanz diese Methoden nochmals etwas verfeinert und computergerecht ausgearbeitet.

R. de la Fuente: Im Zusammenhang mit dem Problem der Trigger- oder auslösenden Faktoren bei Depressionen möchte ich die von Parkes** in England durchgeführten Untersuchungen bei Frauen erwähnen, die ihren Ehemann verloren hatten. Viele Autoren nehmen an, daß die Reaktion auf den Verlust des Gatten sich üblicherweise als Depression äußern müsse. Tatsächlich besteht aber die vorherrschende Reaktion in der ersten Zeit nach dem Verlust in Angst und Ruhelosigkeit. Erst später entwickeln sich in manchen dieser Fälle Depressionen.

---

* Brown, G.W., Birley, J.L.T.: Crises and life changes and the onset of schizophrenia. J. Hlth soc. Behav. *9*, 203 (1968)

** Parkes, C.M.: Bereavement: studies of grief in adult life (Int. Univ. Press, New York 1972)

H. E. LEHMANN: Auf der Grundlage breitangelegter epidemiologischer Untersuchungen haben HOLMES und RAHE* eine Rangordnung von *life stresses* aufgestellt, deren letzte Version, wie ich meine, nicht weniger als 43 Items enthält. Sie fanden, daß jeder Art von Krankheit eine oder mehrere solcher Streßsituationen vorausgehen können – und zwar bis zu sechs Monaten vor Ausbruch der Krankheit. Die Autoren hatten Patienten, die wegen irgendeiner physischen oder psychiatrischen Krankheit ins Spital aufgenommen worden waren, untersucht und dabei das Vorherrschen gewisser Streßfaktoren in der der Krankheit vorausgegangenen Periode entdeckt. Wenn ich mich recht erinnere, beginnt ihre Streßskala mit dem Verlust eines Gatten durch den Tod und endet bei Nummer 43 mit dem am wenigsten, aber immer noch signifikant streßverursachenden Faktor «Weihnachten».

P. PICHOT: Darf ich Herrn ROME bitten, näher zu beschreiben, was er unter dem «Hyperventilationssyndrom» bei Depressionen versteht?

H. P. ROME: Diese Patienten haben eine respiratorische Alkalose und gelangen daher in unsere verschiedenen Departemente mit Beschwerden, die die zugrunde liegende Depression verschleiern. Ich glaube, diese Symptome sind das, was ich als eine «Gegenwehr-Reaktion» bezeichnen würde; mit anderen Worten, sie sind weniger eine Komponente der Depression an sich, als vielmehr Zeichen des Versuchs, mit der zugrunde liegenden Depression fertig zu werden, die erst deutlich wird, wenn man die psychiatrische Anamnese aufnimmt, den Hintergrund und die Genese der Depression exploriert.

W. WALCHER: Zu der Bemerkung von Herrn PÖLDINGER. Auch uns ist aufgefallen, daß der Anteil bipolarer Verläufe in unserem Krankengut sehr hoch war. Das mag darauf zurückzuführen sein, daß wir auch gewisse hypomanische Nachschwankungen, die nach depressiven Phasen in Erscheinung traten, mitberücksichtigten. Die Manie, gerade latente Verlaufsformen, ist noch wesentlich schwieriger zu diagnostizieren als die latente Depression, denn der Manische leidet nicht unter seinen Krankheitsbildern und begibt sich deshalb kaum in ärztliche Behandlung. Ich glaube, daß gerade bei den leichten Manien eine erhebliche Dunkelziffer existiert und daß diese Dunkelziffer dazu beiträgt, die Statistiken zugunsten der monopolaren Verläufe zu verschieben.
Herrn ANGST möchte ich danken für seine ergänzenden Bemerkungen; seine und unsere Untersuchungsergebnisse stimmen weitgehend überein. Seine Untersuchungen zum Problem der Auslöserspezifität haben uns einen Schritt weitergebracht.
Herrn ROME kann ich sagen, daß wir die Hyperventilation bei latenten Depressionen nicht selten beobachten. Ich glaube, daß die Hyperventilation vor allem als Ausdruck der Angst recht häufig in Erscheinung tritt. Aber nicht selten sieht der Psychiater, wie Sie ausgeführt haben, solche maskierten Verstimmungen zuletzt, d. h. nachdem der Patient bereits alle anderen medizinischen Disziplinen durchlaufen hat.
Solange sich bei larvierten Depressionen die nichtpsychiatrischen Behandlungen im konservativen Bereich bewegen, besteht in der Regel keine allzu große Gefahr. Es gibt aber auch schwerwiegende Fälle, wie z. B. den einer Patientin, die zu mir kam mit der Frage: «Ist es nicht möglich, daß es mir an den Nerven fehlt? Ich leide seit eineinhalb Jahren an Bauchbeschwerden. Zuerst wurde mir die Gallenblase, dann der Wurmfortsatz und zuletzt die Gebärmutter entfernt, und nach jeder Operation wurde es schlimmer. Nun hat ein Röntgenologe die Diagnose gestellt, daß ich vermutlich an einer Bauchwandhernie leide. Ich soll also zum vierten Mal operiert werden. Das möchte ich nicht geschehen lassen, bevor ich nicht einen Psychiater zu Rate gezogen habe.» Wir diagnostizierten eine larvierte Depression; die Patientin wurde mit einem Antidepressivum behandelt und war nach sechs Wochen beschwerdefrei – aber die entfernten Organe ließen sich selbstverständlich nicht mehr ersetzen.

---

* HOLMES, T. H., RAHE, R. H.: The social readjustment rating scale. J. psychosom. Res. *11*, 213 (1967)

Nun zu Herrn HIPPIUS. Eine exakte Entscheidung, ob auslösender oder ätiologischer Faktor, ist natürlich außerordentlich schwierig. Man kann da, glaube ich, keine generellen Entscheidungen treffen. Im Einzelfall darf man empirisch mit Vorsicht und mit einer gewissen Wahrscheinlichkeit bestimmten Faktoren ein auslösendes Moment zusprechen. Bei den ätiologischen Faktoren müssen wir noch wesentlich vorsichtiger sein. Wenn sich jedoch aus der Längsschnittbetrachtung, aus der ganzen Symptomatologie und aus dem Krankheitsverlauf mit großer Wahrscheinlichkeit eine Zuordnung zum endothymen Formenkreis ergibt, so kann bei einem genügend markanten Ereignis von einem Auslösungswert gesprochen werden.

In dieselbe Richtung geht die Bemerkung von Herrn LÓPEZ IBOR, daß man sehr genau unterscheiden müsse zwischen echten und Scheinauslösefaktoren – und das ist oft wirklich sehr schwer. Vor allem muß man, worauf Herr KIELHOLZ bereits hingewiesen hat, unterscheiden zwischen dem, was die Patienten aufgrund ihres Kausalitätsbedürfnisses als Auslösefaktoren betrachten, und dem, was man psychiatrisch mit einiger Berechtigung als Auslösefaktor werten darf, zumal ja die Depression den Blickwinkel des Patienten wesentlich verändert.

Wie Herr KIELHOLZ ebenfalls erwähnt hat, sind körperliche Auslösefaktoren selten. Langzeitbetrachtungen endogen-depressiver Patienten, die wir bei der Präventivbehandlung mit Lithium langfristig kontrollieren, haben uns jedoch immer wieder gezeigt, daß diese Patienten gegenüber operativen Eingriffen außerordentlich labil sind. Sie dekompensieren dann nicht selten und kommen wieder in eine depressive Phase hinein.

Zu den drei Fällen von Herrn NISSEN. Das von ihm beschriebene vegetative Angstsyndrom gehört in die Gruppe der vegetativen Äquivalente, wie man sie in allen medizinischen Disziplinen beobachtet. Man kann wirklich sagen, daß die larvierte Depression jedes organische Krankheitsbild oder jedes funktionelle Krankheitsbild mit fast photographischer Treue zu imitieren vermag. Die Situation wird noch dadurch kompliziert, daß unserer Erfahrung nach Somatisierungssymptome einer larvierten Depression sich häufig am *vegetativen Locus minoris resistentiae* einer vielleicht vor Jahren abgelaufenen Organerkrankung manifestieren und dabei die frühere Erkrankung genau imitieren.

Herr DE LA FUENTE, der Verlust von Angehörigen stellt m.E. einen nicht seltenen Faktor dar, der zur Auslösung von depressiven Episoden führen kann. Die durch den Verlust bedingte Verunsicherung, Vereinsamung oder Entwurzelung ist wohl dafür verantwortlich, daß sich hier die Verstimmung in eine vorwiegend ängstliche Symptomatik projiziert. Ich muß hinzufügen, daß bei larvierten Depressionen der österreichischen Bevölkerung – das mag je nach Population unterschiedlich sein – ganz allgemein die ängstlich-agitierte Symptomatik im Vergleich zur vital gehemmten Symptomatik überwiegt. Unsere Patienten sind vor allem ängstlich-agitiert und hypochondrisch-klagsam, wenn diese Ängstlichkeit sich auch hauptsächlich in vegetativen Organsensationen globaler Art äußert: in nächtlichen Schweißausbrüchen, Schlafrhythmusstörungen, Tachykardien beim Aufwachen während der Nacht oder in anderen lokalisierten Organbeschwerden.

Herrn LEHMANN möchte ich sagen: Die Untersuchungen zur Rangordnung von *life stress*-Faktoren sind sicherlich interessant. Ich glaube allerdings, daß es sich hier nicht allein um Auslösefaktoren für endogen-depressive Phasen handelt, sondern um Streßsituationen, die einmal zu depressiven Erlebnisreaktionen, ein anderes Mal zu einer reaktiven Depression vom Krankheitswert einer Psychose führen können.

Die Therapie der larvierten Depression

von R. KUHN *

Grundsätzliche Überlegungen zur Therapie der larvierten Depression setzen ebenso grundsätzliche Erwägungen über das Wesen der zu behandelnden Krankheit voraus. Dem sei einleitend Rechnung getragen.

Wie sich hinter einem Status febrilis eine Tuberkulose, hinter einer Furunkulose ein Diabetes mellitus oder hinter gastrointestinalen Störungen und rheumatischen Schmerzen ein chronischer Alkoholismus verbergen können, so lassen sich hinter vielen körperlichen Beschwerden und seelischen Leiden depressive Verstimmungszustände entdecken, falls der Arzt es versteht, nach ihnen zu forschen, und die Kranken fähig und bereit sind, die nötigen Auskünfte zu erteilen. Dabei ist zu beachten, daß die Depression nicht lediglich eine von verschiedenen *Ursachen* darstellt, sondern gleichsam das Fundament der ganzen Krankheit bildet – sie ist ihr *Grund* –, und das bedeutet etwas anderes. Im Falle eines Beinbruchs, z.B. infolge eines Skiunfalls, bildet der Sturz die Ursache. Der Grund jedoch ist die Brüchigkeit des Knochens, und diese Brüchigkeit bleibt verborgen, bis der Knochenbruch sie offenbart. Das heißt, wenn wir uns von dem Beispiel wieder abwenden: Erst das Manifestwerden der Krankheit läßt ihren gegebenenfalls depressiven Grund erkennen. Diese Tatsachen sind vor mehr als 2000 Jahren von Aristoteles erkannt und beschrieben worden. Aber noch heute bereitet es der Wissenschaft Mühe, sie zur Kenntnis zu nehmen und in ihrer Bedeutung zu würdigen.

Wohl haben seit der Antike die Probleme einer besonderen, der Erkrankung zugrunde liegenden *konstitutionellen Eigenart*, des *melancholischen Temperaments*, in der Erforschung depressiver Zustände eine große Rolle gespielt. Die vielleicht bedeutendste monographische Darstellung der zyklischen Psychosen, der Beitrag von JOHANNES LANGE zu BUMKES «Handbuch der Geisteskrankheiten» von 1928, trägt denn auch den Titel: «Die endogenen und reaktiven Gemütserkrankungen und die manisch-depressive Konstitution.»[4] Fragt man jedoch nach der Bedeutung mancher Begriffe und Definitionen, die in diesem Zusammenhang geprägt worden sind, so wird man es eher schwierig finden zu verstehen, was etwa KRAEPELIN mit seinen «Grundzuständen», die er als «Vorstufe des manisch-depressiven Irreseins» bezeichnete, präzise zum Ausdruck bringen wollte oder wie BUMKES «Grundzug» der «Stimmungslabilität» aufzufassen ist. Gleiches gilt für KRETSCHMERS Forschungen über «Körperbau und Charakter» oder KURT SCHNEIDERS Begriff der «Untergrunddepression» zur Kennzeichnung einer in mancherlei Krankheiten sich ausdrückenden depressiven Anlage. Trotz derartiger Interpretationsschwierigkeiten sowie neuerer Erkenntnisse bleiben

* Aus der Kantonalen Psychiatrischen Klinik, Münsterlingen (Schweiz)

Darstellungen wie der bereits erwähnte Beitrag LANGES von grundsätzlicher Bedeutung. Sein Kapitel über «Atypische Gestaltungen» der manisch-depressiven Psychose vermittelt noch heute ein sehr anschauliches Bild von der Vielgestaltigkeit der Gesichtspunkte und Zusammenhänge, die sich bei diesem Thema aufdrängen. Wir greifen aus seinen Erörterungen und Überlegungen hier den Aspekt heraus, der uns mitten in die Problematik unserer zentralen Fragestellung nach der Therapie der larvierten Depressionen führen wird.

Depressive Hemmung und manische Erregung können bei jeder psychischen Erkrankung auftreten, von organisch bedingten Demenzen – man denke an Epilepsien oder progressive Paralysen – über endogene Psychosen aus dem zyklothymen und schizophrenen Formenkreis, über psychopathische Temperamentanomalien bis zu neurotischen Störungen und vereinzelten reaktiven Stimmungsänderungen, etwa Trauer oder Freudentaumel, die angesichts eines eindrücklichen Erlebnisses als durchaus adäquat und normal empfunden werden. LANGE hat sich bei derartigen Bildern die Frage gestellt, inwiefern die aus einer depressiven oder manischen Anlage entspringende Verstimmung im konkreten Fall als *pathogenetisch*, d.h. als der eigentliche Grund der Krankheit, aufzufassen sei und inwiefern lediglich als *pathoplastisch*, d.h. als verantwortlich für die Ausgestaltung der Symptomatologie einer Krankheit anderen Ursprungs. Wenn eine zyklothyme Anlage sowohl pathogenetisch als auch pathoplastisch wirkt, dann haben wir das klinische Bild der entsprechenden *endogenen Psychose* vor uns. Kommt die Anlage nur pathoplastisch zur Geltung, wird eine entsprechende *symptomatische Psychose* zu beobachten sein. Einer *larvierten Psychose*, und damit auch einer *larvierten Depression*, liegt pathogenetisch eine zyklothyme Anlage zugrunde, während andere Faktoren pathoplastisch wirken; dabei kommt es zu vielgestaltigen Syndromen, deren einzelne Komponenten sich bald für den Kranken in den Vordergrund schieben, bald vom Arzt stärker beachtet werden, können doch die Erscheinungsbilder der Krankheit recht unterschiedlich ausgelegt werden.

LANGES Auffassung, die hier über seine eigene Darstellung hinaus etwas erweitert wurde, war eine *Hypothese*, die zwar durch zahlreiche feine Beobachtungen an Patienten, durch genaues Verfolgen krankhafter Zustände und Verläufe nahegelegt und gestützt wurde, zur Zeit ihrer Entstehung jedoch kaum bewiesen oder widerlegt werden konnte, wie faszinierend und geistreich LANGES Überlegungen auch sein mochten. Erst die Entdeckung der antidepressiv wirkenden Psychopharmaka hat aufgrund ihres therapeutischen Effekts bei depressiven Krankheitsbildern LANGES Hypothese grundsätzlich bestätigt. Die Medikamente sind bei *endogenen Depressionen* in der Lage, das ganze Zustandsbild zum Verschwinden zu bringen, während bei *symptomatischen Depressionen* unter der Behandlung wohl die depressive Symptomatik aufhellt, der eigentliche pathogenetische Faktor jedoch bestehen bleibt und das Zustandsbild weiter prägt, unter Umständen sogar deutlicher als zuvor unter der Depression, die die Grundkrankheit oft weitgehend maskiert. Bei *larvierten Depressionen* hingegen behebt die antidepressive Therapie eine zunächst nicht als Depression erscheinende Krankheit.

Die Erfahrungen mit Antidepressiva gestatten überdies eine Beurteilung des jeweiligen Gewichts und der Beziehungen von Pathogenese und Pathoplastik bei den verschiedenen Zustandsbildern. Wir haben bisher ganz einfach von einer manisch-depressiven Konstitution, einer zyklothymen Anlage, gesprochen und damit diskussionslos unterstellt, daß der depressive und der manische Aspekt, Hemmung und Erregung, zwar spiegelbildliche Gegensätze, aber in ihrer Bedeutung gleichwertig seien. Gegen diese gleiche Gewichtung der beiden Pole sind bekanntlich klinische Bedenken erhoben worden. Schon GRIESINGER hat in einem vielfach zitierten Satz darauf hingewiesen, daß «häufig genug die Schwermuth während der ganzen maniacalischen Periode wie ein dunkler Hintergrund durch die ausgelassenste Selbstüberhebung durchblickt»[3]. Umgekehrt sind Depressionen häufig durch – wie man zu sagen pflegt – «manisches Beiwerk» gefärbt. So ergeben sich oftmals nicht eindeutig abgrenzbare Mischzustände.

Wahrscheinlich kommen Fälle einer maniformen oder geradezu manischen Symptomatik vor, die lediglich der pathoplastische Ausdruck einer der Krankheit zugrunde liegenden Depression ist. Dann handelt es sich um eine larvierte Depression, deren *manische Symptomatik* auf eine antidepressive Therapie reagiert. Nach dem Satz GRIESINGERS wäre das «häufig genug» der Fall, was mit den Erfahrungen einer antidepressiven Therapie manischer Zustände nicht so ganz übereinzustimmen scheint. Es könnte jedoch sein, daß die manische Erregung, auch wenn sie durch eine depressive Grundlage in Gang gesetzt wurde, sich verselbständigt hat und dann einer zusätzlichen neuroleptisch-sedativen Behandlung bedarf. Wie immer es sich damit und mit der Frage «reiner», gleichsam autochthoner Manien verhalten mag, man wird bei jedem manischen Zustand nach depressiven Komponenten zu suchen haben. Sind sie vorhanden, sollte eine antidepressive Therapie eingeleitet werden, die tatsächlich «häufig genug» zu interessanten Erfolgen führt. Ob man grundsätzlich jede Manie auch antidepressiv behandeln soll, ist zwar eine noch offene Frage, die jedoch um so eher zu erwägen ist, als Antidepressiva – in einer relativ geringen Dosierung gegeben – bei manischen Zuständen oft deutlich sedativ wirken. Dies gilt für Imipramin und Amitriptylin-Abkömmlinge, besonders jedoch für ®Ludiomil. Oft treten erst im Laufe der Behandlung Symptome zutage, die eine Änderung des Behandlungsplanes erfordern. Regelmäßige sachkundige Beobachtung und stets erneute Befragung der Patienten ist unerläßlich, um die Veränderungen der Symptomatologie unter der Behandlung zu erkennen, wobei freilich die Unterscheidung zwischen neuen Symptomen und Nebenwirkungen der Medikamente unüberwindliche Schwierigkeiten bereiten kann.

Allein oder in Verbindung mit manischem Beiwerk spielen larvierte Depressionen eine große Rolle für das Zustandekommen *neurotischer Entwicklungen* und *einfacher psychischer Reaktionen*. FREUD sagt einmal über den Neurotiker, daß in seinem «Selbstbewußtsein ein Zug von Depression, von ängstlicher Erwartung selten vermißt wird»[2]. Bald nach der Entdeckung des antidepressiven Effekts von Imipramin wurde von verschiedenen Seiten eine Wirkung auch bei reaktiven Depressionen, Zwangsneurosen, Hysterien und gewissen Formen neurotischer Angstzustände und neurasthenischer Bilder berichtet. Das mochte zunächst überraschen, doch häuften sich entsprechende Beobachtungen, so daß ein bloß zufälliger Zusammenhang ausgeschlossen werden muß. Wenn man dem von FREUD beobachteten «Zug von Depression» eine pathogenetische Bedeutung zubilligt und das depressive Element bei Neurosen nicht lediglich als sekundäre Reaktion wertet – als Reaktion auf das Leiden an den krankhaften Symptomen und an einer daraus resultierenden Beeinträchtigung des Lebensgenusses –, dann wird die Wirkung der Antidepressiva durchaus verständlich. Wer nicht besonders darauf achtet, übersieht sehr leicht die depressive Komponente neurotischer und reaktiver Zustandsbilder, zumal die Kranken selbst und ihre Angehörigen gerne nach rationalen Erklärungen suchen, indem sie das äußere Schicksal und neuerdings auch «repressive» gesellschaftliche Verhältnisse für die Krankheit verantwortlich machen. So bleibt denn der «Zug von Depression» nur allzu oft verborgen.

Allgemeiner bekannt ist das umgekehrte psychopathologische Problem, die Frage nämlich, ob und inwieweit manisch-depressive Erkrankungen von äußeren Umständen unabhängig sind. Dieses Problem hat in der Geschichte der Psychiatrie seit alters eine große Rolle gespielt und sich immer wieder in der einen oder anderen, durch Zeitumstände und sonstige Faktoren beeinflußten Weise Geltung verschafft. Auch hier verdanken wir den Erfahrungen mit Antidepressiva ganz neue Gesichtspunkte; sie haben die Auffassung jener Autoren bestätigt, die unter den manisch-depressiven Krankheitsbegriff auch Zustände subsumierten, deren endogene Aspekte hinter den reaktiven zurücktreten. Gerade bei den manisch-depressiven Mischzuständen können psychische Momente die Krankheitsgestaltung stark beeinflussen.

Die Verflechtung von depressiven, manischen und neurotisch-reaktiven Momenten bei pathogenetisch depressiv bedingten psychopathologischen Zustandsbildern, die in die Gruppe der larvierten Depression einzureihen sind, kompliziert die Therapie derartiger Erkrankungen ganz außerordentlich. Neben die bereits angedeuteten psychopharmakologischen treten nun nicht weniger komplizierte psychotherapeutische Probleme. Zwar gibt es Fälle, bei denen die gesamte neurotisch-reaktive Symptomatik schlagartig verschwindet, wenn die zugrunde liegende endogen-depressive Komponente beseitigt ist. Vielfach scheint jedoch die neurotisch-reaktive Symptomatik durch übrigbleibende manische Züge unterhalten zu werden, und vor allem hat sie, ebenso wie die manische Komponente, eine Tendenz, sich zu verselbständigen und nach Verschwinden der zugrunde liegenden Depression weiterzubestehen. In solchen Fällen bedarf sie der Psychotherapie.

Derartige Psychotherapien erfordern eine Kombination mit Antidepressiva. Um mit dieser Methode Erfolg zu haben, sind besondere Kenntnisse und eine von der üblichen Psychotherapie wohl zu unterscheidende Technik nötig. Der Psychotherapeut muß wissen, wie Antidepressiva die Widerstandsphänomene verringern oder sogar ganz aufheben können und dann auf die Übertragung wirken. Die Behandlung wird dadurch beschleunigt und sowohl für den Kranken wie für den Arzt wesentlich erleichtert. Allerdings werden dieser Methode immer wieder schlechtere oder weniger dauerhafte Resultate nachgesagt, doch ist das unseres Wissens nicht erwiesen, und unsere eigenen Resultate sprechen für das Gegenteil. Wichtig ist aber, daß die Indikation für die Antidepressiva-Medikation wie auch für die Psychotherapie richtig gestellt und eine angemessene Technik verwendet wird; am besten verabreicht der Psychotherapeut die Medikation selbst.

Die eben genannten Kriterien sind zwar für die Beurteilung der Zweckmäßigkeit dieser Methode entscheidend, aber im Einzelfall sehr schwierig einzuhalten. Hier bietet der Begriff der larvierten oder maskierten Depression eine echte Hilfe. Neben der eingehenden Exploration sind vor allem Hinweise auf Heredität zu beachten. Zudem muß man die verschiedenen, auf Antidepressiva reagierenden Zustandsbilder, in denen eine larvierte Depression sich ausdrücken kann, genau kennen. Außer den bereits erwähnten manischen Zuständen sowie den Neurosen mit psychischer und nicht selten psychomotorischer Symptomatik gehören hierzu jene Erkrankungen, die man heute unter dem Begriff *psychosomatisch* zusammenfaßt.

Schon seit der Jahrhundertwende sind, wie u. a. die Monographie von DREYFUS[1] zeigt, Zusammenhänge zwischen *funktionellen gastrointestinalen Störungen* und endogen-depressiver Depression bekannt. LANGE bestätigte später die Beobachtungen und berichtete über Behandlungserfolge mit der nach seiner Ansicht für depressive Zustände spezifischen Opiumkur. Da man heute sogenannte psychogene Aspekte stärker beachtet, werden vor allem psychotherapeutische Maßnahmen empfohlen. Antidepressiva haben jedoch oft einen spektakulären Erfolg, insbesondere Ludiomil, das hier geradezu als spezifisch gelten darf. Bei Kranken, die von verschiedenen Gastroenterologen untersucht und jahrelang behandelt worden waren, verschwanden innerhalb weniger Tage ganz oder weitgehend so lästige Symptome wie Luftschlucken, Aufstoßen und Rülpsen, aber auch ulkusähnliche Beschwerden mit Schmerzen, Erbrechen und Anorexie. Sie kehren aber selbst nach mehrjähriger Behandlung in wenigen Tagen zurück, sobald die Medikation abgesetzt wird.

Erfolge mit Antidepressiva haben wir ferner bei *funktionellen Störungen* der *Atmung*, des *Urogenitalsystems* und der *Haut* gesehen. Auch *funktionelle Herzbeschwerden* reagieren auf Antidepressiva; wegen kardiotoxischer Nebenwirkungen mancher Präparate ist jedoch eine sorgfältige diagnostische Abklärung und exakte Indikationsstellung erforderlich. Je weniger ein Präparat mit derartigen Nebenwirkungen behaftet ist, um so eher ist es in solchen Fällen indiziert und um so besser sind dann auch die Erfolge. Auf *Schmerzsyndrome* bei larvierten Depressionen wird Herr HIPPIUS näher eingehen.

Eine bedeutende Rolle bei larvierten Depressionen spielen *neurovegetative* und gewisse, zum Teil wohl *extrapyramidal-motorische Spannungs- und Unruhezustände. Diese beiden Gruppen von Störungen sind organisch bedingt, haben jedoch auch psychische Auswirkungen. Sie werden deshalb vorwiegend durch Psychopharmaka beeinflußt.* Es ist für die Therapie der larvierten Depression besonders wichtig, diese nicht selten im Hintergrund bleibenden Symptome zu erkennen. Wie man weiß, entfalten die Antidepressiva gerade im neurovegetativen und extrapyramidal-motorischen Bereich Effekte, die oft als störende Nebenwirkungen erscheinen. Man sollte deshalb mit möglichst kleinen Dosen auszukommen suchen, was zum Teil durch Kombination einer Monomethylamino- mit einer Dimethylaminoverbindung zu erreichen ist. Zudem wird man je nach dem klinischen Befund und unter Berücksichtigung von Tagesschwankungen mehr antriebssteigernde oder mehr dämpfende Antidepressiva einsetzen. Vor allem sollte man jedoch entsprechend nebenwirkungsarme Substanzen verwenden und eventuelle Begleiterscheinungen durch eine zusätzliche Therapie zu lindern suchen.

Zeitigt eine Behandlung bei korrekter technischer Durchführung innerhalb von längstens drei bis vier Wochen keinen ausreichenden Erfolg, so kann das auf unerkannte manische und neurotisch-reaktive Komponenten zurückzuführen sein, aber auch – und zwar nicht ganz selten – auf einen Kalium- oder Eisenmangel bzw. erniedrigte Serumkonzentrationen wichtiger Spurenelemente. Allerdings sprechen normale Konzentrationen nicht unbedingt auch für eine normale Verfügbarkeit dieser Stoffe am Orte des Bedarfs. Außerdem unterliegen die Konzentrationen je nach Tageszeit, Nahrungsaufnahme und körperlicher Belastung starken Schwankungen. Nach eigenen Erfahrungen, die andernorts bestätigt werden, sind aber bei endogenen, symptomatischen und larvierten Depressionen solche Mangelzustände häufig und entsprechende Behandlungen erfolgreich. Freilich führt die Substitution allein meist nicht zum Ziel, sondern bedarf der Ergänzung durch Antidepressiva.

Bei larvierten Depressionen sollte man sich davor hüten, einzelne Symptome allein zu behandeln, z.B. Schmerzzustände mit Analgetika, Angst mit Anxiolytika. Ebenso ist vor einer planlosen Verordnung von Diazepinen zu warnen; durch ihren entspannenden und affektiv-distanzierenden Effekt verschaffen sie dem Patienten zwar eine gewisse Erleichterung, doch können sie die depressive Grundstimmung nicht bessern. Überdies bewirken sie gerade bei larvierten Depressionen eine Abhängigkeit, von der loszukommen meist äußerst schwer fällt. Viel häufiger, als es der Arzt vermutet, nehmen die Patienten solche Medikamente auch auf eigene Faust, oder sie betreiben Mißbrauch mit Nikotin, Alkohol, phenazetinhaltigen Analgetika und Schlafmitteln. Eine zusätzliche Gefahr stellen heute, vor allem bei jungen Patienten, die eigentlichen Rauschgifte dar. Derartige Mißbräuche, ob sie nun eingestanden oder verheimlicht werden, beruhen oft auf larvierten Depressionen. ERWIN STRAUS[5] hat schon vor mehr als 50 Jahren auf die Bedeutung depressiver Verstimmungen für die Entstehung des chronischen Morphinismus hingewiesen. So sehr all das die ärztlichen Bemühungen stören, erschweren oder gar verunmöglichen mag, so sehr gibt gerade die Kenntnis dieser Verhältnisse dem Arzt in manchen Fällen das wertvollste therapeutische Rüstzeug an die Hand. Es sei, um nur ein Beispiel zu nennen, die noch kaum erkannte, tatsächlich jedoch beträchtliche Bedeutung der Antidepressiva für die Behandlung jugendlicher Rauschgiftabhängiger erwähnt. Freilich werden die Aussichten einer Therapie gerade hier durch die Unzuverlässigkeit der Patienten, nicht zuletzt in bezug auf die Einnahme der verordneten Medikamente, getrübt.

Eine Statistik über die *Häufigkeit* larvierter Depressionen und des Erfolges einer angemessenen Therapie wäre von großem Interesse, ist jedoch aus mehreren Gründen schwer erhältlich. Eigene Erfahrungen mit einem vielgestaltigen Krankengut lassen jedoch vermuten, daß derartige Krankheiten sehr häufig sind und nicht selten ausgezeichnet auf die Therapie ansprechen. Insbesondere schwere Fälle mit jahre- oder jahrzehntelangem Verlauf kommen häufig vor.

Diese Kranken sind in ihren mitmenschlichen Beziehungen, ihrer sozialen Leistungsfähigkeit stark beeinträchtigt. Sie suchen zahlreiche Ärzte auf, laufen zu Kurpfuschern, nehmen teure Spitalbetten in Anspruch und werden nicht selten kostspieligen Untersuchungen unterzogen. Wir sind überzeugt, daß eine bessere Kenntnis der larvierten Depressionen und ihrer Behandlungsmöglichkeiten entscheidend dazu beitragen könnte, ganz allgemein die Kosten der ärztlichen Betreuung zu verringern. Die Behandlung larvierter Depressionen hat somit einen sozialmedizinischen Aspekt, dessen Bedeutung kaum überschätzt werden kann. Es sollten daher Mittel und Wege gefunden werden, um die Ärzteschaft in weit größerem Umfang als bisher mit der Erkennung und Behandlung larvierter Depressionen vertraut zu machen.
Wir kommen zum Schluß unserer Betrachtungen über die Therapie larvierter Depressionen. Es hat sich gezeigt, daß diese Aufgabe wesentlich schwieriger ist als die Behandlung einfacher endogen-depressiver Phasen oder rein symptomatischer Depressionen. Nur gute psychopathologische, psychopharmakologische und psychotherapeutische Kenntnisse und Erfahrungen gestatten es, den Anforderungen zu genügen, die diese Gruppe von Kranken an den Arzt stellt.

Literatur

1 Dreyfus, G.L.: loc. cit.[4]
2 Freud, S.: Gesammelte Werke, Vol. I, p. 148 (Imago Publishing, London 1952)
3 Griesinger, W.: Pathologie und Therapie der psychischen Krankheiten, 3. Aufl., p. 279 (Wreden, Braunschweig 1871)
4 Lange, J.: Die endogenen und reaktiven Gemütserkrankungen und die manisch-depressive Konstitution. In Bumke, O.: Handbuch der Geisteskrankheiten, Vol. VI (Springer, Berlin 1928)
5 Straus, E.: Zur Pathogenese des chronischen Morphinismus. Mschr. Psychiat. Neurol. *47*, 80 (1920) und in: Psychologie der menschlichen Welt, p. 1 (Springer, Berlin/Göttingen/Heidelberg 1960)

Diskussion

J. J. LOPEZ-IBOR ALIÑO: Herrn KUHN ist meines Erachtens beizupflichten: Wir dürfen Manie und Depression nicht als völlig andersartige, diametral gegensätzliche Erscheinungen auffassen. Auch aus biochemischer Sicht ist dem, denke ich, zuzustimmen; die Untersuchungen von Herrn COPPEN haben zahlreiche Anhaltspunkte geliefert, die vermuten lassen, daß wir es hier nicht mit gegensätzlichen, sondern mit verwandten Zuständen zu tun haben. In die gleiche Richtung scheinen die Resultate von Prüfungen mit Antidepressiva bei manischen Patienten zu deuten; einer der ersten, der solche Studien unternommen hat, war – wenn ich mich richtig erinnere – AKIMOTO* in Japan. In der ersten Arbeit, die wir in Madrid über ®Anafranil** publizierten, erwähnten wir zwei Patienten mit alternierenden manischen und depressiven Episoden, deren manische Episoden unter Langzeitbehandlung mit Anafranil verschwanden. Später haben wir indessen unsere Untersuchungen zur prophylaktischen Behandlung mit Anafranil zugunsten der Lithium-Therapie aufgegeben. Die Frage, die ich in diesem Zusammenhang stellen möchte, ist folgende: Könnte die Tatsache, daß ein mit Antidepressiva behandelter Patient nach zwei bis drei Tagen oder nach zwei bis drei Wochen eine manische Phase zeigt, vielleicht bedeuten, daß es sich hier um ein manisches Äquivalent gehandelt hat und daß wir durch Besserung der Depression die zugrunde liegende Manie aufgedeckt haben? Könnten wir hier vor der gleichen Situation stehen, die wir bei Patienten mit Schmerzen als depressivem Äquivalent beobachten, d.h. bei Patienten, die nach Behebung der Schmerzen eindeutige Merkmale der zugrunde liegenden Depression erkennen lassen?

P. BERNER: Herr KUHN, ich möchte Ihnen aufgrund der Erfahrungen an meinem eigenen Krankengut bestätigen, daß neurotische und psychogene Symptome nach Abklingen der depressiven Phase oft tatsächlich durch das Bestehenbleiben einer manischen Komponente erklärt werden können. Vermutlich gibt es aber auch Fälle, bei denen nach der depressiven Phase die neurotische Symptomatik trotz einer völlig ausgeglichenen Stimmungslage weiterbesteht, und zwar, wie ich meine, infolge eines Lerneffekts. Ein typisches Beispiel sind Phobien, die bei agitierten, als Mischzustände aufzufassenden Depressionen entstehen und auch nach Abklingen der Depression als erlerntes phobisches Verhalten weitergeführt werden. Aus diesem Grunde habe ich eigentlich in dem Abschnitt Ihres Vortrages, den Sie der Psychotherapie gewidmet haben, einige Hinweise auf die Anwendung der Verhaltenstherapie vermißt. Ich glaube, daß man mit verhaltenstherapeutischen Maßnahmen solche Symptome rascher beseitigen kann als mit aufwendigen und langdauernden analytischen Verfahren. In diesem Zusammenhang möchte ich ganz besonders vor einem allzu großzügigen Einsatz von Tranquilizern warnen, die zwar immer wieder als «Neurosemittel» in den Handel kommen, deren therapeutische Anwendung aber die in vielen Fällen zugrunde liegende Depression verdeckt bzw. Mischzustände verschleiert und dadurch zu den beschriebenen Abhängigkeiten führt.

J. LEME LOPES: Herr KUHN hat das Feld für seinen Vorschlag zur Behandlung der larvierten Depression gut vorbereitet. Er stützt sich auf die bewährte Tradition von LANGE und zeigte uns, daß vielleicht jede Depression manische Züge aufweist. Aber wenn die larvierte Depression durch Antidepressiva überwunden ist und manische Symptome übrigbleiben, die psychotherapeutisch behandelt werden, ist es in diesem Moment nicht nötig, Neuroleptika einzusetzen?

---

* AKIMOTO, H.: Ten years of psychopharmacology: critical assessment of the present and future. In Bradley, P.B., Flügel, F., Hoch, P.H. (Eds.): Proc. IIIrd Meet. Coll. int. neuro-psychopharmacol. (C.I.N.P.), Munich 1962, p. 552; Neuro-Psychopharmacol., Vol. III (Elsevier, Amsterdam/London/New York 1964)

** FERNÁNDEZ CÓRDOBA, E., LÓPEZ-IBOR ALIÑO, J.J.: La monoclorimipramina en enfermos resistentes a otras tratamientos. Act. luso-esp. Neurol. *26*, 119 (1967)

J.J. López Ibor: Herr Kuhn hat mit der ihm eigenen Geschicklichkeit uns Reichweite und Schwierigkeiten der Probleme dargelegt, die die manisch-depressive Psychose noch heute stellt. Auch K. Schneider hat sich in den letzten Jahren seiner Tätigkeit eingehend mit dem von Herrn Kuhn behandelten Problemkreis beschäftigt und in diesem Zusammenhang den Begriff «Untergrund-Depression» geprägt. Es handelt sich dabei um Depressionen im Unterbewußtsein der Person. Der Unterschied zwischen dem Grund der Depression und dem, was wir als «Überstruktur» ansehen könnten, d. h. dem, was wir als erlebnishaft betrachten oder was erlebnishaft werden könnte, ist von größter Wichtigkeit.
Man verfügte früher für Fälle von depressiver Melancholie nur über die herkömmlichen Arzneien. Heute hingegen stehen uns, dank zielgerichteter Forschung, antidepressive Mittel zur Verfügung, und wir haben nicht zuletzt mit ihrer Hilfe, d. h. aufgrund ihres therapeutischen Effekts, gelernt, zwischen den verschiedenen depressiven Krankheitsbildern zu unterscheiden. Daher ist es heute möglich, eine Unterteilung der Depressionen nach ihrer organischen, endogenen und psychogenen Ätiologie vorzunehmen, wie es z. B. Herr Kielholz getan hat. Die Vielfalt depressiver Erkrankungen verlangt vom Psychiater nicht nur eingehendes Bemühen um die Diagnose, sondern auch um die Behandlung jedes Einzelfalls. Das erfordert große Erfahrung, denn es stellt sich hier sowohl das Problem der Eigenpersönlichkeit als auch das der verschiedenen Arten von Veränderungen des endothymen Grundes, die ihrerseits eine unterschiedliche therapeutische Behandlung notwendig machen.

A. Coppen: Ich glaube, es ist richtig, daß hinsichtlich gewisser Aspekte der biochemischen Pathologie von Depression und Manie Ähnlichkeiten existieren und daß es, wie ich schon anläßlich meines Diskussionsbeitrages zu dem Vortrag von Herrn Heimann ausführte, gute Gründe für die Annahme eines Serotonin-Defizits sowohl bei depressiven wie bei manischen Patienten gibt. Ich möchte Sie hier auf einen Vortrag aufmerksam machen, den Wilson und Prange* am C.I.N.P.-Kongreß in Kopenhagen gehalten haben und in dem über die Resultate einer kontrollierten Doppelblindstudie von L-Tryptophan gegen Chlorpromazin bei manischen Patienten berichtet wurde. Die Autoren stellten fest, daß 9 g L-Tryptophan pro die wirksamer waren als 400 mg Chlorpromazin. Dieser Befund stützt die Hypothese, daß wir es auch bei der Manie mit einem 5-Hydroxytryptamin-Defizit zu tun haben.

R. Kuhn: Ich möchte allen Diskussionsrednern, insbesondere auch Herrn López Ibor, herzlich für die freundliche Aufnahme meines in verschiedener Hinsicht vielleicht nicht ganz konventionellen Referats danken. Man kann gewisse Fragen aus verschiedener Blickrichtung betrachten, z. B. das von Herrn López-Ibor Aliño aufgegriffene Problem der Beziehung zwischen Manie und Depression. Persönlich scheint mir hier, wenn man alles überlegt, doch eine gewisse Asymmetrie zu bestehen. Es läßt sich wohl kaum leugnen, daß Depressionen ganz allgemein sehr viel häufiger vorkommen als Manien. Herr López-Ibor Aliño hat ferner eine Frage angeschnitten, auf die es wahrscheinlich heute gleichfalls keine eindeutige und definitive Antwort gibt, nämlich die, ob auch Manien pathogenetisch sein können. Von den Depressionen weiß man es mit Sicherheit. Wenn es auch relativ weniger Anhaltspunkte dafür gibt, vermute ich doch, daß das auch für Manien zutreffen mag. Diese Fragen gehören, wie übrigens auch die Probleme der Mischpsychosen, zu den schwierigsten der ganzen Psychiatrie. Kraepelin hat das am Ende seines Lebens ungefähr so ausgedrückt: Wir können offensichtlich die Unterscheidungen nicht klar vollziehen, was wahrscheinlich darauf hinweist, daß unsere Fragestellung falsch ist.
Bevor ich auf einzelne Fragen und Bemerkungen zu meinem Vortrag eingehe, noch eine allgemeine Feststellung: Wegen der notwendigerweise beschränkten Redezeit konnte ich Autoren und Literatur, die zum Thema wesentlich gehören, nicht in vollem

* Wilson, I. C., Prange, A. J.: Tryptophan in mania: theory of affective disorders. In Jacobsen, E. (Ed.): Coll. int. neuro-psychopharmacol. (C.I.N.P.), VIII Congr., Copenhagen 1972, Abstr. Psychopharmacologia (Berl.) *26*, Suppl.: 76 (1972)

Umfang zitieren. Herr LÓPEZ-IBOR ALIÑO hat soeben die Untersuchungen von AKIMOTO in JAPAN angeführt. Ich habe AKIMOTOS Münchner Vortrag gehört und mit dem Autor eingehend diskutiert. Vielleicht darf ich in diesem Zusammenhang kurz eine historische Tatsache erwähnen. Anläßlich meiner ersten Publikation über Imipramin habe ich mir gründlich überlegt, ob es ratsam sei, das Präparat auch für die Behandlung von Manien zu empfehlen, da ich schon damals wußte, daß Imipramin bei Manien wirksam ist. Ich habe mich dann aber bewußt entschlossen, auf eine derartige Empfehlung zu verzichten, denn ich befürchtete, daß durch nichtadäquate Dosierung und unzureichende psychopathologische Abklärung des Einzelfalls Erregungszustände und Verschlimmerungen der Manie ausgelöst würden. Ich habe deshalb in meiner Publikation ausdrücklich vor der Therapie von Manien mit Imipramin gewarnt – im Wissen darum, daß ich etwas schreibe, was später einmal zu Diskussionen Anlaß geben werde. Seit dem Vortrag von AKIMOTO ist das Thema nun tatsächlich aktuell, aber leider wird es nur selten aufgegriffen.
Herr BERNER, aus dem schon genannten Grunde der beschränkten Redezeit habe ich auch Sie und Ihre Auffassung über Mischzustände in meinem Referat nicht erwähnen können. Es hat mich aber außerordentlich gefreut, daß sich wirklich jemand findet, der wie ich der Ansicht ist, daß manische Beimischungen in der Unterhaltung neurotischer Zustände eine große Rolle spielen. Ich vertrete diese Ansicht seit Jahren und weiß, daß man sie immer wieder angezweifelt und mir sogar unterschoben hat, von Psychopathologie und vor allem von der Neurosenlehre überhaupt nichts zu verstehen. Meine Überzeugung basiert indessen auf einer immer wieder bestätigt gefundenen Erfahrung. Das soll selbstverständlich nicht heißen, daß es immer so sein müsse, und ich habe auch nie dergleichen behauptet. Ihrer Auffassung, Herr BERNER, der zufolge es für das Weiterbestehen einer neurotischen Symptomatik wahrscheinlich verschiedene Ursachen gibt, kann ich durchaus zustimmen. Sicher sind z. T. Lerneffekte im Spiel, für die eine Verhaltenstherapie wichtig sein kann. In meinem Vortrag mußte ich mich auf den Hinweis beschränken, daß die Psychotherapie eine eigene Technik erfordere, und dazu gehören eben auch nichtanalytische psychotherapeutische Methoden. Andererseits sollte man gerade bei schweren neurotischen Entwicklungen im Sinne der psychoanalytischen Theorie die Bedeutung manisch-depressiver und rein depressiver Erkrankungen, die evtl. weit ins Kindesalter zurückreichen können, nicht unterschätzen. Ganz sicher gibt es Fälle, bei denen das Weiterbestehen von neurotischen Symptomen nach Abklingen der depressiven Phase auf solchen neurotischen Entwicklungen beruht. Sie können dann nur durch eine analytische oder doch psychoanalytisch inspirierte Psychotherapie behoben werden, weil eine längerdauernde Depression im Kindesalter die Reifung der Persönlichkeit derart beeinträchtigt, daß neurotische Entwicklungen fast unausweichlich sind.
Auch die zweite Bemerkung von Herrn BERNER, nämlich seine Warnung davor, Neurosen und larvierte Depressionen mit Tranquilizern zu behandeln, möchte ich nachdrücklich unterstützen. Es bleibt mir hier allerdings nicht die Zeit, die Gefahr eines solchen Vorgehens im einzelnen zu begründen; man könnte dem Thema einen eigenen Vortrag, wenn nicht sogar ein ganzes Symposium widmen.
Gefreut hat mich auch das Votum von Herrn LEME LOPES aus Brasilien. Ihm möchte ich antworten, daß bei Vorliegen maniformer Züge, die durch neurotische Symptome unterhalten werden, selbstverständlich ebenfalls eine neuroleptische Behandlung indiziert ist. Man kann auch eine Psychotherapie mit neuroleptischen Medikamenten kombinieren, unter Umständen mit sehr gutem Erfolg.

Zur Behandlung isolierter Algien mit Antidepressiva

von H. Hippius und I. Müller *

Herr Kuhn hat einen allgemeinen und weitgespannten Bericht über die Therapie larvierter Depressionen gegeben. Er hat aber nicht nur einen Überblick über die praktischen Möglichkeiten und Grenzen der Behandlung larvierter Depressionen vermittelt – er hat auch auf deren prinzipielle Problematik hingewiesen und vor allem mit seinen einleitenden Ausführungen gezeigt, daß Diagnostik und Therapie dieser Krankheitsbilder nur dann befriedigen, wenn das komplizierte Wechselspiel zwischen *Grund* und *Ursachen*, zwischen *pathogenetischen* und *pathoplastischen* Faktoren, berücksichtigt und aufgehellt wird. Die Erörterung der Therapie larvierter Depressionen wurde damit zum beispielhaften Anlaß, eine Grundfrage der Psychiatrie – die strukturanalytische, die mehrdimensionale, die multifaktorielle Betrachtungsweise der Entstehung psychiatrischer Krankheitsbilder – eindrucksvoll zu beleuchten.
Unser Bericht wird sich auf die kurze Darstellung einiger kasuistischer Beobachtungen beschränken. Erlauben Sie dennoch, daß auch wir einleitend einige allgemeine Fragen – vielleicht etwas polemisch – erörtern.
Auf diesem Symposium habe ich bisher schon so viel gelernt, daß ich eingestehen muß: Unser Vortrag ist in fast jeder Hinsicht bereits überholt. Mir ist nämlich klargeworden, daß man den Terminus «larvierte Depression» nicht so naiv gebrauchen kann, wie wir es bisher getan haben und noch tun. Wir verstanden bisher unter dem Begriff die «somatisch larvierte endogene Depression». Im Verlauf des Symposiums ist aber nun deutlich geworden, daß wir Psychiater – überspitzt formuliert – Gefahr laufen, die Begriffe «larvierte Depression» und «depressives Äquivalent» als – wie es Herr Heimann in anderem Zusammenhang prägnant formuliert hat – «diagnostisches Placebo» zu gebrauchen.
Wir sollten als Psychiater zufrieden sein, daß mit der achten Revision der *International Classification of Diseases*[8], der Diagnosenklassifikation der WHO, erstmals in der gesamten Welt eine internationale Verständigungsbasis für die Psychiatrie geschaffen worden ist. Diese mühsam erreichte Verständigungsbasis gefährden wir, wenn wir – mehr oder minder unreflektiert – den Begriff «larvierte Depression» über die durch den erweiterten Terminus «somatisch larvierte endogene Depression» aufgezeigte Grenze hinaus zu einem quasinosologischen Begriff machen. In der deutschen Psychiatrie sind wir mit der Einführung nosologisch anmutender Begriffe schon oft Irrwege gegangen. Ein aus jüngerer Zeit bekanntes Beispiel ist die sogenannte «endoreaktive Dysthy-

---

* Aus der Psychiatrischen Klinik der Universität München (Bundesrepublik Deutschland)

mie», die als Begriff wenigstens noch den Vorteil hatte, Elemente der Syndrom-*genese* anzudeuten.

Die Erörterung dieses Gesichtspunktes abschließend, möchte ich für meinen Teil vorläufig zur Vorsicht beim Gebrauch des Begriffs «larvierte Depression» mahnen. Zur Vorsicht rate ich, selbst wenn oder gerade weil der Begriff so bereitwillig und schnell in der Praxis aufgegriffen worden ist, wie soeben das Ergebnis der Umfrage von Herrn BERNER gezeigt hat. Solange die «larvierte Depression» für die auf diesem Gebiet besonders engagierten Forscher, die auf unserem Symposion zusammengetroffen sind, noch ein vom semantischen Aspekt her unklares und kontroverses Problem ist, sollte man sich hüten, den Begriff in der gesamten Psychiatrie, in der ganzen Medizin oder sogar im allgemeinen Sprachgebrauch zu popularisieren.

Die «larvierte Depression» ist in theoretischer Sicht – wie soeben dargelegt wurde – noch ein semantisches Problem. In praktischer Hinsicht hat sie ihre Probleme im Bereich der *Organisation der medizinischen Versorgung* einerseits und der *medizinischen Ausbildung* andererseits. Das soll nun am Beispiel der Algie-Syndrome erläutert werden.

Die isolierten Algien im Bereich des Kopfes, im Zungenbereich, im Schulter-Arm-Gebiet, am Rumpf und in den unteren Gliedmaßen sind dem Arzt seit alters bekannt. Mit dem Aufblühen der Klinischen Neurologie im vorigen Jahrhundert war es nur sinnvoll, daß diese Beschwerdesyndrome mehr und mehr zur Aufgabe des Neurologen wurden. Solange Neurologie und Psychiatrie in engstem Kontakt zueinander betrieben wurden – wie z.B. in Deutschland –, war die Gefahr gering, daß diese Beschwerdesyndrome aus einer einseitigen, rein neurologischen Perspektive beurteilt wurden. Hier darf vielleicht OPPENHEIM zitiert werden, der in seinem berühmten Lehrbuch der Nervenkrankheiten – z. B. im Hinblick auf Krankheitsbilder, die man heute oft unter der Bezeichnung «Schulter-Arm-Syndrom» zusammenfaßt – ausdrücklich hervorhob, daß sie «auf psychopathischer Basis» beruhten [5]. Heute, mehr als 100 Jahre nach der ersten Veröffentlichung des Lehrbuches, werden diese und ähnliche Feststellungen gern als endgültig überholt angesehen und von Neurologen belächelt, weil die neurologische Ursachenforschung inzwischen eine große Zahl von faßbaren Ursachen für solche Beschwerdesyndrome aufgedeckt hat. KOLLMANNSBERGER et al. [2] haben kürzlich aus neurologischer Sicht über die Differentialdiagnostik und die verschiedenen, vielfältigen Ursachen der Schmerzsyndrome im Nacken-, Schulter- und Armbereich eine vorzügliche Übersicht gegeben. So wichtig es nun ist, mit Hilfe der modernen neurologischen Diagnostik in den Arm ausstrahlende Schmerzen schon frühzeitig auf z. B. kraniozervikale Fehlbildungen, auf eine Syringomyelie oder eine amyotrophische Lateralsklerose, auf anatomisch faßbare Engpaß-Bildungen – wie etwa das Skalenus- oder das Karpaltunnel-Syndrom – zurückführen zu können, so wichtig ist es, gleichzeitig immer auch den psychiatrischen Aspekt solcher Krankheitsbilder zu berücksichtigen. Das sollte stets bei allen soeben genannten Ursachen geschehen, vor allem aber dann, wenn die neurologisch-radiologische Diagnostik, z. B. bei Schmerzen im Schulter-Arm-Bereich, keine der genannten Ursachen belegt, sondern lediglich zur Diagnose einer Osteoporose der Halswirbelsäule geführt hat. Gleiches wei für die Beanspruchung der Osteoporose der Halswirbelsäule gilt für die Annahme von Bandscheibenprozessen im Bereich der Lendenwirbelsäule.

Nun war es in unserem Land ohne Frage dringend notwendig, daß Neurologie und Psychiatrie als klinische Fächer selbständig wurden. Die Bemühungen um die Aufklärung der Ursachen und um die Behandlung sogenannter Neuralgien zeigen jedoch, daß es jetzt ebenso dringend notwendig ist, Voraussetzungen für engste Zusammenarbeit zwischen Neurologie und Psychiatrie zu bewahren oder sie wieder neu zu schaffen. Die bahnbrechenden Arbeiten von Professor López Ibor über die «depressiven Äquivalente» haben ihre Voraussetzung darin, daß er als Psychiater *und* als Neurologe tätig war. Die wachsende Kenntnis von der Vielfältigkeit larvierter Depressionen zwingt uns, diese Forderung nicht nur auf die Kooperation zwischen Neurologie und Psychiatrie zu beschränken, sondern auf alle Fächer der Organ-Medizin auszudehnen. Gerade das heute in seinen Ausmaßen noch nicht übersehbare Gebiet der larvierten Depressionen macht deutlich, daß wir in der Medizin beim Vorantreiben der Spezialisierung nur dann im Recht sind, wenn wir gleichzeitig Organisationsformen und Wege finden, die engstes Zusammenwirken in jedem Einzelfall gewährleisten. Zu dieser Zusammenarbeit mit der Psychiatrie sind die somatisch orientierten Fächer in jüngerer Zeit vor allem deswegen bereit, weil durch die Möglichkeiten der Anwendung von Antidepressiva die realen Therapiechancen erheblich verbessert worden sind.

Schon J. Lange[3] hat festgestellt, daß die *depressio sine depressione* von der Psychiatrie immer wieder neu entdeckt werde. Daß die Entwicklung so verlaufen ist, hat seinen Grund sicher darin, daß die Psychiater auf die Möglichkeit derartiger maskierter Depressionen zwar hinweisen, jedoch keine konkreten Behandlungsmöglichkeiten aufzeigen konnten. So ließ man von seiten der übrigen Fachgebiete der Medizin eine larvierte Depression allenfalls dann gelten, wenn bei sorgfältigster körperlicher Untersuchung keine für das Beschwerdebild ausreichende somatische Grundlage nachgewiesen werden konnte. Heute ist die Situation anders: Nach Einführung der Antidepressiva waren eindeutige Therapieerfolge aufzuzeigen. Als Folge davon zieht man nun den Psychiater erfreulicherweise nicht erst zu guter Letzt in den Fällen zu Rate, bei denen kein ausreichender somatischer Befund erhoben werden kann, sondern man fordert ihn jetzt auch dann schon zur Zusammenarbeit auf, wenn zwar durchaus relevante körperliche Befunde vorliegen, aber bestimmte anamnestische Daten oder Besonderheiten des Verlaufs oder das Ausbleiben von Therapieeffekten den Verdacht auf eine larvierte Depression lenken. Als anamnestische Gegebenheiten gehören hierzu z. B.:

- die Tatsache, daß früher eindeutige depressive (oder auch manische) Phasen abgelaufen sind
- eine erbliche Belastung mit zyklothymen Erkrankungen in der Familie.

Symptomatologische, besser gesagt Verlaufs-Besonderheiten, die das Hinzuziehen des Psychiaters veranlassen, sind z. B.:

- ein phasenhafter, zeitlich abgesetzter Verlauf
- der Nachweis von deutlichen Tagesschwankungen der Schmerzsyndrome[1].

Die Anregung, uns mit der Frage der larvierten Depression näher zu beschäftigen, verdanken wir zum einen dem Vortrag von López Ibor[4] über «Depressive Äquivalente» auf dem Berliner Depressions-Symposion 1968 und zum anderen der 1969 erschienenen Monographie von Walcher[6]. López Ibor hat gerade zur Frage der Algien sehr detailliert Stellung genommen. Wir waren seither bemüht, uns durch Übernahme verschiedener Fälle aus neurologischen, neurochirurgischen, orthopädischen und Zahnkliniken möglichst frühzeitig in die Behandlung von Patienten mit diagnostisch vorgeklärten und nicht oder ohne Erfolg behandelten isolierten Algien einzuschalten. Dabei konnten wir die Befunde und Ansichten von López Ibor und Walcher in vollem Umfang bestätigen.

Für die Behandlung larvierter Depressionen mit dem Symptombild von unterschiedlich lokalisierten Algien sind im Grunde alle trizyklischen Antidepressiva geeignet. Da im Zusammenhang mit den Schmerzsyndromen sehr oft gleichzeitig Schlafstörungen bestehen, wird man zumeist Antidepressiva vom Amitriptylin-Typ den Vorzug geben. Gut brauchbar sind bei gleichzeitig bestehenden Schlafstörungen Retard-Formen der Antidepressiva, wie wir sie in Deutschland vom Amitriptylin haben. Bei larvierten Depressionen, die als Algien im Schulter-Arm-Bereich imponieren, kommt es oft zu Myogelosen und Muskelverspannungen. Dann ist es günstig, das Antidepressivum mit einem Tranquilizer vom Diazepam-Typ zu kombinieren. Wenn sich mit trizyklischen Antidepressiva kein durchgreifender Erfolg erzielen läßt, ist ein Versuch mit Monoaminooxydase-Inhibitoren durchaus gerechtfertigt, unter klinischer Überwachung sogar die Kombination eines trizyklischen Antidepressivums mit einem Monoaminooxydase-Inhibitor.

Überraschend wenig Mitteilungen gibt es bisher über die Wirkungen der Lithium-Therapie bei larvierten Depressionen, obwohl angenommen werden muß, daß schon umfangreiche praktische Erfahrungen vorliegen. Unsere Beobachtungen an Einzelfällen zeigen, daß – wie nicht anders zu erwarten – bei den rezidivierenden Schmerzsyndromen, die erfolgreich mit Antidepressiva behandelt werden konnten, auch die Lithium-Prophylaxe wirksam ist.

Der Hinweis auf die Wirksamkeit der Lithium-Prophylaxe lenkt die Aufmerksamkeit ganz allgemein auf Verlaufsuntersuchungen bei larvierten Depressionen. Winzenried aus dem Arbeitskreis von Bürger-Prinz hat – in Zusammenarbeit mit dem Chirurgen Zukschwerd – bei Brachialgien und Lumbalgien auf die Möglichkeit eines «Feldwechsels» hingewiesen[7]. Damit ist gemeint, daß – bei phasenhaften Verläufen – abwechselnd einzelne Phasen mit der typischen psychopathologischen Symptomatik einer endogenen Depression und zeitlich ebenfalls abgesetzte Phasen mit Schmerzsyndromen ohne jede psychopathologische Begleitsymptomatik auftreten können. Derartige Verläufe sind diagnostisch leicht einzuordnen und somit auch schnell einer antidepressiven Therapie zuzuführen. Schwieriger ist die Diagnose, wenn die Vorgeschichte Auffälligkeiten aufweist, die in eine völlig andere Richtung denken lassen. So beobachteten wir zwei weibliche Patienten, bei denen es vor der Manifestation eines Schulter-Arm-Syndroms bzw. einer atypischen Trigeminusneuralgie verschiedentlich zu eindeutig psychogenen Lähmungen bzw. zu psychogenen Dämmerzuständen gekommen war. Diese Auffälligkeiten hatten Anlaß zur Konsultation eines Psychiaters gegeben. Da leicht festzustellen war, daß es sich um hysterische Lähmungen bzw. Dämmerzustände handelte, wurden von psychiatrischer Seite in beiden Fällen keine gezielten therapeutischen Maßnahmen eingeleitet. Später führte die Manifestation der Schmerzsyndrome die beiden Patientinnen zum Neurologen und Neurochirurgen, die nun von sich aus wieder den Psychiater hinzuzogen, weil die Beschwerdebilder sowie die neurologischen und neurochirurgischen Befunde uncharakteristisch waren. Jetzt ergaben die psychiatrischen Explorationen bei beiden Patientinnen, daß die hysterischen Lähmungen bzw. Dämmerzustände in der Vorgeschichte einen phasenartigen Verlauf mit bevorzugtem Manifestationszeitpunkt im Herbst gehabt hatten. Es war nun naheliegend, sowohl die vermeintlich psychogenen Lähmungen und Dämmerzustände als auch die Schmerzsyndrome als Depressionsäquivalente aufzufassen. Der Erfolg der psychopharmakologischen Therapie rechtfertigte in beiden Fällen diese Annahme. Unter Lithium-Prophylaxe kam es bei der einen Patientin in der Folgezeit überhaupt nicht mehr zu Auffälligkeiten. Bei der anderen Patientin war keine Lithium-Prophylaxe begonnen worden; auch bei ihr kam es nicht wieder zu Rezidiven der psychogenen oder der Schmerzsymptomatik. Überraschenderweise hatte diese Patientin dann jedoch erstmals eindeutig depressive Phasen! Für uns stellt sich damit die Frage, ob womöglich die Behandlung mit Antidepressiva zur Demaskierung einer larvierten Depression führen kann. Entsprechende Beobachtungen machten wir, als wir Patienten mit atypischen, phasenhaft auftretenden Schmerzsyndromen einer Behandlung mit dem mittelstarken Neuroleptikum Propericiazin (®Aolept, ®Neuleptil) unterzogen. Die Gesichtsschmerzen konnten therapeutisch gut beeinflußt werden – in der Folgezeit kam es jedoch erstmals zu einer typisch endogen-depressiven Symptomatik.

Bei Kranken mit unklaren Gesichtsschmerzen und mit Glossodynien haben wir übrigens gefunden, daß die Schmerzen in manchen Fällen auf Antidepressiva, in anderen Fällen jedoch nur auf Neuroleptika (wie Propericiazin) ansprechen.

Die zuletzt erwähnten Beobachtungen zeigen, daß Behandlungsversuche bei larvierten Depressionen nicht nur ihre *praktische* Bedeutung haben. Solche Therapieversuche könnten, wenn man sie systematisch zu Längsschnittuntersuchungen ausbauen würde, einen wichtigen *theoretischen* Beitrag zum Problem des therapieabhängigen Gestaltwandels psychiatrischer Krankheitsbilder liefern.

Literatur

1 Heinrich, K.: Die maskierten Depressionen. In: Depressive Erkrankungen, IV. Veldener Symp., Velden am Wörthersee 1969, p. 32 (Banaschewski, München-Gräfelfing 1970)

2 Kollmannsberger, A., Leheta, F., Mackert, B.: Schmerzsyndrome im Nakken-, Schulter-, Armbereich. Münch. med. Wschr. *114*, 2029 (1972)

3 Lange, J.: Die endogenen und reaktiven Gemütserkrankungen und die manisch-depressive Konstitution. In Bumke, O.: Handbuch der Geisteskrankheiten, Vol. VI (Springer, Berlin 1928)

4 López Ibor, J.J.: Depressive Äquivalente. In Hippius, H., Selbach, H. (Eds.): Das depressive Syndrom, Int. Symp., Berlin 1968, p. 403 (Urban & Schwarzenberg, München/Berlin/Wien 1969)
5 Oppenheim, H.: Lehrbuch der Nervenkrankheiten für Ärzte und Studierende, 4. Aufl., Vol. I, p. 589 (Karger, Berlin 1905)
6 Walcher, W.: Die larvierte Depression (Hollinek, Wien 1969)
7 Winzenried, F.J.M.: Die Wirbelsäule als psychiatrisches Krankheitspotential. In Bürger-Prinz, H., Winzenried, F.J.M. (Eds.): Befinden und Symptom, p. 19 (Schattauer, Stuttgart 1964)
8 World Health Organization: Diagnosenschlüssel und Glossar psychiatrischer Krankheiten. Deutsche Übersetzung der internationalen Klassifikation der WHO: ICD (ICD = International Classification of Diseases), 8. Revision, und des internationalen Glossars, 3. Aufl. (Springer, Berlin/Heidelberg/New York 1973)

Diskussion

O. de S. Pinto: Der Vortrag von Herrn Hippius hat mich insgesamt, besonders aber im Hinblick auf einen der letzten Punkte interessiert; es ging dabei um Patienten mit Gesichtsschmerzen unbekannter Ätiologie und mit Glossalgien. Ich glaube, es ist allgemein bekannt, daß bei Patienten mit klassischer Migräne manchmal auch Gesichtsschmerzen auftreten, die Wochen oder auch Monate anhalten können und außerordentlich schwer zu behandeln sind. Es gibt Fälle von klassischer, rekurrierender Migräne, die auf die üblicheren Behandlungsmethoden nicht befriedigend reagieren, und Patienten mit häufigen Anfällen sind nicht so sehr daran interessiert, eine Erleichterung der Schmerzen durch Ergotamin oder ähnliche Medikamente zu erreichen, sondern die Anfälle zu verhüten. Es gibt eine Kategorie von Patienten mit schwerer wiederkehrender Migräne, die gut und für lange Zeit nur auf Monoaminooxidase-Hemmer oder hohe Dosen von trizyklischen antidepressiven Präparaten ansprechen und damit prophylaktisch behandelt werden können. Nun frage ich mich, ob dieser Migränetyp, der wahrscheinlich viel häufiger ist, als angenommen wird, eventuell nicht eine wichtige Manifestation der Depression sein könnte, d.h. eine Form der larvierten Depression. Die meisten dieser Patienten stehen jahrelang bei Allgemeinpraktikern in Behandlung, und nur sehr wenige von ihnen werden jemals von einem Psychiater untersucht.

A. M. Freedman: Auch mich hat die Frage der Behandlung von Patienten mit Gesichtsschmerzen unbekannter Ätiologie fasziniert. Darf man irgendwelche Schlußfolgerungen aus der Tatsache ziehen, daß gewisse Patienten auf Antidepressiva, andere hingegen auf Neuroleptika ansprechen? Könnten wir sie auf diese Weise vielleicht differenzieren und sie dann als zwei verschiedene Kategorien von Patienten behandeln? Oder haben sie auch etwas Gemeinsames?

J. Angst: Es existiert eine ziemlich ausgedehnte Literatur über die Behandlung von Schmerzzuständen mit trizyklischen Antidepressiva. In meiner Monographie* habe ich diejenige über Imipramin zusammengefaßt. Auch die Migräne wurde vielfach mit Erfolg behandelt, außerdem diverse Schmerzzustände bis zu Karzinomschmerzen. Imipramin ist bekanntlich auch ein Analgetikum, ein Lokalanästhetikum, ein Antiallergikum. Der analgetische Effekt tritt rascher ein als der antidepressive, so daß es bei manchen Fällen schwierig ist, den thymoleptischen vom analgetischen Effekt zu trennen. Bei periodischen, an jahreszeitliche Bedingungen gebundenen Manifestationen liegt wirklich die Vermutung nahe, daß es sich um depressive Äquivalente handelt, bei denen der thymoleptische Effekt eines Antidepressivums eine wesentliche Rolle spielt. Unter Lithium beobachtet man z.B. ein Ausbleiben von Migräneattacken bei bipolaren Erkrankungen.

P. Berner: In Übereinstimmung mit Herrn Hippius sehe ich durchaus bei den von ihm beschriebenen Fällen von larvierter Depression ein Indikationsgebiet für Tranquilizer. Hinsichtlich Lithium kann ich Herrn Angst bestätigen. Wir übersehen bereits eine Reihe von Fällen, die zu den von Herrn Hippius genannten Erkrankungen gehören und die sehr gut auf Lithium ansprachen.
Im Zusammenhang mit dem Übergang solcher larvierten Depressionen in später eindeutig depressive Phasen stellt sich noch die Frage, ob und wie häufig er auch ohne antidepressive Behandlung während des Bestehens der somatischen Symptome erfolgt.

J. J. López-Ibor Aliño: Noch ein oder zwei Worte zur Lithium-Therapie bei depressiven Äquivalenten. Am C.I.N.P.-Kongreß in Prag, im August 1970, äußerte ich mich über einige Patienten mit wiederholt auftretenden depressiven Äquivalenten, die wir, wie andere Formen depressiver Krankheiten, in unserer Klinik mit Lithium

* Angst, J., Theobald, W.: Tofranil (Stämpfli, Bern 1970)

behandelt hatten, und zwar erfolgreich. Wir haben seitdem breitere Erfahrungen bei weit mehr Patienten gewonnen, die wir gleichfalls über eine längere Zeitspanne nachuntersuchen konnten. Wir haben unsere Resultate jedoch nicht publiziert, da wir immer noch Zweifel wegen der methodologischen Aspekte der Lithium-Prophylaxe haben und weil wir der Meinung sind, daß wir in Madrid nie imstande sein werden, in der Behandlung depressiver Äquivalente das zu wiederholen, was Schou* in Kopenhagen in der Behandlung manisch-depressiver Psychosen getan hat.

W. Walcher: Die Anwendung des Begriffs «larvierte Depression» enthebt uns in keiner Weise der Forderung, wie bei allen anderen schweren Depressionen oder Melancholien nosologisch und symptomatologisch zu differenzieren. Sicher treten, wie Herr Hippius gesagt hat, maskierte bzw. somatisierte Bilder und schwere Depressionen spontan alternierend auf. Und es sieht wirklich so aus, als ob eine thymoleptische Behandlung in manchen Fällen die Verläufe demaskiert. Dem Patienten wird der maskierte Verlauf seiner Verstimmung nicht bewußt, und erst retrospektiv, nach Besserung durch Thymoleptika, erkennt er seine vorherige Persönlichkeits- und Stimmungsänderung.
Als wesentlich erscheint mir auch der Hinweis auf die Lithium-Prophylaxe. Wir haben relativ früh damit begonnen, somatisierte und maskierte Depressionen mit phasischen Verlaufsformen einer Dauerbehandlung mit Lithium zu unterziehen und erreichten oft, mit Ausnahme von Spätdepressionen, günstige Effekte. Patienten mit Spätdepressionen zeigen auffallend starke Nebenwirkungen. Diese Fälle behandeln wir in der Regel langdauernd mit niedrigen Dosen von Thymoleptika.

W. Birkmayer: Es darf und soll nicht so sein, daß jede undefinierbare Erkrankung mit der Diagnose «larvierte Depression» versehen wird. Interessanterweise erkennen Pfleger oder Schwestern, die während des ganzen Tages mit den Kranken zusammen sind, nicht selten die depressive Verstimmung.
Hinsichtlich der von Herrn Hippius genannten Schmerzzustände ist auch auf das Zervikalsyndrom zu verweisen. Der somatisch orientierte Arzt fahndet zunächst nach einer Osteochondrose der Wirbelsäule oder einer Verschmälerung des Bandscheibenspaltes. Findet er nichts Organisches, vermutet er eine psychogene Genese.
Bei vielen Patienten mit Zervikalsyndrom entdeckt man indessen doch immer wieder schwere Veränderungen der gesamten Wirbelsäule. Die mit dem Syndrom einhergehenden segmentalen Schmerzen, die mit zahlreichen vegetativ-autonomen und affektiven Randsymptomen gekoppelt sind, beruhen auf einer tonogenen Dekompensation. Ist die resultierende muskuläre Verspannung durch eine zugrunde liegende Depression bedingt, so wird man mit Antidepressiva einen guten Erfolg erzielen. Mit Tranquilizern habe ich bei massiven Zervikalsyndromen keinen Effekt gesehen. Mein therapeutisches Prinzip ist daher folgendes: Wenn die starke muskuläre Verkrampfung bei einem Zervikalsyndrom primär somatischen Ursprungs zu sein scheint, gebe ich ®Lioresal. Führt diese Medikation innerhalb einer Woche zu keiner Besserung, gehe ich sofort auf ein Antidepressivum über.

P. Pichot: Ich möchte zwei Punkte erwähnen, der erste betrifft die Gesichtsschmerzen. Während mehrerer Jahre behandelte ich einen Patienten mit typischer Trigeminusneuralgie. Er wurde operiert, und dieser Eingriff – Zerstörung des Ganglion Gasseri – bewirkte eine fast völlige Schmerzfreiheit. Nun hatte dieser Patient zusätzlich eine typische monopolare Depression. Nach jedem depressiven Anfall traten die Schmerzen erneut auf; eine Behandlung mit Amitriptylin beseitigte aber regelmäßig sowohl die Depression wie auch die Neuralgie.
Zum zweiten Punkt. Herr Hippius, können Sie mir aufgrund Ihrer bisherigen Erfahrung sagen, ob es einen Zusammenhang gibt zwischen dem Ansprechen auf

---

* Schou, M.: Lithium als Psychopharmakon. Fortschr. Neurol. Psychiat. *37*, 349 (1969)

Antidepressiva und Lokalisation der Schmerzen? Einige meiner Kollegen sagten mir, sie hätten den Eindruck, daß Schmerzen auf Antidepressiva um so besser ansprechen, je höher sie lokalisiert seien. Das heißt, daß z.B. Gesichtsschmerzen viel besser ansprechen als Schmerzen in den unteren Extremitäten.

R. DE LA FUENTE: Herr HIPPIUS, was sind Ihre Erfahrungen bei der Anwendung von Monoaminooxydase-Hemmern in Kombination mit trizyklischen Antidepressiva? Eine Zeitlang hat man diesen Kombinationstyp recht argwöhnisch betrachtet, und in der Literatur ist über eine gewisse Anzahl von Todesfällen nach solchen Behandlungen berichtet worden. Ich frage mich, ob sich die Ansichten darüber inzwischen geändert haben. Es würde mich sehr interessieren, Ihre Meinung in dieser Angelegenheit zu hören, denn manche Autoren scheinen die Kombination ohne Vorbehalte anzuwenden.

P. KIELHOLZ: Ich bin Herrn HIPPIUS besonders dankbar, daß er vor neuen Nomenklaturen gewarnt hat. Es ist uns nämlich gelungen, für die nächste Revision der *International Classification of Diseases* der WHO die organischen, symptomatischen, bipolaren, monopolaren, reaktiven und neurotischen Depressionen international einheitlich zu definieren – und von dieser Basis sollten wir ausgehen. Außerdem besteht ein weiteres Programm für die weltweite Depressionsforschung, in dessen Rahmen ermittelt werden soll, wie die verschiedenen Begriffe in verschiedenen Ländern verwendet werden und nach welchen Syndromen und Symptomen die Psychiater diagnostizieren.

H. HIPPIUS: Zur Frage von Herrn PINTO. Migräne-Behandlungen mit MAO-Hemmern wurden in Großbritannien durchgeführt. Das liegt einfach daran, daß dort die MAO-Hemmer – meiner Ansicht nach zu Recht – nicht so in Verruf gekommen sind wie in anderen Ländern. Aus England stammen auch die Mitteilungen über erfolgreiche Therapie-Versuche bei der Migräne mit Kombinationen von MAO-Hemmern und trizyklischen Antidepressiva. Diese Kombination galt, wie Herr DE LA FUENTE bereits erwähnt hat, in den letzten Jahren als gefährlich. Wie die Mitteilungen aus England zeigen, ist ein so generelles Urteil sicher nicht berechtigt. Um Zwischenfälle zu vermeiden, muß allerdings eine bestimmte Reihenfolge in der Medikamentverordnung eingehalten werden. Zuerst muß man stets das trizyklische Antidepressivum geben, bevor nach einigen Tagen der MAO-Hemmer hinzugefügt werden darf. Ich habe selbst solche Behandlungen – z.T. mit bestem Erfolg – durchgeführt und dabei keine Komplikationen beobachtet, wenn die Reihenfolge der Verordnungen eingehalten wurde.
Zu Herrn FREEDMAN. Unser Krankengut aus der Berliner und der Münchner Klinik ist mit insgesamt 34 Fällen noch sehr klein. Es ist noch nicht möglich, Untergruppen zu bilden, um beispielsweise die auf Neuroleptika ansprechenden Fälle mit denen zu vergleichen, die nicht auf Neuroleptika reagieren.
Zu Herrn ANGST. Einige Punkte sprechen dafür, daß die analgetische Wirkungskomponente des Imipramin und der anderen trizyklischen Antidepressiva für den Therapie-Erfolg doch eine vergleichsweise geringe Rolle spielen. Die Patienten, über die ich berichtet habe, wurden uns ausnahmslos von neurochirurgischen und neurologischen Kliniken sowie von Zahnkliniken überwiesen, wo sie durchwegs intensiv, aber letztlich erfolglos auch mit Analgetika vorbehandelt worden waren. Im Vergleich zu den während dieser Vorbehandlung angewandten Pharmaka (bis hin zu Opiaten) ist der analgetische Effekt des Imipramin als ausgesprochen schwach zu bezeichnen. Außerdem möchte ich noch einmal hervorheben, daß ich es für notwendig ansehe, bei den von mir geschilderten Krankheitsfällen nach erfolgreicher Anwendung der trizyklischen Antidepressiva auf eine Dauerbehandlung mit Lithium-Salzen überzugehen. Leider gibt es bisher kaum verwertbare Mitteilungen über die langfristigen Erfolge dieser Therapie bei Patienten mit Algiesyndromen im Rahmen larvierter endogener Depressionen.

Herr BERNER hat nach den Ursachen für den Symptomwandel anfänglich somatisch imponierender Krankheitsbilder gefragt, die später als depressive Syndrome aufscheinen. In diesem Zusammenhang kann ich nur auf die kasuistischen Darstellungen in meinem Vortrag verweisen. Ich meine, daß man bei der Erörterung solcher Verläufe den Faktor einer (zumindest partiell) *pharmakogenen Pathomorphose* nicht vernachlässigen darf. Wir kennen aus vielen Gebieten der Medizin Beispiele, die uns auf die Bedeutung pharmakogener Einflüsse auf das Symptombild hinweisen. So ist z.B. bekannt, daß Patienten mit sogenanntem myoklonischen Petit mal erstmalig nach Verabfolgung von Oxazolidinen einen großen Anfall bekommen, wodurch die Zuordnung des Krankheitsbildes zum Formenkreis der Epilepsie eindeutig wird.

Bei Kenntnis solcher Beispiele ist es naheliegend, die Erstmanifestation depressiver Symptome nach einer psychopharmakologischen Behandlung bislang larvierter Depressionen ebenfalls als pharmakogene Pathomorphose zu deuten. Selbstverständlich ist hiermit noch nichts bewiesen, doch ist es sicher lohnend zu versuchen, diese Hypothese durch vorurteilsfreie empirische und möglichst systematische Untersuchungen zu überprüfen.

Das führt über zu den Bemerkungen von Herrn WALCHER. Wenn wir uns daran gewöhnen, nicht nur Besserungen, sondern auch den Gestaltwandel von psychiatrischen Krankheitsbildern im Zusammenhang mit der jeweils durchgeführten Behandlung zu erörtern, erhalten wir mit Sicherheit zusätzliche wertvolle Informationen über die sogenannte Syndromgenese, das Bedingungsgefüge psychopathologischer Syndrome.

Noch eine Bitte an Herrn WALCHER: Da es bisher kaum verwertbare Mitteilungen über die Wirkungen langfristiger Lithium-Behandlungen bei larvierten Depressionen gibt, wäre es gut, wenn Sie Ihre Befunde bald veröffentlichen würden.

Herrn BIRKMAYER bin ich dankbar, daß er uns an die möglichen Diskrepanzen zwischen pathologisch-anatomischen und psychopathologischen Befunden erinnert hat. Jeder weiß, daß ausgeprägte morphologische Befunde am Zentralnervensystem ohne jedes klinische Korrelat im psychopathologischen Befund bleiben können und daß andererseits bei massiver psychopathologischer Symptomatik das Zentralnervensystem morphologisch völlig intakt sein kann. Hält man sich die Diskrepanzen immer wieder vor Augen, so wird man stets vorsichtig bleiben, wenn man versucht ist, beide Befundbereiche kausal aufeinander zu beziehen.

Herr PICHOT, unser Krankengut ist zu klein, um die Frage prüfen zu können, ob «gehirnferner» lokalisierte Beschwerdesyndrome (z.B. Ischialgien) therapeutisch schlechter auf Psychopharmaka ansprechen als «gehirnnahe» Beschwerdesyndrome (z.B. Halswirbelsäule-Syndrome).

Depressive Zustände und Karzinom

von J. LEME LOPES *

Allgemeine Aspekte

Das Symposium gibt mir Gelegenheit, einige, wie ich glaube, wichtige Gedanken zur Möglichkeit eines Zusammenhangs zwischen malignen neoplastischen Prozessen und Depressionen zur Sprache zu bringen. Können Depressionen, die einige Monate bzw. Jahre vor einem Malignom auftreten, als Vorzeichen der Erkrankung angesehen werden?

Eine von KERR et al.[9] in einer britischen Universitätsklinik durchgeführte Untersuchung erbrachte erste Hinweise auf derartige Zusammenhänge. Von 128 Kranken, die wegen Depressions- oder Angstzuständen hospitalisiert werden mußten, wurden vier Jahre später die Krankengeschichten 28 *depressiver* Patienten überprüft. Sie waren in der Zwischenzeit gestorben, fünf von ihnen – ausschließlich Männer – an einem Karzinom.

In der Folgezeit hat JUDELSOHN[8] die Archive einer Londoner Klinik durchgesehen, aber keine Anhaltspunkte für ein bei Männern häufigeres Zusammentreffen von Depression und Neoplasma gefunden.

Wichtiger als die Häufigkeit der Beziehung Depression/Karzinom scheint mir die Möglichkeit an sich zu sein, daß einige Zeit vor Manifestwerden eines Karzinoms unerwartet depressive Zustände auftreten können.

Es ist in diesem Rahmen nicht erforderlich, ontologische, philosophische, psychologische und medizinische Gründe für die Einheit von Leib und Seele anzuführen. Wir respektieren sie, wenn wir feststellen, daß weder allein die Anatomie und Physiologie des Gehirns noch die Psychologie, Charakterologie und Typologie Gegenstand der Psychiatrie und medizinischen Psychologie sind, sondern «der Mensch» (BINSWANGER[4]).

Die psychosomatische Medizin war, als sie von der nordamerikanischen Schule inauguriert wurde (ALEXANDER[1]; die erste Nummer der «Psychosomatic Medicine» erschien 1939), nichts anderes als die Wiedergeburt einer alten medizinischen Weisheit, deren Wurzeln ins klassische Altertum zurückreichen (LAIN[13]).

Auch in der heutigen Medizin besteht reges Interesse an allen psychologischen Krankheitsaspekten. Es sei in diesem Zusammenhang nur auf die umfangreiche Literatur über Beziehungen zwischen Krebs und Persönlichkeit verwiesen.

LESHAN[14], der 1959 diese Beziehungen in einem Überblick dargestellt hat, kam zu folgenden Schlüssen:

a) Es scheint, daß zwischen neoplastischer Erkrankung und bestimmten psychologischen Gegebenheiten Zusammenhänge bestehen.

---

* Aus dem Institut für Psychiatrie des Medizinisch-wissenschaftlichen Zentrums der Staatlichen Universität, Rio de Janeiro (Brasilien)

b) Relativ häufig geht der ersten Entdeckung von Malignomsymptomen der Abbruch einer entscheidenden Bindung voraus.
c) Als wahrscheinlich können auch Zusammenhänge zwischen der Persönlichkeitsstruktur und der Dauer der Krankheit von der ersten Manifestation bis zum Tode gelten.
d) Manches spricht für einen Zusammenhang zwischen Persönlichkeit und Tumorlokalisation.

Die *New York Academy of Sciences* hat dem Thema «Psychophysiologische Aspekte des Krebses» 1965 eine bedeutende Tagung gewidmet. In seiner Eröffnungsansprache beleuchtete KISSEN[10] die psychosomatischen Gesichtspunkte und brachte sein Bedauern darüber zum Ausdruck, daß es in diesem Bereich der Forschung noch keine feststehenden und allgemein anerkannten Methoden gibt.

Beziehungen zwischen Krebs und Persönlichkeit können wohl kaum bezweifelt werden. Wie bei jeder schweren chronischen Erkrankung, die den Patienten immer wieder zwischen Hoffnung und Verzweiflung schwanken läßt, sollte man bei allen therapeutischen Maßnahmen vor allem den psychologischen Aspekten große Beachtung schenken. Zahlreiche Untersuchungen sind aus diesem Blickwinkel dem Brustkrebs gewidmet worden (RENNEKER und CUTLER[16]; RENNEKER et al.[17]). Ebenfalls viel diskutiert wurde die Rolle psychodynamischer Faktoren (BAHNSON[2]; KISSEN[11]; BAHNSON und BAHNSON[3]). Psychologische Einflüsse auf die Entwicklung von Neoplasmen ließen sich auch in tierexperimentellen Untersuchungen nachweisen (LABARBA[12]).

Englische Neurologen haben Neuromyopathien beschrieben, die durch Einwirkung neoplastischer Prozesse auf das Nerven- und Muskelsystem zustande kamen (BRAIN und HENSON[5]). In manchen Fällen ist die destruktive Wirkung auf das Gehirn so ausgeprägt, daß der Eindruck einer Demenz entstehen kann[15].

Die genannten Tatsachen sollen zeigen, daß karzinomatöse Erkrankungen eine Reihe von Problemen mit sich bringen, die aus psychosomatischer Sicht gelöst werden können und müssen. Dank des wissenschaftlichen Fortschritts wird man nach BAHNSON und BAHNSON[3] wohl schon in naher Zukunft von der Krebskrankheit in neurophysiologischen Begriffen sprechen und die neuroendokrinen und hormonalen Mechanismen identifizieren, die die Vermittlerrolle zwischen psychischen Erkrankungen und biologischen Prozessen spielen. Die Autoren bemerken hierzu: «Die geradezu revolutionäre Entwicklung auf dem Gebiet der Psychophysiologie ... wird es sehr wahrscheinlich schon bald möglich machen, die biologischen und physiologischen Zusammenhänge zu erforschen, die zwischen der narzißtischen und regressiven Entladung psychischer Energien und der Entstehung oder Begünstigung eines Neoplasmas existieren.»

Es ist das Privileg des Dichters, solche Phänomene gefühlsmäßig zu erfassen und sie zu einem Ganzen zusammenzufügen, wie das NORMAN MAILER in seinem Gedicht «Dead End» getan hat.

Ich bin mir bewußt, mit meinem Beitrag zu diesem Symposium ein anspruchsvolles Ziel zu verfolgen – nämlich vorzudringen in die tiefen Schichten der Persönlichkeit, dorthin, wo Gewebsumbildungen Signale hervorrufen, die sich unter Vermittlung der neurovegetativen Strukturen des Mittelhirns in depressive Syndrome umwandeln. Vielleicht lassen sich diese Zeichen eines Tages in

neurohormonalen Begriffen (z.B. in Begriffen des Katecholamin- oder Serotonin-Haushalts) oder sogar als Vorgänge im Elektrolytstoffwechsel ausdrücken. Von der Warte traditioneller klinischer Beobachtung vermögen wir sie heute nur zu vermuten, und es wird wohl noch einige Zeit vergehen, bis uns der Nachweis gelingt, daß somatische Frühsignale durch psychosomatische Mechanismen tatsächlich in depressive Symptome umgewandelt werden können.
Schon auf der Tagung der *New York Academy of Sciences* stellte GRINKER[7] in einem Diskussionsbeitrag zum Vortrag von BROWN[6] folgende Überlegungen an: «Schließlich möchte ich angesichts gewisser klinischer Beobachtungen die Frage aufwerfen, ob Hoffnungslosigkeit nicht vielleicht eine unbewußte psychologische Komponente beim Vorliegen eines Karzinoms darstellt. Ich möchte damit sagen, daß der Organismus in seinen tieferen Schichten fähig sein könnte, die Gegenwart eines malignen Prozesses zu registrieren, lange bevor ihn der Kliniker zu erkennen vermag.» Nach GRINKER besteht aber kein Grund zur Annahme, daß Krebs durch unbewußte psychische Traumen erzeugt wird. Während der Schlußsitzung der Konferenz bezeichnete BAHNSON[2] «Verzweiflung, Depression, Hoffnungslosigkeit und Objektverlust als Hauptvorläufer des Krebses», die sich lange vor den ersten klinischen Krankheitszeichen bemerkbar machen.

Kasuistik

Die Überlegungen, die ich Ihnen mitteilen werde, basieren auf den Krankengeschichten von zwei Frauen und drei Männern; in allen fünf Fällen waren dem Auftreten eines Neoplasmas schwere Depressionszustände vorausgegangen.
Die Patienten gehörten der oberen sozialen Schicht an, und sie waren durchwegs sehr differenzierte Persönlichkeiten. Die Damen verfügten über eine umfassende künstlerische und literarische Bildung und lebten mehrere Jahre in den Hauptstädten Europas. Zwei der Männer hatten als Schriftsteller einen Ruf, der dritte war Biologe.
Die Entwicklung in der Reihenfolge Depression – Intervall – Neoplasma, die mir in allen fünf Fällen bekannt ist, hat mich zur retrospektiven Analyse der Krankengeschichten jener drei Patienten veranlaßt, die ich selbst behandelt habe. Um der ärztlichen Schweigepflicht zu genügen, wurden die drei Krankengeschichten gekürzt und allzu persönliche Züge modifiziert.

1. Madame J.A. stand in den Vierzigerjahren, als sie mich wegen psychischer Schwierigkeiten aufsuchte. Sie klagte über starke Angstgefühle und war verzweifelt. Schon früher hatte sie mich wegen Eheschwierigkeiten konsultiert. Infolge Infertilität wurde eine Tochter adoptiert, für deren Erziehung sie gelegentlich meinen Rat einholte. Doch diesmal handelte es sich um etwas völlig anderes. Ihre damenhafte Sicherheit war der Angst gewichen. Die Patientin fühlte sich in einer ausweglosen Situation und fand ohne Schlafmittel keinen Schlaf. Der Appetit fehlte völlig, und wenn sie sich zum Essen zwang, waren Verdauungsstörungen mit Schmerzen und Flatulenz die Folge.
Madame J.A. hatte bereits früher unter depressiven Verstimmungen gelitten und sich deswegen einer zweijährigen Psychoanalyse unterzogen.

Dem gegenwärtigen Zustand war ein ehelicher Streit vorausgegangen. Ihr Ehemann beschuldigte sie, nach der Heirat sein Berufsleben ruiniert zu haben, weil sie ihn zwang, in eine andere Stadt zu gehen. Außerdem machte er ihr den Vorwurf, in die Rolle eines bürgerlichen Prinzgemahls gedrängt worden zu sein. Nun war er entschlossen, sein eigenes Leben zu leben. Um sich selbst wiederzufinden, wollte er in das Landesinnere zurückkehren. Madame J.A. litt unter diesen Vorwürfen. Sie war nicht frei von Schuldgefühlen und wußte nicht mehr ein noch aus.
Nach einigen Wochen verschlimmerten sich die Verdauungsstörungen. Eine Röntgenuntersuchung deutete die Möglichkeit eines proliferativen Prozesses an. In den USA wurde ein Magentumor diagnostiziert. Sechs Monate nach der oben geschilderten Konsultation fand die Operation statt. Eine vollständige Entfernung des Magenkarzinoms und seiner Metastasen war nicht mehr möglich. Ein Jahr später kam die Patientin ad exitum.

2. Die zweite Krankengeschichte betrifft Madame A.V., die mich wegen einer seit vier Wochen bestehenden angstgefärbten Depression konsultierte. Die Hauptsymptome bestanden in tiefer Traurigkeit, Agitation mit Seufzen, Schuldgefühlen und Suizidideen (ohne Suizidversuch). Die Ordnung ihres Lebens geriet ins Wanken, als sie auf der Hochzeitsreise an einer Gonorrhoe mit beidseitiger Salpingitis erkrankte, die Sterilität zur Folge hatte. Die Ereignisse veränderten ihr Leben grundlegend; inmitten eines großen Luxus war es durch extreme Strenge gekennzeichnet.
Madame A.V. stand wegen ihrer zarten Gesundheit ständig unter ärztlicher Aufsicht. Die Familie befürchtete eine Tuberkulose, an der bereits zwei Brüder erkrankt waren.
Ihre depressive Phase hatte sechs Monate vor der Konsultation begonnen. Da zu jener Zeit noch keine Antidepressiva zur Verfügung standen, schlug ich ihr eine Elektroschockbehandlung vor. Nach sechs Elektroschocks hatte sich der Zustand der Patientin deutlich gebessert.
Vier Jahre danach erhielt ich die Nachricht, daß Madame A.V. operiert werden müsse. Ihrer zarten Gesundheit wegen fürchtete man um ihr Leben. Bei der Operation entdeckte man einen Ovarialtumor, der bereits in die Leber metastasiert war. Die Patientin lebte nur noch einen Monat.

3. Bei meinem dritten Fall handelte es sich um einen Mann in den Sechzigerjahren. Monsieur M.C. war Junggeselle und außerordentlich stark an seine Mutter und Schwester gebunden. Seinen Beruf als Advokat hatte er nie ausgeübt; in der staatlichen Verwaltung begnügte er sich mit einer bescheidenen Stellung, die es ihm aber ermöglichte, erfolgreiche Romane zu schreiben. Von Natur war Monsieur M.C. immer etwas hypochondrisch. Er hielt Diät und besuchte jedes Jahr einen Badeort.
Als ich ihn untersuchte, klagte er über Schmerzen im Verdauungstrakt, die vom Mund bis in die Därme reichten. Er leide, so sagte er, an einer hartnäckigen Obstipation und befürchtete einen Darmverschluß.
Wir begannen mit psychotherapeutischen Sitzungen. Eines Tages erschien Mon-

sieur M.C. aufgeregt in der Sprechstunde; er hatte am Morgen Blut im Urin festgestellt.
Daraufhin wurde er von einem Urologen behandelt. Drei Jahre später starb er an einem papillomatösen Blasenkarzinom.

Zwar weisen die drei Fälle sowohl im depressiven Erscheinungsbild als auch in ihrem Krankheitsverlauf Unterschiede auf, doch sei darauf nicht näher eingegangen, sondern nur die Tatsache festgehalten, daß dem Karzinom einige Monate bzw. Jahre jeweils ein depressiver Zustand vorausgegangen war.
Die beiden anderen eingangs erwähnten Patienten habe ich, wie gesagt, nicht selbst behandelt. In einem Falle konnte ich die Krankengeschichte einsehen. Der Kranke hatte wegen seiner Depression eine Reihe von Elektroschocks erhalten. Später wurde ein Bronchialkarzinom diagnostiziert, an dem er starb. Im zweiten Fall handelte es sich um einen Patienten mit Pankreaskopfkarzinom. Nach Aussagen von Kollegen litt auch er vor Entdeckung des Tumors an einer Depression.

Diskussion

Hinsichtlich der Krankengeschichten, die ich unter Wahrung der ärztlichen Schweigepflicht in gedrängter Form dargestellt habe, verdienen drei Punkte besonders hervorgehoben zu werden:
a) die prämorbide Persönlichkeit, b) die depressive Erkrankung, c) das Zeitintervall zwischen dem Eintritt der Depression und der Diagnostizierung des Neoplasmas.
Ist es möglich, daß der Organismus ein sich entwickelndes Malignom registriert, bevor irgendwelche Anzeichen und Symptome in Erscheinung treten? Können die Gewebsveränderungen dem Gehirn, den neurovegetativen Strukturen sowie dem hypothalamischen und limbischen System biochemische Informationen übermitteln, die in der Lage sind, neurohumorale Prozesse auszulösen? Können letztere einen depressiven Zustand induzieren, der sich auf psychologischer und seelischer Ebene als Funktion individueller Anlagen und lebensgeschichtlicher Erfahrungen auffassen läßt?
Die Depression ist immer eine existentielle Krise. Ob sie nun auf einem genetischen Mechanismus, einer erworbenen Disposition, einer Reaktion auf Streßeinwirkung beruht oder durch Emotion nach Objektverlust ausgelöst wird, stets hat sie eine persönliche Note. Die Depression ist eine Grundform psychischen Krankseins; sie ist, dies gilt besonders für die endogene Melancholie, in der Vitalsphäre verankert. Gewisse reaktive Formen scheinen vergeistigter zu sein und werden wie ein Verlust oder ein großes Leid empfunden.
Die Depression kann sich auch in Todessehnsucht äußern, wie die unglücklicherweise so häufigen Suizidideen zeigen. In unseren Fällen könnte sie eine tiefe und unbewußte Reaktion auf das im Körper entstehende lebensbedrohliche Karzinom darstellen.
In der Initialphase kommen die primären Mechanismen, die sich auf morphologischer, funktioneller, psychologischer und geistiger Ebene abspielen und die

durch die maligne Entwicklung ausgelöst werden, ausschließlich in psychischen Symptomen zum Ausdruck – d.h. in einem depressiven Zustand.

Zusammenfassung und Schlußfolgerungen

Ich habe in diesem Referat versucht, die erstmals von KERR et al.[9] im Jahre 1969 aufgestellte Hypothese auf eine kleine Zahl von Fällen, bei denen übrigens ursprünglich nicht an eine Publikation gedacht worden war, anzuwenden, weil sie unsere Überlegungen zur fundamentalen und untrennbaren Einheit von Soma und Psyche bei depressiven Menschen, die an Krebs erkrankt sind, zu rechtfertigen scheint.

Sicher ist es nur selten möglich, solche Entwicklungen klinisch zu verifizieren. Offensichtlich gibt es aber eine bestimmte Konstellation von Persönlichkeit, Lebensstil und Sensibilität (alle fünf Patienten besaßen künstlerische Neigungen), die den Organismus dazu befähigt, unbewußte Signale des maligne entartenden Gewebes zu empfangen und sie Monate oder gar Jahre vor Auftreten der ersten klinischen Symptome des Karzinoms in einen depressiven Zustand zu transformieren.

Als weiteres Problem ergibt sich aus den Beobachtungen die wichtige Beziehung zwischen manifestem Karzinom und Persönlichkeit. Ich darf in diesem Zusammenhang auf die nur langsame Weiterentwicklung mancher Tumoren nach ihrer Diagnostizierung und Behandlung hinweisen. Der Fall von FREUD, der nach Operation eines Gaumensarkoms noch 16 Jahre lang lebte, ist unter diesem Aspekt besonders bemerkenswert.

Die Ideen, die mich zu meinen Überlegungen veranlaßt haben, sind keineswegs neu. Es gebührt ihnen aber das Verdienst, die engen und unbewußten Beziehungen zwischen Soma und Psyche zu offenbaren und die Bedeutung der psychosomatischen Medizin zu unterstreichen.

Der dunkle Spiegel des Krebses wirft das Bild der existentiellen Ganzheit des Menschen zurück.

Literatur

1 ALEXANDER, F.: The medical value of psychoanalysis (Norton, New York 1936)
2 BAHNSON, C.B.: Panels discussion: retrospects and prospects. In Weyer, E.M., Hutchins, H. (Eds.): Psychophysiological aspects of cancer, Conf. N.Y. Acad. Sci., New York 1965. Ann. N.Y. Acad. Sci. *125*, 1033 (1966)
3 BAHNSON, C.B., BAHNSON, M.B.: Role of the ego defenses: denial and repression in the etiology of malignant neoplasm, loc. cit.[2], p. 827
4 BINSWANGER, L.: Der Mensch in der Psychiatrie (Neske, Pfullingen 1957)
5 BRAIN, R., HENSON, R.A.: Neurological syndromes associated with carcinoma. The carcinomatous neuromyopathies. Lancet *275*, 971 (1958)
6 BROWN, F.: The relationship between cancer and personality, loc. cit.[2], p. 865
7 GRINKER, R.: Diskussionsvotum, loc. cit.[2], p. 874
8 JUDELSOHN, F.A.: Depression and carcinoma. Brit. J. Psychiat. *117*, 119 (1970); Corresp.

9 Kerr, T.A., Schapira, K., Roth, M.: The relationship between premature death and affective disorders. Brit. J. Psychiat. *115*, 1277 (1969)
10 Kissen, D.M.: The value of a psychosomatic approach to cancer, loc. cit.[2], p. 777
11 Kissen, D.M.: The significance of personality in lung cancer in men, loc. cit.[2], p. 820
12 LaBarba, R.C.: Experiential and environmental factors in cancer. A review of research with animals. Psychosom. Med. (Baltim.) *32*, 259 (1970)
13 Lain Entralgo, P.: Introducción histórica al estudio de la patología psicosomática (Paz Montalvo, Madrid 1950)
14 LeShan, L.: Psychological states as factors in the development of malignant disease: a critical review. J. nat. Cancer Inst. *22*, 1 (1959)
15 Redaktionell: Psychiatric symptoms of cancer. Brit. med. J. *ii*, 681 (1970)
16 Renneker, R., Cutler, M.: Psychological problems of adjustment to cancer of the breast. J. Amer. med. Ass. *148*, 833 (1952)
17 Renneker, R.E., Cutler, R., Hora, J., Bacon, C., Bradley, G., Kearney, J., Cutler, M.: Psychoanalytical explorations of emotional correlates of cancer of the breast. Psychosom. Med. (Baltim.) *25*, 106 (1963)

Diskussion

G. NISSEN: Die instruktiven Fallbeispiele von Herrn LEME LOPES und besonders die Hinweise auf mir bisher unbekannte Literatur über Zusammenhänge von Depression und Karzinom haben mich sehr interessiert. Sie haben mir nachträglich den Zugang zu einem eigenen psychoanalytischen Fall eröffnet, der mich sehr beschäftigt hat. Ich möchte ihn kurz skizzieren: Eine 35jährige Frau bricht aus ihrer bürgerlichen Ehe aus und nimmt nun in fast nymphomaner Weise Beziehungen zu verschiedenen Männern auf. Sie kommt in die Psychoanalyse, weil sie unter zahlreichen Organbeschwerden leidet. Die Behandlung dauert ungefähr eineinhalb Jahre. Die Diagnose lautet: hysterische Konversion. Plötzlich setzt ganz überraschend eine Phase ein, die man in der Psychoanalyse als Realisationsphase bezeichnen kann, d.h. intellektuell schon längst vorhandene Einsichten werden plötzlich verwirklicht. Sie hatte sich von ihrem Mann getrennt, trennt sich nun aber auch von ihren Partnern und beginnt mit einer Promotionsarbeit, von der vorher nicht die Rede war. Dann teilt sie mir plötzlich mit, sie habe einen Knoten in der Brust. Die Probeexzision deckt ein Karzinom auf, und man nimmt eine totale Mammaamputation vor. Ich habe die Patientin dann noch einmal gesehen. Nach der Mammaamputation hatte sich eine reaktive Depression eingestellt. Die Patientin hat nicht die Wiederaufnahme der Analyse gefordert, und ich habe auch nicht darauf bestanden, aus dem Gefühl heraus, daß sich hier etwas Entscheidendes geändert hat. Ich weiß, daß es ihr heute gut geht, die Fünfjahresgrenze ist überschritten. Damals hatte ich an einen Zusammenhang mit dem schon wachsenden Karzinom gedacht, aber es war mir keine Literatur darüber bekannt.

L. S. GEISLER: Meinem persönlichen Eindruck nach, den sicher viele Kollegen teilen, die mit Tumorkranken zu tun haben, liegt bei diesen Patienten eine ganz besondere psychische Konstellation vor. Sie treten uns häufig als stille, kooperative, unaufdringliche Patienten entgegen. Trotzdem möchte ich zwei kritische Anmerkungen machen. Zunächst eine Frage: Wir wissen natürlich alle, daß Tumorerkrankungen zu den häufigsten Erkrankungen überhaupt zählen. Wir haben gehört, daß die Depression ebenfalls eine häufige Erkrankung ist. Muß nicht aus rein statistischen Gründen ein Zusammentreffen zwischen Tumorerkrankungen und Depression in gewisser zeitlicher Aufeinanderfolge erwartet werden? Der zweite Punkt: Wir kennen heute eine ganze Reihe von paraneoplastischen Phänomenen – beim Bronchialkarzinom z.B. umfassen sie eine ganze Skala –, und ein Teil dieser paraneoplastischen Phänomene kann erklärt werden. Wir wissen z.B., daß es beim Bronchialkarzinom plötzlich ein Cushing-Syndrom geben kann. Es existieren interessante Untersuchungen in England*, **, daß auch bei Bronchialkarzinomen, die klinisch keinerlei Cushing-Symptomatik aufweisen, das Blutcortisol erhöht ist und nach radikaler Operation zurückgeht, ohne daß man eigentlich weiß weshalb. Ich will damit sagen, daß es außerordentlich schwierig sein muß, sich über psychische oder organische Phänomene, die in keinem direkten Zusammenhang mit der Tumorkrankheit zu stehen scheinen, ein Urteil zu bilden.

J.J. LÓPEZ-IBOR ALIÑO: Herr GEISLER, ich glaube mich an einige Berichte in der Literatur zu erinnern, denen zufolge bei paraneoplastischen Syndromen manchmal auch eine Polyneuritis beobachtet wird. Einige der publizierten Angaben lassen vermuten, daß in Fällen dieser Art die Physiopathologie der Depression bis zu einem gewissen Grade der Polyneuritis zuzuschreiben ist.

A. SACKLER: Obwohl ich mich mehr als Gast und Beobachter und weniger als aktiver Teilnehmer des Symposiums fühle, möchte ich Sie bitten, mir einige kurze Bemer-

* LICHTER, I., SIRETT, N. E.: Plasma cortisol levels in lung cancer. Brit. med. J. *ii*, 154 (1968)

** RAO, L. G. S.: Effect of resection of lung tumours on the steroid abnormalities in patients with lung cancer. Brit. med. J. *iv*, 588 (1971) kungen zu erlauben. In einer 1949 begonnenen, 1951 publizierten Studie* überblickten wir die an unserem staatlichen Krankenhaus zwischen 1932 und 1949 vorgenommenen Autopsien an 1505 Patienten, die an irgendeiner Form von Geisteskrankheit gelitten hatten. Bei den 236 Schizophrenen dieses Patientenguts hatte die Autopsie in keinem einzigen Fall ein Mamma- oder Prostatakarzinom ergeben. Ein Mammakarzinom war nur bei einer Patientin mit Involutionsdepression festgestellt worden, während man bei der Autopsie der übrigen Fälle dieser Serie lediglich zweimal ein Prostatakarzinom und zwölfmal ein Mammakarzinom fand. Vergleichbare Befunde wurden 1971 von RASSIDAKIS** veröffentlicht, der die Sterblichkeit infolge maligner Tumore aufgrund seiner Beobachtungen in einem psychiatrischen Krankenhaus in Griechenland mit ungefähr einem Drittel im Vergleich zur übrigen Bevölkerung ansetzt. Ähnliche Unterschiede zwischen psychiatrischen Patienten und Gesamtpopulation nennt der gleiche Autor für Schottland, England und Wales, und er macht ferner auf die geringe Mortalität infolge maligner Neoplasmen bei den Schizophrenen des Kashenko-Spitals in Moskau aufmerksam. In unserer Studie von 1951 wurde darauf hingewiesen, daß wir es sowohl bei der Schizophrenie wie bei den malignen Erkrankungen mit Stoffwechselsubstraten zu tun haben und daß möglicherweise das seltene Vorkommen von Mamma- und Prostatakarzinomen auf das endokrine Ungleichgewicht bei Schizophrenie zurückzuführen sei. Hinzufügen möchte ich in diesem Zusammenhang, daß wir an unserem Krankenhaus kaum jemals während einer psychotischen Phase ein Ulcus pepticum, eine Colitis ulcerosa, Asthma oder sonstige allergische Manifestationen gesehen haben. Ich glaube, wir müssen äußerst vorsichtig sein, wenn wir Ursache und Wirkung, das Nebeneinanderbestehen oder die Möglichkeit des gegenseitigen Sich-Ausschließens zweier Zustände erwägen. Bei den von Herrn LEME LOPES beschriebenen Patienten handelte es sich interessanterweise nicht um Schizophrene, sondern um Kranke mit depressiven Merkmalen.

Ein weiterer Grund für mein Votum in dieser Diskussion ist der, daß die Medizin einmal ein sehr wichtiges Antidepressivum – Iproniazid – nur deshalb verloren haben könnte, weil vermutlich rein zufällig zur gleichen Zeit in den USA eine epidemische infektiöse Hepatitis aufgetreten war. Depressionen gehören bekanntlich zu den häufigsten Erscheinungen einer Hepatitis epidemica. Es ist daher außerordentlich wichtig, die Möglichkeit derartiger organischer Ursachen der Depression auszuschließen, weil in solchen Fällen durch Verabreichung von Iproniazid oder eines MAO-Hemmers die primäre somatische Erkrankung, die man später fälschlicherweise auf das Medikament zurückführt, noch weiter verschlimmert wird.

Sie erinnern sich vielleicht an Publikationen ungefähr aus dem Jahre 1950, in denen das Pankreaskopfkarzinom mit einer ganzen Reihe schwerer psychischer Erscheinungen in Verbindung gebracht wurde. Hier ist ebenfalls zu betonen, daß die Gegenwart eines Malignoms Ursache sehr vieler pathophysiologischer Veränderungen sein kann – etwa von Veränderungen des Eisens, der Spurenelemente und anderer Elektrolyte, die beispielsweise zur Entwicklung einer Anämie führen –, und infolge solcher Veränderungen sehen wir uns dann eventuell mit sekundären psychischen Erscheinungen konfrontiert. Ich wiederhole deshalb, daß wir stets sehr vorsichtig sein müssen, wenn wir uns ein Urteil bilden wollen über mögliche kausale Zusammenhänge verschiedener Zustände, einschließlich der Zusammenhänge zwischen malignen Erkrankungen, Anämien, einer ganzen Reihe von Stoffwechselstörungen und den von unseren Patienten präsentierten psychiatrischen Störungen.

Ein letzter Punkt: Herr GEISLER wird in seinem Vortrag u. a. über den Fall einer De-

* SACKLER, R. R., RICH, S., ROTH, W., SACKLER, M. D., TUI, C., MARTI IBÁÑEZ, F., SACKLER, A. M.: Quantitated identification of psychosis by blood sample. Part I: Instrumentation of ultrasound for biologic quantitation. J. clin. exp. Psychopath. *12*, 283 (1951)

** RASSIDAKIS, N. C.: Malignant neoplasms as a cause of death among psychiatric patients. Intent. ment. Hlth Res. Newslett. *13*, No. 4 (1971) pression nach Influenza berichten. Wir haben einmal mittels Titration die Fähigkeit Schizophrener bestimmt, Histamin zu tolerieren, und dabei gefunden, daß sie in der Tat große Mengen Histamin wie auch anderer physiologischer Agenzien vertragen. Sobald aber einer dieser Schizophrenen sich eine Influenza oder auch nur eine gewöhnliche Infektion der Atemwege zugezogen hatte, kam es zu einer erstaunlichen Veränderung seiner Histamintoleranz. Diese Biotest-Befunde können vielleicht erklären, weshalb man es bei einem Patienten mit depressiver Symptomatologie nicht lediglich mit einer postgrippalen Asthenie oder einer postgrippalen Depression zu tun haben kann, sondern vielleicht mit einem hypoadrenalen Zustand, bei dem Manifestationen einer Depression zeitweise in den Vordergrund treten*.

P. Kielholz: Die für solche Fälle in Europa gebräuchliche Diagnose lautet: symptomatische Depression, das heißt, diese Depression ist als Begleiterscheinung einer körperlichen Krankheit aufgetreten. Es gibt viele Publikationen über posthepatitische, postthrombotische oder postgrippale Depressionserscheinungen, um nur einige Beispiele herauszugreifen.

J.J. López-Ibor Aliño: Nur ein kurzer Kommentar: Daß psychische Leiden durch allgemeine Erkrankungen beeinflußt werden können, ist ein wohlbekanntes Phänomen. Manchmal begegnet man aber auch dem umgekehrten Sachverhalt, nämlich der Beeinflussung körperlicher Erkrankungen durch psychische Leiden. Wolf** hat in einer Publikation auf das Vorhandensein sehr großer, manchmal mehrere Zentimeter breiter peptischer Ulzera bei verstorbenen Schizophrenen aufmerksam gemacht. Obwohl bei einigen dieser Patienten tatsächlich die Perforation des Ulkus die Todesursache war, wurden die Ulzera in anderen Fällen erst bei der Autopsie entdeckt, da sie vorher nie Anlaß zu Klagen gegeben hatten.

J. Leme Lopes: Zuerst möchte ich den Herren danken, die an der Diskussion teilgenommen haben. Sehr wichtig scheint mir die Bemerkung von Herrn Nissen zu sein. Dem kanzerösen Prozeß müssen nicht unbedingt depressive, es können ihm auch manische Zustände vorangehen, denn die unterschiedliche Persönlichkeit der Kranken kann zu geradezu gegensätzlichen Reaktionen führen, wenn sich eine so schwere Krankheit wie der Krebs ankündigt.

Eine grundsätzliche Frage stellte Herr Geisler: Habe ich wirklich einen Hinweis auf die Depression als Vorbote einer Tumorerkrankung gefunden, oder waren das nur Zufallsbefunde bei Patienten mit einer besonders differenzierten Persönlichkeit? Man muß meines Erachtens zugestehen, daß es sich um mehr als ein zufälliges Zusammentreffen handelt, da die Depression bei den Patienten in so persönlicher Weise zum Ausdruck kam. Kerr, Schapira und Roth haben, ohne daß sie nach diesem Zusammenhang gesucht hätten, festgestellt, daß bei 5 von 28 depressiven Kranken, die innert vier Jahren nach der Diagnose «Depression» starben, die Todesursache ein Karzinom war.

Herr Rome sprach in der Diskussion nach seinem Vortrag mehrfach von «persönlichen Eindrücken». Das scheint mir sehr wichtig, denn die persönlichen Eindrücke spielen nicht nur allgemein in der Medizin, sondern ganz besonders in der Psychiatrie eine Rolle; auch bei den Begriffen «Praecoxgefühl» (Rümke***) und «vitale Depression» handelt es sich um Eindrücke. Wenn man den Krankheitsverlauf von Patienten über Jahre hinweg verfolgt, beobachtet man Zusammenhänge zwischen Depression und Krebs. Darum glaube ich, daß die Depression ein Vorbote der Tumorerkrankung sein kann.

---

* Sackler, A.M., Sackler, M.D., Sackler, R.R., Tui, C., Ophuijsen, J.H.W., van: On the pathogenesis of certain psychiatric disorders. Part V: Endocrinologic orientation to psychiatric disorders. J. clin. exp. Psychopath. *12*, 30 (1951)

** Wolf, N.: Der Einfluß von Geisteskrankheiten und Schwachsinn auf den Verlauf körperlicher Erkrankungen. Psychiat. et Neurol. (Basel) *137*, 331 (1959)

*** Rümke, H.C.: Die klinische Differenzierung innerhalb der Gruppe der Schizophrenien. Nervenarzt *29*, 49 (1958)

Larvierte Depressionen im internistischen Krankengut

von L. S. Geisler *

Die Zunahme depressiver Zustandsbilder in den zivilisierten Ländern, insbesondere im städtischen Milieu, betrifft offenbar weniger die klassische endogene Depression, wie sie in den Lehrbüchern beschrieben wird, als vielmehr die sogenannten *larvierten Depressionen* (Glatthaar [2], Heinrich [3], Hole [5], Kielholz [6, 7]). Die unter diesem Begriff subsumierten Zustandsbilder sind gekennzeichnet durch die Dominanz des Somatischen gegenüber psychischen und psychomotorischen Symptomen. Körperliche Beschwerden und vegetative Störungen bilden die «Larve», hinter der sich die depressive Verstimmung verbirgt (Hole [5], Kielholz [6, 7], Walther-Büel [10]). Sie bedingen gleichzeitig den so häufigen diagnostischen Um- und Irrweg des Kranken, der ihn in der Regel primär zum Internisten oder Chirurgen führt (Walcher [9]). Da die Routinediagnostik eine befriedigende Erklärung für die geklagten Beschwerden nicht zu bieten vermag, zeichnen sich zwei Gefahren ab: Entweder wird das Beschwerdebild bagatellisiert und mit fragwürdigen Etiketten wie «vegetative Dystonie», «Hypochondrie» usw. versehen oder es kommen immer speziellere und aufwendigere diagnostische Maßnahmen zur Anwendung, die ihrerseits durch falsch-positive Ergebnisse den Keim zu neuen Irrtümern und Fehldiagnosen in sich bergen. Hier liegt eine Erklärung dafür, daß larvierte Depressionen im Vergleich zu ihrer Häufigkeit nur relativ selten frühzeitig erkannt werden (Kielholz [6, 7]).

Eigene Untersuchungen

Das Ziel unserer eigenen Untersuchung bestand darin, anhand eines poliklinischen internistischen Krankengutes einen Eindruck über die Häufigkeit, insbesondere aber über die somatischen Erscheinungsformen der larvierten Depression zu gewinnen.

Hinsichtlich des von uns untersuchten Patientenkreises muß vorausgeschickt werden, daß das Krankengut einer Universitätsklinik nicht ohne weiteres mit demjenigen einer internistischen Fachpraxis vergleichbar ist. Spezialabteilungen und -ambulanzen sowie wissenschaftliche Schwerpunkte wirken sich naturgemäß auf die Zusammensetzung des Krankengutes aus; hinzu kommt, daß in unseren Aufgabenbereich auch die Beurteilung der Operabilität von Patienten der anderen Universitätskliniken in Gießen, ferner die Routineuntersuchungen an sämtlichen Bediensteten der Universität und die ärztliche Betreuung der Studenten fallen.

---

* Aus den Medizinischen Kliniken und Polikliniken der Justus-Liebig-Universität Gießen (Bundesrepublik Deutschland)

Die Beobachtungszeit erstreckte sich über die Monate Februar bis August 1972. Vor Untersuchungsbeginn wurden die unter meiner Aufsicht in der Ambulanz tätigen Kollegen mit der Zielsetzung der Studie vertraut gemacht und instruiert, besonders auf Patienten zu achten, deren anscheinend organisch bedingte Beschwerden durch eine sorgfältige internistische Untersuchung nicht befriedigend erklärt werden können. Für solche Fälle sah der Untersuchungsplan ein eingehendes Gespräch mit dem Patienten vor, das uns Aufschlüsse vermitteln sollte über eine etwaige hereditäre Belastung, über frühere depressive Phasen, den jetzigen Stimmungszustand, tageszeitliche Schwankungen der Beschwerden und des Befindens, Schlaf- und Antriebsstörungen, Angstzustände und Suizidgedanken. Ergab sich dabei der Verdacht auf eine Depression, so wurde der Patient an die Poliklinik der Neuropsychiatrischen Universitätsklinik Gießen überwiesen. In einigen Fällen erfolgte die diagnostische Abklärung durch auswärtige oder durch andere an der Universität tätige Psychiater. Die anschließende Darstellung der Ergebnisse unserer Studie bezieht sich nur auf die Fälle, bei denen eine eindeutige Bestätigung unserer Verdachtsdiagnose von neuropsychiatrischer Seite möglich war.

Ergebnisse

Aufgrund der genannten Kriterien haben wir die Verdachtsdiagnose «larvierte Depression» bei insgesamt 52 Patienten gestellt. Tabelle 1 zeigt, daß diese Diagnose in 36 Fällen psychiatrisch gesichert wurde und nur in 2 Fällen nicht bestätigt werden konnte. In 14 Fällen war eine Klärung nicht möglich, weil 5 Patienten die psychiatrische Untersuchung ablehnten, während in 8 Fällen bis zum Zeitpunkt der Fertigstellung des Vortrags ein Befund nicht eingegangen war und bei einem Patienten die Diagnose nicht eindeutig geklärt werden konnte. Die Ursache dafür, daß wir in 8 Fällen keine Befunde erhielten, ist möglicherweise darin zu sehen, daß unsere im Arztbrief ausgesprochene Empfehlung an den Hausarzt, den Patienten psychiatrisch untersuchen zu lassen, nicht weitergegeben bzw. die Untersuchung vom Patienten abgelehnt wurde;

Tab. 1. Verdachtsdiagnose «larvierte Depression» bei einem poliklinischen internistischen Krankengut

	Anzahl der Fälle	
Gesamtzahl der Verdachtsfälle	52	
Diagnose bestätigt	36	
Diagnose nicht bestätigt	2	
Diagnose nicht geklärt	14	
– Untersuchung abgelehnt		5
– Befund nicht eingegangen		8
– Diagnose nicht eindeutig		1

bei einigen auswärts vorgenommenen Untersuchungen könnte auch die Berichterstattung des Psychiaters unterblieben sein.

Bei den 36 Fällen mit gesicherter Depression handelte es sich um 23 Frauen und 13 Männer. Das Durchschnittsalter der Frauen lag mit 49,1 Jahren nur geringfügig unter dem der Männer, das 49,6 Jahre betrug. Die *nosologische Einteilung* ist aus Tabelle 2 ersichtlich.

Tabelle 3 verzeichnet die *Diagnosen*, unter denen die Patienten uns zugewiesen wurden oder die wir selbst vor Erkennung der Depression gestellt hatten. Wie die Übersicht erkennen läßt, handelt es sich vorwiegend um Diagnosen, die den Gastrointestinaltrakt oder das Herz-Kreislauf-System betreffen.

Die häufigsten *subjektiven Symptome*, die von unseren 36 depressiven Patienten angegeben wurden, sind in Tabelle 4 zusammengestellt. Die meisten Patienten nannten drei bis fünf, gelegentlich auch sechs der angeführten Symptome, während nur in seltenen Fällen nicht mehr als ein oder zwei Symptome vorgebracht wurden. Am häufigsten registrierten wir den Symptomenkomplex: organbezo-

Tab. 2. Nosologische Klassifizierung nach Bestätigung der Verdachtsdiagnose «larvierte Depression» (36 Fälle, siehe Tab. 1)

Nosologische Diagnose	Anzahl der Fälle	Geschlecht ♀	Geschlecht ♂	Durchschnittsalter	
Gesamtkollektiv	36	23	13	♀49,1	♂49,6
Spätdepression	15	10	5	♀54,8	♂58,6
Erschöpfungsdepression	6	4	2	40,8	
Neurotische Depression	5	4	1	41,0	
Reaktive Depression	2	2	–	34,5	
Endogene Depression	1	1	–		
Organische Depression (Zerebralsklerose)	1	–	1		
Nicht näher klassifizierte Formen	6	2	4		

Tab. 3. Einweisungs- bzw. eigene internistische Verdachtsdiagnosen vor Erkennung der Depression (36 Fälle)

Angina pectoris	Leberschaden
Cholezystitis	Nahrungsmittelallergie
Divertikulitis	Pankreatitis, chronische
Fokus	Perniziöse Anämie
Gastritis	Polyneuropathie
Gelenkrheuma	Postcholezystektomie-Syndrom
Hämorrhoiden	Stenokardie
Herz-Kreislauf-Störungen	Struma
Hyperazidität	Subileus
Hyperthyreose	Tumorleiden
Karzinoid-Syndrom	Ulcus duodeni
Kolitis	Vegetative Dystonie

Tab. 4. Häufigste subjektive Beschwerden der 36 Patienten mit larvierter Depression

Beschwerden	Häufigkeit der Angabe
Schlafstörungen	29
Inappetenz	14
Abdominelle Beschwerden	13
Angst	13
Antriebsstörungen	13
Herzbeschwerden	12
Unmotiviertes Weinen	11
Morgendliche Unlust («Morgentief»)	7
Kopfschmerzen	6
Obstipation	6
Glieder- und Gelenkschmerzen	5
Schwindel	4
Schweißausbrüche	3

gene Beschwerden + Schlafstörungen + Inappetenz + Angst. In diesem Zusammenhang ist interessant, daß BRACELAND[1] als die sechs häufigsten Symptome der larvierten Depression Schlaflosigkeit, Müdigkeit, Magen-Oberbauch-Beschwerden, Anorexie, Kopfschmerz und allgemeine Leibschmerzen nennt.
Als Ergänzung der rein statistischen Darstellung unseres Krankenguts möchte ich im folgenden kurz auf drei Einzelfälle eingehen:

Fall 1:

Die 46jährige Hausfrau Anna G. wurde uns im Februar 1972 zur *Magendiagnostik* überwiesen. Ihre Familien- und Eigenanamnese war unauffällig. Die Patientin gab an, seit Herbst 1971 etwa 7 kg abgenommen zu haben; die Periode sei seit dem letzten Jahr unregelmäßig, und seit zwei Wochen bestünden Appetitlosigkeit, Ekel vor dem Essen, Magendruck und gelegentliches Erbrechen. Bei der somatischen Untersuchung fand sich nur ein mäßiger diffuser Druckschmerz im Epigastrium. Sämtliche Laboruntersuchungen (weißes und rotes Blutbild, Diff.-Blutbild, Elektrophorese, Transaminasen, cholestaseanzeigende Fermente, harnpflichtige Substanzen) waren normal. Die Röntgenuntersuchung der Thoraxorgane, des Magens und der Gallenblase ergab keinen krankhaften Befund. Das Elektrokardiogramm war unauffällig.
Auf näheres Befragen berichtete die Patientin, daß sie seit Herbst 1971 häufig ohne jeden Grund weinen müsse. Morgens würde sie am liebsten nicht aufstehen, weil sie glaube, ihrem Haushalt nicht mehr gewachsen zu sein. Überdies könne sie in letzter Zeit gar nicht mehr lachen, und seit Wochen bestehe eine starke Schlaflosigkeit. Suizidgedanken wurden verneint. Unter der Verdachtsdiagnose einer Depression haben wir die Patientin der Psychiatrischen Klinik vorgestellt, wo eine Involutionsdepression diagnostiziert wurde.

Fall 2:

Im Februar 1972 wurde der 47jährige Arbeiter Anton O. zur *Herz-Kreislauf-Diagnostik* überwiesen. Seine Familienanamnese war unauffällig. Der Patient hatte 1945/46 – nach einer im Krieg erlittenen Granatsplitterverletzung des linken Fußes – eine Osteomyelitis durchgemacht. Infolge einer schweren doppelseitigen Lungentuberkulose befand er sich von 1949 bis 1952 in stationärer Behandlung; 1958 kam es zu einem Rückfall. Seit 1961 wurde die Lungentuberkulose als inaktiv angesehen. Im gleichen Jahr erfolgte in unserer Klinik eine Untersuchung wegen nahrungsunabhängiger Oberbauchbeschwerden. Klinischer Befund sowie die Röntgenuntersuchung von Magen und Galle ergaben keine Auffälligkeiten. Die Diagnose lautete damals: «Funktionelle Oberbauchbeschwerden».

Bei der jetzigen Untersuchung gab der Patient an, seit einem grippalen Infekt im November 1971 unter gedrückter Stimmung, Schwung- und Lustlosigkeit zu leiden. Früher habe er gelegentlich leichte «Herzbeschwerden» gehabt. Jetzt verspüre er ein Brennen in der ganzen Brust, ein brennendes Gefühl in den Unterarmen, Händen und Unterschenkeln sowie Schmerzen von feurigem Charakter im Rücken. Nach Einnahme von ®Nitrolingual (Nitroglycerin) seien die Herzbeschwerden nicht besser geworden. Auch eine wegen «Herz-Kreislauf-Störungen» durchgeführte vierwöchige Kur im November 1971 habe keinen wesentlichen Erfolg gebracht.

In einem eingehenderen Gespräch klagte der Patient über innere Unruhe, starke Nervosität und Durchschlafstörungen; zudem fühlte er sich sehr «niedergedrückt».

Die somatische Untersuchung ergab einen regelrechten Befund. Röntgenologisch fanden sich ältere inaktive tuberkulöse Herde in beiden Lungen. Das Elektrokardiogramm in Ruhe und unter körperlicher Belastung zeigte keine Veränderungen im Sinne einer Koronarinsuffizienz. Neurologischerseits wurde eine Polyneuropathie ausgeschlossen. Die Neuropsychiatrische Universitätsklinik bestätigte die Verdachtsdiagnose «Depression».

Fall 3:

Werner H., ein 50jähriger Schlosser, wurde uns im April 1972 zur *Magen-Darm-Diagnostik* überwiesen. Er gab an, seit etwa 10 Jahren an Oberbauchbeschwerden sowie zeitweisen Diarrhoen zu leiden. Der Magen sei mehrfach geröntgt worden, doch habe sich niemals ein krankhafter Befund ergeben. Wenige Wochen, bevor er in unserer Poliklinik erschien, war bereits eine Vorstellung in der hiesigen Chirurgie erfolgt. Die dort durchgeführte Röntgenuntersuchung von Magen, Zwölffingerdarm, Dickdarm, Galle und Niere hatte keine pathologischen Veränderungen erkennen lassen; auch die Pankreasfunktionsdiagnostik war einwandfrei. Herr H. berichtete, daß er die brennenden, stechenden Schmerzen im rechten Oberbauch vor allem morgens spüre – sie seien wie ein «inneres Wundgefühl». Eine Nahrungsabhängigkeit bestehe nicht, Fettintoleranz wurde verneint. Wegen der Beschwerden sei er nicht imstande, auf der rechten Seite zu liegen. Eine spasmolytische Behandlung habe zu keiner Besserung geführt. Die

Stimmung sei schon seit längerer Zeit «schlecht», er könne sich nicht mehr freuen und leide unter starken Schlafstörungen.
Die körperliche Untersuchung ergab keinen krankhaften Befund. Sämtliche Laborwerte fielen normal aus. Auf eine nochmalige Röntgenuntersuchung wurde im Hinblick auf die erst kürzlich vorgenommene radiologische Exploration verzichtet. Eine ergänzend durchgeführte Gastroskopie ergab keine Hinweise auf einen Tumor oder ein Ulkus. Die Diagnose der Psychiatrischen Klinik lautete: «Depression».

Es schien uns interessant und lehrreich, die Symptome nicht nur unter Oberbegriffen zu rubrizieren, sondern in den Gesprächen mit unseren Patienten darauf zu achten, wie sie ihre Beschwerden im einzelnen verbalisierten. Wir haben die Schilderungen in einem Katalog zusammengestellt, den ich hier kurz referieren möchte:
Abdominelle Beschwerden wurden beschrieben als: Magendruck, Vibrieren des Magens, glucksende Geräusche im Bauch, Völlegefühl, Oberbauchdruck, «undefinierbare» Magen-Darm-Störungen, schabende Schmerzen in der Bauchdecke, Schmerzen unter dem rechten Rippenbogen. Eine Patientin sprach von einem Gefühl im Leib, «als wenn eine Blume im Körper aufgehen und etwas Unangenehmes ausströmen würde».
Bei den *Herz-Kreislauf-Beschwerden* wurde in erster Linie über Herzklopfen, Herzkrämpfe und Herzstiche geklagt. Manche Patienten sprachen von Beklemmung, Herzdruck, einem Schmerzgefühl unter den Rippen, einem feurigen Gefühl in der Brust, Herztoben.
Kopfschmerzen beschrieben die Patienten als Schläfen- oder Stirnschmerzen, morgendlichen Kopfdruck, Druck in der Scheitelregion und Leeregefühl im Kopf.
Schwindelgefühle wurden in der Regel nicht als lageabhängig angegeben; bei genauerem Nachfragen erhielten wir Beschreibungen wie: Schwarzwerden vor den Augen, unsicheres Gefühl im Kopf, Doppeltsehen.
Die *Antriebshemmung* kam in vielfältigen Formulierungen zum Ausdruck: rasche Ermüdung, fehlender Mut oder Schwung, plötzliche Angst vor der sonst gewohnten Hausarbeit, allgemeine Erschöpfung, Unfähigkeit, einen Entschluß zu fassen. Ein Patient berichtete, schon Spazierengehen falle ihm immer schwerer.
Der morgendliche Schwerpunkt der depressiven Verstimmung, das sogenannte *Morgentief*, spiegelte sich in Schilderungen wie: «Morgens möchte ich aus Angst vor der Arbeit am liebsten nicht aufstehen.» – «Die Anlaufzeit am Morgen wird immer länger.» – «Ich fühle mich morgens wie ausgehöhlt.»
Die *Angstzustände* der Patienten wurden als innere Angst oder undefinierbare Angst beschrieben, als Panikstimmung mit «innerem Zittern» und als nächtliche Angstanfälle.
Schließlich haben wir auch eine Reihe von uncharakteristischen Beschwerden registriert. Die Kranken klagten z. B. über ziehende Schmerzen in allen Extremitäten, Schwere- oder Schwächegefühl in den Beinen, über bitteren Mundgeschmack, allgemeines Schwächegefühl, inneres Glühen, Schweißausbrüche, ein Gefühl des Abgestorbenseins am ganzen Körper oder über nicht näher beschreibbare Schmerzen «überall».

Wir sind uns bewußt, daß wir unter den Patienten, die während der Laufzeit dieser Studie in unsere Poliklinik kamen, keineswegs jeden Fall einer larvierten Depression erfaßt haben, denn das primäre Ziel unserer internistischen Tätigkeit mußte selbstverständlich in der Aufdeckung organpathologischer Ursachen bestehen. Hinzu kommt, daß wir einen sehr großen Patientendurchgang haben, der jeden einzelnen Kollegen enorm belastet und von vornherein eine Ausdehnung der Anamnese über die rein somatischen Erscheinungen hinaus erschwert. In vielen Fällen, in denen wir keinen nennenswerten krankhaften Befund auf unserem Fachgebiet erheben konnten, erfolgte keine neuerliche Überweisung, die in einem weiterführenden Gespräch vielleicht den Verdacht einer depressiven Symptomatik hätte begründen können. Diese Situation dürfte, was den zeitlichen Aufwand für den einzelnen Patienten und somit die Möglichkeiten zu eingehenden Gesprächen betrifft, keine Ausnahme darstellen, sondern die konkreten Verhältnisse an Polikliniken und in vielen internistischen Fachpraxen widerspiegeln.

Unsere relative kleine Fallzahl erlaubte selbstverständlich keine statistische Auswertung. Immerhin zeigt aber die Literatur, daß eine Reihe unserer Ergebnisse sich mit den Erfahrungen anderer Autoren deckt. So sahen auch wir larvierte Depressionen am häufigsten bei Frauen mittleren Alters (Kielholz [6, 7], Lesse [8]). Als dominierende Symptome sind *Schlafstörungen*, *Inappetenz*, *abdominelle* und *kardiovaskuläre Beschwerden* sowie *Antriebsstörungen* und *Angst* anzusehen. Die Beschwerden werden häufig mit «wie – wenn»-Formulierungen beschrieben (Hole [5]). Etwas abweichend von den Erfahrungen anderer Untersucher, z.B. denen Wiecks [11], haben wir abdominelle und kardiovaskuläre Symptome in etwa gleicher Häufigkeit gesehen. Trotz der Dominanz der angeführten somatischen Beschwerden fanden auch wir, daß die larvierte Depression sich hinter praktisch *jedem* körperlichen Syndrom verbergen kann (Kielholz [6, 7]). Für das von uns untersuchte Krankengut wird dies indirekt aus den in Tabelle 3 zusammengestellten Einweisungs- und Verdachtsdiagnosen deutlich; zwar überwiegen gastroenterologische Krankheitsbilder und Herzerkrankungen, aber es tauchen auch Diagnosen auf wie Karzinoid-Syndrom, Gelenkrheumatismus, Hyperthyreose, perniziöse Anämie und Tumor.

Die vorliegende Studie war nicht zuletzt für uns selbst von großem Nutzen, da sie unseren Blick für larvierte depressive Zustände geschärft hat. Unsere Erfahrungen sind kurz dahingehend zusammenzufassen, daß vor allem bei Patienten mittleren Lebensalters, die über relativ uncharakteristische gastrointestinale oder kardiovaskuläre Beschwerden klagen, immer dann an eine Depression gedacht werden sollte, wenn die internistische Untersuchung keine somatische Ursache erkennen läßt und die Symptomatologie tageszeitliche Schwankungen aufweist, mit hartnäckigen Schlafstörungen, Inappetenz, Antriebshemmung und nicht erklärbaren Angstzuständen einhergeht.

Der Neuropsychiatrischen Universitätsklinik Gießen (Vorstand Prof.Dr. A.Derwort) sind wir für die Überlassung der Befundberichte zu Dank verpflichtet.

1 BRACELAND, F.J.: Depressions and their treatment. In López Ibor, J.J. (Ed.): Proc. IVth World Congr. Psychiat., Madrid 1966, Pt I, p. 467. Int. Congr. Series No. 150 (Excerpta med. Found., Amsterdam etc. 1967)
2 GLATTHAAR, G.W.: Die larvierte Depression in der Praxis. Münch. med. Wschr. *112*, 2007 (1970)
3 HEINRICH, K.: Die maskierten Depressionen. In: Depressive Erkrankungen, IV. Veldener Symp., Velden am Wörthersee 1969, p. 32 (Banaschewski, München-Gräfelfing 1970)
4 HELMCHEN, H.: Die Erkennung von Depressionen in der Allgemeinpraxis. Dtsch. med. J. *20*, 57 (1969)
5 HOLE, G.: Die larvierte Depression und ihre Erkennung. Münch. med. Wschr. *144*, 578 (1972)
6 KIELHOLZ, P.: Die verkannte Depression. Therapiewoche *19*, 2139 (1969)
7 KIELHOLZ, P.: Diagnose und Therapie der Depressionen für den Praktiker, 3. Aufl. (Lehmanns, München 1971)
8 LESSE, S.: Masked depression—a diagnostic and therapeutic problem. Dis. nerv. Syst. *29*, 169 (1968)
9 WALCHER, W.: Die larvierte Depression (Hollinek, Wien 1969)
10 WALTHER-BÜEL, H.: Vital somatisierte Dysthymie (larvierte Depression). Schweiz. Rdsch. Med. (Praxis) *59*, 486 (1970)
11 WIECK, H.H.: Die verkannte Depression. Therapiewoche *18*, 243 (1968)

Diskussion

A. Selvini: Mich hat der Vortrag von Herrn Geisler sehr beeindruckt, besonders weil er zeigte, wie wichtig auf diesem Gebiet die Zusammenarbeit zwischen Internisten und Psychiatern ist und welche ausgezeichneten Resultate sich dabei ergeben können. Was mich überraschte, war ein Satz am Schluß seines Vortrags: Diese Studie sei für die beteiligten Ärzte von großem Nutzen gewesen und habe ihren Blick für larvierte Depressionen geschärft. Habe ich das richtig verstanden? Dann möchte ich dazu sagen, daß ich vor einigen Jahren anläßlich psychologischer Übungen folgenden Versuch mit jungen Studenten bzw. jungen Medizinern gemacht habe: Sie hatten die Symptome einer larvierten Depression aufzuspüren und erhielten dazu eine Liste mit etwa 10 Fragen psychologischer Natur. Sie mußten für jeden Befragten feststellen, ob Schuldgefühle vorlagen, das Gefühl des Verlassenseins oder der Hoffnungslosigkeit, das Fehlen von Zukunftsplänen usw. Auf diese Art führten wir eine Studie über die Diagnose der larvierten Depression durch und haben gleichzeitig ein Verfahren gefunden, mittels dessen junge Ärzte sehr nützliche Erfahrungen psychologischer Art sammeln können.
Der zweite Punkt, den ich betonen möchte, betrifft die Störungen der Sexualsphäre. Sie sind sehr häufig, und es ist wichtig, daß der Internist selbst die Initiative ergreift, indem er die nötigen Fragen stellt. Oft klagen die Patienten nicht über Impotenz, selbst wenn sie uns gerade deswegen aufgesucht haben. Sie haben Hemmungen, darüber zu sprechen, und präsentieren uns Magenbeschwerden, Herzstörungen usw., während ihr wahres Problem die Tatsache ist, daß sie impotent geworden sind. Oft streifen sie nur am Schluß des Gesprächs die sexuelle Sphäre und bitten um ein «Stärkungsmittel». Dann begreifen wir auch, warum sie uns konsultiert haben. Wenn der Kranke wegen seiner Depression die sexuelle Potenz verliert, so wird seine Selbstachtung weiter vermindert – ein Circulus vitiosus bahnt sich an. Wir haben gelernt, in solchen Fällen folgende Vorschrift zu machen: «Vermeiden Sie zwei Wochen bzw. einen Monat lang jeden Geschlechtsverkehr.» Sofort geht es dem Patienten besser, denn er fühlt sich nicht mehr selbst verantwortlich. Wir geben ihm ein Antidepressivum, und wenn er in 2 Wochen bzw. 1 Monat wiederkommt, stellt sich heraus, ob das Medikament gewirkt hat.

P. Kielholz: Herr Selvini, Sie haben mit Ihrem Hinweis auf die sexuelle Problematik einen Punkt berührt, den zu erwähnen ich mir ebenfalls vorgenommen hatte. Besonders bei Frauen, die über Menstruationsstörungen klagen, muß man immer wieder darauf achten, ob es tatsächlich diese Störungen sind, die sie zu ihrem Arztbesuch veranlaßt haben, oder ob in Wirklichkeit nicht ein anderer Grund vorliegt, den sie aber verschweigen. Auch bei Verstimmungen vor oder während der Menstruation handelt es sich sehr oft um depressive Zustände.

H. M. van Praag: Ich möchte Herrn Geisler mit meiner Frage um eine Information bitten. Sie haben Patienten mit anscheinend organisch bedingten Beschwerden untersucht, die auch durch die sorgfältigste internistische Prüfung nicht geklärt werden konnten. Wie groß ist die Notwendigkeit, den Begriff «depressives Äquivalent» mit dem Nichtvorhandensein organpathologischer Störungen zu korrelieren? Wenn man bei einem Patienten mit gesichertem Magenulkus bei sorgfältiger psychiatrischer Untersuchung eine leichte oder schwerere Depression findet, ist dann das Ulkus als depressives Äquivalent zu betrachten? Wo liegen hier die Grenzen zwischen psychosomatischer und organischer Krankheit?

W. Walcher: Herr Geisler, Sie haben hinsichtlich der Symptomatologie Ihrer Patienten die Kombination von körperlichen Vitalgefühlen mit Schlafstörungen, Angstzuständen und Inappetenz hervorgehoben. Das deckt sich völlig mit der Symptomatologie, die wir auch bei unseren Fällen am häufigsten beobachten und die nach Ansicht von Herrn Kielholz und anderen Autoren weltweit im Vordringen zu sein scheint. In diesen Fällen behandeln wir mit primär sedierenden thymoleptischen Medikamenten, die die genannte Symptomkombination am besten beeinflussen. Aufgefallen ist mir indessen, daß die Zahl der im Laufe von sechs Monaten gestellten Verdachtsdiagnosen mit 52 bzw. die Zahl der verifizierten Depressionsfälle mit 36 relativ gering ist, wenn man den sehr großen Patientendurchgang der Poliklinik in Rechnung stellt. Das mag, wie Herr GEISLER selbst gesagt hat, vor allem daran gelegen haben, daß die Medizinische Poliklinik vorwiegend die Aufgabe hat, organische Erkrankungen festzustellen bzw. auszuschließen und daß somit eigentlich nur jene Fälle von Depressionen erfaßt wurden, bei denen die somatischen Manifestationen ziemlich deutliche Symptome einer Depression waren. Sicher ist noch mancher Fall einer larvierten Depression nicht erfaßt worden. In einer Medizinischen Klinik ist dies kaum zu vermeiden. An der Medizinischen Klinik in Graz wurde z.B. erwogen, ob man nicht einen Psychiater zur Aufklärung und Behandlung psychiatrischer Krankheiten, also auch der larvierten Depressionen, anstellen solle, um durch frühzeitige Erfassung solcher Fälle eine bessere Ökonomie zu erreichen.

P. KIELHOLZ: Herr WALCHER, im Anschluß an Ihre letzte Bemerkung möchte ich darauf hinweisen, daß sich die Zusammenarbeit mit einem Psychiater nach den Erfahrungen an der Medizinischen Klinik Basel sehr bewährt. Wir haben dort seit vier Jahren einen Psychiater, der die Kranken sieht und behandelt und die schwereren Fälle an die Psychiatrische Klinik überweist.

L. S. GEISLER: Herr SELVINI war etwas über meine Angabe erstaunt, wir selbst hätten viel aus unserer Studie gelernt. Ich bin ihm für diese Bemerkung sehr dankbar, weil ich darin eine indirekte, aber berechtigte Kritik sehe. Die Untersuchungen, soweit sie meine Mitarbeiter betreffen, wurden von relativ jungen Assistenten durchgeführt. Ich stimme mit Herrn SELVINI darin überein, daß die gegenwärtige Basisausbildung unserer Kollegen möglicherweise für die psychiatrische Problematik, die auf den Internisten zukommt, nicht ausreichend ist. Eine indirekte Bestätigung habe ich darin gesehen, daß diese Studie bei den jüngeren Kollegen viel Anklang gefunden hat und sie mit großer Freude an diese Aufgabe herangegangen sind. Wahrscheinlich liegt auch die Frage, warum sexuelle Probleme nicht zur Sprache gekommen sind, auf der gleichen Linie. Da unsere Klinik sehr viel Endokrinologie betreibt, bin ich sicher, daß unsere jungen Kollegen in dem Augenblick, in dem das Wort «Impotenz» fällt, zunächst nicht an eine Depression denken, sondern beispielsweise die Testosteronausscheidung im 24-Stunden-Urin bestimmen lassen, um einen etwaigen Hypogonadismus auszuschließen. Die weitere Diagnostik erfolgt dann in der Regel durch die andrologische Abteilung.
Zu Herrn VAN PRAAG. Die Frage, was als organbedingt oder organbezogen zu verstehen sei, läßt sich nur sehr schwer beantworten. Erlauben Sie mir hier eine ganz allgemeine Bemerkung. Ich selbst bin der Ansicht, daß man den Begriff der «sorgfältigen internistischen Untersuchung zum Ausschluß einer organischen Erkrankung» gar nicht ernst genug nehmen kann. Wir stehen hier vor sehr großen Problemen. Es ist relativ leicht, Herzbeschwerden als funktionell einzustufen, weil man sich über die Frage einer Koronarinsuffizienz einigermaßen rasch ein Urteil bilden kann, wenn man die Risikofaktoren berücksichtigt und ein Belastungs-Elektrokardiogramm durchführt. Bevor man aber einem Patienten mit abdominellen Symptomen mit Bestimmtheit sagen kann: «Ihre Beschwerden sind nicht organisch bedingt», wäre eigentlich eine dreiwöchige stationäre Durchuntersuchung erforderlich. Man darf sich dann nicht auf die Röntgenuntersuchung der Abdominalorgane beschränken, sondern muß eine komplette Leber- und Pankreasdiagnostik durchführen. Bei älteren Patienten ist unter Umständen eine Angiographie zum Ausschluß von Gefäßverschlüssen zu erwägen. Man müßte ferner ein Malabsorptions- und Maldigestionssyndrom ausschließen sowie eine Hyperlipämie, eine Porphyrie usw. Und wenn der Patient dann immer noch klagt, er bekomme nach dem Essen, insbesondere nach Milch, so merkwürdige Bauchbeschwerden, und wir haben nicht daran gedacht, daß

es sich vielleicht um den gar nicht seltenen Fall eines erworbenen Laktasemangels handeln könnte, so ist es möglich, daß wir dem Patienten sehr unrecht tun. Ich glaube, daß es sich hier um ein grundsätzliches Problem handelt, welches mit den praktischen Grenzen unserer diagnostischen Möglichkeiten zusammenhängt. Selbst an einer Universitäts-Poliklinik können wir Diagnostik nur bis zu einem gewissen Grade betreiben und müssen dann sagen: Wir haben nichts gefunden. Sicher ist der Großteil dieser Patienten nicht organisch krank, doch fürchte ich, daß wir bei einigen fälschlicherweise eine psychogene Ursache ihrer Beschwerden annehmen. Sie haben auf das Ulkus Bezug genommen. Es gibt heute einige Anhaltspunkte dafür, daß Ulcus ventriculi und Ulcus duodeni zwei verschiedene Erkrankungen darstellen; u.a. spricht dafür die Tatsache, daß das Ulcus duodeni, nicht aber das Ulcus ventriculi, überdurchschnittlich häufig bei Individuen der Blutgruppe 0 gefunden wird. Ich bin der Ansicht, daß psychosomatische Zusammenhänge vor allem beim Ulcus duodeni und weniger beim Ulcus ventriculi eine Rolle spielen. Wir sehen immer wieder enorme Diskrepanzen zwischen den sog. lehrbuchmäßigen ulkustypischen Beschwerden und dem Röntgenbefund der Ulkusnische. Es gibt viele Patienten, die eine klassische Ulkussymptomatik ohne Ulkus bieten, während wir auf der anderen Seite gar nicht so selten Patienten mit einem peptischen Ulkus sehen, die ganz uncharakteristische Beschwerden berichten. Vielleicht darf ich an dieser Stelle noch an die frühere Bemerkung von Herrn López-Ibor Aliño zum Vortrag von Herrn Leme Lopes anknüpfen, wonach Riesenulzera des Magens bei Schizophrenen unbemerkt bleiben können. Ich glaube, daß es sich hier um eine Eigentümlichkeit der Riesenulzera überhaupt handelt, da sie häufig kaum Beschwerden hervorrufen. Ich fühle mich nicht in der Lage, Herrn van Praag zu sagen, was beispielsweise bei einem Ulkus als echte organbezogene Beschwerde und was als «Äquivalent» angesehen werden darf.

Zur Bemerkung von Herrn Walcher, daß bei der hohen Durchgangszahl in unserer Poliklinik so relativ wenige Depressionen gefunden wurden, möchte ich auf folgendes hinweisen: Als Oberarzt bin ich im Jahr für etwa 12000 Patienten zuständig. Die Studie erstreckte sich über ein halbes Jahr, was etwa einem Durchgang von 6000 Patienten entspricht. Zu berücksichtigen ist vor allem die Zusammensetzung unseres Patientengutes. Zahlreiche Fälle werden uns lediglich zur Beurteilung der Operabilität überwiesen, und ich glaube, daß der Kollege, der die Frage zu beantworten hat, ob z.B. bei einem 70jährigen in Lokalanästhesie eine Staroperation durchgeführt werden kann oder nicht, überfordert ist, wenn man von ihm neben der internistischen Untersuchung verlangt, in der kurzen, ihm noch zur Verfügung stehenden Zeit eine larvierte depressive Symptomatik aufzudecken. Ferner besteht unser Krankengut in einer nicht unbeträchtlichen Zahl aus Universitätsangehörigen, die routinemäßig jährlich untersucht werden und praktisch als Gesunde anzusehen sind. Und schließlich befindet sich in unserem Hause auch eine große nuklearmedizinische Abteilung, die ebenfalls ganz wesentlich die Zusammensetzung des Krankengutes bestimmt. Ich gebe jedoch Herrn Walcher völlig recht, daß wir möglicherweise nur auf solche Fälle von Depression gestoßen sind, über die man sozusagen als Internist stolpert, wenn man nur etwas die Augen aufmacht. Ich hoffe aber sehr, daß ich, angeregt durch das Symposium, einiges an meine Mitarbeiter weitergeben kann, was dazu beiträgt, Fälle von larvierter Depression besser zu erfassen.

Larvierte Depression und Koronarerkrankung

von A. Selvini *

Der nachstehende, in erster Linie klinisch orientierte Bericht gibt eine zusammenfassende Darstellung der Erfahrungen an einer allgemeinmedizinischen Krankenhausabteilung, die auch über zehn Betten für Koronarkranke verfügt. Auf dieser Station werden pro Jahr ca. 450 Fälle mit akutem Herzinfarkt versorgt. Die Ärzte und das Pflegepersonal unserer Abteilung besitzen gewisse psychologische Kenntnisse: Die meisten Ärzte und einige der Schwestern haben an einem zweijährigen Schulungskurs teilgenommen, der dem Arzt-Patienten-Verhältnis gewidmet war. In bestimmten Grenzen vermögen wir deshalb den Kranken heute psychologisch besser zu helfen, als das früher der Fall sein konnte. Unsere Aufmerksamkeit gilt den emotionellen Reaktionen der Infarktpatienten auf der Intensivstation. Nach den bisherigen Beobachtungen besteht – zumindest bei einigen dieser Fälle – mit großer Wahrscheinlichkeit ein Zusammenhang zwischen der Art ihrer emotionellen Reaktion und dem klinischen Krankheitsverlauf[2,3]. Depressive Reaktionen, vor allem in larvierter Form, sind dabei keineswegs selten.

Der vorliegende Bericht konzentriert sich auf vier Punkte unserer Beobachtungen an Infarktpatienten; sie seien hier, bevor wir in den folgenden Abschnitten auf Einzelheiten eingehen, kurz beschrieben:

1. Eine depressive Reaktion beeinflußt die Erholung des Patienten von einem Herzinfarkt in ungünstiger Weise. Sie kann unter Umständen sogar die Gefahr des plötzlichen Herztodes erhöhen.
2. Die Rehabilitation nach einem Infarkt gestaltet sich schwieriger bei Patienten mit larvierter Depression.
3. Die Entdeckung einer larvierten Depression gelingt oft nur aufgrund des persönlichen Kontaktes zwischen Arzt und Patient.
4. Vielen Patienten mit larvierter Depression kann schon durch eine einfache Psychotherapie, manchmal in Kombination mit Antidepressiva, geholfen werden.

Depressive Reaktionen und plötzlicher Tod

Koronarerkrankungen stehen in der Statistik der Todesursachen an erster Stelle. Vier von zehn Männern und zwei von zehn Frauen sterben daran. Neueste Beobachtungen lassen vermuten, daß in der Mehrzahl dieser Fälle ein plötzlicher Herztod eintritt. Die unmittelbare Ursache ist gewöhnlich eine schwere Rhythmusstörung – meist Kammerflimmern, seltener AV-Block oder Asystolie. Man

---

* Aus dem Ospedale Maggiore, Mailand (Italien)

nimmt an, daß 10–32 % aller Todesfälle mit natürlicher Ursache sich auf diese Weise ereignen, d.h. plötzlich und unerwartet. Obgleich in den Lehrbüchern der Kardiologie ein Zusammenhang zwischen depressiven Syndromen und plötzlichem Tod selten in Betracht gezogen wird, verdient das Problem Beachtung und sollte eingehend diskutiert werden. Dem Bericht über die Beobachtungen auf unserer eigenen Intensivstation für Koronarkranke seien zunächst einige Angaben aus der Literatur vorangestellt.

ENGEL[1] hat kürzlich eine Studie über 170 Fälle von plötzlichem Tod unter psychischem Streß publiziert. Als häufigste seelische Belastungen, unter denen der Tod dieser Personen erfolgte, wurden verzeichnet: Tod eines Verwandten oder nahen Freundes (21 %), schwere Bedrückung infolge eines frisch erlebten Kummers (20 %), drohender Verlust eines geliebten Menschen (9 %), Trauer um einen kürzlich Verstorbenen oder Wiederkehr eines Todestages in der Familie (3 %), Beeinträchtigung des sozialen Status oder Verlust der Selbstachtung (6 %). Mit anderen Worten: Depressive Stimmungen vor Eintritt des Todes können mit großer Wahrscheinlichkeit bei insgesamt 59 % der Fälle angenommen werden. Die dem plötzlichen Tod unmittelbar vorangegangene Zeit war beherrscht durch ein Gefühl des Ausgeliefertseins und der absoluten Hoffnungslosigkeit bei gleichzeitiger Preisgabe jeden Widerstandswillens. Hier könnten neuroinhibitorische Phänomene eine Rolle gespielt haben. Es ist eine wohlbekannte Tatsache, daß man im Tierexperiment wie auch beim Menschen durch Stimulierung bestimmter Regionen des Zentralnervensystems Rhythmusstörungen, einschließlich Kammerflimmern, provozieren kann. Bei Infarktpatienten auf Intensivstationen wird nicht selten ein Typ des Kammerflimmerns beobachtet, der – im Gegensatz zur sekundären Form – ein «primäres» Ereignis darstellt. Das sekundäre Kammerflimmern ist ein terminales Geschehen bei vorherbestehendem schweren Schock oder schwerer Dekompensation des Herzens. Das primäre Kammerflimmern dagegen ist die Ursache des plötzlichen und unerwarteten Todes von Patienten, deren Herzschäden nicht derart ernsthaft waren, daß sie letal hätten enden müssen. Auf den Intensivstationen wird in derartigen Fällen sofort eine Defibrillation vorgenommen, die hier eine erfolgreiche Reanimation gewährleistet. Die Patienten erholen sich in der Folgezeit gut und haben eine günstige Langzeitprognose. Es gibt Gründe für die Annahme, daß das primäre Kammerflimmern eher mit den neurohumoralen Regelmechanismen des Herzens zusammenhängt als mit schweren Veränderungen in den Herzmuskelzellen, wie sie für das sekundäre Herzflimmern charakteristisch sind. Auf Intensivstationen beobachtet man das Einsetzen von primärem Kammerflimmern – das für eine große Zahl plötzlicher und unerwarteter Todesfälle verantwortlich ist – zumeist während der ersten Stunden nach Einlieferung des Patienten in das Spital; ein späteres Auftreten ist seltener. Ebenso weiß man, daß es im Verlauf der ersten Stunden nach einem Infarkt häufig zu vagusbedingten Bradyarrhythmien kommt[4]. Aufmerksamkeit ist auch dem Zusammenhang zwischen depressiven Syndromen und Vagotonie gewidmet worden. Ausgehend von diesen Beobachtungen hat man hypothetisch folgende Einordnung der Ereignisse postuliert: depressive Reaktion – Vagotonie – Bradyarrhythmien – Disposition zu primärem Kammerflimmern.

In unserer eigenen Abteilung für Koronarkranke haben wir während der letzten drei Jahre 26 Fälle von primärem Kammerflimmern gesehen; sämtliche Patienten sind erfolgreich defibrilliert worden und haben das Spital später in befriedigendem Zustand verlassen können. Bei neun dieser Kranken setzte das primäre Kammerflimmern unmittelbar zur Zeit ihrer Einlieferung in das Spital ein, in sieben Fällen ereignete es sich zwischen der ersten und der vierzehnten Stunde ihres Aufenthaltes auf der Intensivstation, und bei den restlichen zehn Patienten kam es dazu am oder nach dem zweiten Tag. Der relativ große Anteil von Fällen in der ersten Gruppe, nämlich 9 von 26, verlangt einen kurzen Kommentar. Bei diesen neun Patienten begann das Kammerflimmern im Augenblick ihrer Spitaleinlieferung oder wenige Minuten später; mit großer Wahrscheinlichkeit waren sie gerade zu diesem Zeitpunkt emotionell stark belastet. Auch bei 4 der übrigen 17 Patienten fiel das Kammerflimmern ganz offensichtlich mit einem emotionalen Schock zusammen. Beim ersten dieser vier Fälle setzte das Flimmern ein, als sich der Nachbar des Patienten in einem kritischen Zustand befand und zahlreiche Ärzte und Schwestern, die eilends herbeigerufen worden waren, das Bett umstanden. Im zweiten Fall begann das Flimmern in dem Moment, als ein Arzt, der eine Blutprobe nehmen wollte, sich dem Patienten mit der Nadel in der Hand näherte. Im dritten Fall kam es zu dem Ereignis unmittelbar nach der Mitteilung an den Patienten, daß er das Spital bald wieder verlassen werde; sein Fall hatte sich als schwierig erwiesen, und da sich der Kranke im Spital sicherer und besser versorgt fühlte, bereitete ihm der Gedanke an die Heimkehr Angst. Im vierten Fall schließlich setzte das Flimmern direkt nach einer kurzen Unterhaltung ein, die den Kranken sehr erregt hatte. Bei 8 der 26 erfolgreich defibrillierten Patienten entwickelte sich in der Folgezeit eine Depression, die zwar nicht allzu ernster Natur, aber doch deutlich genug war, um eine Behandlung mit antidepressiven Pharmaka zu rechtfertigen. Vier der zehn Patienten mit Kammerflimmern am oder nach dem zweiten Tag haben vermutlich schon vor diesem Ereignis an Depressionen gelitten. In vier Fällen der gleichen Gruppe war dem Flimmern ein akuter anginöser Schmerzanfall vorangegangen, den die bereits auf dem Wege einer raschen Besserung sich glaubenden Patienten nicht erwartet hatten und der auf ein oder zwei Kapseln Nitroglyzerin nicht ansprach. Alle vier Patienten haben auf die Angina-pectoris-Attacke mit sehr starken Emotionen reagiert.

Nur in wenigen Fällen wurden Anzeichen einer dem primären Kammerflimmern vorausgegangenen Vagotonie gefunden. Von den 17 Patienten, die wir noch vor Einsetzen des Kammerflimmerns untersuchen konnten, zeigten lediglich drei eine Pulsverlangsamung. Die durchschnittliche Pulsfrequenz dieser 17 Fälle betrug 85 Schläge/min. Der systolische Blutdruck lag zwischen 95 und 170 mm Hg, der diastolische Druck zwischen 60 und 110 mm Hg, der Durchschnittswert betrug 133/81 mm Hg. Wenn demnach bei der Entstehung des primären Kammerflimmerns eine Parasympathikotonie mit im Spiele ist, so kann es sich nur um ein sehr plötzliches Einsetzen des hier involvierten Phänomens handeln. Möglicherweise kommt es, wie Engel[1] postuliert hat, zu einer raschen Verlagerung von der sympathischen auf die parasympathische Innervation des kardiovaskulären Systems.

Larvierte Depression und Rehabilitation nach dem Infarkt

Dem Problem der Rehabilitation von Infarktpatienten ist seitens der Kardiologen gerade in den letzten Jahren zunehmende Beachtung geschenkt worden. Bei vielen Patienten erweist sich die Rehabilitation als ein langwieriger und schwieriger Prozeß, selbst dann, wenn das kardiovaskuläre System noch in befriedigendem Maße funktionstüchtig ist. Oft läßt der Patient eine lange Zeit verstreichen, bevor er seine Arbeit wieder aufnimmt. Die Gründe der Verzögerung sind meist psychologischer Natur. Obgleich wir diesen Aspekt des Problems nicht systematisch erforscht haben, vermuten wir bei vielen Patienten, die ihre Rekonvaleszenz extrem lange ausdehnen, als Ursache eine zugrunde liegende Depression. Larvierte Depressionen nach einem Infarkt haben oft auch beträchtliche Auswirkungen auf die ehelichen Beziehungen des Patienten, ja sie können das Gleichgewicht der ganzen Familie tiefgreifend stören. Da man bei Infarktpatienten die larvierte Depression oft schon im Anfangsstadium erkennen kann, sollten die Kranken schon in den allerersten Tagen unter genauer psychologischer Beobachtung gehalten werden. Es ist wichtig, die Depression möglichst früh zu entdecken, weil eine Verzögerung der Diagnose nachteilige Folgen für die Behandlung hat.

Die Diagnose larvierter Depressionen

Larvierte Depressionen sind nicht immer leicht zu diagnostizieren. Bei Infarktpatienten indessen ist die Depression oft schon während der ersten Begegnung mit dem Kranken erkennbar. Ein eindrückliches Merkmal bildet der Gesichtsausdruck; kontrastierend mit dem Ernst der Situation verrät die Miene des Kranken nur Teilnahmslosigkeit und Gleichgültigkeit. Der Patient liegt vollkommen regungslos im Bett, und falls er sich doch einmal bewegt, geschieht es sehr langsam. Er spricht kaum, weder mit den Ärzten und Schwestern noch mit seinen Bettnachbarn oder anderen Patienten. Er stellt keine Fragen und will nichts über seinen Zustand wissen; es kümmert ihn nicht, was weiterhin mit ihm geschehen wird oder was wir ihm im Hinblick auf die Behandlung vorschlagen. Auch für das Essen zeigt er keinerlei Interesse. Unter solchen Umständen mag das erste Gespräch mit dem Patienten nicht gerade einfach sein, aber in der Regel gibt es dem Arzt dennoch genügend Aufschlüsse über die Natur der zugrunde liegenden Stimmung. In den folgenden Gesprächen, die immer kurz sein sollten und täglich – im Rahmen der Routinevisiten auf der Station – ein- bis zweimal zu wiederholen sind, offenbart sich die Persönlichkeit des Patienten allmählich von selbst. Man erfährt dann, welche Erklärungen er für seine Krankheit hat, welche subjektive Bedeutung er ihr beimißt oder welche objektiven Folgen sie für ihn besitzt. Es wird dann gewöhnlich auch deutlich, welche unter den vielen möglichen psychischen Reaktionen gerade dieser Patient entwickelt hat. Überdies kann man auf diese Weise einige charakteristische Zeichen des depressiven Syndroms schon in ihrem frühesten Stadium erkennen, z. B. Schuldgefühle, Selbstvorwürfe, Gefühle der Einsamkeit und des Preisgegebenseins oder Hoffnungslosigkeit.

Das alles setzt aber voraus, daß der Arzt fähig und bereit ist, von Anfang an eine enge persönliche Beziehung zum Patienten herzustellen. Die Erfahrung hat uns gelehrt, daß Infarktpatienten auf einer Intensivstation – mit Ausnahme derjenigen Kranken, die gleichzeitig an Depressionen leiden – menschlichen Kontakten besonders zugänglich sind und ihrerseits geradezu danach trachten, mit jedermann, der sich ihnen nähert, in Verbindung zu treten, sei es mit den Ärzten, den Schwestern oder den vom gleichen Schicksal Betroffenen. Das Verhalten des Infarktpatienten unterscheidet sich in dieser Hinsicht von dem anderer Kranker. Das beruht zweifellos und in erster Linie darauf, daß er sich vom Tode unmittelbar bedroht fühlt; eine weitere Ursache stellt aber auch der Monitor dar, dem der Patient zur ständigen Überwachung der Herzaktion angeschlossen ist. Einerseits fühlt er sich mit den Apparaten sicherer, andererseits empfindet er mehr oder weniger deutlich das Mechanische und Unpersönliche der Monitor-Überwachung, und er reagiert darauf, indem er sich nach menschlichen Kontakten sehnt und sie dankbar annimmt. So können sich auf einer Intensivstation für Koronarkranke sehr enge persönliche Beziehungen entwickeln, die während des gesamten Spitalaufenthaltes bestehen bleiben und oft noch nach der Entlassung für lange Zeit aufrechterhalten werden. Frisch eingelieferte Patienten, zu denen nach einigen Tagen nicht ein erster Kontakt hergestellt worden ist, sind später nicht mehr in gleichem Maße bereit, persönliche Beziehungen anzuknüpfen. Einen Patienten mit larvierter Depression kann man oft schon bei der ersten Annäherung allein daran erkennen, daß er sich dem geringsten Versuch, in sein Inneres einzudringen, widersetzt. Gibt er schließlich doch nach, dann geschieht das so plötzlich, daß man die Änderung seines Verhaltens sehr leicht erkennen kann. Anhaltspunkte für das Vorliegen einer larvierten Depression liefert nicht selten auch die Beobachtung des Patienten im Umgang mit seinen Angehörigen oder mit Krankenschwestern und anderen Personen in seiner Nähe. Nach Verlassen der Intensivstation zeigt er manchmal Isolierungstendenzen und vermeidet soweit als möglich jeden Kontakt mit den anderen Patienten. Seine Reaktionen auf größere oder kleinere Ereignisse im alltäglichen Leben der Spitalabteilung können so seltsam sein, daß sie die Aufmerksamkeit geradezu herausfordern. Manchmal werden dem Arzt auch Behauptungen, Ansichten und Bemerkungen mitgeteilt, die der Patient in seiner Abwesenheit geäußert hat und die sehr aufschlußreich sein können.
Eine depressive Reaktion kann unmittelbar nach dem Infarkt auftreten, sie kann aber auch – und das ist gar nicht so selten der Fall – erst nach längerer Zeit entstehen. Als charakteristisch darf folgende Entwicklung betrachtet werden: fehlende Krankheitseinsicht – Angstgefühle – depressive Reaktion. Der persönliche Kontakt wird erschwert, wenn der Patient sozial und geistig auf einer sehr niedrigen Stufe steht. Da in derartigen Fällen auch eine larvierte Depression nicht mehr so leicht erkennbar ist, muß sich die Aufmerksamkeit des Beobachters auf die somatischen Äquivalente der Depression richten, also auf Zeichen wie Inappetenz, Schlaflosigkeit, vegetative Störungen und alle jene körperlichen Symptome, für die man zusammenfassend den Begriff «Somatisierung» verwendet. Hierzu gehört die Vielzahl subjektiver Beschwerden und Störungen, die weder durch die körperliche Untersuchung noch aufgrund der Laborbefunde

eine überzeugende Erklärung finden. Die Beschreibung der Beschwerden ähnelt oft den Klagen, die von Patienten mit organischen Leiden vorgebracht werden; in der Regel ist eine Unterscheidung jedoch möglich, da die Beschwerden der depressiven Patienten atypisch sind und stets mehr oder weniger von Fall zu Fall variieren.

Die Behandlung larvierter Depressionen

Es wurde bereits darauf hingewiesen, daß depressive Reaktionen einen ungünstigen Einfluß auf den klinischen Verlauf der Krankheit haben können und in einer Reihe von Fällen die Rehabilitation erschweren und verzögern. Eine depressive Reaktion kann aber auch gewisse positive Aspekte aufweisen, von denen ich hier zwei anführen möchte. Der erste ist sehr allgemeiner Natur: Es gibt vermutlich ein physiologisches Ausmaß der Depression, das den in Lebensgefahr schwebenden Menschen befähigt, der Möglichkeit seines Todes realistisch und angemessen zu begegnen. Ein zweiter Aspekt ist der folgende: Ein Infarktpatient kann nicht eher als vollständig genesen gelten, bevor nicht auch in seiner Persönlichkeit sich eine adäquate Wandlung vollzogen hat. Die Heilung ist nur dann wirklich erreicht, wenn der Patient leben kann, ohne daß ihn die Erinnerung an den Infarkt allzu schwer belastet. Um das Risiko eines neuerlichen Infarktes so klein wie möglich zu halten, muß er nicht nur seine Kost ändern, sondern auch seine Lebensgewohnheiten sowie die Art und Weise, mit Problemen fertig zu werden, sei es bei der Arbeit oder zu Hause. Hier kann eine depressive Phase sehr hilfreich, vielleicht sogar notwendig sein, um den Patienten zum Vollzug der inneren Umstellung, ja Neugeburt, zu befähigen – ähnlich, wie es die Zeit der Trauer um einen Verstorbenen vermag.

Wir haben es uns zur Regel gemacht, jeden Patienten, bei dem wir eine larvierte Depression vermuten, während der ganzen Zeit seines Spitalaufenthaltes im Auge zu behalten. Gewöhnlich erweisen sich schon relativ einfache psychotherapeutische Maßnahmen als äußerst wirksam, vorausgesetzt, daß sie auf der Basis einer guten persönlichen Beziehung aufbauen. In diesem Zusammenhang möchte ich insbesondere zwei Punkte betonen. Ein larviert depressiver Patient kann durch die anderen Kranken – als Gruppe genommen – beträchtliche Hilfe erfahren. Die Begegnung zwischen den Patienten vollzieht sich auf einer breiteren Ebene und ist wichtiger, als man im allgemeinen annimmt. Die Kommunikation beginnt bereits auf der Intensivstation mit der Herstellung wechselseitiger Beziehungen, die vom psychologischen Standpunkt aus als sehr günstig zu betrachten sind. Dabei ist es von großer Bedeutung, in welchem Maße es das Pflegepersonal versteht, eine relativ gelöste Atmosphäre zu schaffen und übertriebene Strenge bei der Wahrung der Disziplin zu vermeiden. Eine Maßnahme, die sich als sehr nützlich herausgestellt hat, betrifft die kurz vor der Entlassung stehenden Patienten. Wir laden sie in Gruppen von acht bis zehn Personen zu einer Zusammenkunft ein, an der persönliche Probleme, wie sie sich für die Mehrzahl der Patienten stellen, vorgetragen und eingehend besprochen werden. Der zweite Punkt, der mir besonders erwähnenswert scheint, bezieht sich auf die Familienmitglieder des Patienten. Wir empfangen die Angehörigen vom ersten

Tag an, da häufige Unterhaltungen mit ihnen sehr wesentlich sind. Vor der Entlassung ist es empfehlenswert, den Patienten gemeinsam mit seinen Angehörigen zu einer offenen Diskussion aller mit dem Infarkt zusammenhängenden Probleme einzuladen.
Wo die erwähnten psychotherapeutischen Maßnahmen keine prompte Besserung der Depression gezeitigt haben, hat sich uns die Behandlung mit Antidepressiva als sehr nützlich erwiesen. In dem Bestreben, die emotionalen Reaktionen unserer Patienten unter Kontrolle zu halten, sind wir jetzt vor allem darum bemüht, zwischen ängstlichen und depressiven Reaktionen besser unterscheiden zu lernen. Zu diesem Zweck haben wir kürzlich eine vergleichende Studie mit zwei Psychopharmaka eingeleitet; während das eine Medikament nur anxiolytisch wirkt, besitzt das andere Präparat (®Ludiomil) neben dem anxiolytischen einen ausgeprägten antidepressiven Effekt. Die Resultate dieser Studie werden wir zum frühstmöglichen Zeitpunkt publizieren.

Zusammenfassung und Schlußfolgerungen

Patienten, die einen Herzinfarkt erlitten haben, zeigen keineswegs selten eine larviert oder latent depressive Reaktion, die sich ungünstig auf den klinischen Krankheitsverlauf auswirken kann. Bei manchen dieser Fälle könnte gleichzeitig eine Störung des vegetativen Gleichgewichts vorliegen und damit eine Tendenz zu plötzlichen Vagusaktionen, die dann das Einsetzen von Kammerflimmern bewirken. Bei insgesamt 26 Patienten, die nach einem Herzinfarkt primäres Kammerflimmern zeigten und erfolgreich defibrilliert wurden, bestand eine eindeutige Korrelation zwischen emotionalem Schock und Herzstillstand in vier Fällen, ein mutmaßlicher Zusammenhang in weiteren vier Fällen und eine mögliche Beziehung in neun Fällen. Im weiteren Verlauf der Krankheit wurde bei acht Patienten eine Behandlung mit Antidepressiva notwendig. Die Entdeckung einer larvierten Depression, die die Rehabilitation des Infarktpatienten später beträchtlich stören kann, ist dann nicht schwierig, wenn zwischen Arzt und Patient von Anfang an ein guter persönlicher Kontakt besteht. Schon einfache Formen der Individual- oder der Gruppenpsychotherapie zeitigen bei vielen Patienten gute Erfolge. Es ist immer nützlich und manchmal sogar notwendig, die nächsten Angehörigen des Patienten in diese Psychotherapie miteinzubeziehen. In gewissen Fällen ist es angezeigt, dem Kranken zusätzlich Antidepressiva zu verabreichen. Zur Zeit führen wir eine Vergleichsstudie durch zwischen einem reinen Anxiolytikum und einem sowohl anxiolytisch wie auch antidepressiv wirkenden Präparat.

Literatur

1 Engel, G. L.: Sudden and rapid death during psychological stress. Ann. int. Med. *74*, 771 (1971)
2 Selvini, A.: Problemi psicologici nell'infarto miocardico acuto. G. ital. Cardiol. *1*, 107 (1971)

3 Selvini, A.: La relation psychothérapeutique avec le malade atteint d'infarctus myocardique aigu. Rev. Méd. psychosom. Psychol. méd. *13*, 271 (1971)
4 Webb, S.W., Adgey, A.A.J., Pantridge, J.F.: Autonomic disturbance at onset of acute myocardial infarction. Brit. med. J. *iii*, 89 (1972)

Diskussion

H. Heimann: Ich bin Herrn Selvini dankbar, daß er die Beziehung von Depression und Herzinfarkt so eindrucksvoll dargestellt hat. Ergänzend dazu möchte ich aus meiner Praxis als Psychiater und Psychotherapeut sagen, daß ich recht häufig bei depressiven Männern im mittleren Lebensalter einen Lebensstil finde, der früher oder später zum Herzinfarkt führen könnte. Zwischen Infarkt und Depression besteht also auch aus psychiatrischer Sicht eine Beziehung. Ich überblicke ein paar Fälle, die ich jetzt seit über sechs Jahren kenne, bei denen es nach erfolgreicher Depressionsbehandlung durch eine psychotherapeutische Führung zu einer Änderung des Lebensstils kam. Bei diesen Patienten habe ich den Eindruck, daß die Depressionen, die vorher zyklisch und gehäuft auftraten, nicht mehr oder nicht mehr in diesem Ausmaß vorkommen.

H. P. Rome: In der Mayo-Klinik messen wir den von Herrn Selvini berichteten Phänomenen so große Bedeutung bei, daß wir für die kardiologische und kardiologisch-chirurgische Abteilung einen Psychiater vollamtlich eingestellt haben. Könnten Sie uns vielleicht etwas über die Reaktionen der Schwestern auf einer Intensivabteilung mitteilen? Wir sind immer wieder von ihrer emotionellen Distanz beeindruckt, die aber sicher notwendig ist, um allzu enge Kontakte zu diesen Patienten, die sich in großer Gefahr befinden, zu vermeiden.
Falls Sie die Arbeit nicht schon kennen, möchte ich Sie auf eine Publikation des inzwischen verstorbenen Walter Cannon*, eines hervorragenden Physiologen, aufmerksam machen. Er berichtete vor etwa 30 Jahren im *American Anthropologist* von einem Phänomen, das er als *voodoo death* bezeichnete; es handelt sich dabei um den Tod primitiver Menschen unter dem Streß von Status-Verlusten. Cannon nahm als Ursache eine Störung des Herzrhythmus an. Könnten Sie dazu etwas sagen?

H. Hippius: In den letzten zwei Jahren wurde im deutschsprachigen Schrifttum in zahlreichen Mitteilungen, Hinweisen und Warnungen zur sogenannten «kardiotoxischen Wirkung der trizyklischen Antidepressiva» Stellung genommen. Diese Häufung von Publikationen in jüngerer Zeit ist nicht ohne weiteres verständlich und hat – meiner Ansicht nach – auch durchaus ungünstige Folgen gehabt. Eine im EKG faßbare Herzwirkung trizyklischer Psychopharmaka ist nämlich schon sehr viel länger bekannt und keineswegs nur bei Antidepressiva, sondern auch bei trizyklischen Neuroleptika zu registrieren (s. Übersicht bei Hippius und Malin**). Die Herzwirkungen dieser Pharmaka sollten sicher nicht bagatellisiert, aber genausowenig unangemessen aufgebauscht und hinsichtlich ihrer Gefährlichkeit übertrieben dargestellt werden. So ist es – meiner Ansicht nach – zu bedauern, daß in diesem Zusammenhang in den letzten zwei Jahren der Begriff «kardiotoxische Wirkung» so schnell und meist ziemlich kritiklos verbreitet worden ist.
Bei Berücksichtigung dieser Situation kommt den Befunden von Herrn Selvini besondere Bedeutung zu. Seine Untersuchungen über die Wirkung von trizyklischen Antidepressiva bei Herzinfarktpatienten könnten geeignet sein, die kontroversen Ansichten über die sogenannten kardiotoxischen Wirkungen der trizyklischen Antidepressiva einer sachlicheren Erörterung zugänglich zu machen. Hierfür wäre es natürlich besonders wichtig, wenn uns Herr Selvini sagen könnte, ob bei seinen Patienten systematische EKG-Verlaufsbeobachtungen durchgeführt wurden und zu welchen Ergebnissen diese Untersuchungen gegebenenfalls geführt haben.

L. S. Geisler: Ich glaube, die geschilderten Zusammenhänge gewinnen heute insofern noch eine zusätzliche Bedeutung, als wir zunehmend eine ganz andere Einstellung

---

* Cannon, W. B.: «Voodoo» death. Amer. Anthropologist *44*, 169 (1942)
** Hippius, H., Malin, J.-P.: Veränderungen des Elektrokardiogramms während der Behandlung mit trizyklischen Psychopharmaka. Pharmakopsychiat. Neuro-Psychopharmakol. *1*, 140 (1968)

zu der Phase nach dem Infarkt einnehmen. Früher hat man einem Patienten nach dem 50. Lebensjahr, der einen Herzinfarkt bekam, zur absoluten Schonung geraten, ja sogar zur Pensionierung. Heute bemüht man sich um die Frührehabilitation, d.h. man versucht, den Patienten möglichst rasch, etwa in der fünften Woche nach dem Infarkt, in einem entsprechend ausgerüsteten Rehabilitationszentrum auf die Wiedereingliederung vorzubereiten. Ich könnte mir denken, daß depressive Zustände, die nicht erkannt werden, für die Frührehabilitation eine enorme Barriere darstellen. Noch eine kurze Frage an Herrn SELVINI: Sie haben in Ihrem Referat über Infarktpatienten gesprochen, also Patienten mit einer schweren organischen Erkrankung, die zusätzlich ein depressives Syndrom aufwiesen. Gibt es das nicht auch bei anderen Herzerkrankungen? Ich denke aus meiner Erfahrung z.B. an Patienten mit Mitralstenosen, Stadium II, die eigentlich keine massiven Beschwerden haben dürften, oft aber ganz erheblich leiden, viel mehr, als es der Hämodynamik nach zu erwarten wäre. Auch erleben wir manchmal, daß nach erfolgreicher Operation von Fällen des Stadiums III keine richtige Besserung eintritt. Vielleicht war dann ein Teil der Beschwerden überhaupt nicht organisch bedingt.

A. SELVINI: Herr HEIMANN sprach von Patienten, die dank einer psychotherapeutischen Führung ihre Lebensweise geändert haben. Es passiert oft, daß jemand, der einen Herzinfarkt erlitten hat, sehr präzise Vorschriften erhält: «Sie müssen dies unterlassen, Sie müssen jenes so tun, Sie haben Ihre Lebensweise vollständig zu ändern.» Der Kardiologe hat nicht immer das rechte Gefühl dafür, wie einschneidend seine Vorschriften sind. Man muß den Patienten zusätzlich eine wirksame psychologische Hilfe geben.

Herr ROME, obwohl ich Internist bin, obliegt mir auch die psychologische Vorbereitung und Schulung unserer angehenden Krankenschwestern. Die jungen Schülerinnen der Schwesternschule erhalten Unterrichtsstunden und nehmen an Fall-Diskussionen teil, die ich selbst leite. Sie sind der Psychologie gegenüber aufgeschlossen und lernen leicht. Ihre emotionellen Reaktionen auf der Intensivstation für Infarktkranke sind stark, sie weinen oft, wenn ein Patient stirbt. Da man auf der Intensivstation fast immer während einer Stunde oder länger reanimiert, ist die Art, wie der Tod schließlich eintritt, in der Tat dramatisch. Natürlich haben nicht alle diese jungen Frauen die gleiche psychische Widerstandskraft. Die Schwesternschülerinnen bleiben drei Monate auf der Intensivstation, und ich glaube, daß sie während dieser Zeit sehr nützliche Erfahrungen sammeln. Viele von ihnen werden ausgezeichnete Krankenschwestern und lernen bei der Arbeit auf der Intensivstation, ihre Furchtsamkeit zu überwinden.

Was den *voodoo death* betrifft, so habe ich hier keine persönlichen Erfahrungen. In der zitierten Arbeit von ENGEL findet sich aber Literatur zu diesem Thema. Ohne Zweifel ist der plötzliche Tod häufiger, als man früher annahm. Heute gelten der Tod und seine näheren Umstände nicht mehr als tabu, und man beginnt, darüber zu diskutieren; ich habe kürzlich in Lyon/Frankreich an einem Kongreß teilgenommen, der diesem Thema gewidmet war. Auch die Arbeit von ENGEL, in der über 170 Fälle eines plötzlichen Todes berichtet wird, ist neueren Datums. Es existieren ferner sehr interessante aktuelle Arbeiten über Tiere.

Herr HIPPIUS, die Kardiotoxizität trizyklischer Antidepressiva ist nicht erwiesen; persönlich habe ich nie derartige kardiotoxischen Effekte beobachtet. Die zwei Medikamente, die wir jetzt verwenden, sind Amitriptylin und ®Ludiomil. Von den MAO-Hemmern sind wir abgekommen. Wie in meinem Referat erwähnt, haben wir unser Krankengut in zwei Gruppen eingeteilt, die eine erhält Ludiomil, die andere ein Anxiolytikum; auch hier haben wir bis heute keine kardiotoxischen Nebenwirkungen gesehen.

Herr GEISLER, Ihre Bemerkung ist durchaus zutreffend; die Vorschriften, die man den Infarktkranken macht, haben sich stark geändert. Früher riet man ihnen, die Arbeit aufzugeben, heute sagt man: «Gehen Sie an Ihre Arbeit zurück.» Früher hat man sie vor dem Treppensteigen gewarnt, heute trainiert man sie körperlich, und wir wissen, daß dieses Training nützlich ist. Es fördert die Koronardurchblutung und erschwert ein Infarktrezidiv. Da es aber nicht einfach ist, überkommene Vorstellungen von heute auf morgen zu ändern, stößt man oft auf Widerstand. Ein Infarktkranker mit einer larvierten Depression wagt nicht, körperliche Arbeit zu leisten, und larvierte Depressionen sind gerade bei diesen Kranken häufig. Das läßt sich allerdings schon in den ersten Tagen nach dem Infarkt feststellen, d.h. lange, bevor der Patient entlassen wird. Er benötigt dann eine adäquate psychologische Unterstützung und – gegebenenfalls – Antidepressiva.

Sehr wichtig scheinen mir auch Ihre Bemerkungen über Patienten mit Mitralstenose zu sein. Chirurgen operieren gelegentlich junge Frauen mit einer Mitralstenose, deren Symptome nicht vom Schweregrad der Stenose, sondern von einer larvierten Depression bestimmt sind.

Die larvierte Depression in der täglichen Praxis

von W. Falk *

In die Praxis des Internisten kommen seit je zahlreiche Patienten mit Klagen über somatische Beschwerden, für die trotz gründlicher Untersuchung keine organische Ursache gefunden werden kann. Früher beschränkte man sich vielfach auf die Feststellung einer vegetativen Dystonie, obwohl damit noch keine Diagnose gestellt war. Heute denkt auch der Internist – dank einer breiten Information durch die Psychiatrie – an eine zugrunde liegende *larvierte Depression.* Anders als der Psychiater, der a priori nach psychischen Symptomen suchen kann, darf der Internist aufgrund seiner fachlichen Verpflichtung gegenüber dem Somatischen nur per exclusionem zur Diagnose einer larvierten Depression gelangen, besteht doch in allen diesen Fällen die Möglichkeit einer organischen Erkrankung, deren Nichterkennung für den Patienten unter Umständen verhängnisvoll werden kann.

In meiner internen Fachpraxis sehe ich recht häufig Patienten mit funktionellen Organstörungen im Rahmen einer larvierten Depression. In solchen Fällen habe ich in den letzten Jahren als Antidepressivum fast ausschließlich ®Ludiomil angewendet.

Seit März 1968 wurden insgesamt 170 Patienten mit Ludiomil behandelt, 57 männliche und 113 weibliche. In dieser Zahl sind auch 41 Kinder enthalten, bei denen einerseits Anorexie und Untergewicht, andererseits unruhiger Schlaf und leichte Erregbarkeit im Vordergrund standen. In den meisten dieser Fälle gingen die Beschwerden mit Schul- und Erziehungsschwierigkeiten einher, für die von den Eltern in erster Linie ein schlechter körperlicher Gesundheitszustand verantwortlich gemacht wurde, während in Wirklichkeit – wie der Erfolg der antidepressiven Therapie mit Ludiomil zeigt – der eigentliche Grund in einer depressiven Verstimmung lag.

Bei den Erwachsenen verbarg sich das depressive Geschehen in der überwiegenden Mehrzahl der 129 Fälle hinter verschiedenen somatischen Beschwerden. Die Diagnose einer larvierten Depression wurde selbstverständlich auch hier erst nach gründlicher körperlicher Untersuchung und Ausschluß einer organischen Erkrankung gestellt.

Die Klagen der Patienten reichten über die ganze Palette körperlicher Beschwerden, von der seit Wochen dauernden Grippe über vegetative Symptome, wie Tag- oder Nachtschweiß, und diverse Organstörungen bis zu scheinbar rheumatischen Zustandsbildern. So klagten die Patienten relativ häufig über Kopfschmerzen, insbesondere in Form eines uncharakteristischen Druck- oder Spannungsgefühls, über Herzbeschwerden, die sich als pektanginöse Zustände

* Facharzt für Innere Krankheiten, Neukirchen (Bundesrepublik Deutschland)

mit Präkordialangst, Herzstechen, Herzdruck, Herzklopfen und Tachykardie äußerten, ferner über Atemnot und asthmatische Beschwerden sowie Beklemmungs- und Beeinträchtigungsgefühle im Bereich des Halses. Gastrointestinale Störungen traten in Erscheinung als Mundtrockenheit, Magenbrennen, Meteorismus, Obstipation, aber auch als chronische Durchfälle, die an eine chronische Kolitis denken ließen. Letztere wird zwar, wie auch das Asthma bronchiale, zu den eigentlichen psychosomatischen Erkrankungen gezählt, doch läßt sich dahinter in manchen Fällen eine echte Depression entdecken. Bei Frauen mittleren Lebensalters fanden sich häufig Schilddrüsenbeschwerden mit Nervosität, Hyperhidrosis, Gewichtsverlust, Tachykardie im Sinne einer Hyperthyreose, die mit den heutigen Methoden der Schilddrüsendiagnostik unschwer ausgeschlossen werden kann. Im Urogenitalbereich sich manifestierende Störungen einer larvierten Depression sind deshalb besonders unangenehm, weil sie relativ häufig zu chronisch hypochondrischen Entwicklungen mit Venero- und Karzinophobie führen. Neben krampfartigen und anderen Mißempfindungen im Bereich von Nieren, Harnleitern, Blase, Harnröhre und Prostata bzw. Adnexen wurden von den Patienten Harnentleerungsstörungen wie Pollakisurie und Oligurie, vor allem aber auch Störungen der Sexualfunktionen angegeben, z.B. Erektionsschwierigkeiten, verzögerte oder fehlende Ejakulation, Libidostörungen und Frigidität. Bei rheumatischen Beschwerden ist im Hinblick auf eine larvierte Depression auf schmerzhafte Zustände im Gebiet der Hals- und Brustwirbelsäule, insbesondere auf das heute so häufige Zervikalsyndrom hinzuweisen.

Wenn nun in den meisten unserer Fälle die funktionellen Organbeschwerden und vegetativen Störungen die Hauptsymptome bildeten, so war doch die für die Diagnose einer larvierten Depression entscheidende psychopathologische Affektsymptomatik in diskreter Form angedeutet und einer gezielten Exploration zugänglich. So berichteten die Patienten auf Befragen z. B. über hartnäckige Schlafstörungen. Häufig handelte es sich um Wiedereinschlafstörungen nach kurzem bleiernen Schlaf sowie um vorzeitiges morgendliches Erwachen mit dem Gefühl schwerer Zerschlagenheit und Inaktivität, die das zu erledigende Arbeitspensum des Tages als kaum überwindbares Hindernis erscheinen ließen. Längerdauernde Schlafstörungen sollten den Arzt stets an die Möglichkeit einer depressiven Verstimmung denken lassen, stellen sie doch nach R. JUNG[1] ein Achsensymptom der Depression dar. Neben den Schlafstörungen sind nicht selten Arbeitsstörungen mit Leistungsverminderung und Lustlosigkeit vorhanden, wobei sich letztere gewöhnlich auch auf die Freizeitgestaltung erstreckt. Regelmäßig klagten die Patienten über Konzentrationsschwäche und berichteten über ihre Unfähigkeit, wie früher Freude empfinden zu können. Gleichgültigkeit, Interesselosigkeit und Überdruß hätten von ihnen Besitz ergriffen, und wenn man sich subtil danach erkundigte, wurden sogar Selbstmordgedanken zugegeben. Auch latente Angst und innere Unruhezustände offenbarten sich bei der Exploration, wobei eine gleichzeitig bestehende Hemmung die Unruhe überdecken kann. Als wesentlicher Hinweis auf ein depressives Geschehen wurden Tagesschwankungen mit Besserung der körperlichen Symptome und Steigerung der Leistungsfähigkeit in der zweiten Tageshälfte gewertet.

Was die kindliche Depression anbelangt, so unterscheidet sie sich in ihrer Symptomatik von der Erwachsener. Wie V. KUHN-GEBHART[2] ausgeführt hat, fehlen dem Kind oft typisch depressive Züge. Zwar können auch Kinder gelegentlich bedrückt und passiv wirken, in den meisten Fällen verbirgt sich jedoch das depressive Geschehen hinter Verhaltensstörungen, die von den Erziehern als Faulheit, Bosheit, Gereiztheit und Aggressivität beschrieben werden. Nicht umsonst bringen die Eltern ihre Kinder wegen Schulschwierigkeiten zum Arzt. Häufig werden die Schwierigkeiten auf eine körperliche Erkrankung zurückgeführt, besonders wenn sie mit Appetitlosigkeit, Gewichtsverlust, unruhigem Schlaf und Enuresis einhergehen. Die erfolgreiche Behandlung mit Ludiomil läßt an dem depressionsbedingten Zusammenhang derartiger Störungen kaum einen Zweifel.

Den Erfordernissen der Praxis entsprechend erhielten erwachsene Patienten in der Regel 3 × 25 mg Ludiomil täglich. Gelegentlich wurden zu Beginn der Behandlung einige Tage lang 3 × 50 mg verabreicht. Die Kinderdosierung betrug in allen Fällen 3 × 10 mg pro die.

Unter der Behandlung mit Ludiomil verschwanden bei den Erwachsenen in den meisten Fällen die somatischen Beschwerden vollkommen oder bildeten sich weitgehend zurück. Ihr Verschwinden bzw. ihre Rückbildung ist keineswegs so zu verstehen, daß nun das depressive Bild deutlicher in den Vordergrund getreten wäre. Parallel zu der Besserung im körperlichen Bereich erfolgte auch eine psychische Auflockerung, die durch das Verschwinden des depressiven Untergrunds erklärt werden kann. Die Patienten schliefen wieder gut und gelangten, nachdem sie endlich von ihren lästigen Beschwerden und der Vorstellung einer ernsthaften körperlichen Erkrankung befreit waren, zu einer positiveren Lebenseinstellung.

Unter den Erwachsenen haben von 107 auswertbaren Fällen 83 Patienten gut auf Ludiomil angesprochen. Das bedeutet eine Erfolgsquote von ca. 77,5 %. In den verbleibenden 24 Fällen (20 von 89 Frauen und 4 von 18 Männern) war entweder ein Mißerfolg zu verzeichnen, oder das Präparat wurde – aus verschiedenen, im folgenden noch zu nennenden Gründen – vorzeitig abgesetzt. Ich bin mir darüber im klaren, daß eine erfolgreiche Therapie immer die Frage aufwirft, ob der Erfolg sich post medicamentum – auch die Zeit heilt – oder propter medicamentum eingestellt hat. Im vorliegenden Falle sprechen die Ergebnisse zweifellos für das Medikament.

Auch von den 41 Kindern hat die überwiegende Mehrzahl eine gute Reaktion auf Ludiomil gezeigt. Ein vollkommenes Therapieversagen war hier in keinem einzigen Fall festzustellen.

22 Fälle waren nicht auswertbar; u. a. gehören dazu Patienten, die nach Empfang von 100 Tabletten Ludiomil nicht mehr erschienen sind. Es wäre durchaus möglich, daß einige von ihnen den Arzt deshalb nicht wieder aufgesucht haben, weil sie nach eingetretenem Erfolg keinen Anlaß dazu sahen.

Mißerfolge zeitigte die Behandlung in neun Fällen fortgeschrittener Zerebralsklerose sowie in zwei Fällen ausgeprägter Hypochondrie. In fünf Fällen wurde Ludiomil nicht weiter genommen: einmal wegen Sehstörungen, die auch bei einem anderen Antidepressivum auftraten, einmal wegen Juckreiz, zweimal wegen zu starker Gewichtszunahme und einmal, weil es den Patienten störte, daß der Packung kein Prospekt beilag. Vier Personen brachen die Behandlung aus religiösen Gründen ab, da sie befürchteten, mit einem Psychopharmakon manipuliert zu werden. Einige Patienten, deren Beschwerden jahreszeitlichen Schwankungen unterlagen, haben das Medikament nach Abklingen der Störung von sich aus abgesetzt und erst bei Bedarf wieder genommen.

Ludiomil erwies sich als gutverträgliches Medikament. Störende Nebenwirkungen – wie sie bei Antidepressiva bekannt sind – traten kaum in Erscheinung. Regelmäßige Urin- und Blutbildkontrollen ergaben keine pathologischen Abweichungen. Auch die Transaminasen blieben immer im Normbereich. Bei einigen zugleich an Diabetes mellitus erkrankten Patienten zeigte sich keine Veränderung des Zuckerstoffwechsels.

Für den Internisten besonders interessant ist eine gewisse anabole Wirkung des Präparats. Sie veranlaßte mich, Ludiomil mit Erfolg auch bei Magerkeit zu verordnen, wenn eine Gewichtszunahme erwünscht war. Es kam in letzter Zeit mehrmals vor, daß mich Patienten mit der Bitte um Verschreibung von Ludiomil aufgesucht haben, weil ihnen Bekannte über die gute Wirkung des Präparates auf Gewichtszunahme und körperliches Wohlbefinden berichtet hatten. Die große Bedeutung von Ludiomil für den Internisten wie für den praktischen Arzt liegt jedoch zweifellos in der günstigen Wirkung auf funktionelle Organbeschwerden, sofern diese Ausdruck einer larvierten Depression sind.

Literatur

1 Jung, R.: Zur Klinik und Pathogenese. Z. ges. Neurol. Psychiat. *119*, 163 (1952)
2 Kuhn-Gebhart, V.: Die Behandlung larvierter Depressionen bei Kindern und Jugendlichen. In Kielholz, P. (Ed.): Die larvierte Depression, Int. Symp., St. Moritz 1973, p. 160 (Huber, Bern/Stuttgart/Wien 1973)

Diskussion

G. NISSEN: Ich möchte hier nochmals meine Bedenken wiederholen, Kinder mit Medikamenten zu behandeln, bevor mögliche heilpädagogische und psychotherapeutische Maßnahmen voll ausgeschöpft worden sind. Interpersonale Konflikte zwischen Kind und Eltern werden durch Medikamente nicht beseitigt, sondern nur unterdrückt. Hier gilt dasselbe wie bei der Trauerarbeit um den Verlust eines nahen Angehörigen, die man nicht durch Medikamente unterdrücken oder beeinträchtigen sollte, denn die Trauer um den Verlust eines Menschen steht hier im Dienste des Gesundungsprozesses. Die Symptome eines Kindes sind ja nicht selten der Ausdruck einer gestörten Kind-Eltern-Beziehung, oder aber das Kind dient als Symptomträger psychisch gestörter Eltern; hier stellt die Symptomatik des Kindes ein SOS-Signal an die Eltern dar, sich anders zu verhalten. Wenn ich diese Symptome nun medikamentös beseitige, dann gefährde ich die Entwicklung des Kindes. Zahlreiche Präparate, vielleicht auch ®Ludiomil und ®Tofranil, wirken wohl nicht nur antidepressiv, sondern entfalten auch eine psychische Eigenwirkung. Tofranil hilft auch bei symptomatischen Depressionen, wie wir im Falle zweier Kinder feststellen konnten, bei deren Vätern sich im mittleren Lebensalter eine Chorea Huntington manifestiert hatte. Ohne Kenntnis der speziellen Literatur hätte ich sonst vielleicht an das Vorliegen endogen-depressiver Phasen gedacht.

R. KUHN: Das Votum von Herrn NISSEN veranlaßt mich, eine ganz grundsätzliche Frage der Antidepressionsbehandlung zur Diskussion zu stellen. Selbstverständlich ist es richtig, daß man eine Trauerarbeit nicht durch Medikamente stören soll. Ein wesentlich anderer Punkt ist aber folgender: Wenn ein Antidepressivum in einer Trauer indiziert ist, dann unterdrückt das Antidepressivum die Trauer nicht, sondern ermöglicht es dem Menschen erst, die Trauerarbeit zu leisten. Das ist ein grundsätzliches Problem, das jede Art von antidepressiver Therapie reaktiver oder psychogener Depressionen betrifft. Ich habe in zahlreichen Fällen gesehen, daß unter der antidepressiven Therapie eine Trauerarbeit, die vorher nicht bewältigt werden konnte, geleistet worden ist. Patienten, die nach Todesfällen monatelang nicht fähig waren, Trauerarbeit zu leisten, sondern in einem stuporösen depressiven Zustand verharrten, verfielen unter der antidepressiven Therapie in eine echte Trauer, nachdem die Depression abgeklungen war. Es ist eine schwierige Problematik, und das Stichwort von FREUD «Trauer und Melancholie» ist eine sehr gefährliche Kombination, die zu den größten Verwirrungen psychologischer Tatbestände Anlaß gegeben hat. Es ist nicht so, daß Trauer und Melancholie gleichsam fließend ineinander übergehen. Ich habe nie gesehen, daß bei gegebener Indikation eines Antidepressivums die Trauer durch das Medikament unterdrückt wurde. Analoges gilt für die Verabreichung von Antidepressiva an Kinder in Konfliktsituationen. Auch hier geht es darum, dem Kind die Auseinandersetzung mit der Situation zu ermöglichen. Wenn das Kind depressiv ist, dann kann es diese Auseinandersetzung im wesentlichen nicht leisten. Erst mit dem Antidepressivum kommt die Auseinandersetzung in Gang. Es sind nicht immer die Eltern, die sich falsch verhalten. Das sieht man sehr deutlich in Familien mit mehreren Kindern, die sich alle normal entwickeln, mit Ausnahme eines Kindes, das aus dem Rahmen fällt. Wenn hier Konflikte entstehen, so liegt das primär nicht an den Eltern, sondern an dem Kind und seiner depressiv bedingten Verhaltensstörung. Wird ein solches Kind erfolgreich behandelt, fügt es sich konfliktlos in die Familie ein. Das soll nicht heißen, daß die Eltern überhaupt keine Fehler begangen hätten, doch wenn das Kind sich anschließend normal benimmt, dann verhalten sich auch die Eltern wieder normal. Das sind entscheidende Tatsachen, die man kennen und genau auseinanderhalten muß, da andernfalls Antidepressiva oft aus falschen Voraussetzungen gegeben oder nicht gegeben werden.

G. NISSEN: Herr KUHN, ich glaube, wir sind in weiten Bereichen durchaus einer Meinung. Was ich nur immer wieder betonen möchte, ist, daß Antidepressiva nicht gegeben werden dürfen, wenn die Diagnose einer Depression, auch einer larvierten Depression, nicht zweifelsfrei festliegt.

P. KIELHOLZ: Herr KUHN, ich möchte das, was Sie über die Trauerarbeit bei Depressiven gesagt haben, aus eigener Erfahrung unterstreichen. Differenzierte Patienten, die während der depressiven Phase einen schweren menschlichen Verlust erleiden, können genau unterscheiden, inwieweit ihr Befinden durch die Trauer und inwieweit es durch die Depression bedingt ist. Es ist richtig, daß bei Depressiven die eigentliche Trauerarbeit erst durch die antidepressive Behandlung ermöglicht wird.

W. GRÜTER: Es hat mich sehr interessiert, was Herr FALK soeben über die Anwendung von ®Ludiomil in der täglichen Praxis ausführte, denn an gleicher Stelle* haben wir vor Jahresfrist die besonders gute Eignung dieses Präparates für die ambulante Behandlung von Depressionen aller Schweregrade hervorgehoben. Darüber hinaus konnten wir auch seine für uns ganz erstaunliche Wirksamkeit bei protrahierten und chronifizierten Depressionen dokumentieren. Für meinen heutigen Diskussionsbeitrag habe ich aus dem gleichen Krankengut die larvierten Depressionen herausgezogen, um ihre Häufigkeit, ihre Verläufe und ihr Ansprechen auf Ludiomil mit denen anderer Erscheinungsformen vergleichen zu können.
Durch Zurücktreten der psychopathologischen Phänomene, insbesondere aus den Bereichen Stimmung und Antrieb, gegenüber vegetativen und anderen somatischen Entäußerungsformen imponierten 107 Depressionen von 534 als larvierte oder maskierte. Das sind 20%.
Nach der Verlaufsform können wir drei im wesentlichen iatrogene Varianten larvierter Depressionen unterscheiden:
– Die erste stellen die nie als Depression erkannten Fälle, von denen die meisten irgendwann spontan remittieren dürften. Über diese Gruppe wissen wir nahezu nichts, müssen aber vermuten, daß sie sehr groß ist. Der wichtigen Aufgabe, sie kontinuierlich zu verkleinern, hofft auch dieses Symposium dienen zu können.
– Die zweite Variante rekrutiert sich ebenfalls aus Opfern der diagnostischen Fallstricke. Es sind die sehr spät und nach langwierigen erfolglosen ärztlichen Bemühungen diagnostizierten Fälle. Es entspricht der Erwartung, wenn wir in dieser Gruppe von Depressionen wesentlich mehr protrahierte und chronifizierte Zustände antreffen, als bei anderen depressiven Syndromen, die eher erkannt und wirksam behandelt werden. Auch unsere Zahlen belegen das.
– Nur die dritte Gruppe hat das Glück, von erfahrenen Ärzten mehr oder weniger früh einer adäquaten Therapie zugeführt zu werden.
Gliedern wir unser Krankengut larvierter Depressionen nach den beiden letztgenannten Gruppen, so ergibt sich folgendes Bild:
68 Fälle wurden diagnostiziert und behandelt, bevor die Depression 1 ½ Jahre bestand. Bei
39 Patienten dagegen dauerte die Erkrankung bereits mehr als 1 ½ Jahre und bis zu 18 Jahren an.
Somit betrug in unserem Krankengut der Anteil derart definierter chronischer Zustände unter den larvierten Depressionen 36,4%.
Demgegenüber waren es bei den übrigen Syndromen 52 von 427 Kranken, also nur 12,2%.
Hinter dieser Diskrepanz vermuten wir nicht (wie KREITMAN) eine größere primäre Chronifizierungsneigung larvierter Depressionen im Vergleich zu anderen syndromalen Manifestationen. Wir sind vielmehr überzeugt, daß allein die Mängel in Diagnostik und Therapie dazu führen. Wenn diese Annahme richtig ist – und wir werden sie gleich durch Daten untermauern –, so stützt sie unsere schon früher geäußerte und belegte Auffassung, daß es sehr wohl möglich ist, depressive Phasen

---

* GRÜTER, W.: Diskussionsbeitrag. In Kielholz, P. (Ed.): Depressive Zustände, Int. Symp., St. Moritz 1972, p. 272 (Huber, Bern/Stuttgart/Wien 1972)

pharmakotherapeutisch zu kupieren, wenn auch nur bei einem Teil der Kranken. Das wird bekanntlich von einigen Autoren bezweifelt oder gar bestritten. In diesem Zusammenhang ist auch bemerkenswert, daß sich unter unseren chronifizierten larvierten Depressionen kein erfolglos sachgerecht vorbehandelter Fall befand.

Gegenüber der Ludiomil-Behandlung erwiesen sich die larvierten Depressionen unseres Krankengutes als wenigstens ebenso zugänglich wie die sogenannten typischen Depressionssyndrome, vielleicht sogar etwas mehr (vgl. Tab. 1). Das Urteil «sehr gut» wurde gleichgesetzt mit Vollremission ohne weitere Behandlungsbedürftigkeit. Die Kategorie «gut» umfaßt sowohl das Persistieren geringer Restsymptome als auch Symptomfreiheit während der Medikation, wenn nach deren Absetzen jedoch erneut Krankheitszeichen in Erscheinung traten. Die Relation dieser beiden Gruppen mit und ohne Vollremission nach einigen Wochen Ludiomil-Behandlung läßt mit 1,1 zu 0,9 ebenfalls keinen Unterschied zwischen den larvierten Depressionen und dem Gesamtkrankengut erkennen. Schließlich ist hervorzuheben, daß bei den chronifizierten Zuständen von larvierter Depression praktisch die gleichen Erfolgsquoten zu erreichen waren wie bei Kranken mit kürzerer Phasendauer. Auch der Anteil der Vollremissionen ist bei den protrahierten Verläufen nicht geringer.

Ich fasse zusammen:

1. Unser Krankengut führt uns zu der Annahme, daß larvierte Depressionen mangels adäquater Therapie wesentlich häufiger in protrahierte und chronische Zustände münden als andere depressive Syndrome.
2. Larvierte Depressionen sind der Ludiomil-Behandlung ebenso zugänglich wie die sogenannten typischen Depressionssyndrome.
3. Das gleiche gilt auch für chronifizierte, selbst langjährig remissionslose larvierte Depressionen.
4. Zahlreiche Vollremissionen bei solchen und anderen chronischen Depressionen haben uns überzeugt, daß Ludiomil phasenkupierend wirken kann.

Vielleicht sind diese Effekte von Ludiomil damit zu erklären, daß das Präparat mehrere Wirkkomponenten in sich vereinigt, die bei larvierten Depressionen besonders zur Geltung kommen, nämlich: je eine thymoleptische vom Imipramin- und vom Amitriptylintyp, dazu eine anxiolytische und nicht zuletzt eine besondere Fähigkeit, somatische Symptome günstig zu beeinflussen, worauf insbesondere KUHN schon mehrfach hinwies.

Tab. 1. Ludiomil-Behandlung: Erfolgsvergleich zwischen larvierten Depressionen und Gesamtkrankengut

		Erfolg		
	N	kein	mäßig	sehr gut und gut
Alle Depressionen	534	27 5,1%	61 11,4%	446 83,5%
Larvierte Depressionen	107	3 2,8%	8 7,5%	96 89,7%

H. HIPPIUS: Herr GRÜTER und Herr FALK haben uns soeben eine sehr gute Charakterisierung des therapeutischen Wirkungsbildes von Ludiomil vermittelt. Man wird in Zukunft bei somatisch larvierten Depressionen und bei Depressionen mit körperlicher Beschwerdesymptomatik Ludiomil eine Sonderstellung einräumen. Es wäre interessant, eine entsprechende Wirkungscharakterisierung auch für das Benzoctamin

(®Tacitin) zu haben, um die Indikationsbereiche beider Pharmaka einander gegenüberstellen zu können. Wie Ludiomil unter den Antidepressiva eine Sonderstellung einnimmt, so hebt sich Tacitin (evtl. zusammen mit ®Insidon) von der großen Gruppe der Tranquilizer dadurch ab, daß es ein Tranquilizer mit antidepressiven Eigenschaften ist.

W. Walcher: Ich gehe mit Herrn Grüter völlig konform, wenn er sagt, daß man mit Ludiomil auch bei chronifizierten Verläufen von larvierten, somatisierten Depressionen sehr günstige therapeutische Erfolge erzielen kann. Ich möchte aber ergänzend auf etwas hinweisen, das vor allem für die Behandlungsführung durch den Nichtpsychiater wichtig ist. Es kann sein, daß sich bei jahre- und jahrzehntelangen Krankheitsverläufen der Behandlungserfolg hinsichtlich Beseitigung der somatischen Vitalgefühle und der affektiven Hintergrundsymptomatik relativ spät einstellt. Während man sonst den therapeutischen Erfolg oft schon nach Tagen sieht, haben wir bei jahrelang bestehenden chronifizierten Fällen einen wirklich ausreichenden therapeutischen Erfolg manchmal erst in der sechsten bis achten Behandlungswoche festgestellt. Das ist sehr wichtig, weil die Behandlungen oft ambulant durchgeführt werden und weil die Patienten dazu tendieren, das Medikament selbständig abzusetzen, wenn sie nach einigen Wochen keine wesentliche Besserung spüren. Es gibt in der Initialphase ein wichtiges Behandlungskriterium, das sowohl dem Arzt als auch dem Patienten zu beurteilen erlaubt, ob Medikament und Dosierung richtig gewählt sind. Dieses Kriterium ist die Beseitigung der Schlafstörung. Wenn es gelingt, die Schlafstörung bereits in den ersten Tagen zu beheben, kann man dem Patienten fast prophetisch voraussagen, daß in einer gewissen Zeit auch seine übrige Symptomatik verschwunden sein wird. Ich kann mich an eine Patientin erinnern, bei der wir erst nach acht Wochen einen Erfolg sahen. Diese Patientin hatte einen jahrzehntelangen Krankheitsverlauf und war von zahlreichen Ärzten behandelt worden. Sie sagte zu mir: Vor einigen Tagen habe ich mich das erste Mal wieder so wohl gefühlt, wie es vor zwanzig Jahren, als ich noch gesund war, der Fall gewesen ist.

W. Grüter: Zur Bemerkung von Herrn Hippius. Aus der nosologischen Zusammensetzung meines Krankengutes geht hervor, daß solche Fälle, bei denen Tacitin oder Insidon indiziert sind, weitgehend ausgeschlossen blieben. Das Krankengut umfaßte einen besonders hohen Prozentsatz von endogenen larvierten Depressionen, nämlich 70 von insgesamt 107 Fällen, nur 8 psychogene Formen von larvierten Depressionen und eine für mich erstaunlich hohe Zahl von symptomatischen oder symptomatisch ausgelösten Depressionen sowie vor allem organischen Depressionen, nämlich 29. Ich habe selten mit Antidepressiva, einschließlich Ludiomil, behandelt, wenn eindeutige neurotische Störungen im Hintergrund sichtbar waren und eine entsprechende Verstimmung, wie sie bei solchen Konfliktsituationen zu beobachten ist, nur hintergründig vorlag. Mit Tacitin, das wie Insidon eine antidepressive Komponente aufweist, habe ich bei rein psychogenen Zuständen, bei denen die Depression nicht dominierte, eine Distanzierung zu erreichen versucht. Im Falle von psychogenen Depressionen habe ich nur dann mit Antidepressiva, d.h. mit Ludiomil, behandelt, wenn die Depression ausgeprägt war. Da Ludiomil jedoch sehr gut anxiolytisch wirkt, glaube ich, daß man in dieser Richtung die Indikation für das Präparat ausweiten kann.
Zu dem Hinweis von Herrn Walcher ist zu sagen, daß in unserem Krankengut die Schlafstörungen in fast allen Fällen schnell gebessert wurden. Auch ich habe beobachtet, daß es zuweilen sehr lange dauert, bis die körperlichen Symptome ansprechen, aber es hat sich dabei fast immer um besonders stark hypochondrisch gefärbte Fälle gehandelt. Spielte die Hypochondrie keine wesentliche Rolle, so sprachen auch die körperlichen Symptome stets rasch an.

Das Krankheitsbild der larvierten Depression aus praktisch-sozialpsychiatrischer Sicht

von H. Demel *

Ausgangspunkt meiner Betrachtung des Problemkreises somatisierter Depressionen ist meine sozialpsychiatrisch orientierte Tätigkeit im Burgenland, dem östlichsten Bundesland Österreichs mit 275 000 Einwohnern. Psychiatrisch versorge ich das Gebiet allein in zwei Ordinationen und drei Beratungsstellen, wobei mir vier psychiatrisch ausgebildete Sozialarbeiterinnen zur Verfügung stehen. Das sozialpsychiatrische Arbeitskonzept erwies sich als zweckmäßig, da es im Zusammenwirken mit den niedergelassenen Ärzten eine gründliche Bearbeitung der wichtigsten psychiatrischen Probleme gestattet. Um nun in sozialer wie psychiatrischer Beziehung zu einem Optimum zu gelangen, erfolgt die Zuwendung zum Einzelfall sowohl aufgrund der individuellen therapeutischen Erfordernisse als auch unter Berücksichtigung allgemeiner, im öffentlichen Interesse liegender Gesichtspunkte.

Während meiner 19jährigen praktischen Tätigkeit hat sich auf dem Gebiet der Depressionen eine Wandlung vollzogen. In der neuen Situation, in der nur die kleine Anzahl schwerer endogener Depressionen im Sinne des Melancholiebegriffs unverändert geblieben ist, begegnen wir in zunehmendem Maße unterschiedlich ausgeprägten Verstimmungszuständen verschiedener Ätiologie, bei denen mehr und mehr körperliche Beschwerden als Ausdruck einer larvierten Depression in Erscheinung treten.

Diese Entwicklung könnte mit dem therapeutischen Effekt der Thymoleptika zusammenhängen, die erst den psychotherapeutischen Zugang zum Depressiven ermöglicht haben. Ich glaube nicht, daß es sich um neue Krankheitsbilder handelt. Dank der thymoleptischen Behandlungsmethode und einer neugewonnenen Einstellung zum Kranken erschließt sich uns ein immer größer werdender Patientenkreis. Da der Psychiater vor der Thymoleptika-Ära nur Anstaltsaufnahme und Schockbehandlung anzubieten hatte, wurde er von vielen Depressiven bewußt gemieden.

Der gewaltige Zuwachs an depressiven Kranken umfaßt weitgehend angepaßte Patienten mit meist ängstlichen Verstimmungen großenteils neurotischen Gepräges. Neben der Verstimmung klagen die Patienten über körperliche Beschwerden. Sie fühlen sich organisch krank und vergessen oft – besonders in der Sprechstunde des praktischen Arztes und des Internisten – die Verstimmung, die Schlafstörung und die Leistungsunfähigkeit zur Sprache zu bringen. Die zunehmende Erweiterung des Depressionsbegriffes kommt den Bedürfnissen der praktischen Ärzte und Fachärzte vieler Fachrichtungen insofern entgegen, als sie nun für eine noch größere Zahl leistungs- und anpassungsgestörter Patienten

* Facharzt für Neurologie und Psychiatrie, Eisenstadt (Österreich)

einen Krankheitsbegriff anwenden können, der ihnen eine medikamentöse Behandlung erlaubt und sie der schwierigen Auseinandersetzung mit diesem Krankengut zumindest vorübergehend enthebt.

Jahrelang wegen diverser wechselvoller Beschwerden behandelte und sogar wiederholt operierte Patienten werden nun unter der Diagnose «larvierte Depression» zur Behandlung überwiesen oder von den lokalen Krankenhäusern an psychiatrische Abteilungen weitergeleitet. Letztere haben aber, der Konvention entsprechend, fast ausschließlich geschlossene Stationen und sind daher für derartige Patienten nur wenig geeignet. Die subjektiv erschöpften, sich im Leben nicht selten überfordernden, besonders älteren, häufig auch intellektuell unterbegabten sowie chronisch nervösen Patienten klagen über ihre Beschwerden und wünschen, oft ziemlich impulsiv, immer wieder eine medikamentöse Behandlung. Psychopathische, psychotische oder hirnorganisch defekte Patienten werden von ihren Angehörigen oder den praktischen Ärzten zur Behandlung gebracht, wenn sie ein depressives Verhalten zeigen oder über körperliche Beschwerden klagen, für die keine organische Ursache gefunden werden kann. Auch in den Krankenhäusern häufen sich solche Fälle. Allerdings unterliegt hier der Begriff der larvierten Depression in Anwendung und Auslegung starken Variationen. Die Rezidivneigung erfolgreich behandelter Fälle ist groß, häufig verkürzen sich die Remissionsintervalle, oder es tritt eine Chronifizierung ein, die den Arzt und die Patienten verunsichert.

Während die Diagnose «Hysterie» heute praktisch verschwunden ist, zeigt die Neurose immer mehr ihr depressives Gesicht. Anpassungsgestörte Personen präsentieren ihre Unlust als depressives Verhaltensmuster. Auch der Gesunde verlangt mehr denn je nach Lust als Leistungsmotivation, während die Pflicht zu den abgewerteten Begriffen von ehedem zählt.

Eine schrankenlose Ausweitung des Depressionsbegriffs würde nicht nur einer Abwertung gleichkommen, sondern auch die Behandlungserfolge der thymoleptischen Therapie und damit ihre Indikation in Frage stellen. Meines Erachtens muß man sich vor einer extremen Stimmungsbeachtung ebenso hüten wie beispielsweise vor der Gewohnheit, alle Unpäßlichkeiten in oberflächlicher Weise auf geringfügige Blutdruckschwankungen zurückzuführen.

Die zu neurotisch-depressiven Reaktionen prädestinierten Patienten sind vor ihrer Erkrankung meist etwas ängstlich und labil, zwanghaft, gewissenhaft, ehrgeizig, überangepaßt und besonders leistungswillig infolge einer sich sozial positiv auswirkenden neurotischen Kompensation. Als typischen Wesenszug weisen sie eine Neigung zu Pedanterie auf, weshalb ihr inneres Ordnungssystem durch äußere Belastung sehr leicht überfordert wird und sie die täglich notwendigen kleinen Kompromisse und Nachlässigkeiten kaum mehr praktizieren können. Eine leichte endogene Verstimmung kann diesen Mechanismus zu einer depressiven Krankheitsphase werden lassen. Dann wird jede Handlung zum scheinbar nicht mehr zu bewältigenden Problem. Der Druck der äußeren Situation mit ihren Verpflichtungen, das trotz der inneren Starre erlebte Weiterfließen des täglichen Lebens bewirken eine immer größere Belastung und Verkrampfung.

Ob nun durch exogene Faktoren eine latente depressive Reaktionsbereitschaft zum Ausbruch kommt oder ob endogene depressive Schwankungen latente neurotische Verhaltensmuster manifest werden lassen, ist für den Therapeuten ziemlich unwichtig. Jedenfalls erscheint mir die Alternative «endogene» oder «neurotische» Depression außerordentlich theoretisch, da in Wirklichkeit die Übergangsfälle die Szene beherrschen. Ich gehöre zu den Vertretern eines vorwiegend von den Erfordernissen der täglichen Praxis und der Ökonomie bestimmten Standpunktes, der besagt, daß eine gestufte routinemäßige Zuordnung und Administration für die Behandlung von Depressionszuständen notwendig ist. Sie ist wiederum von einer grob quantifizierten Diagnose abhängig, wobei der Stellenwert der Krankheit im allgemeinen mit sinkender Suizidtendenz abnimmt. Eine grobe Einteilung würde unterscheiden (vgl. auch Abbildung 1):

1. geisteskrank, d.h. unangepaßte Melancholie
2. schwerer, aber noch angepaßter Depressionszustand mit wahnhaften Vorstellungen
3. einfacher Depressionszustand mit inhaltsloser Angst oder Hemmung
4. leichter Depressionszustand, meist phobisch-neurotischer Prägung

Die Gradbestimmung der Depression richtet sich nach dem Tiefpunkt des Befindens, also meist nach dem Befinden in den Morgenstunden. Larvierte Depressionen sind vorwiegend leichte oder einfache Depressionen.
Über die Behandlungsnotwendigkeit psychotischer Patienten mit negativistischen Wahnideen in geeigneten geschlossenen psychiatrischen Abteilungen besteht kein Zweifel. Die Internierung ist so lange erforderlich, wie der psychotische Zustand andauert.
Die Behandlung schwerer, aber angepaßter Depressionszustände sollte auf zumindest offen wirkenden psychiatrischen Stationen erfolgen. Erst bei wiederholt auftretenden Rezidiven kommt die Unterbringung in einer geschlossenen Anstalt in Frage.
Die Behandlung einfacher oder leichter Depressionszustände, wie sie bei der larvierten Depression auftreten, kann vorwiegend ambulant, oft ohne Unterbrechung der Arbeit, durchgeführt werden. Die Indikation dazu ist immer dann gegeben, wenn es sich um eine frische Entwicklung beziehungsweise um einen echten phasischen Verlauf handelt. Die erste Phase verlangt in der Regel ein Maximum an Psychotherapie.
Der dem Patienten gewährte Schutz im Krankenhaus, die psychotherapeutische Zuwendung, die ärztliche und mitmenschliche Aufmerksamkeit und die Dauer des Krankenstandes sollten nicht so weit gehen, daß etwa durch einen *Verwöhnungseffekt* eine *Lernfunktion des depressiven Fehlverhaltens* eintritt. Die antidepressive Medikation muß der Phasendauer entsprechen und ausreichend sein. Die Behandlung sollte konsequent und nach Möglichkeit mit dem zuerst verordneten Medikament weitergeführt werden. Durch einen sukzessiven Dosisabbau wird der geeignete Zeitpunkt zum Absetzen der Medikation ermittelt. Eine Behandlung von Rezidiven sollte im allgemeinen erst dann erfolgen, wenn das Ausmaß des Depressionszustandes es dringend erfordert. Das Hilfeangebot darf aber nie so weit gehen, daß dauernde Therapieabhängigkeit auftritt.

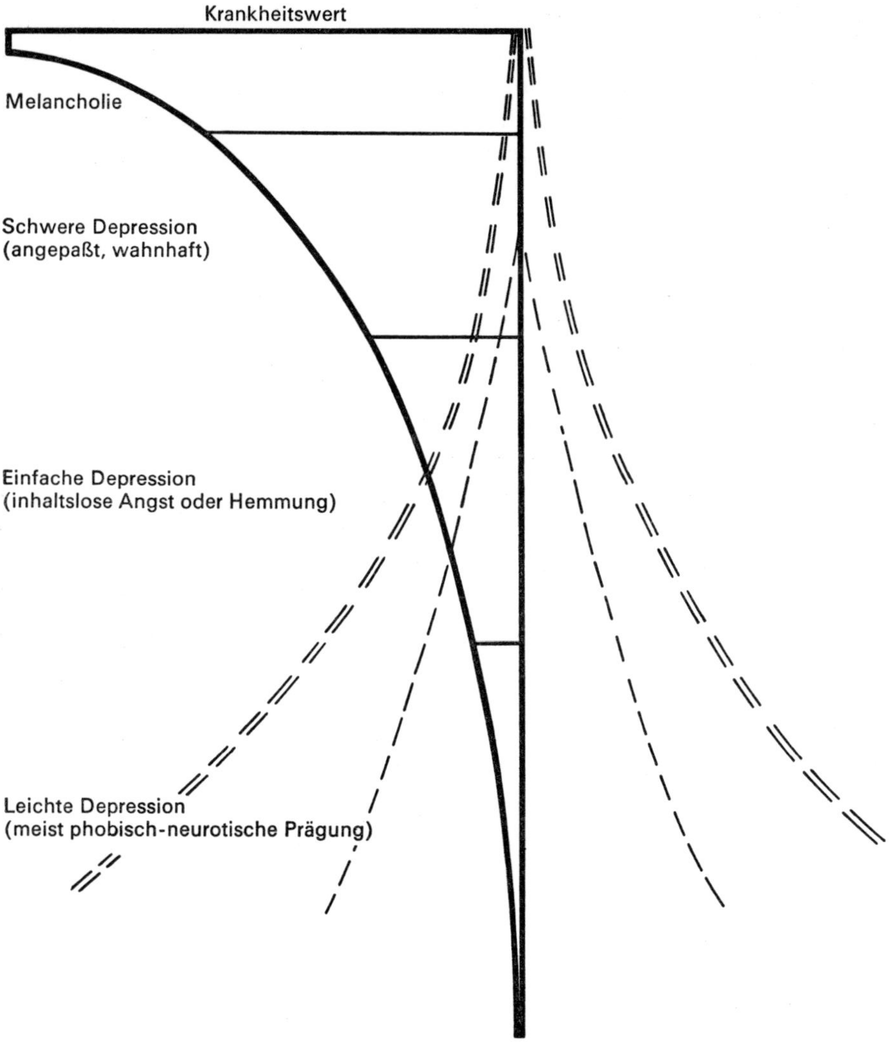

Abb. 1. Krankheitswert und Häufigkeit von Depressionen in schematischer Korrelation. Das Feld zwischen den doppelt gestrichelten Linien läßt die Häufigkeit der verschiedenen Depressionsformen, das Feld zwischen den einfach gestrichelten Linien den jeweiligen Anteil larvierter Depressionen erkennen.

Bei fraglichen leichten Verstimmungszuständen ohne kritische Entwicklung bzw. bei sehr diffusen Maskierungen sollte der Ausdruck «depressiv» möglichst nicht gebraucht werden, da er auf den Patienten einen prägenden Einfluß haben kann. Zur Behandlung dieser Fälle ist zu bemerken, daß die Kombination leichter Thymoleptika mit Tranquilizern oft die besten Erfolge zeitigt. Wegen der Möglichkeit einer Chronifizierung und eventuellen Abhängigkeit sollte man jedoch versuchen, mit einfacher Beratung und nur gelegentlicher Tranquilizergabe auszukommen.

Jede Einteilung, so notwendig sie zur Ordnung ist, hat bei starrer Anwendung auch ihre Nachteile. So bringt die graduelle Bewertung des depressiven Zustandes nach der Intensität vorhandener Suizidtendenzen gewisse Schwierigkeiten mit sich. Auch eine einfach und leicht erscheinende Depression kann mit Suizidneigung einhergehen, wie gelegentlich vorkommende Suizidversuche zeigen. Eine Überschätzung der Suizidgefahr würde jedoch die diagnostische Sicherheit beeinflussen und die Patientenführung erschweren. Wir dürfen daher keineswegs, um jedes Risiko auszuschalten, die große Anzahl leicht depressiv verstimmter Patienten zu den schweren Krankheitsfällen zählen. Wir müssen vielmehr in diesen Fällen das Risiko eines Suizids auf uns nehmen, zumal in der heutigen Welt das Leben mit dem Risiko allgemein akzeptiert wird.

Die Häufigkeit larvierter Depressionen in der gesamten Population ist ohne Zweifel beträchtlich. Vielleicht sind larvierte Depressionen ebenso häufig wie organneurotische Störungen und psychosomatische Erkrankungen, wobei es sicher zahlreiche Übergangsformen gibt. In der modernen Konkurrenzgesellschaft mit ihren positiven und negativen Aspekten geraten viele Menschen in Angst und Depression. Es ist möglich, daß die Larvierung der Depression, ebenso wie die Konversion der Neurose, einen gewissen Schutzmechanismus für die betroffene Person darstellt.

Ich glaube, wir dürfen bei unseren therapeutischen Bemühungen im Einzelfall die Weitläufigkeit der Gesamtproblematik nicht übersehen. Ich möchte nochmals wiederholen, daß in leichten Fällen depressiver Verstimmung die Beratung ausreichen sollte. Bei Behandlungsnotwendigkeit muß hingegen die Betreuung systematisch durchgeführt werden. Schwere depressive Krankheitsfälle sollen unseren vollen therapeutischen Schutz erhalten. Gerade bei der Depressionsbehandlung kann der Arzt auch seine ethische Einstellung zum Ausdruck bringen und kraft seiner Persönlichkeit hilfreich wirken.

Diskussion

P. Kielholz: Herr Demel scheint mir sehr zu Recht einen wichtigen Sachverhalt betont zu haben: Wenn depressive Kranke einen Allgemeinpraktiker aufsuchen und er nichts findet, schickt er sie zum Spezialisten, und dieser überweist sie nicht selten wieder an einen anderen Kollegen. Jeder erklärt dem Patienten, seine Beschwerden seien «lediglich nervöser Natur». Der Patient wird so immer kränker und verzweifelter und vermutet schließlich, man verheimliche ihm eine schwere Krankheit; nicht wenige Depressive entwickeln dann eine Karzinophobie. Der Vortrag von Herrn Demel bestätigt wieder einmal die Notwendigkeit, den praktizierenden Arzt über Art und Häufigkeit depressiver Erkrankungen zu informieren. Auch er muß Depressionen behandeln können.

J. Angst: Auch ich möchte Herrn Demel, der repräsentativ ein großes Gebiet überblickt, für seine wichtigen Ausführungen danken. Sie bestätigen die Vermutung: Je leichter Depressionen sind, desto häufiger treten sie auch auf. Vielleicht unterschätzen wir die Häufigkeit ganz gewaltig.

G. Nissen: Was Herr Demel soeben über die Glashausatmosphäre der Klinik gesagt hat, gilt auch für die Kinderpsychiatrie. Es hilft dem Kind wenig, wenn wir in der Klinik eine Symptombesserung erzielen, ohne das häusliche Milieu ändern zu können. Wir haben dann eine Sisyphusarbeit geleistet, denn der Therapieerfolg hält nur kurze Zeit an. Die Tendenz, viele Patienten aufzunehmen, kommt allenfalls dem Bettenfetischismus einiger Kliniker entgegen. Würde man den erforderlichen strengen Maßstab anlegen, so brauchte man nicht mehr als 10 bis 20% der Kinder mit psychogenen, hirnorganischen und psychotischen Krankheitszuständen aufzunehmen; 80 bis 90% aller psychisch kranken Kinder lassen sich ambulant ausreichend diagnostizieren und auch behandeln.

W. Walcher: Herr Demel hat in der Tat ein außerordentlich großes Einzugsgebiet zu betreuen, und seine Erfahrungen verdienen daher volle Beachtung. Besonders erwähnenswert scheint mir zu sein, daß die Depression gewissermaßen als Modekrankheit auftreten und die Unlust als depressives Verhaltensmuster präsentiert werden kann. Es gibt tatsächlich eine Reihe von Patienten, die sich aufgrund gewisser Lebensschwierigkeiten in eine depressive Verhaltensweise flüchten. Das sind aber keine larvierten Depressionen, sondern «demonstrative» Depressionen, wie ich sie nennen möchte. In diesen Fällen wird die affektive Symptomatik zur Schau gestellt. Als zutreffend erscheinen mir auch die Bemerkungen über den Verwöhnungseffekt in der Klinik, der mit der Humanisierung der Psychiatrie zusammenhängt. Als Professor Reisner nach Graz kam, haben wir, mit Ausnahme von zwei kleineren Zimmern, unsere geschlossenen Abteilungen zu offenen gemacht. Die Folge davon war, daß ein ganzes Heer von Patienten mit demonstrativen affektiven Verhaltensweisen in die Klinik strömte. Wir hatten mit ihnen die größten Schwierigkeiten, da diese Patienten auf eine thymoleptische Behandlung schlecht ansprechen und auch die Psychotherapie außerordentlich schwierig ist. Viele wollen gar nicht von ihren depressiven Verstimmungssymptomen befreit werden, ja es ist offenbar manchem nie so gut gegangen wie während der mehrmonatigen klinischen Betreuung. Oft ist es sehr schwer, besonders in einem so ausgeprägten Sozialstaat wie Österreich, diese Patienten wieder loszuwerden. Das alles soll aber selbstverständlich nicht heißen, daß es nicht zahlreiche Kranke gäbe, bei denen die Diagnose einer larvierten Depression zu Recht besteht.

W. Pöldinger: Entgegen der verbreiteten Meinung, nur endogene Depressionen oder schwere Verläufe seien suizidgefährdet, hat Herr Demel zu Recht darauf hingewiesen, daß auch bei leichtesten Depressionen eine Suizidgefahr besteht. Ferner ist sehr deutlich zum Ausdruck gekommen, daß es vor allem zwei Gründe sind, die Anlaß zum Spitalaufenthalt der Patienten geben: einerseits die Suizidalität, die zu

Zwangseinweisungen führt, andererseits der Leidensdruck, der den Kranken freiwillig in eine Klinik eintreten läßt. Daher müssen wir uns, wenn wir klinisches Material von Depressiven bearbeiten, immer darüber im klaren sein, daß wir nicht unbedingt einen Querschnitt der in der Praxis vorkommenden Depressionen, sondern selektioniertes Material vor uns haben.

H. Heimann: Ich bin Herrn Demel besonders dankbar für den Hinweis, daß in der Praxis die Trennung zwischen «endogen» und «neurotisch» bzw. «reaktiv» eine sehr geringe Rolle spielt, da man meist Mischzustände vor sich hat. Die Differenzierung ist sicher viel weniger wichtig, als man nach den Lehrbüchern der Psychiatrie, die in der Regel auf klinischen Daten, d.h. schweren depressiven Zustandsbildern, basieren, erwarten dürfte. Ich selbst arbeite an einem psychiatrischen Spital, das psychotherapeutisch und psychoanalytisch orientiert ist. Es ist für mich beispielsweise außerordentlich schwierig, wenn ich die Diagnosen meiner Kollegen übernehme, überhaupt endogene Depressionen in Reinkultur zu finden. Die Assistenten diagnostizieren meistens Mischformen. Ich glaube deshalb, daß die scharfe Trennung zwischen den beiden ätiologischen Faktoren eher auf die Ideologie der Ärzte zurückzuführen ist, wir es in der Wirklichkeit aber meistens mit komplexen Zuständen zu tun haben. Herr Hippius hat das ja schon betont. Das schließt nicht aus, daß man in Einzelfällen, namentlich bei längerer Krankheitsanamnese, eindeutige Hinweise auf eine endogene Ätiologie finden kann.

J. Angst: Manfred Bleuler* hat vor 25 Jahren eine sehr schöne Arbeit verfaßt, in der er ausführlich schildert, wie bei leichteren Zuständen die Ätiologie sehr diffus und multifaktoriell wird. Das entspricht auch der allgemeinen Erfahrung. Muß man sich wegen der Frage, ob das nun endogene oder neurotische Depressionen sind, in einen Konflikt begeben? Wenn man in diesem Zusammenhang die Bezeichnung «endogen» definieren möchte, dann würde ich sagen, eine Depression ist endogen, wenn sie nicht genügend durch neurotische und reaktive Momente erklärbar ist. Das soll jedoch nicht heißen, daß keine psychoreaktiven Momente vorhanden sind. Sie erklären den Verlauf und das Zustandsbild nur nicht genügend. Die meisten Mischzustände gehören in die Rubrik «endogen», was aber keineswegs ausschließt, daß neurotische und reaktive Mechanismen mitspielen.

P. Kielholz: Ich möchte Herrn Angst unterstützen. Wenn wir seinerzeit diese Einteilungen vorgenommen haben, so geschah das aus rein didaktischen Gründen für die Studenten. Ich habe damals stundenlang mit Sir Aubrey Lewis über den prozentualen Anteil echter Kernformen gestritten. Er war der Meinung, alles seien Übergänge. Wir wissen aber, daß es Kernformen gibt; es sind besonders die bipolaren Fälle. Der Großteil besteht indessen, da bin ich mit den Ausführungen von Herrn Demel absolut einverstanden, aus Mischzuständen.

R. de la Fuente: Herr Demel berührte die Beziehungen zwischen Charakter und Depression. Ich glaube, das ist ein sehr wichtiger Punkt. Der von ihm beschriebene Charaktertyp mit stärkerer Neigung zur Depression würde, allgemein gesprochen, dem obsessiven Charakter entsprechen. Selbstverständlich können auch Menschen mit anderem Charakter depressiv werden. Vom Charakter abhängig ist wohl auch die Art und Weise, wie ein Patient mit seiner Depression fertig wird. Manche Menschen neigen dazu, sich selbst zu beschuldigen und zu bestrafen, während andere die Schuld bei ihren Mitmenschen suchen und vielleicht paranoid werden. Der wesentliche Punkt, auf den ich hier hinweisen möchte, ist der, daß wir auch den Charakter des Patienten berücksichtigen sollten, wenn wir zu verstehen versuchen, warum einige Patienten ihre Depression maskieren und andere nicht; der Charakter könnte in diesem Zusammenhang einer der wesentlichen Faktoren sein.

---

* Bleuler, M.: Die Depressionen in der ärztlichen Allgemeinpraxis, 2. Aufl. (Schwabe, Basel 1948)

H. Demel: Ich danke Herrn Kielholz für seine Ergänzungen. Ich würde annehmen, daß derzeit etwa ein Drittel des Patientengutes meiner neurologisch-psychiatrischen Praxis dem depressiven Formenkreis angehört. 0,4% möchte ich für die Kerngruppe der Melancholien ansetzen, die leichten Formen machen bis zu 10% aus. Ich glaube, daß etwa 10% der Bevölkerung im Verlauf ihres Lebens an Depressionen erkranken, wobei ich annehme, daß sich die Zahl bis auf 25% erhöhen würde, wenn man auch die leichtesten Fälle, die nicht zur Behandlung kommen, berücksichtigte.
Zu der Bemerkung von Herrn Nissen: Die ambulante Behandlung ist bei uns nicht zuletzt eine Folge der Not. Ich behandle heute in fast unverantwortlicher Weise Geisteskranke ambulant. Ich bin dazu gezwungen, weil mir kein Krankenhaus zur Verfügung steht. Einweisungen in eine Klinik sind mir nur in ganz besonderen Fällen möglich. Kinder ambulant zu behandeln, ist sicher optimal; allerdings ist die Peripherie noch sehr schlecht versorgt.
Den von Herrn Walcher zitierten Begriff der «Modekrankheit» möchte ich auf mein Krankengut nicht unbedingt anwenden. Ich glaube aber, daß der Strukturwandel unserer Zeit auch zu einem Strukturwandel der Krankheit führt. Die von mir beschriebenen Kranken sind nicht so sehr demonstrativ, sie sind echt depressiv. Echt larviert depressiv bedeutet in einer ländlichen Bevölkerung, daß viele Menschen – genau wie Kinder – nicht in der Lage sind zu verbalisieren, was sie fühlen. Deshalb neigen ländliche Bevölkerungskreise zum Somatisieren, also auch zu somatisierten Depressionen. Jedenfalls sprechen die von mir als depressiv diagnostizierten Kranken ausgesprochen gut auf Thymoleptika an, wenn ich auch zugeben muß, daß es sich eher um leichte Fälle handelt. Eine Kombination von leichten Thymoleptika mit Tranquilizern hat sich mir als günstig erwiesen.
Herr Pöldinger, in meinem Bezirk ereignen sich etwa 50 Suizide im Jahr; darunter befinden sich gewöhnlich aber nur zwei bis drei der in Behandlung stehenden Kranken. Die anderen 47 Fälle kenne ich nicht oder zumindest nicht aus der gegenwärtigen Behandlung. Manche kenne ich aus früheren Jahren.
Herr Heimann hat mich in meinen Aussagen bestätigt. In der Praxis entscheidet nicht die wissenschaftliche Einteilung nach den Kriterien «endogen» oder «reaktiv», in der Praxis kann man nur einen Depressionszustand erfassen, ihn als solchen bezeichnen und ihn zwecks Dosierung der Zuwendung quantitativ abmessen.

Ein Vergleich zweier verschiedener Dosierungen von Ludiomil

von O. DE S. PINTO und ESTHER BARTHOLINI *

Einleitung

In diesem Vortrag sollen einige Resultate einer klinischen Prüfung, die kürzlich in der Schweiz durchgeführt wurde, kurz zusammengefaßt werden. Die Prüfung galt u. a. dem Vergleich zweier Tagesdosierungen von ®Ludiomil – 3mal 25 mg gegenüber 3mal 50 mg – bei erwachsenen depressiven Patienten, die für die Behandlung mit trizyklischen antidepressiven Präparaten als geeignet erschienen.

Die Prüfung war Teil eines immer noch laufenden Projektes, dessen Zweck es ist, unser Wissen über die optimalen Prüfungsmöglichkeiten psychoaktiver Präparate zu erweitern. Doppelblindprüfungen mit derartigen Präparaten werden zwar fast immer als notwendig erachtet, haben jedoch auch Nachteile. Meistens werden sie von Ärzten mit speziellen Forschungsinteressen bei speziell für diesen Zweck ausgewählten Patientengruppen durchgeführt; es ist damit immer die Gefahr künstlicher Bedingungen vorhanden.

Die ersten Voruntersuchungen, die geplant wurden, um Wirkung und Verträglichkeit von Ludiomil festzustellen, waren offen[3,4]. Es folgte eine Reihe detaillierter Doppelblindprüfungen, die das Wirkungsspektrum des Präparats bestätigten und weiter abgrenzten[5]. Im Anschluß daran entschieden wir uns, unsere klinischen Erfahrungen unter Bedingungen zu erweitern, die den therapeutischen Situationen des «wirklichen Lebens» eher entsprechen, jedoch gleichzeitig Kontrollen einschließen.

Die Prüfung, über die ich hier referieren möchte, wurde zwar nicht blind, aber als Vergleichsstudie durchgeführt. Es wurden zwei Dosierungen von Ludiomil (3mal tägl. 25 mg und 3mal tägl. 50 mg) miteinander sowie mit einem anderen Präparat (Doxepin) verglichen; jede der drei Behandlungen erfolgte an separaten Patientengruppen. Außerdem wurde die Prüfung in zwei Teile, die *Between-doctor*-Prüfung und die *Within-doctor*-Prüfung, gegliedert. In der *Between-doctor*-Prüfung führte jeder Untersucher nur eine, in der *Within-doctor*-Prüfung hingegen alle drei Behandlungen durch; im letzteren Fall hatte er also Vergleichsmöglichkeiten. Die Zuteilung der Behandlungen erfolgte aufgrund eines Randomisierungsplans, mit Ausnahme einiger Fälle, bei denen technische Probleme das Einhalten dieser Methode unmöglich machten. Um die Behandlungen bei einem möglichst breiten Patientengut durchführen zu können, nahmen zwei Gruppen von Ärzten teil, einerseits Psychiater, andererseits Allgemeinpraktiker und Fachärzte für Innere Medizin. 1440 Patienten wurden in die Prüfung ein-

* Departement Medizin der CIBA-GEIGY AG, Basel (Schweiz)

bezogen, und etwa 1000 erhielten Ludiomil. Es beteiligten sich 242 Ärzte, die ihre Resultate in Fragebogen eintrugen.

Abbildung 1 zeigt einen Teil des Fragebogens, der für die Aufzeichnung der Daten verwendet wurde. Der Schweregrad der Depression – als Ganzes genommen – wurde in eine 100-Millimeter-Skala, eine sogenannte Thermometer-Skala, eingetragen. Außer der depressiven Verstimmung registrierten die Allgemeinpraktiker und Internisten Hemmung, Agitation, Angst und Schlafstörungen, während die Psychiater auch Spannung, Hypochondrie, Anorexie, Erschöpfung oder Müdigkeit bewerteten. Sämtliche Nebenwirkungen wurden bei ihrem Auftreten notiert. Der Rest des Fragebogens enthielt diagnostische Informationen, Daten über den Wirkungseintritt und eine globale Schlußbewertung am Ende der Behandlung.

Resultate

Es ist unmöglich, die Qualität von Informationen zu beurteilen, ohne zu wissen, wie sie gewonnen wurden; das machte die ziemlich lange Einleitung zu diesem Vortrag notwendig.

Erfahrenen Prüfern gelingt es oft sehr gut, die Wirkung eines antidepressiven Präparats sowie auch anderer psychoaktiver Präparate in einer offenen Prüfung genau zu beurteilen. Ärzte mit weniger Erfahrung in der Beurteilung neuer Präparate können – zumindest in einer kurzfristigen Prüfung – aus verschiedenen Gründen Fehler machen. Für den Behandlungserfolg spielen sicher der Schweregrad einer depressiven Phase, die Möglichkeit einer Spontanremission wie auch die psychotherapeutische Erfahrung des Arztes selbst eine Rolle. Wenn das Prinzip der randomisierten Zuteilung nicht strikt beachtet wird, besteht immer die Gefahr, daß sich der Arzt, bewußt oder unbewußt, durch sein persönliches Urteil oder durch den zur Behandlung kommenden Patienten zugunsten eines bestimmten Präparats oder einer bestimmten Dosierung beeinflussen läßt. Das sind nur einige der Faktoren, die bei Betrachtung der Resultate des hier beschriebenen Prüfungstyps zu berücksichtigen sind.

Das wichtigste Ziel dieser Prüfung war der Vergleich einer Tagesdosierung von 3mal 25 mg gegenüber 3mal 50 mg Ludiomil. Die Häufigkeit der «guten» und «sehr guten» Resultate bei allen von den beiden Prüfergruppen behandelten depressiven Zuständen zeigt Abbildung 2. Wie erwartet werden konnte, liegt die Erfolgsquote der Psychiater etwas niedriger als die der Allgemeinpraktiker und Internisten. Vielleicht waren die Psychiater kritischer, oder ihre Patienten waren weniger leicht zu behandeln. Obgleich der globale therapeutische Effekt sehr befriedigend ist, spricht aus den Resultaten kein übertriebener Optimismus, und das darf als ein Beweis für die Gültigkeit dieses klinischen Versuchs gewertet werden. Beachtung verdient auch die vertikale Säule neben den Resultaten der Psychiater auf der linken Seite der Abbildung 2: Sie demonstriert, in welchem Bereich sich die Erfolgsquoten von zwölf sorgfältigen Doppelblindprüfungen bewegten, die mit 3mal täglich 50 mg Ludiomil beim gleichen Patiententyp durchgeführt wurden. Der Durchschnitt dieser Werte stimmt auf-

Klinische Bewertung

Globale Bewertung
(bitte mit einem Kreuz (×) den Punkt der Linie anzeigen, der Ihrer Meinung nach dem Schweregrad der Depression entspricht)

Zielsymptome
(tragen Sie bitte die entsprechende Note in das offene Kästchen ein)

Bewertung der Symptome
0 = nicht vorhanden
1 = leicht 3 = schwer
2 = mäßig 4 = sehr schwer

Unerwünschte Wirkungen
(bitte einzeln aufführen und Bewertungsnote in das offene Kästchen eintragen)
1 = leicht 2 = mäßig 3 = schwer

Erste Konsultation (Tag 0)

2 0 1 (1 3) Datum: Tag Monat Jahr (34 39) (40 42)

nicht depressiv —— fühlt sich äußerst depressiv

depressive Stimmung (43) | Hemmung | Agitation | Angst | Spannung | Hypochondrie | Appetitverlust | Schlafstörungen | Müdigkeit (51)

Zweite Konsultation (nach 1 Woche)

2 0 2 (1 3) Datum: Tag Monat Jahr (34 39) (40 42)

nicht depressiv —— fühlt sich äußerst depressiv

depressive Stimmung (43) | Hemmung | Agitation | Angst | Spannung | Hypochondrie | Appetitverlust | Schlafstörungen | Müdigkeit (51)

Unerwünschte Wirkungen: 52 54 / 55 57 / 58 60 / 61 63

Dritte Konsultation (nach 2 Wochen)

2 0 3 (1 3) Datum: Tag Monat Jahr (34 39) (40 42)

nicht depressiv —— fühlt sich äußerst depressiv

depressive Stimmung (43) | Hemmung | Agitation | Angst | Spannung | Hypochondrie | Appetitverlust | Schlafstörungen | Müdigkeit (51)

Unerwünschte Wirkungen: 52 54 / 55 57 / 58 60 / 61 63

Vierte Konsultation (nach 3 Wochen)

2 0 4 (1 3) Datum: Tag Monat Jahr (34 39) (40 42)

nicht depressiv —— fühlt sich äußerst depressiv

depressive Stimmung (43) | Hemmung | Agitation | Angst | Spannung | Hypochondrie | Appetitverlust | Schlafstörungen | Müdigkeit (51)

Unerwünschte Wirkungen: 52 54 / 55 57 / 58 60 / 61 63

Abb. 1. Teil des Fragebogens, der für die Registrierung der Daten verwendet wurde

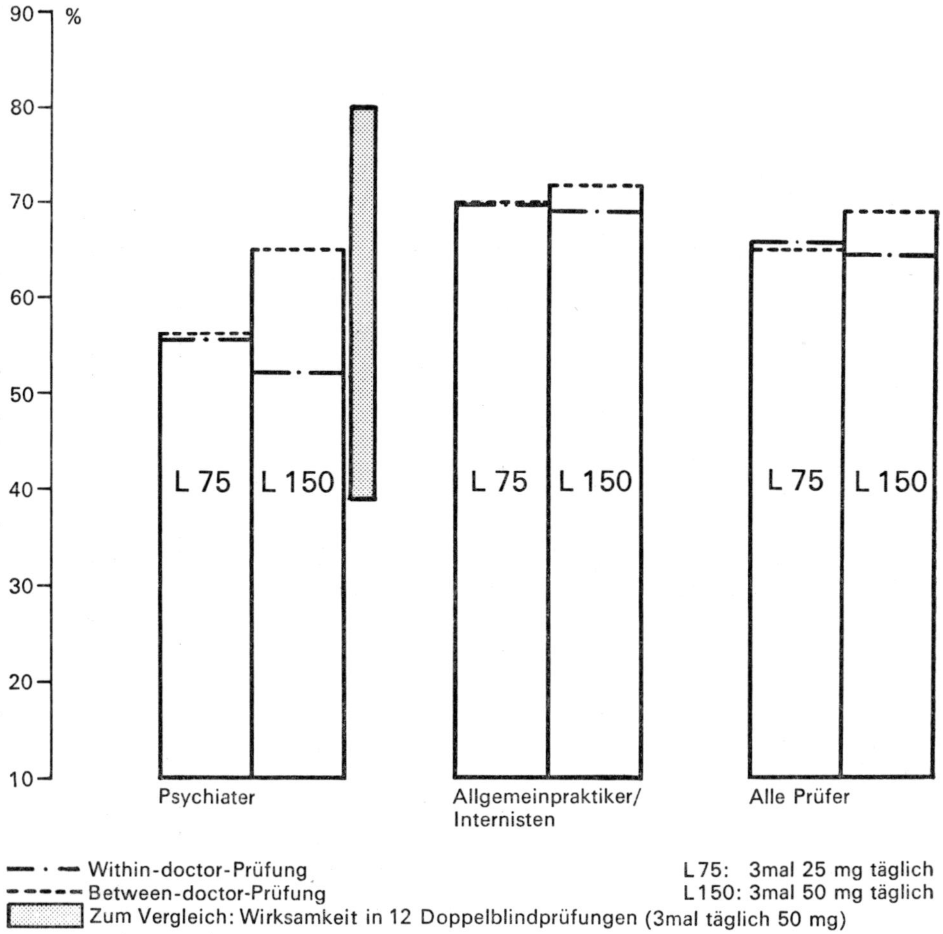

Abb. 2. Anteil der «guten» und «sehr guten» Resultate bei allen mit Ludiomil behandelten Fällen (globale Bewertung)

fallend mit den Resultaten der hier besprochenen offenen Prüfung überein, was Anlaß zu manchen Überlegungen geben sollte.

Abbildung 3 zeigt den Prozentsatz der «guten» und «sehr guten» Resultate bei endogenen und bei reaktiven depressiven Zuständen sowie bei der Gesamtheit aller behandelten Fälle; diese letzte Gruppe schließt u. a. Patienten ein, die als «endo-reaktiv» klassifiziert wurden. Die Resultate bestätigen die Ergebnisse von Doppelblindprüfungen, denen zufolge Ludiomil auch bei reaktiven Depressionen von großem Wert ist, und wir betrachten das als einen besonders wichtigen Befund.

Wie Sie sehen, gibt es gewisse Unterschiede zwischen den Resultaten der *Between-doctor-* und *Within-doctor-*Prüfung, besonders mit der Dosierung von 150 mg Ludiomil; sie gleichen sich allerdings aus, wenn man das Total der Resultate für alle Gruppen betrachtet. Es ließe sich einwenden, daß man von der *Between-doctor-*Gruppe in einer offenen Prüfung genauere Resultate hätte erwarten sollen,

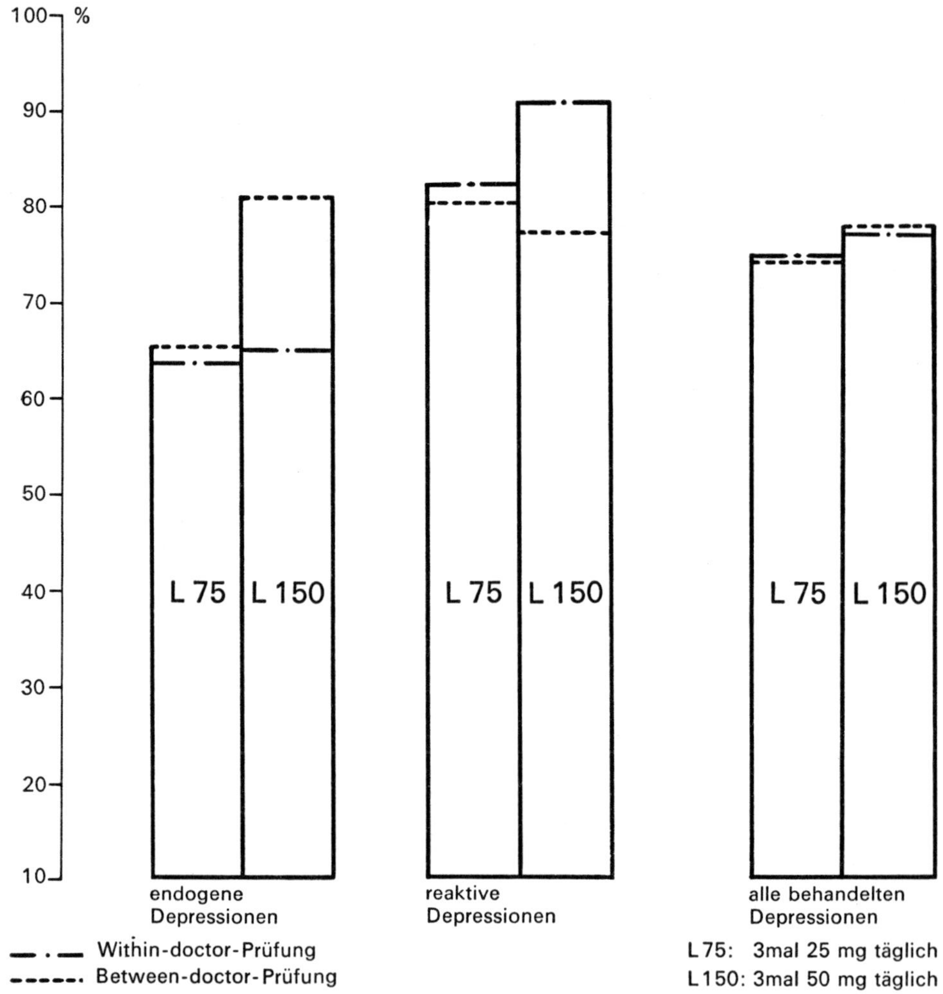

Abb. 3. «Gute» und «sehr gute» Erfolge mit Ludiomil bei verschiedenen Depressionsformen nach 18- bis 24tägiger Behandlung (globale Bewertung)

indem sie weniger durch die Verfügbarkeit anderer Behandlungen beeinflußt werde und nicht gewisse Patienten für die eine oder andere Behandlung auswählen könne. Da aber die Ärzte von den Behandlungen, die an anderen Orten geprüft wurden, Kenntnis hatten, *könnten* sie allein durch dieses Wissen für oder gegen die von ihnen verwendete Behandlung beeinflußt worden sein.

Abbildung 4 gibt in einfacher graphischer Darstellung eine Übersicht über die Wirkungen der beiden Dosierungen von Ludiomil bei einigen syndromalen Diagnosen. An einem Symposium, das dem Thema «Die larvierte Depression» gewidmet ist, wird der große Anteil von Patienten mit somatischen Symptomen, die auf Ludiomil reagierten, von besonderem Interesse sein; die Erfolgsquote nähert sich derjenigen, die Herr Falk in seinem Vortrag genannt hat. In der Diskussion, die dem Vortrag von Herrn Pichot folgte, erwähnte Herr Freed-

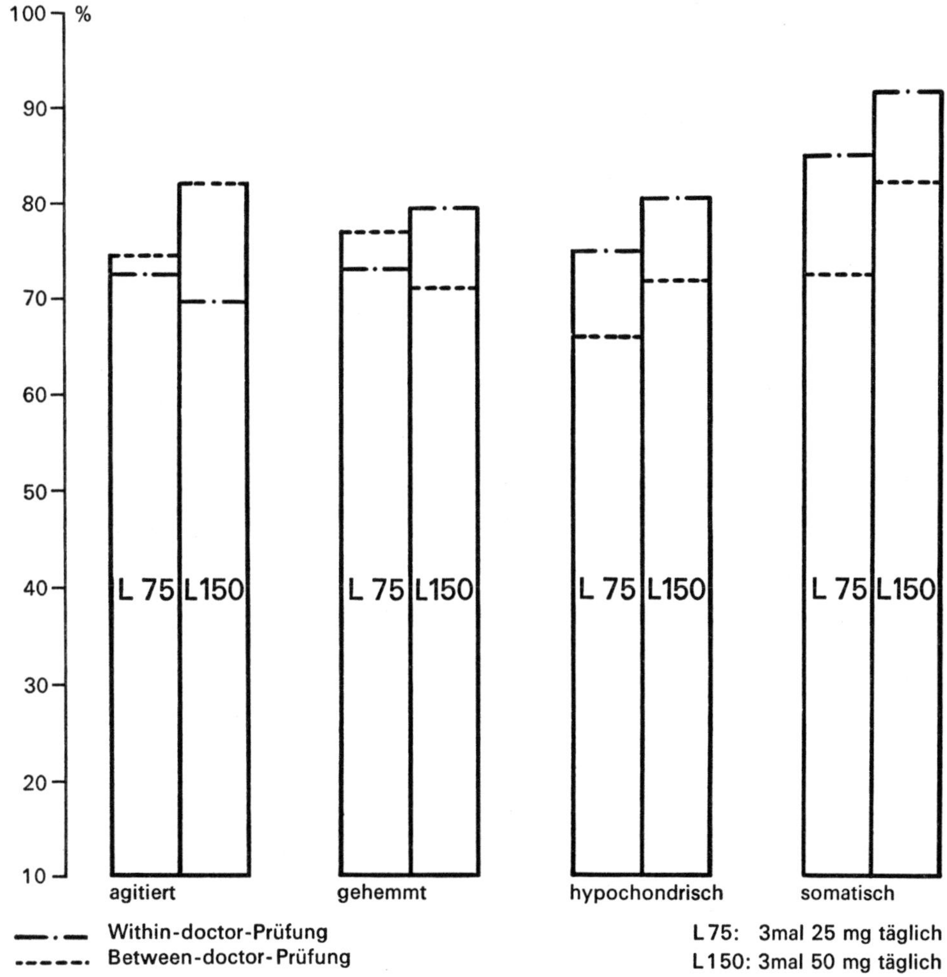

Abb. 4. «Gute» und «sehr gute» Erfolge mit Ludiomil bei einigen syndromalen Diagnosen nach 18- bis 24tägiger Behandlung

MAN, daß es möglicherweise wichtig sei, das Nebeneinanderbestehen einer larvierten Angst und einer larvierten Depression zu beachten und therapeutisch anzugehen. Wir werden später auf die sedierenden und anxiolytischen Eigenschaften von Ludiomil, die in diesem Zusammenhang wichtig sein könnten, näher eingehen.

Die ziemlich komplizierte Darstellung in Abbildung 5 zeigt jene Zielsymptome, die zu irgendeinem Zeitpunkt der Prüfung zwischen den drei Behandlungen signifikant unterschiedliche Besserungsraten erkennen ließen. Es sollte beachtet werden, daß sich in den mit Ludiomil behandelten Gruppen ein signifikant größerer Anteil von Patienten befand, deren Zielsymptome zu Beginn der Behandlung einen ausgeprägten bis mäßigen Schweregrad aufwiesen. Das mag darauf zurückzuführen sein, daß von den Prüfern eine gewisse Selektion vorge-

Within-doctor-Prüfung

	Psychiater				Allgemeinpraktiker/Internisten				Alle Prüfer			
Ziel-symptome	Ludiomil 3×25 mg	Ludiomil 3×50 mg	Doxe-pin	Ende d. Woche	Ludiomil 3×25 mg	Ludiomil 3×50 mg	Doxepin	Ende d. Woche	Ludiomil 3×25 mg	Ludiomil 3×50 mg	Doxepin	Ende d. Woche
Depressive Stimmungs-lage	besser als Doxepin	besser als Doxepin		1. 2.				1. 2.	besser als Doxepin	besser als Doxepin		2.
Hemmung				2.	besser als Doxepin	besser als Doxepin		2.	besser als Doxepin	besser als Doxepin		2.
Schlaf-störungen	besser als Doxepin	besser als Doxepin		2.				2.				2.
				3.			besser als Ludiomil 75/150	3.			besser als Ludiomil 75/150	3.
Appetit-verlust	besser als Doxepin	besser als Doxepin		2.								

Between-doctor-Prüfung

	Psychiater				Allgemeinpraktiker/Internisten				Alle Prüfer			
Ziel-symptome	Ludiomil 3×25 mg	Ludiomil 3×50 mg	Doxe-pin	Ende d. Woche	Ludiomil 3×25 mg	Ludiomil 3×50 mg	Doxepin	Ende d. Woche	Ludiomil 3×25 mg	Ludiomil 3×50 mg	Doxepin	Ende d. Woche
Depressive Stimmungs-lage				3.	besser als Doxepin	besser als Doxepin		3.	besser als Doxepin	besser als Doxepin		3.
Agitation		besser als Ludiomil 75		3.				3.				3.
Angst		besser als Ludiomil 75		1.	besser als Ludiomil 150			1.				1.
					besser als Doxepin			2.				2.
Schlaf-störungen		besser als Ludiomil 75		1. 2.				1. 2.		besser als Ludiomil 75		1. 2.
Spannung		besser als Ludiomil 75		3.								
Hypo-chondrie		besser als Ludiomil 75		2. 3.								
Appetit-verlust		besser als Ludiomil 75		1. 3.								

(gepunktet) = kein signifikanter Unterschied gegenüber den anderen Behandlungen

Abb. 5. Zielsymptome, die in den geprüften Behandlungen nach ein, zwei oder drei Wochen signifikant unterschiedliche Besserungsquoten aufwiesen nommen wurde, d.h. es könnte eine Tendenz bestanden haben – z.B. in der *Within-doctor*-Prüfung –, bei schwereren Erkrankungen eher Ludiomil als Doxepin zu verabreichen.

In der *Between-doctor*-Prüfung hatten die Psychiater bei den Symptomen Agitation, Angst, Schlafstörungen, Spannung, Hypochondrie und Appetitverlust einen größeren Erfolg mit der Dosierung von 150 mg Ludiomil als mit 75 mg pro die. Andererseits sprach in der Allgemeinpraktiker- und Internisten-Gruppe Angst besser auf eine tägliche Dosis von 75 mg an. Diese unterschiedlichen Resultate der beiden Ärztegruppen können entweder den Patiententyp, der von den Psychiatern behandelt wurde, ihre besondere Erfahrung in der Verwendung antidepressiver Präparate oder ihre Einstellung gegenüber der medikamentösen Behandlungsform widerspiegeln.

Wie Abbildung 5 zeigt, hatte jede der Dosen von Ludiomil eine bessere Wirkung auf die meisten Zielsymptome als Doxepin. Doxepin war nur bei einem Symptom signifikant besser, und zwar in der *Within-doctor*-Prüfung bei Schlafstörungen am Ende der dritten Behandlungswoche; andererseits, wie bereits bemerkt wurde, wirkten in der *Between-doctor*-Prüfung 150 mg Ludiomil pro die bei Schlafstörungen besser als 75 mg Ludiomil.

Hinsichtlich des Wirkungseintritts wurde zwischen den drei Behandlungen in beiden Prüfergruppen kein signifikanter Unterschied beobachtet. Etwa 50% der Patienten reagierten bis zum sechsten Tag der Behandlung.

Die Analyse der Schweregrade der Depression – sie wurden, wie gesagt, von den Prüfern in eine 100-Millimeter-Skala eingetragen – hat gezeigt, daß die Abnahme der mittleren Schweregradposition von der ersten Woche bis zur dritten Woche für alle drei Behandlungen hochsignifikant war. Zwischen den drei Behandlungen wies diese Abnahme in der *Within-doctor*-Prüfung keine signifikanten Unterschiede auf. In der *Between-doctor*-Prüfung waren Grad und Schnelligkeit der Besserung jedoch mit beiden Dosen von Ludiomil signifikant größer als mit Doxepin. In beiden Prüfergruppen war zu Beginn der Behandlung die mittlere Schweregradposition der Depression bei den Doxepin-Patienten signifikant niedriger als bei den mit Ludiomil Behandelten.

Bevor wir uns den als Nebenwirkungen gemeldeten Symptomen zuwenden, dürfte es interessant sein, jene Patienten zu betrachten, bei denen die Dosierung entweder wegen schlechter Verträglichkeit (graphische Darstellung auf der linken Seite von Abb. 6) oder wegen ungenügender Wirkung (graphische Darstellung auf der rechten Seite von Abb. 6) geändert wurde. Was die Dosisänderungen wegen schlechter Verträglichkeit anbetrifft, so nahmen die Psychiater die wenigsten Änderungen vor. Bei Patienten, die 150 mg Ludiomil erhalten hatten, wurde die Dosierung häufiger geändert als in den beiden anderen Gruppen. Nur bei einem sehr kleinen Teil der mit Ludiomil behandelten Patienten mußte die Dosis wegen ungenügender Wirkung geändert werden; wenn die Häufigkeit der Dosisänderungen unter Doxepin hier sehr viel höher lag, so sollte man berücksichtigen, daß das – zumindest teilweise – auf eine falsche Anfangsdosis zurückzuführen sein könnte, obwohl von den Prüfern verlangt worden war, das Präparat gemäß den Empfehlungen des Herstellers zu verschreiben.

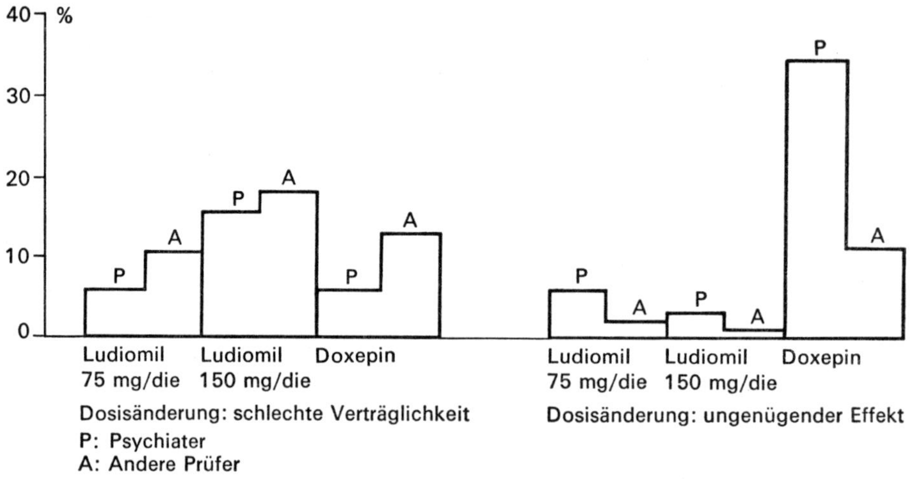

Abb. 6. *Between-doctor*-Prüfung: Häufigkeit von Dosisänderungen wegen schlechter Verträglichkeit oder ungenügendem Effekt

Tabelle 1 registriert den relativen und absoluten Anteil der Patienten mit unerwünschten Wirkungen. Die meisten Nebenerscheinungen waren sehr selten. Bei der Mehrzahl der Patienten waren die Symptome vorübergehend. Wie erwartet, ist für 10 bis 30% aller Patienten Mundtrockenheit berichtet worden: Das ist eine bei den meisten antidepressiven Präparaten übliche Erscheinung, und natürlich kommt dieses Symptom auch ohne medikamentöse Behandlung bei vielen depressiven Patienten vor; unter Ludiomil war diese unerwünschte Wirkung dosisabhängig. Etwa 5 bis 15% aller Patienten beklagten sich über Vertigo oder Benommenheit, die Inzidenz war unter Ludiomil höher (wieder dosisabhängig) als unter Doxepin.

Ein anderer Effekt des Präparats, der häufig als Nebenwirkung gemeldet wurde, war die «Tagessedation», die bei 19 bis 30% aller behandelten Patienten auftrat; während sie unter der Dosierung von 150 mg Ludiomil und unter Doxepin in ähnlicher Häufigkeit in Erscheinung trat, war sie bei Patienten unter 75 mg Ludiomil pro die beträchtlich seltener. In dieser Prüfung umfaßte der Begriff «Tagessedation» auch Symptome wie Müdigkeit und Schläfrigkeit. Viele Patienten fühlen sich müde, wenn sie sich spontan von einer depressiven Phase erholen, und das kann hier u. U. von Bedeutung sein. Gleichzeitig leiden depressive Patienten typischerweise unter Angst, obwohl das nicht offensichtlich sein muß. Einige der trizyklischen antidepressiven Präparate haben sedierende Eigenschaften, die von vielen Ärzten besonders geschätzt werden. Aus der Pharmakologie von Ludiomil wissen wir, daß eine anxiolytische Wirkung nachweisbar ist. In klinischen Prüfungen ist es aber schwierig, derartige Effekte zumindest von niedrigen Sedierungsgraden zu trennen. Ob es eine Korrelation zwischen den «sedierenden» und «anxiolytischen» Eigenschaften dieses Präparats gibt oder nicht, bleibt eine offene Frage, die hier nicht zur Debatte steht.

Tab. 1. Als Nebenwirkungen gemeldete Symptome (von allen Prüfern). Absolute (f) und relative (%) Häufigkeit der Patienten mit «unerwünschten» Symptomen

	Between-doctor-Prüfung						*Within-doctor*-Prüfung					
	Ludiomil 75 mg		Ludiomil 150 mg		Doxepin		Ludiomil 75 mg		Ludiomil 150 mg		Doxepin	
Unerwünschte Wirkungen	f	%	f	%	f	%	f	%	f	%	f	%
Ataxie	2	0,61	4	1,27	2	0,70	4	2,22	5	2,85	0	0,00
Obstipation	16	4,92	18	5,75	7	2,47	8	4,44	11	6,28	6	3,65
Tagessedation	62	19,07	93	29,71	87	30,74	41	22,77	47	26,85	50	30,48
Schläfrigkeit	1	0,30	0	0,00	0	0,00	1	0,55	4	2,28	2	1,21
Mundtrockenheit	54	16,61	95	30,35	43	15,19	31	17,22	44	25,14	18	10,97
Miktionsstörungen	4	1,23	1	0,31	2	0,70	2	1,11	2	1,14	0	0,00
Exanthem	8	2,46	9	2,87	2	0,70	2	1,11	4	2,28	1	0,60
Ohnmacht	0	0,00	2	0,63	0	0,00	0	0,00	0	0,00	0	0,00
Gastrointest. Störungen	7	2,15	5	1,59	11	3,88	4	2,22	6	3,42	3	1,82
Hypertension	0	0,00	0	0,00	0	0,00	2	1,11	1	0,57	0	0,00
Hypotension	0	0,00	0	0,00	0	0,00	1	0,55	0	0,00	0	0,00
Appetit-/Gewichts-zunahme	5	1,53	2	0,63	6	2,12	6	3,33	2	1,14	2	1,21
Asthenie	7	2,15	14	4,47	7	2,47	3	1,66	6	3,42	2	1,21
Übelkeit/Erbrechen	8	2,46	9	2,87	7	2,47	2	1,11	7	4,00	2	1,21
Palpitation	14	4,30	6	1,91	5	1,76	4	2,22	11	6,28	3	1,82
Photosensibilisierung	0	0,00	0	0,00	0	0,00	1	0,55	0	0,00	0	0,00
Pruritus	2	0,61	0	0,00	0	0,00	3	1,66	1	0,57	0	0,00
Schwitzen	9	2,76	9	2,87	5	1,76	4	2,22	4	2,28	1	0,60
Tinnitus	3	0,92	3	0,95	0	0,00	0	0,00	4	2,28	1	0,60
Tremor	9	2,76	18	5,75	6	2,12	5	2,77	19	10,85	1	0,60
Vertigo/Benommenheit	30	9,23	48	15,33	13	4,59	12	6,66	23	13,14	9	5,46
Sehstörungen	2	0,61	0	0,00	1	0,35	4	2,22	1	0,57	0	0,00
Total der behandelten Patienten	325		313		283		180		175		164	

Schlußfolgerungen

Die eben referierte klinische Prüfung hat uns viel über die Methodologie auf diesem Gebiet gelehrt, obwohl viele Fragen, wie man am besten derartige Versuche plant, noch keine Antwort fanden. Wir glauben ferner, daß wir unsere Kenntnisse über Ludiomil erweitern konnten. Wir haben gezeigt, daß sowohl eine Tagesdosierung von 3mal 25 mg als auch von 3mal 50 mg wirksam ist. Wie bei anderen antidepressiven Präparaten gibt es im Hinblick auf die erforderliche Dosierung wahrscheinlich beträchtliche individuelle Schwankungen, ganz abgesehen von so wichtigen Faktoren wie Schweregrad und Dauer der depressiven Krankheit.

Unter den Bedingungen der Allgemeinpraxis sind bei Berücksichtigung sowohl der Wirksamkeit wie auch der Verträglichkeit 3mal täglich 25 mg die wohl beste Anfangsdosierung; wenn erforderlich, kann sie nach einigen Tagen, wiederum entsprechend dem therapeutischen Effekt, erhöht werden. Demgegenüber sind viele Patienten, die der Psychiater sieht, entweder stärker depressiv oder therapieresistenter, und sie werden daher in der Regel wohl mehr Nutzen aus einer Anfangsdosierung von 3mal täglich 50 mg ziehen. Neben der Erweiterung unserer Kenntnisse über die richtige Dosierung von Ludiomil hat diese Prüfung bei einer großen Gruppe von Patienten wieder zwei wichtige Tatsachen bestätigt: das Präparat wirkt schnell, und es ist sehr wirksam sowohl bei reaktiven als auch bei endogenen depressiven Zuständen.

Wir danken Herrn Prof. C. R. B. Joyce und Herrn Dr. V. Hrubes für die methodologischen Beratungen bei der Planung dieser Prüfung, Herrn Prof. M. Turri, Frau H. Chaudri und Herrn G. Huster für die statistische Analyse sowie Herrn Dr. E. Mauracher für die Organisation der Prüfungen.

Literatur

1 Bein, H.J.: Zur Wirkung zweier psychoaktiver Strukturanaloga. In Kielholz, P. (Ed.): Depressive Zustände. Erkennung, Bewertung, Behandlung, Int. Symp., St. Moritz 1972, p. 110 (Huber, Bern/Stuttgart/Wien 1972)
2 Delini-Stula, A.: Zur Pharmakologie von Ludiomil, loc. cit.[1], p. 113
3 Grüter, W.: A new tetracyclic antidepressive (CIBA 34'276-Ba): observations in more than 500 cases. In: V World Congr. Psychiat., Ciudad de México 1971, Abstr., p. 327 (Pren. méd. mex., México 1971)
4 Kuhn, R.: Klinische Erfahrungen mit einem neuen Antidepressivum, loc. cit.[1], p. 195
5 Pinto, O. de S., Afeiche, S. P., Bartholini, E., Loustalot, P.: Internationale Erfahrungen mit Ludiomil, loc. cit.[1], p. 254

Diskussion

A. Coppen: Ich glaube, die Frage der Dosierung und des klinischen Ansprechens ist gerade in der Psychopharmakologie sehr wichtig; leider ist dieses Problem ziemlich vernachlässigt worden. Erlauben Sie mir, hier kurz eine eigene Studie zu erwähnen, in der wir die Plasmaspiegel von Amitriptylin mit der klinischen Reaktion depressiver Patienten korreliert haben. Die Studie umfaßte 15 depressive Patienten, die mit Amitriptylin in einer Tagesdosis von 150 mg behandelt wurden. Nach zwei, vier und sechs Wochen haben wir die Plasmakonzentrationen von Amitriptylin bestimmt. Es steht heute mit Sicherheit fest, daß der *steady state* im Plasma derartiger Patienten stark variiert und daß diese Variation hauptsächlich von der unterschiedlichen – genetisch bedingten – Fähigkeit der Patienten abhängt, das Medikament zu metabolisieren. Bei der Dosis von 150 mg Amitriptylin fanden wir zwischen der höchsten und der niedrigsten Plasmakonzentration einen vierzehnfachen Unterschied (Abb. 1). Wir haben uns daraufhin gefragt, ob zwischen dem *steady state* im Plasma und der klinischen Reaktion Beziehungen bestünden. Deshalb wurden nach zwei, vier und sechs Wochen klinische Zustandsbewertungen mit Hilfe der *Hamilton Psychiatric Rating Scale for Depression* vorgenommen (Tab. 1). Nach zwei Wochen ließ sich noch keine signifikante Korrelation zwischen klinischer Reaktion und den Plasmakonzentrationen von Amitriptylin und seinem Metaboliten Nortriptylin erkennen. Nach vier Wochen erhielten wir die ersten signifikant positiven Korrelationen, und nach sechs Wochen ergab sich mit ungefähr 0,8 eine hochsignifikante Korrelation zwischen den Plasmakonzentrationen der beiden Substanzen und der klinischen Reaktion.
Um diese Befunde besser überblickbar zu machen, teilten wir die Patienten entsprechend dem jeweils erreichten *steady state* von Amitriptylin und Nortriptylin im Plasma und der nach sechs Wochen registrierten Hamilton-Gesamtpunktzahl ein. Wie aus Abbildung 2 zu ersehen ist, waren die Patienten mit niedrigen *steady-state*-Plasmakonzentrationen von 0–60 ng/ml noch depressiv, während die Patienten mit hohen *steady-state*-Plasmakonzentrationen eine deutliche Besserung erfahren hatten. Keine Korrelation fanden wir zwischen der Plasmakonzentration und Nebenwirkungen.

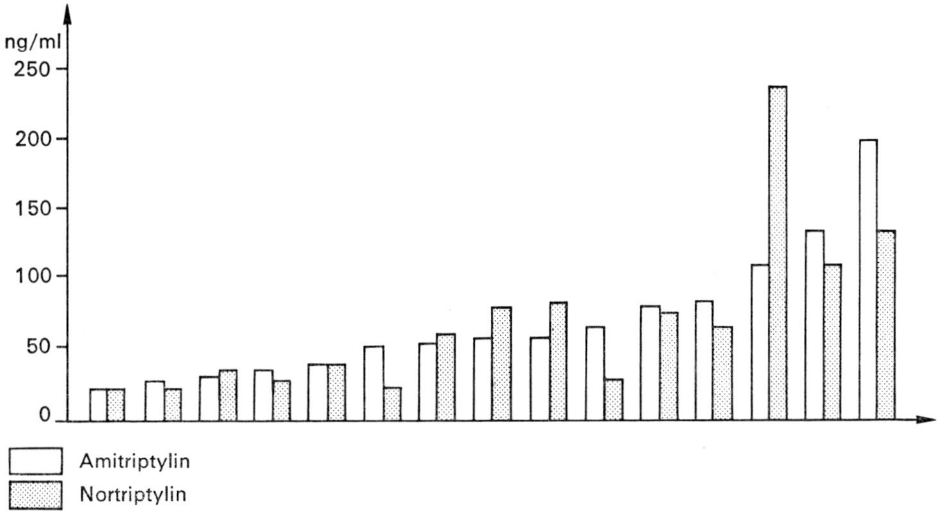

Abb. 1. Plasmakonzentrationen von Amitriptylin und seinem Metaboliten Nortriptylin bei 15 depressiven Patienten

Tab. 1. Rang-Korrelationen zwischen klinischer Bewertung und Plasmakonzentrationen von Amitriptylin und Nortriptylin

Bewertung der Depression	Amitriptylin	Nortriptylin	Amitriptylin + Nortriptylin	Zeitpunkt der Bestimmung des Plasmaspiegels
Hamilton-Score [1] (in % des Ausgangswerts)				
Nach 2 Wochen	0,19	0,50	0,29	Nach 2 Wochen
Nach 4 Wochen	0,60*	0,57*	0,68**	Nach 4 Wochen
Nach 6 Wochen	0,86***	0,78***	0,84***	Nach 6 Wochen
Nach 6 Wochen	0,75**	0,77***	0,83***	Durchschnitt von 2, 4 und 6 Wochen
Wakefield-Score [2] (in % des Ausgangswerts)				
Nach 6 Wochen	0,69**	0,59*	0,60*	Nach 6 Wochen

*$p < 0,05$ **$p < 0,01$ ***$p < 0,001$

[1] *Hamilton Rating Scale*

[2] *Wakefield Self-Assessment Depression Inventory*

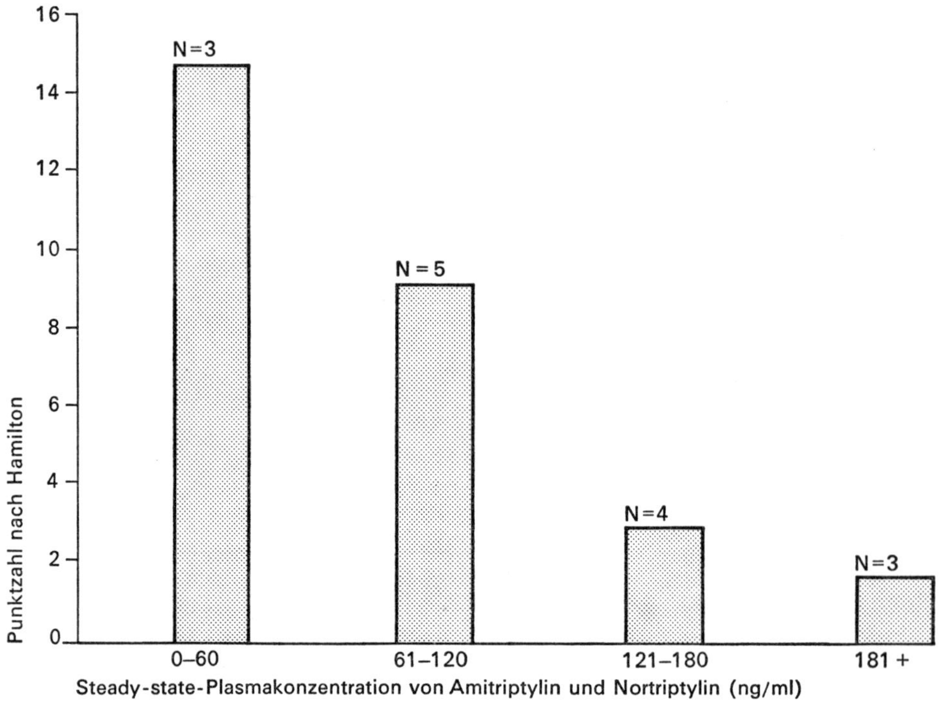

Abb. 2. Gruppierung von 15 Patienten entsprechend ihren *steady-state*-Plasmakonzentrationen von Amitriptylin und Nortriptylin sowie ihren nach 6 Wochen registrierten Hamilton-Gesamtpunktzahlen

Aufgrund unserer Befunde stellt sich die sehr interessante Frage, wie man im Einzelfall die jeweils adäquate Dosis von Amitriptylin ermitteln soll; unsere Resultate – falls sie stichhaltig sind – lassen nämlich vermuten, daß mit einer Dosis von 150 mg bei vielen Patienten kein ausreichender Erfolg zu erzielen ist. Der zweckmäßigste Weg, dieses Problem zu lösen, wäre natürlich der, Amitriptylin in der Standarddosierung zu verabreichen, dann – sagen wir nach einer Woche – den Blutspiegel zu messen und je nach Befund die Dosis entsprechend anzupassen. Zur Zeit wäre ein solches Vorgehen indessen nicht sehr praktisch; alles, was wir tun können, ist deshalb, die klinische Reaktion des Patienten drei oder vier Wochen lang abzuwarten und dann, wenn nötig, eine entsprechende Dosisanpassung vorzunehmen. Bei der klinischen Prüfung eines Medikaments sollte man meiner Ansicht nach jedoch unbedingt auch die Plasmakonzentrationen messen. Ich möchte daher Herrn PINTO fragen, ob irgendwelche Studien zur Korrelation der Plasmakonzentrationen von ®Ludiomil mit seiner klinischen Wirkung geplant oder durchgeführt worden sind.

O. DE S. PINTO: Herr COPPEN, ich bin ganz Ihrer Meinung. In klinischen Prüfungen steht indessen der Messung des Plasmaspiegels, vor allem bei diesem Medikamententyp, ein großes Hindernis entgegen: Sie kann nur in Zentren vorgenommen werden, die über die entsprechenden speziellen Laboreinrichtungen verfügen. Sie fragten, ob für Ludiomil derartige Studien geplant oder schon ausgeführt seien. Wir haben mit Ludiomil sehr ausgedehnte pharmakokinetische Untersuchungen durchgeführt, aber zumeist an gesunden Probanden. Herr MATUSSEK war an den Arbeiten maßgeblich beteiligt, und er hat auch einige depressive Patienten behandelt. Bei der kleinen Anzahl, die in dieser Prüfung untersucht wurde, haben wir keine eindeutige Korrelation zwischen Plasmaspiegel und therapeutischem Effekt feststellen können. Wir haben aber vor einiger Zeit eine andere Studie eingeleitet, die – wenn alles gut geht – noch im Laufe dieses Jahres abgeschlossen werden sollte: Sie umfaßt eine große Anzahl von Patienten, und wir hoffen, daß dabei etwas herauskommt.

Die larvierte Depression in transkultureller Sicht

von J. ANGST *

Verschiedene Teilnehmer an diesem Symposium über larvierte Depressionen haben bereits auf transkulturelle Aspekte hingewiesen, so Herr ROME mit der Angabe der Suizidziffern der skandinavischen Länder sowie die Herren LEME LOPES und SELVINI in Diskussionsbemerkungen zu Problemen der Depression in Brasilien und in Italien. Herr NISSEN schließlich hat sich direkt auf die transkulturelle Psychiatrie bezogen. Was kann aus dieser Sicht als erstes zum *Begriff der Depression* (nicht der larvierten Depression) gesagt werden? Einleitend möchte ich die These aufstellen: Der Begriff der Depression ist enger und schärfer zu fassen, als es bis jetzt geschehen ist. Warum? Erstens ist dieser Begriff, wie wir alle wissen, an psychotisch-depressiven und hospitalisierten Kranken entwickelt worden, d.h. an einem hoch selegierten Krankengut von Depressiven. Der Begriff hat sich an extrem schweren Fällen orientiert. Heute steht aber fest, daß ein Spektrum von leichteren depressiven Syndromen bis zu leichtesten und larvierten Fällen, ja sogar bis zu Äquivalenten dominiert. Das Krankengut der Klinik ist also sicher für das Krankheitsbild nicht repräsentativ, wenn man die ambulante Psychiatrie oder gar die gesamte Medizin und letztlich auch alle Fälle einbezieht, die keine ärztliche Hilfe in Anspruch nehmen. Zweitens: Der Begriff der Depression, den wir heute benützen, ist in der europäischen Kultur, vor allem im deutschsprachigen Raum, entwickelt worden. Er ist also wahrscheinlich sehr stark kulturell gefärbt.

Wie steht es nun mit dem *Begriff der larvierten Depression?* Dieser ist sicher davon abhängig, was als klassisches depressives Bild bezeichnet wird. Die larvierte Depression ist dazu komplementär, d.h. sie erfaßt jene depressiven Bilder, die nicht als klassisch-depressiv einzureihen sind. Wenn schon das klassisch-depressive Zustandsbild kulturabhängig ist, trifft dies auch für den Begriff der larvierten Depression zu. Wie könnten wir die larvierte Depression definieren? Vielleicht ließe sich in Anlehnung an die sehr wichtigen Ausführungen von Herrn LÓPEZ IBOR[14] sagen: *Es handelt sich um leichte, komplette oder inkomplette, depressive Syndrome mit überwiegend körperlicher Symptomatik, die schwer zu erkennen sind.*

Was lehrt uns nun diesbezüglich die transkulturelle Psychiatrie? Da sind zunächst die Forschungen über die *Epidemiologie*. Wir wissen alle, daß die Häufigkeit von Depressionen und Manien auch bei uns nicht genau bekannt ist. Nicht besser, eher schlechter, steht es in anderen Ländern. Ich erinnere daran, daß KRAEPELIN[8] ursprünglich in Indonesien vor allem die Manien erkannt hatte. Die Depressionen bleiben in vielen Entwicklungsländern oft unerkannt. LAMBO,

---

* Aus der Forschungsabteilung der Psychiatrischen Universitätsklinik Zürich (Schweiz)

ein guter Kenner der Materie, glaubte noch 1956, es gäbe in Afrika keine klassischen psychotischen Depressionen[10]; 1960 indessen berichtete er, es gäbe viele Manisch-Depressive[11]. Ähnliches ergibt eine Literaturübersicht von PRINCE[20] über die afrikanischen Verhältnisse. Aus ihr geht hervor, daß bis zum Jahr 1957 in 14 Arbeiten fast keine Beschreibung von depressiven Zuständen zu finden ist. In 20 neueren Berichten der Jahre 1957–1965 wird jedoch betont, daß Depressionen in Afrika sehr häufig vorkommen. Nach PFEIFFER[19], der sich besonders mit dem Thema der transkulturellen Psychiatrie beschäftigt hat, sind Depressionen in anderen Kulturen vielleicht ebenso häufig wie in der unsrigen. Dies ist doch vielleicht auch für soziogenetische Theorien bedeutsam.

Gibt es tatsächlich eine Zunahme der Depressionen? Ich weiß es nicht; wohl sehen wir mehr Depressive in der Praxis, aber die Menschen werden auch älter. Aus verschiedenen Mitteilungen geht hervor, daß Depressionen, auch larvierte Depressionen, im Alter von 50–60 Jahren sehr oft vorkommen. Vielleicht ist also noch ein Altersfaktor für die Zunahme mit verantwortlich.

Über die Epidemiologie der Depressionen weiß man wenig. Das gilt auch für die larvierte Depression in anderen Ländern. Aber man weiß sehr viel aus der transkulturellen Psychiatrie über die *Kulturabhängigkeit der depressiven Symptomatik*. Große Schwierigkeiten bereitete die Erkennung der Depressionen. Weshalb? Aufgrund der bisherigen Studien über Kulturabhängigkeit der Symptomatik sind folgende Schlüsse gerechtfertigt: 1. Es gibt sehr selten schwer psychotische, endogen anmutende depressive Zustandsbilder. 2. Kulturabhängig sind die Symptome: Suizidalität, Apathie, Hemmung, Verlangsamung, Agitation, Mimik – man denke an die «lächelnde» Depression in Thailand, die von STOLLER[30] beschrieben worden ist; ferner Schuldgefühle, die besonders im christlichen Kulturgebiet, z. T. auch im islamischen und japanischen, als gesichert angesehen werden können, während sie in den übrigen Kulturen praktisch überhaupt nicht vorkommen; des weiteren Hypochondrie, sämtliche Wahnformen, Schuldwahn, Verarmungswahn, hypochondrischer Wahn, paranoider Wahn – der oft in industriell weniger entwickelten Ländern zu finden ist – schließlich auch die Halluzinationen. Ein ganzer Katalog von depressiven Symptomen ist also kulturabhängig.

Was ist nun kulturunabhängig? Das scheint mir das Entscheidende zu sein. Darüber weiß man noch nicht genügend, aber man weiß doch folgendes: Transkulturell völlig dominierend sind nach den Untersuchungen von MURPHY, WITTKOWER und CHANCE[15], von PFEIFFER[17,18,19] und vielen anderen Stimmungsveränderungen, die gar nicht unbedingt als charakteristisch depressiv zu bezeichnen sind, Antriebsstörungen und andere Stimmungsveränderungen. Ich erinnere daran, daß es in gewissen Sprachen überhaupt kein Wort für «depressiv» gibt (BOROFFKA[3]) oder daß in anderen, z.B. im Japanischen, das Wort «depressiv» auch gleichzeitig noch etwas anderes bedeutet, z.B. «schön» (BEALL[2]). Das alles zeigt uns schon, daß die Verstimmung sehr schwer zu charakterisieren ist und daß wir sie mit dem Wort «depressiv» vielleicht gar nicht voll treffen. Das wissen wir auch von vielen Kranken, die sich selbst gar nicht als depressiv erleben. Neben der mehr oder weniger stark vorhandenen Stimmungsveränderung wird das Bild völlig von körperlichen Symptomen dominiert, wie Schlaf-, Appetit-, Libido-,

Potenzverlust sowie gelegentlichen Tagesschwankungen; dazu gehört auch das bekannte Syndrom der vitaldepressiven Störungen der Leibgefühle (Brust, Herz, Magen, Darm, Kopf) in Form von Druck, Schmerzen, Brennen und dergleichen – Symptome, die uns im Laufe dieses Symposiums über maskierte Depressionen sehr vertraut geworden sind. Das Überwiegen der körperlichen und vegetativen Symptomatik ist durch zahlreiche Untersuchungen belegt, so z. B. für Indien (RAO[23], SETHI und NATHAWAT[29]), Bangla Desh (RAHMAN[22]), Taiwan (RIN und LIN[24]), Java (PFEIFFER[18,19]), Papua, Neuguinea (BURTON-BRADLEY[4]), dann für die Gebiete von Afrika (CAROTHERS[5], AMMAR[1]) und schließlich auch für gewisse Gegenden von Europa, für Süditalien (RISSO[25]), für Latium (PRIORI[21]). Wäre der Depressionsbegriff transkulturell geschaffen worden, würde meines Erachtens ohne Zweifel das, was wir heute in unserer Kultur darunter verstehen, als spezifische Färbung der christlich-westlichen Kultur betrachtet werden, wobei gewisse Lehrbuchfälle als barocke Kuriositäten durch kulturelle Überformung zu bezeichnen wären. Ich glaube, den bisherigen Mitteilungen der Internisten und auch der praktizierenden Kollegen entnehmen zu können, daß auch in unserer Kultur die Depressionen mit überwiegender körperlicher Symptomatik sowie die leichteren Formen im Vordergrund stehen. Ich erinnere an die Ausführungen von Herrn DEMEL. Ich wage die *Hypothese, daß sich die maskierte oder die larvierte Depression im Grunde genommen im Wesen nicht von dem kulturstabilen, aus transkulturellen Untersuchungen hervorgehenden Kernsyndrom depressiver Erkrankungen unterscheidet.* Manchmal ist dieses Syndrom inkomplett vertreten, aber die Symptome, die wir kennen, passen in diese transkulturelle kulturstabile Symptomatik hinein. Unser klassischer Depressionsbegriff wäre demnach kulturabhängig und würde die Frage aufwerfen, ob er nicht selbst zu demaskieren wäre. Ich denke, wir sollten den kulturellen Überbau unseres Depressionsbegriffes ausblenden und das Kernsyndrom, sofern es ein solches gibt, freilegen. Wir alle wissen vom Syndromwandel in unserer Kultur. Er geht in Richtung des Abbaues der Schuldthematik, in Korrelation zum Abbau der Bedeutung der christlichen Gedankenwelt, und die Symptomatik der Depression nähert sich eher diesem vereinfachten Grundsyndrom. Wenn wir annehmen – und wir haben guten Grund dazu –, daß auch in der Depression die körperlichen Symptome eine dominierende Rolle spielen, dann sind Begriffe wie Somatisierung ebenso ungeeignet wie der glücklicherweise nicht existierende Begriff «Psychisierung», da primär körperliche und vegetative Symptome mit der Veränderung der Thymopsyche gemeinsam auftreten. Ebenso unglücklich ist deshalb auch der Begriff der *somatic anxiety*, weil er voraussetzt, daß Angst induzierend hinter primär körperlichen Symptomen steht.

Wenn ich annehme, daß die larvierte Depression zum kulturstabilen Kern der depressiven Symptomatik gehört, so wird sie eigentlich zum zentralen Symptomenkomplex der Depressionen und bleibt nicht mehr ein Randgebiet. Die klassische Depression hingegen mit ihren vielseitigen Ausgestaltungen würde in fast kopernikanischer Weise eher an die Peripherie rücken und z. T. auch als kulturbedingt zu bezeichnen sein. Was stützt diese Hypothese? 1. Die transkulturellen Forschungsergebnisse, 2. epidemiologische Untersuchungen in unserer Kultur (Herr DEMEL) sowie 3. Ergebnisse der genetischen Untersuchungen.

Letztere haben klargelegt, daß in den Familien ein weites Spektrum depressiver Syndrome bis zu den vielen leichten maskierten Formen vorkommt. Nicht zu vergessen ist auch das vielleicht entscheidende, in unserer Diagnostik stets eine große Rolle spielende vitaldepressive Syndrom. Unablässig ist von erfahrenen Psychiatern wie WEITBRECHT[32], LÓPEZ IBOR[13], KUHN[9] und vielen anderen darauf hingewiesen worden, daß dieses eigentlich im Zentrum der Depression zu stehen hat. Ich würde sagen, nicht nur das vitaldepressive Syndrom, sondern auch viele andere körperliche Symptome, die in engerem Sinne nicht dazuzuzählen sind. Schließlich stützt diese Hypothese vielleicht auch noch einen Befund, den wir aufgrund einer Faktorenanalyse des AMP-Systems erhoben haben. Es resultierten drei Depressionsfaktoren: Der erste Faktor scheint ein völlig kulturabhängiger zu sein, er enthält Suizidabsichten, Schuldgefühle, depressive Denkstörungen und dergleichen, während der zweite Faktor den Antrieb und der dritte die vitaldepressive körperliche Symptomatik mit Schlafstörungen, Appetenzstörungen usw. umfassen. Ich möchte annehmen, daß die beiden letzten Faktoren kulturstabil sind. Das müßten aber weitere Untersuchungen verifizieren.

Was sind nun die *Konsequenzen*, wenn diese Hypothese stimmt? Wir müssen sicher unser Gesichtsfeld nicht nur sehr erweitern, sondern auch in seinem Schwerpunkt verändern. Wir müssen epidemiologische Großuntersuchungen unter besonderer Berücksichtigung der körperlichen und vitaldepressiven Symptomatik durchführen und daran denken, daß es sich vielleicht bei der Depression nur sehr bedingt um eine psychiatrische Erkrankung handelt, vielmehr um eine Erkrankung mit biologischen Ursachen und zentral- und vielleicht auch peripher-nervöser Pathogenese sowie mit körperlichen und psychischen Symptomen. Wir benötigen also eine neue Epidemiologie, die auch die nicht-ärztlich behandelten Fälle einschließt. Wir benötigen eine neue Genetik, die die Zwillingskonkordanzziffern und auch die Stammbäume verändern könnte. Wir benötigen neue Längsschnitt- und Verlaufsforschungen über den Syndromwandel. Wir benötigen neue Instrumente dazu: Vielleicht sind Ansätze vorhanden in der *Mental Status Schedule* der *Present State Examination* von WING[33, 34], die zuerst von ihm entwickelt wurde und durch SARTORIUS et al.[27] in der großen transkulturellen Studie der WHO benutzt wird.

Schließlich bin ich der Ansicht, daß das Thema unseres Symposiums, die larvierte Depression, künftig nicht mehr ein Hobby oder ein Randgebiet besonders daran interessierter Forscher sein kann, sondern daß es, wenn es schon um die Mehrzahl der depressiven Kranken geht, ins Zentrum der Forschung gehört. Ich möchte also vorschlagen, die Begriffsbestimmung der Depression zu überdenken und bezüglich Kulturstabilität und Kulturlabilität zu analysieren. Wir brauchen dann keinen neuen Begriff für das, was jetzt noch als larviert gilt. Vielleicht rückt diese Symptomatik ins Zentrum der Depressionsdefinition, und wir werden uns bescheiden und vielleicht auch die bis jetzt noch immer dominierende westliche Perspektive abbauen müssen. Der klassische Depressionsbegriff wäre also zu revidieren, um vielleicht zu einer besseren und gerechteren Wertung dessen zu kommen, was wir als larvierte Depression bezeichnen.

1 AMMAR, S.: Médecine psychosomatique en Afrique. Méd. et Hyg. (Genève) *25*, 142 und 180 (1967)
2 BEALL, L.: The psychopathology of suicide in Japan. Transcult. psychiat. Res. Rev. *6*, 41 (1969)
3 BOROFFKA, A.: Mental illness in Lagos: history and admission statistics of the Yaba Mental Hospital from 1907 to 1966. Vortrag an der IInd Panafr. psychiat. Conf., Dakar 1968, zit. bei Pfeiffer, W. M.[18]
4 BURTON-BRADLEY, B. G.: Papua and New Guinea transcultural psychiatry. I. Historical precursors. II. The first one thousand referrals. Aust. N.Z.J. Psychiat. *3*, 124 (1969)
5 CAROTHERS, J.C.: Frontal lobe function and the African. J. ment. Sci. *97*, 12 (1951)
6 KIELHOLZ, P.: Diskussion zu «Transkulturelle Gesichtspunkte». In Hippius, H., Selbach, H. (Eds.): Das depressive Syndrom, Int. Symp., Berlin 1968, p. 169 (Urban & Schwarzenberg, München/Berlin/Wien 1969)
7 KRAEPELIN, E.: Vergleichende Psychiatrie. Cbl. Nervenheilk. Psychiat. *27*, 433 (1904)
8 KRAEPELIN, E.: Psychiatrisches aus Java. Cbl. Nervenheilk. Psychiat. *27*, 468 (1904)
9 KUHN, R.: Diskussionsvotum. In Kielholz, P. (Ed.): Depressive Zustände, Erkennung, Bewertung, Behandlung, Int. Symp., St. Moritz 1972, p. 207 (Huber, Bern/Stuttgart/Wien 1972)
10 LAMBO, T.A.: Neuropsychiatric observations in the western region of Nigeria. Brit. med. J. *ii*, 1388 (1956)
11 LAMBO, T.A.: Further neuropsychiatric observations in Nigeria. Brit. med. J. *ii*, 1696 (1960)
12 LEME LOPES, J.: Depressive Zustände und Karzinom. In Kielholz, P. (Ed.): Die larvierte Depression, Int. Symp., St. Moritz 1973, p. 214 (Huber, Bern/Stuttgart/Wien 1973)
13 LÓPEZ IBOR, J.J.: Las neurosis como enfermedades del ánimo (Gredos, Madrid 1966)
14 LÓPEZ IBOR, J.J.: Depressive Äquivalente, loc. cit.[12], p. 102
15 MURPHY, H.B.M., WITTKOWER, E.D., CHANCE, N.A.: Crosscultural inquiry into the symptomatology of depression: a preliminary report. Int. J. Psychiat. *3*, 6 (1967)
16 NISSEN, G.: Die larvierte Depression bei Kindern und Jugendlichen, loc. cit.[12], p. 141
17 PFEIFFER, W.M.: Die Symptomatik der Depression in transkultureller Sicht, loc. cit.[6], p. 151
18 PFEIFFER, W.M.: Transkulturelle Aspekte der Depression. In Schulte, W., Mende, W. (Eds.): Melancholie in Forschung, Klinik und Behandlung, p. 93 (Thieme, Stuttgart 1969)
19 PFEIFFER, W.M.: Transkulturelle Psychiatrie. Ergebnisse und Probleme (Thieme, Stuttgart 1971)
20 PRINCE, R.: The changing picture of depressive syndromes in Africa. Is it fact or diagnostic fashion? Canad. J. Afr. Stud. *1*, 177 (1968)
21 PRIORI, R.: Anthropologische und kulturelle Einflüsse auf die Ausgestaltung der endogenen Depression. In Petrilowitsch, N. (Ed.): Beiträge zur vergleichenden Psychiatrie. Akt. Fragen Psychiat. Neurol., Vol. VI, p. 38 (Basel/New York, Karger 1967)
22 RAHMAN, R.: Depression – a preliminary review of 31 patients. Transcult. psychiat. Res. Rev. *7*, 167 (1970)

23 RAO, A.V.: A study of depression as prevalent in South India. Transcult. psychiat. Res. Rev. *7*, 166 (1970)
24 RIN, H., LIN, T.-Y.: Mental illness among Formosan aborigines as compared with the Chinese in Taiwan. J. ment. Sci. *108*, 134 (1962)
25 RISSO, M.: Der Einfluß des magischen Weltbildes auf die Gestaltung geistiger Störungen bei süditalienischen Patienten, loc. cit.[21], p. 155
26 ROME, H.P.: Das depressive Syndrom – seine sozialpsychiatrischen Implikationen, loc. cit.[12], p. 14
27 SARTORIUS, N., SHAPIRO, R., KIMURA, M., BARRETT, K.: WHO international pilot study of schizophrenia. Psychol. Med. *2*, 422 (1972)
28 SELVINI, A.: Larvierte Depressionen und Koronarerkrankung, loc. cit.[12], p. 235
29 SETHI, B.B., NATHAWAT, S.S.: Neurotic and depressive patterns in India. Transcult. psychiat. Res. Rev. *9*, 133 (1972)
30 STOLLER, A.: Assignment report on mental health situation in Thailand. WHO/SEA Ment. 7 (1959); zitiert bei Pfeiffer, W.M.[18]
31 TELLENBACH, H.: Transkulturelle Aspekte der Melancholie, loc. cit.[18], p. 100
32 WEITBRECHT, H.J.: Psychiatrie im Grundriß (Springer, Berlin/Göttingen/Heidelberg 1963)
33 WING, J.K.: Standardization of clinical assessment. In Hare, E.H., Wing, J.K. (Eds.): Psychiatric epidemiology, p. 91 (Oxford Univ. Press, London 1970)
34 WING, J.K.: Standardization of psychiatric classification. Proc. roy. Soc. Med. *64*, 673 (1971)

Schlußdiskussion

P. Kielholz: Die sehr wesentlichen Ausführungen von Herrn Angst zur transkulturellen Depressionsforschung haben erneut bestätigt, daß sich das Interesse, das früher in erster Linie den Schizophrenien galt, nun schon seit einiger Zeit auch den Depressionen zugewandt hat. Wir verdanken dem zahlreiche neue Arbeiten auf den Gebieten der Biochemie, der Genetik, Psychopathologie und nicht zuletzt, wie gerade dieses Symposium zeigt, der Psychosomatik. Nichtsdestoweniger befinden wir uns erst am Anfang, in einem Stadium mehr oder weniger gesicherter Theorien. Infolgedessen ist es nicht erstaunlich, daß viele der bisher angeschnittenen Fragen keine eindeutige und definitive Antwort finden konnten. Gerade weil die Dinge noch so stark in Fluß sind, müssen wir aber von Zeit zu Zeit versuchen, uns über den Stand unseres derzeitigen Wissens Rechenschaft abzulegen, unterschiedliche Auffassungen auf der Grundlage dieses Wissens zu diskutieren und nach Möglichkeit in einigen Punkten Übereinstimmung zu erzielen – auch im Hinblik auf die tägliche Praxis. Für das spezielle Thema unseres Symposiums, die larvierte Depression, möchte ich daher eine abschließende Generaldiskussion vorschlagen, in der wir – in einem konsensuellen Sinne – zu vier wichtigen Aspekten des Problemkreises noch einmal Stellung beziehen sollten, und zwar

1. zur Definition des Begriffes
2. zur Diagnostik
3. zur Therapie
4. zu Möglichkeiten der Beratung und Fortbildung nichtpsychiatrischer Ärzte.

Ich möchte die generelle Diskussion jedoch nicht eröffnen, ohne zuvor Herrn Bein das Wort erteilt zu haben, der einige der im Laufe dieses Symposiums aufgeworfene Fragen vom Standpunkt des Pharmakologen beantworten wird. Wie wir alle wissen, hat und wird die Depressionsforschung durch die Entwicklung wirksamer Antidepressiva, wie sie uns heute z. B. im ®Tofranil und ®Ludiomil zur Verfügung stehen, immer wieder neue Impulse erhalten, was von allen Beteiligten – seien sie nun Wissenschaftler, Ärzte oder schließlich Patienten – dankbar zu begrüßen ist.

H. J. Bein: Während dieses Symposiums wurden zu verschiedenen Malen Fragen nach dem Wirkungsmechanismus von Antidepressiva aufgeworfen. Gestatten Sie mir deshalb, als Pharmakologe einige Überlegungen zu skizzieren.

Es wurde auch in diesem Kreis wiederholt festgestellt, daß Antidepressiva ein Spektrum von Wirkungen aufweisen – mit anderen Worten, daß sie sich nicht in einer einzigen Wirkung erschöpfen. Wir sollten bei der Analyse der Wirkung eines Antidepressivums somit nicht nur eine einzige Komponente aus dem Spektrum vor Augen haben. Ferner sollten wir bei der Analyse von Pharmakonwirkungen nicht in Präparategruppen denken, z. B. nicht von der *Gruppe* der trizyklischen Antidepressiva oder derjenigen der Monoaminooxydase-Hemmer sprechen. Gerade wegen des Wirkungsspektrums, das jeweils für einzelne Verbindungen typisch ist, führt das Denken in Präparategruppen zu unzulässigen Verallgemeinerungen. In der Reihe der trizyklischen Antidepressiva sind die Unterschiede zwischen Imipramin und Amitriptylin zu bekannt, als daß ich darauf eingehen möchte. Unterschiede ergeben sich aber auch zwischen chemisch sehr nahe verwandten Verbindungen: So haben z. B. Carlsson et al.* in Göteborg gefunden, daß ®Anafranil (Chlorimipramin) die Aufnahme von Serotonin im Gehirn stärker hemmt als Imipramin, das seinerseits den Re-uptake von Noradrenalin stärker beeinflußt.

Bezüglich Wirkungsspektrum ist es für mich zweifelsfrei, daß wir bei den Antidepres-

* Carlsson, A., Corrodi, H., Fuxe, K., Hökfelt, T.: Effect of antidepressant drugs on the depletion of intraneuronal brain 5-hydroxytryptamine stores caused by 4-methyl-α-ethyl-meta-tyramine. Europ. J. Pharmacol. *5*, 357 (1969)

siva nicht nur zentrale, sondern auch periphere Angriffspunkte berücksichtigen müssen. Als Beispiel möchte ich die analgetische Wirkungskomponente wählen. In den letzten Jahren wurde bekannt, daß die Synthese von Prostaglandinen in der Peripherie z.B. durch Aspirin gehemmt wird. VANE* in London, der das als erster beschrieb, nimmt an, daß darauf die entzündungshemmende Wirkung beruht, während wir der Ansicht von JAQUES in unseren Laboratorien folgen möchten, der diese Befunde mit Prostaglandin eher als Ursache eines peripheren analgetischen Effektes deutet. JAQUES** konnte nämlich zeigen, daß zentral wirkende Stoffe, u.a. Antidepressiva, aber auch analgetisch wirkende Entzündungshemmer den Effekt von Arachidonsäure am glatten Muskel antagonisieren, wobei Arachidonsäure in diesem Fall als Vorläufer für Prostaglandin zu betrachten wäre. Ein in der Klinik festgestellter analgetischer Effekt braucht somit nicht unbedingt nur auf einem zentralen antidepressiven Effekt zu beruhen.
Eine schmerzlösende Eigenschaft kann darüber hinaus noch auf zusätzliche Wirkungskomponenten zurückzuführen sein. Herr KUHN hat gestern Ludiomil geradezu als Spezifikum für Magen-Darm-Störungen bei larvierten Depressionen bezeichnet. In diesem Zusammenhang muß man wissen, daß Ludiomil auch gegenüber Histamin, Serotonin und Azetylcholin antagonistisch wirkt, d.h. daß grundsätzlich zur zentralen antidepressiven Wirkung periphere spasmolytische Komponenten ins Spiel kommen können.
Schematisch stelle ich mir die Angriffspunkte eines Antidepressivums bei Depression etwa folgendermaßen vor: Ich nehme an, daß es Hauptwirkungen hat, z.B. Einflüsse auf den gestörten Aminstoffwechsel durch Wiederherstellung der gestörten Balance. Diese Hauptwirkungen können sich wahrscheinlich nicht nur zentral, sondern ebenfalls peripher entfalten, bei Vorliegen einer Balancestörung auch in der Peripherie. Es ist ferner denkbar, daß die Wirkung eines Antidepressivums bei Enuresis zusätzlich durch direkte periphere Wirkungen auf das sympathische System der Blasenfunktion bedingt sein könnte. Weiterhin stelle ich mir als sekundäre Wirkungen z.B. Sedation, Spasmolyse und Analgesie vor. Ich erinnere Sie auch an die Behandlung von Kreislaufstörungen, wo wir Präparate, die keinen allzu starken tachykarden oder gar keinen tachykarden Effekt haben, von solchen mit tachykarder Wirkung unterscheiden müssen.
Zum Schluß noch eine kurze Bemerkung: Alle diese pharmakologischen Untersuchungen geben im Grunde nur ein stationäres Bild. Wir haben es aber mit einem lebendigen Organismus und mit einer unterschiedlichen Reaktivität der einzelnen Organsysteme, die durch ein solches Pharmakon betroffen werden können, zu tun. Es kann sich um tageszeitliche Schwankungen oder um Schwankungen in größeren Zeitabläufen handeln.

P. KIELHOLZ: Ich danke Herrn BEIN, daß er uns einige der wesentlichsten Aspekte des Wirkungsmechanismus von Antidepressiva in der gewohnten souveränen Weise so konzentriert und klar dargestellt hat.
Ich möchte nun vorschlagen, in die generelle Diskussion der bereits erwähnten vier Punkte zum Problemkreis der larvierten Depression einzutreten.

---

*VANE, J.R.: Inhibition of prostaglandin synthesis as a mechanism of action for aspirin-like drugs. Nature new Biol. (Lond.) *231*, 232 (1971)

**JAQUES, R.: Arachidonic acid, an unsaturated fatty acid which produces slow contractions of smooth muscle and causes pain. Pharmacological and biochemical characterisation of its mode of action. Helv. physiol. pharmacol. Acta *17*, 255 (1959)

JAQUES, R.: Suppression, by morphine and other analgesic compounds, of the smooth-muscle contraction produced by arachidonic acid peroxide. Helv. physiol. pharmacol. Acta *23*, 156 (1965)

JAQUES, R.: Morphine as inhibitor of prostaglandin E_1 in the isolated guinea-pig intestine. Experientia (Basel) *25*, 1059 (1969)

1. *Zur Definition*

H.E. Lehmann: Ich habe mir im Laufe des Symposiums drei Begriffe notiert, die hier in jeweils unterschiedlichem Sinne gebraucht worden sind, obwohl sie für mich alle das gleiche aussagen: «larvierte Depression», «depressives Äquivalent» und «*depressio sine depressione*». Wenn man jedem der drei Begriffe tatsächlich eine andere Bedeutung geben will, so wäre es fast notwendig, ihre Erklärungen in einem Glossar zusammenzustellen. Ich könnte den drei Begriffen sogar noch einen vierten hinzufügen, nämlich den in Nordamerika verbreiteten und auch von Herrn Angst in seinem Vortrag erwähnten Begriff der «lächelnden Depression». Er wurde zwar ursprünglich von Stoller* für Depressionen in Thailand geprägt, ist heute aber auch in Nordamerika sehr geläufig. Ich frage mich hier noch einmal: Sind die genannten Begriffe vier verschiedene Ausdrücke für ein und denselben Sachverhalt, oder haben wir es hier mit vier dem Wesen nach verschiedenen Gegebenheiten zu tun?

W. Pöldinger: Wenn wir die larvierte Depression als ein depressives Geschehen definieren, bei dem somatische Symptome im *Vordergrund* stehen, so sollte man indessen nicht ganz übersehen, was aus dem Referat von Herrn Heimann oder z.B. auch aus Untersuchungen der Basler Klinik hervorgegangen ist, die gezeigt haben, daß man auch bei Patienten, die nicht über Mundtrockenheit klagen, eine quantitativ erfaßbare Hemmung der Speichelsekretion feststellen kann. Wahrscheinlich gibt es eine larvierte Depression, bei der die körperlichen Symptome verborgen sind, sich aber aufdecken lassen, wenn man gezielt danach sucht. Untersuchungen der Basler Klinik über vegetative Funktionen, die auf Anregung von Herrn Kielholz bei psychogenen Formen der Depression, vor allem Erschöpfungsdepressionen, begonnen wurden, haben zu dem Resultat geführt, daß die gleichen vegetativen Funktionsstörungen auch bei endogenen Depressionen nachzuweisen sind. Wir müssen uns meiner Ansicht nach deutlich der Tatsache bewußt sein, daß im Hintergrund unseres Begriffes der larvierten Depression jenes klassische Konzept der Depression steht, das den körperlichen Symptomen nur eine untergeordnete Bedeutung beimißt, wie alte und neue Lehrbücher zeigen. In vielen Referaten und Diskussionsbeiträgen dieses Symposiums ist jedoch zum Ausdruck gekommen, daß wir gerade auch den körperlichen Symptomen besondere Beachtung zu schenken haben, nicht nur weil sie immer häufiger in den Vordergrund treten, sondern weil sie *fast regelmäßig* nachzuweisen sind, wenn man mit quantitativen Methoden danach sucht. Deswegen sollte man aber den Begriff der larvierten Depression nicht etwa aufgeben, denn er ist für die Ausbildung von Ärzten der anderen medizinischen Disziplinen von großem didaktischem Wert. Vielmehr ist hier zwischen dem wissenschaftlichen Konzept und den effektiven Ergebnissen einerseits sowie den didaktischen Belangen andererseits zu unterscheiden.

P. Pichot: In der Literatur, die ich am Ende meines Vortrags angegeben habe, werden zur Bezeichnung der larvierten Depression sechs verschiedene Termini verwendet, nämlich: «larvierte Depression», «maskierte Depression», «latente Depression», «verkannte Depression», «depressives Äquivalent» und «*depressio sine depressione*». Wie Herr Kielholz bin ich der Ansicht, daß wir, wo immer möglich, nach einem Konsensus streben sollten, und das gilt ganz besonders für die Nomenklatur. Zumindest bei einigen der eben genannten Begriffe handelt es sich offensichtlich um Synonyme. Den Terminus «verkannte Depression» sollten wir sofort eliminieren, da er ebensogut auf eindeutige Depressionen anwendbar ist, die von einem Psychiater aufgrund mangelnder Fähigkeit nicht als solche erkannt worden sind. Die übrigen fünf Termini können zwei Gruppen zugeordnet werden:
Die erste Gruppe umfaßt die Adjektive larviert, maskiert und latent, die – meiner Meinung nach – ein und dieselbe Bedeutung haben. Es handelt sich hier immer um

---

* Stoller, A.: Assignment report on mental health situation in Thailand. WHO/SEA Ment. 7 (1959)

eine Depression, deren psychische Symptome durch eine somatische Symptomatologie verborgen sind. Schwierig ist nur die Frage, welches der drei Adjektive zu wählen ist. Im englischen Sprachgebiet zieht man eindeutig «maskiert» vor, da es zu dem in deutschsprachigen Ländern bevorzugten «larviert» keine wörtliche Entsprechung gibt. Ferner haben wir das Adjektiv «latent». Ich glaube, wir müssen uns für einen dieser Termini entscheiden, wobei zu diskutieren wäre, ob man eventuell als Attribut «endogen» bzw. «exogen» hinzufügen sollte.
Eine ganz andere Bedeutung haben demgegenüber die beiden Begriffe der zweiten Gruppe: depressives Äquivalent und *depressio sine depressione*. Sie beziehen sich auf Fälle, die überhaupt kein depressives Element aufweisen – zumindest kein Element einer Depression, wie man sie in Ländern des westlichen Kulturkreises versteht –, bei denen aber nichtsdestoweniger eine Depression mit im Spiele ist, wie entweder der Krankheitsverlauf oder genetische Hinweise erkennen lassen. Wegen seiner Kürze gebe ich persönlich dem Ausdruck «depressives Äquivalent» den Vorzug.
Damit bleiben uns letztlich zwei Termini: «maskierte bzw. larvierte Depression» – das wäre noch zu entscheiden – und «depressives Äquivalent». Der erste Begriff würde auf Fälle zutreffen, bei denen die klassische depressive Symptomatik zwar vorhanden, aber durch somatische Symptome verdeckt ist, während der zweite jene Fälle umfaßt, die das Mitspielen einer Depression vermuten lassen, obgleich keinerlei klassische Symptome einer Depression erkennbar sind. An ein depressives Äquivalent wäre z.B. bei anfallsweise auftretendem Kopfschmerz zu denken.

P. Berner: Ich möchte hier für die Einengung des Begriffes der larvierten Depression auf die endogene Depression eintreten. Unter einer «larvierten psychogenen» Depression vermag ich mir eigentlich nichts vorzustellen; ich kann dann doch nur übersehen haben, daß neben den körperlichen Erscheinungen, die ich aufgrund meiner idiographischen Analyse des Falls als psychogen interpretiere, auch noch eine Depression vorhanden ist – und hier würde ich nicht von larvierter Depression sprechen. Wir sollten uns vielleicht dem Definitionsvorschlag von Herrn Pichot anschließen; im Vordergrunde würden demnach Symptome stehen, denen wir für die Depressionsdiagnose keinen pathognomonischen Wert beimessen können und die nicht zu der eigentlichen «Achsensyndromatik» gehören. Hier müssen wir allerdings etwas unterteilen. Es gibt im Vordergrund stehende Wahnsymptome sowie Symptome, die man in der klassischen Terminologie als «psychoneurotisch» bezeichnet, und schließlich somatische Symptome. Ich würde also von einer wahnhaften, einer psychoneurotischen (charakterisiert z.B. durch Zwangs- oder phobische Symptome) und von einer somatischen Maskierung sprechen. Was die eigentliche Achsensyndromatik betrifft, so scheint mir noch folgendes wichtig zu sein. Es sind sehr viele Syndrome angeführt worden, die sich letztlich auf Störungen der Hintergrundsaktivität – ein vor allem von Psychologen gebrauchter Terminus – zurückführen lassen, wobei bekannt ist, daß Umwelteinflüsse, insbesondere aber kognitive Faktoren bestimmend dafür sind, wie sich die Störung der Hintergrundsaktivität auswirkt. Die Störung der Hintergrundsaktivität ist immer vorhanden; wir müssen sie als «Achsensyndrom» fassen. Wenn ich noch einige Symptome des Achsensyndroms präzisieren darf, so möchte ich vor allem die Schlafstörungen nennen. Es gibt nicht nur Depressive, die wenig, sondern auch solche, die viel schlafen. Wichtige Symptome sind ferner das im Vergleich zur üblichen Aufwachzeit frühe Erwachen und die Tagesschwankungen. Diese Symptome sind deshalb so wichtig, weil sie das manisch-depressive Krankheitsgeschehen als Ganzes betreffen. Bekanntlich sind sie ja auch in der Manie und bei Mischzuständen vorhanden. Wenn das Achsensyndrom vorliegt, würde ich von einer «larvierten» endogenen Depression sprechen. Dabei müssen wir uns aber bewußt sein, daß wir mit dem Wort «endogen» etwas nicht Nachgewiesenes postulieren und nicht exakt sind: Es ist ja hier bereits mit Recht erwähnt worden, daß es viele exogene Reaktionstypen gibt, die ebenfalls dieses Achsensyndrom haben können. Manchmal sind wir vielleicht nur nicht in der Lage, die exogene Ursache nachzuweisen.

P. Schmidlin: Im Verlaufe des Symposiums waren nach meinen Beobachtungen mehrfach Schwankungen festzustellen hinsichtlich der Bereitschaft, den Ausdruck «larvierte Depression» zu akzeptieren. Es ist mir nicht ganz verständlich, daß wir heute noch genügend Gründe finden, das Attribut «larviert» in direkte Verbindung mit ätiologischen oder nosologischen Bezeichnungen zu bringen. Wäre es nicht besser, wir würden uns von allen Einteilungskriterien lösen und nur von einer larvierten Depression sprechen?

P. Kielholz: Sie würden also auf die Attribute «psychogen» und «endogen» verzichten und den Begriff der larvierten Depression auf alle depressiven Zustände anwenden, bei denen somatische Symptome im Vordergrund stehen. Mit dieser Auffassung könnte ich mich einverstanden erklären.

A. M. Freedman: Unsere Bemühungen um eine Definition, die möglichst breite Zustimmung finden könnte, haben uns in eine Diskussion sowohl der Form als auch des Inhalts geführt. Der Inhalt ist der eigentliche Depressionsbegriff, die Form dagegen das, was an der Oberfläche erscheint und «Maske» oder «Larve» genannt werden könnte, handle es sich dabei nun um physische Symptome oder um ein Lächeln. Mit anderen Worten: Wir unterscheiden zwischen der Depression im Hintergrund und den Manifestationen im Vordergrund, die die Depression verschleiern oder verbergen können und möglicherweise die Diagnostizierung des Zustands verhindern.
Selbstverständlich ist dabei zu berücksichtigen, daß die Maske – sei es die eines lächelnden Depressiven oder die eines Depressiven, der über Lustlosigkeit und Kopfschmerz klagt – von einem erfahrenen Psychiater unter Umständen leicht erkannt, vom Hausarzt hingegen falsch gedeutet wird. Hier hängt also die Definition offensichtlich davon ab, *wer* die Maske beurteilt. Überdies ist eine diagnostische Kategorie nicht etwas Unveränderliches, das für alle Zeiten feststeht. Sie wird so lange Gültigkeit besitzen, wie sie sich als praktisch und sinnvoll erweist. Sie kann über lange, aber auch nur für kurze Zeit ihren Zweck erfüllen, oder sie kann, um einen Ausdruck Mertons zu gebrauchen, einem mittelfristigen Ziel dienen. In Anbetracht unseres heutigen Wissensstandes und der uns gegenwärtig zur Verfügung stehenden diagnostischen Möglichkeiten würde ich es durchaus für nützlich erachten, die Begriffe «Vordergrund» und «Hintergrund» in unsere Definitionen miteinzubeziehen. Die Depression ist larviert, wenn im Vordergrund somatische Symptome stehen, die die Diagnose erschweren und die Depression im Hintergrund verbergen. In Fällen manifester Depressionen findet man dagegen eindeutige psychische «Hintergrund»-Symptome wie Gleichgültigkeit, Verhaltensstörungen oder Verlust von Antrieb, Aktivität und Leistungsfähigkeit.
Wenn Sie mir gestatten, für einen kurzen Moment einen Seitenweg zu betreten, so möchte ich darauf hinweisen, daß selbst diese psychischen Symptome ihre kulturellen und sozialen Aspekte haben. Es hängt z. B. sehr viel davon ab, *wer* seinen Antrieb verliert. Handelt es sich z. B. um einen auf Hochtouren arbeitenden Manager, der überdurchschnittliche Verantwortung zu tragen hat und ständig im Rampenlicht steht, so wird schon ein leichter Antriebsverlust schnell bemerkt werden und unter Umständen sehr ernste Folgen haben; der selbst beträchtliche Antriebsverlust eines anderen dagegen kann fast ohne jede Konsequenzen bleiben. Ich meine deshalb, daß wir im Hinblick auf Definitionen auch solche sozialen Implikationen berücksichtigen sollten.
Mit anderen Autoren glaube ich, daß die psychischen Symptome – Hoffnungslosigkeit, depressive Verstimmung, Grübelei – wahrscheinlich immer noch die bedeutsamsten sind. Zur Zeit scheint indessen unsere Kenntnis des «Hintergrunds», der diese psychischen Symptome umschließt, noch einige Lücken aufzuweisen, so daß wir nicht immer imstande sind, zweifelsfrei festzustellen, ob eine Depression zugrunde liegt oder nicht. Wir müssen hoffen, daß die Entwicklung der nächsten Jahre auf den Gebieten der Biochemie und der Elektrophysiologie dazu beitragen wird, diesen Hinter-

grund deutlicher zu machen. In der Zwischenzeit könnte eine Definition, die auf dem Konzept eines oder mehrerer Vordergründe und eines gemeinsamen Hintergrundes basiert, von praktischem Wert sein, insbesondere dann, wenn wir – im Hinblick vor allem auf Nichtpsychiater – an ihre kurz- oder mittelfristige Nützlichkeit denken. Allerdings müssen wir uns vor strikter Dogmatik hüten, denn wir sind immer noch dabei, den Kreis unserer Kenntnisse zu erweitern, auch auf transkultureller Ebene. In diesem Zusammenhang möchte ich – stellvertretend für viele andere, zur Zeit laufende Untersuchungen – die von ZUBIN und seinen Mitarbeitern durchgeführten Vergleichsstudien zwischen Großbritannien und den Vereinigten Staaten erwähnen. Es ist durchaus möglich, daß als Folge dieser Untersuchungen an der Definition des «Hintergrunds», des depressiven Kerns, manches zu ändern sein wird.
Hinsichtlich transkultureller Aspekte war für uns kürzlich ein Besuch von NEKI aus New Delhi von Interesse, der darauf hinwies, daß es im Hindi kein Wort für «Schuld» gebe. Die Angaben seiner depressiven Patienten enthalten daher nie irgendwelche Hinweise auf Schuldgefühle – in auffallendem Gegensatz zu unseren Kulturen mit ihrem ausgeprägten Sinn für Schuld und Reue. Unnötig zu sagen, daß die Psychoanalytiker, die seinen Vortrag an unserer Fakultät gehört haben, sehr verstört waren und kaum ihren Ohren trauen wollten! Obgleich wir heute noch sehr wenig über den depressiven Hintergrund wissen, zweifle ich nicht, daß wir in einigen Jahren in der Lage sein werden, auf der Grundlage biologischer Kenntnisse eine klare Definition der Depression zu erstellen.

H. P. ROME: Etwas Trost gibt mir die Vorstellung, daß wir uns in der gleichen seman. tischen Wirrnis befinden wie, vor etwa 350 Jahren, unser Vorgänger BURTON. Ich erinnere mich angesichts unserer Schwierigkeiten an einen Dermatologie-Kongreß, an dem ich vor einigen Jahren teilnahm und bei dem man sich ebenfalls mit semantischen Problemen abmühen mußte. Erkenntnis ist abhängig von vorhergehender Information. Man muß wissen, wonach man sucht. Die klinische Medizin ist traditionsgemäß empirisch-pragmatisch gewesen, und daher möchte ich einfach für das Wort «Depression» optieren, da ich es für höchst unwahrscheinlich halte, daß wir jemals dieses semantische Problem lösen werden. Was wir auch sagen, die Ärzte werden Begriffe wie «larvierte Depression» oder «depressives Äquivalent» weiter verwenden, wenn sie ihnen bereits geläufig sind, oder irgendeinen anderen Ausdruck, von dem sie annehmen, daß er am besten beschreibt, was sie zu sehen glauben. Die Maske hängt davon ab, wer sie trägt, wer sie betrachtet, ob sie subjektiv oder objektiv ist.

H. HIPPIUS: Es wäre sehr zu begrüßen, wenn von diesem Symposium Vorschläge für brauchbare Definitionen des Begriffs «larvierte» bzw. «maskierte» Depression ausgehen würden. Voraussetzung wäre allerdings, daß wir uns wenigstens hier in unserem Kreise auf solche Definitionen einigen könnten.
Mein Vorschlag geht dahin, in der Diagnosenklassifikation der WHO* den Begriff der «larvierten oder maskierten Depression» nur im Rahmen der Diagnosegruppe *Affektive Psychosen* (296.0–296.9) zu verwenden. Damit würde der Begriff, entsprechend dem Vorschlag von Herrn KIELHOLZ, dann eingeengt auf alle Erscheinungsformen «somatisch larvierter endogener Depressionen». Bei den *übrigen endogenen Psychosen* (295, 297, 299) entfällt ohnehin die Möglichkeit, von «larvierten» Depressionen zu sprechen. In den Diagnosegruppen der *organischen* oder *symptomatologischen Psychosen* (290–294) bzw. der *körperlich begründbaren psychischen Störungen* (309.0–309.9) benötigt man diesen Begriff nicht, da die Krankheitsbilder unabhängig von der jeweils bestehenden Symptomatologie ausreichend und befriedigend nach ihrer Ätiologie klassifiziert werden können. In der Diagnosegruppe *Neurosen*, *Persönlichkeitsstörun-*

* WORLD HEALTH ORGANIZATION: Diagnoseschlüssel und Glossar psychiatrischer Krankheiten. Deutsche Übersetzung der internationalen Klassifikation der WHO: ICD (ICD = International Classification of Diseases), 8. Revision, und des internationalen Glossars, 3., korr. Aufl. (Springer, Berlin/Heidelberg/New York 1973)

gen (Psychopathien) und andere nicht psychotische psychische Störungen (300–308) könnte man den Begriff der maskierten Depression eventuell verwenden, wenn man durch eine Bezeichnung wie etwa «somatisch (d.h. durch körperliche Beschwerden) maskierte psychogene Depression» versuchen würde, Mißverständnissen vorzubeugen. Verwechslungen und Mißverständnisse ließen sich aber am sichersten dadurch vermeiden, daß man den Begriff der larvierten bzw. maskierten Depression eng faßt und allein auf den Bereich der endogenen Depressionen beschränkt.

W. Walcher: Meine Monographie über die larvierte Depression* war eigentlich als erste diagnostische Hilfe für die zahlreichen Ärzte gedacht, die mit solchen Fällen zunehmend konfrontiert werden und wegen ihrer unzureichenden psychiatrischen Ausbildung den depressiven Hintergrund nicht oder nur selten erkennen. In unseren Krankengeschichten verwenden wir jedoch die Diagnose «larvierte Depression» überhaupt nicht, da wir als Psychiater natürlich endogene Depressionen, Spät-, Erschöpfungsdepressionen usw. nosologisch diagnostizieren. Nach wie vor scheint mir aber der Begriff der larvierten Depression für Nichtpsychiater sehr nützlich zu sein, denn er regt die Ärzte an, daran zu denken, daß eine Verstimmung – und häufig sogar eine endogene Verstimmung – sich hinter verschiedenen Masken verbergen kann. Dabei darf allerdings nicht außer Acht gelassen werden, daß es auch psychische Masken gibt, wie Anankasmen, Aggressionszustände, Toxikomanien oder Alkoholismus.
«Larvierte Depression» ist als Begriff gleich gut wie «maskierte Depression» oder «depressives Äquivalent». Am ungenauesten scheint mir «*depressio sine depressione*» zu sein, weil die Depression ja wirklich vorhanden ist. Der Begriff «larvierte Depression» hat inzwischen bereits Eingang in die Allgemeinmedizin gefunden und seinen Wert insofern bewiesen, als viele Patienten mit larvierter Depression heute früher zu einer zielgerichteten Diagnostik und Behandlung kommen als in der Vergangenheit. Damit ist den Ärzten gedient, und selbstverständlich auch den Patienten, die oft jahrelang ohne Erfolg somatisch behandelt wurden, weil niemand an eine larvierte Depression gedacht hat.

H. E. Lehmann: Ich sehe in dem Bemühen, auf die Attribute «endogen» und «psychogen» kein zu starkes Gewicht zu legen, deutliche Vorteile. In Nordamerika besteht eine große Unsicherheit angesichts der Frage: «Was ist endogen?» Manche Ärzte sind der Ansicht, daß es keine endogenen Depressionen gibt oder daß sie zu häufig diagnostiziert werden, während andere vom Gegenteil überzeugt sind. Ich würde dem Vorschlag von Herrn Schmidlin, mit dem auch Herr Kielholz einverstanden zu sein scheint, zustimmen, weil wir damit Einwände vermeiden können wie: Was verstehen sie unter «endogen»? – Es sollte nicht endogen, sondern kryptogen heißen, denn mit dem Begriff «endogen» stellen Sie lediglich fest, daß Ihnen die Ursache unbekannt ist. Viele Unannehmlichkeiten blieben uns vielleicht erspart, wenn wir uns darauf beschränken würden, nach einer Definition zu suchen, die auf jede Art von larvierter Depression anwendbar ist.

G. Nissen: Ich habe als Kinderpsychiater im Kreis von Erwachsenenpsychiatern gewisse Bedenken, den etwas ketzerischen Vorschlag zu machen, die Nomenklatur der Depression neu zu durchdenken. Ich bin mir überdies bewußt, daß selbst dann wenig Aussichten auf eine Revision bestünden, wenn ein neuer Vorschlag als richtig erkannt und akzeptiert werden könnte. Die eindrucksvollen Ausführungen von Herrn Angst über die transkulturellen Aspekte der Depression haben mich jedoch ermutigt, meine Überlegungen vorzutragen. Aus entwicklungspsychiatrischer Sicht – die uns Kinderpsychiatern besonders naheliegt – ist, wie ich zu zeigen versucht habe und wie auch die transkulturelle Psychiatrie zu bestätigen scheint, die larvierte Depression des Erwachsenen die primäre Manifestationsform der Depression. Bereits in der Entwicklung des Kindes gibt es eine Metamorphose der Depression, wie ich anhand alters-

* Walcher W.: Die larvierte Depression (Hollinek, Wien 1969)

spezifischer psychischer und psychosomatischer depressiver Symptome belegen konnte. Es stellt sich daher die Frage, ob wir nicht, ausgehend vom Entwicklungsgedanken, logischerweise von einer «primären» und von einer «sekundären» Depressionsform sprechen sollten. Die meisten larvierten Depressionen und depressiven Äquivalente wären danach als primäre Depressionen anzusprechen, während die «echten», d.h. typischen, aber erziehungs- und kulturabhängigen Depressionsformen als sekundäre Depressionen einzustufen wären.

P. Kielholz: Herr Nissen, ich bin Ihren Überlegungen mit Interesse gefolgt, und sie scheinen mir durchaus beachtenswert; dennoch möchte ich dafür plädieren, möglichst mit den schon etablierten Begriffen auszukommen, in Einklang mit den Ausführungen von Herrn Walcher und Herrn Lehmann. Da der Begriff der larvierten Depression eingeführt ist und eine gewisse Bewährungsprobe bereits bestanden hat, sollten wir weiterhin an ihm festhalten. Auch die Weltgesundheitsorganisation, die sich mit der internationalen Klassifizierung befaßt, hat auf ihren Sitzungen mehrfach betont, nach Möglichkeit die schon existierenden Begriffe beizubehalten, um so die gegenseitige Verständigung zu erleichtern.

W. Pöldinger: Ich möchte noch einmal auf die bei Psychiatern durchgeführte Meinungsumfrage zum Begriff der larvierten Depression zurückkommen. Mehrheitlich bestätigten die befragten Kollegen auf der einen Seite, den Begriff «larvierte Depression» als Diagnose selten oder nie zu verwenden, auf der anderen Seite äußerten sie sich jedoch dahingehend, daß ihrem Eindruck nach eine Zunahme der larvierten Depression zu verzeichnen sei. Diese Diskrepanz ist immer wieder zu beobachten. Ich meine, wir sollten den Ausdruck so lange verwenden, bis alle Nichtpsychiater gelernt haben, Depressionen zu diagnostizieren. Danach werden wir ihn vielleicht gar nicht mehr benötigen. Bei einem Fortbildungskongreß, an dem ich im Sommer 1972 über larvierte Depressionen referierte, meldete sich Schick, ein amerikanischer Kollege, mit dem Hinweis zu Wort, er habe bereits 1947 in der *Psychoanalytical Review* einen Artikel «*On the physical form of periodic depression*» geschrieben.
Transkulturelle Psychiatrie und Kinderpsychiatrie zeigen uns eindrücklich, daß es Depressionen gibt, bei denen die körperliche, sowie Depressionen, bei denen die seelische Symptomatik akzentuiert ist. Infolge der Tradition, die immer die Psychopathologie in den Vordergrund gestellt hat, bereitet heute die richtige Diagnose einer psychischen Symptomatik weniger Schwierigkeiten als die von körperlichen Symptomen. Der Nichtpsychiater muß aber auch das lernen, und im Hinblick auf diesen didaktischen Zweck ist der Begriff der larvierten Depression durchaus sinnvoll und nützlich. Ich möchte daher mit Herrn Kielholz dafür eintreten, ihn nicht zu ändern.

J. J. López-Ibor Aliño: Die von Herrn Walcher und soeben auch von Herrn Pöldinger hervorgehobene Gewohnheit vieler Psychiater, die Diagnose «larvierte Depression» in ihren Krankengeschichten nicht zu verwenden, hat vieles für sich. Auch in Madrid verzichten wir darauf, weil wir uns – in Übereinstimmung mit dem, was Herr Angst heute sagte – immer fragen müssen: Was ist der Kern der Depression, und was ist seine äußere Erscheinung an der Peripherie? Und ich glaube nicht, daß wir das wirklich wissen. Als Kurt Schneider die «vitale Traurigkeit» beschrieb, behauptete er nie, sie sei ein Symptom erster Ordnung. Er stellte lediglich fest, daß vitale Traurigkeit bei Depressionen eine häufige Erscheinung sei; damit besitzt sie aber noch keineswegs den Wert eines pathognomonischen Symptoms oder gar eines Symptoms ersten Ranges. In einer eigenen Monographie* entschied ich mich für die Bezeichnung «depressives Äquivalent». «Äquivalent» bedeutet: den gleichen Wert haben. Aber ich glaube nun, im Hinblick auch auf das, was Herr Angst ausführte, wir müssen die Tatsache akzeptieren, daß im Falle der Depression fast jedes Symptom

---

*López-Ibor Aliño, J. J.: Los equivalentes depresivos (Paz Montalvo, Madrid 1972)

den gleichen Wert besitzt. Wir haben keinerlei sichere Kriterien, um festzustellen, was mehr kulturunabhängig und was mehr kulturabhängig ist. Und das ist, fürchte ich, ein Grund dafür, daß wir auf diesem Gebiet nie zu einer Übereinstimmung hinsichtlich der Terminologie gelangen werden. Ich betrachte die «larvierte Depression» nicht als eine neue nosologische Einheit, die man in die Klassifikation der WHO aufnehmen sollte. Persönlich bevorzuge ich den von Herrn KIELHOLZ eingeschlagenen Weg, die Depression nach den beiden Aspekten Ätiologie – der auch als Grundlage für die neue WHO-Klassifikation dienen wird – und Symptomatologie zu klassifizieren. Wenn wir vom symptomatologischen Standpunkt ausgehen, sind wir übrigens in der Lage zwischen – beispielsweise – ängstlichen und agitierten Depressionen zu unterscheiden. Und selbstverständlich sollten larvierte Depressionen von diesem Gesichtspunkt aus gesehen werden – d.h. als eine syndromale Form, nicht als nosologische Einheit.

R. DE LA FUENTE: Ich möchte kurz über meine Erfahrungen in Mexiko berichten. Seit vielen Jahren behandle ich depressive Patienten ganz unterschiedlicher sozialer Herkunft. Zum Teil sind es Eingeborene aus vorwiegend ländlichen Gegenden mit sehr niedrigem sozial-kulturellen Standard; andere stammen aus der relativ gebildeten städtischen Mittelklasse. Obwohl der Kern der Depression, d.h. ihre Grundstruktur, im wesentlichen gleich ist, bringen die Patienten der beiden Gruppen ihre Erfahrungen und Leiden in unterschiedlicher Weise zum Ausdruck. Auffallend bei den Patienten aus ländlichen Gegenden sind die Schwierigkeiten, ihre Empfindungen in Worte zu fassen, und die Tendenz, die Aufmerksamkeit des Arztes vor allem auf ihre physischen Symptome zu lenken. Es ist immer mühsam, sie zu einer Schilderung ihres emotionalen Zustandes zu bewegen. Den gebildeten städtischen Patienten fällt es sehr viel leichter, ihre Empfindungen zu beschreiben; der Grund, weshalb auch sie oft als erstes über ein somatisches Symptom klagen, sind Scham- oder Schuldgefühle hinsichtlich ihrer psychischen Symptome, die sie daher zu verbergen suchen. Diese Unterschiede sind ein Beispiel für die verschiedenen Arten, in denen Patienten ihre Depression larvieren. In manchen Fällen ist die Maskierung ganz oberflächlich, d.h. sie beruht einfach auf der Unfähigkeit, psychische Erfahrungen zu verbalisieren, oder sie hat ihre Ursache in Scham- und Schuldgefühlen. Die Masken anderer Patienten haben tiefere Wurzeln. Meiner Meinung nach sollten wir an dem Terminus «larvierte Depression» festhalten, jedoch nur für didaktische Zwecke; ich sehe keinen Grund, ihn als eine diagnostische Einheit zu fassen. Vor wenigen Jahren wurden wir auf die Angst als depressionsverschleiernde Maske aufmerksam, und sogar heute haben Ärzte manchmal noch Schwierigkeiten, die Depression hinter der oberflächlichen Maske der Angst zu identifizieren. Ich glaube, daß einige dieser Masken mit der Zunahme unseres Wissens fallen werden. Der Terminus «larvierte Depression» wird jedoch noch lange von Nutzen sein.

H.J. BEIN: Herr KIELHOLZ, Sie haben mehrfach herausgestellt, daß die larvierte Depression ein Krankheitsbild sei, bei dem die somatischen Symptome im Vordergrund stehen. Sollte man aufgrund verschiedener Diskussionsbeiträge, die wir eben gehört haben, nicht eher sagen, es handle sich um ein depressives Krankheitsgeschehen, bei dem die psychischen Erscheinungen im Hintergrund stehen?

A. COPPEN: Im großen und ganzen wird der Ausdruck «larvierte Depression» in England nicht eben häufig verwendet. In der Schweiz, in Spanien und anderen Ländern scheint er dagegen üblicher zu sein. Ich frage mich, ob die Einführung des Begriffes auch in England zu diesem Zeitpunkt sinnvoll wäre. Im Augenblick sprechen wir in England von typischen Depressionsfällen – die relativ leicht zu diagnostizieren sind – sowie von atypischen Fällen, deren Diagnose schwieriger ist, die aber ein durchschnittlicher Psychiater in der Regel zu erkennen vermag; daneben gibt es natürlich noch die ganz und gar atypischen Fälle, die uns allen bekannt sind. Unter diesen Umständen bin ich nicht sicher, ob es wirklich von Nutzen wäre, den Begriff «larvierte Depression» in England einzuführen.

J. Leme Lopes: Trotz der verschiedenen hier vorgetragenen Ansichten würde ich die «larvierte Depression» als ein klinisches Bild definieren, dessen Zeichen und Symptome, nach ihrem Erscheinungswert genommen, uns nicht ohne weiteres befähigen, den zugrunde liegenden depressiven Prozeß zu erkennen. Damit bleibt allerdings das Problem der Depressionsdefinition auch weiterhin offen.

P. Kielholz: Wir sind also, wenn ich die Diskussionsbemerkungen zur Frage der Definition kurz zusammenfassen darf, zu folgenden Ergebnissen gelangt. Erstens: Der Begriff «larvierte Depression» sollte nach der in diesem Kreis vorherrschenden Meinung aus didaktischen Gründen beibehalten werden. Zweitens: Wir verzichten auf die Unterteilung in eine endogene und eine psychogene larvierte Depression. Drittens: Unter «larvierter Depression» verstehen wir ein depressives Geschehen, bei dem somatische Symptome im Vordergrund stehen bzw. psychische Symptome in den Hintergrund treten. Viertens: In bezug auf die «depressiven Äquivalente» schließen wir uns der Definition von Herrn Pichot an.

2. *Zur Diagnostik*

L. S. Geisler: Wenn ich mich hier als Internist stellvertretend für die Nichtpsychiater als erster melden darf, so möchte ich, vielleicht etwas vereinfachend, folgenden Gesichtspunkt zur Diskussion stellen: Ich nehme einmal an, ich müßte einem Psychiater sagen, wie er einen Herzinfarkt zu diagnostizieren hat. Wahrscheinlich würde er dann von mir hören wollen, daß er nach diesen und jenen Symptomen fragen, den Blutdruck messen, das Herz abhören, ein EKG machen und die Fermente bestimmen müsse. Ergibt sich dabei eine Befundkonstellation im diskutierten Sinne, so ist ein Infarkt entweder ausgeschlossen, wahrscheinlich oder gesichert. Um wieder auf die Depression zurückzukommen: Ihnen bereitet die Diagnose keine Schwierigkeiten, wohl aber dem Nichtpsychiater. Wäre es deshalb nicht sinnvoll, für den Nichtpsychiater ein relativ klares Konzept in Form eines Fragenkatalogs auszuarbeiten? Er müßte, beginnend z. B. mit den Schlafstörungen und endend mit dem «Sich-nicht-Freuen-können», alle wesentlichen Kriterien für die Diagnostik enthalten. Wenn wir dann diesen Katalog, der uns eine gewisse Sicherheit gibt, dem Patienten sozusagen im Gespräch unterbreiten, werden wir die entsprechenden Fälle in Zukunft auch rechtzeitig an den Psychiater oder an den psychiatrisch geschulten Kollegen überweisen können und keine Versäumnisse mehr begehen.

H. E. Lehmann: Ich möchte an eine Frage anknüpfen, die mir Herr van Praag schon zu Beginn unseres Symposiums, während der Diskussion zum Vortrag von Herrn Rome, gestellt hat. Was meint der Arzt, wenn er die Diagnose «Depression» stellt? Was läßt er gerade noch gelten, wie weit ist sein Blickwinkel, wie weit oder eng sind die Grenzen seines Konzepts gezogen? Es liegt auf der Hand, daß ihm keinerlei Informationen über die Konzentration der 5-Hydroxyindolessigsäure im Liquor cerebrospinalis oder über den Plasmaspiegel des freien Tryptophans zur Verfügung stehen; dennoch muß der Arzt die Entscheidung treffen, ob ein Patient depressiv ist oder nicht und – wenn er zu der Diagnose «depressiv» gelangt – ob es sich um eine larvierte oder um eine eindeutige Depression handelt. Irgendwie hat er eine Vorstellung von der *Gestalt* der Depression – aber was charakterisiert diese Gestalt? Erlauben Sie mir, hier meine persönliche Antwort auf die Frage zur Diskussion zu stellen:
Als Arzt betrachte ich die Depression aus drei Blickrichtungen – d. h., sie hat für mich einen psychischen, einen organismischen und einen somatischen Aspekt. In psychischer Hinsicht gibt es drei Symptome, die die Diagnose einer Depression erleichtern, jedoch keine unerläßliche Voraussetzung dafür sind. Eines der drei Symptome ist das Grübeln angesichts eines Verlustes oder einer Schuld. Hier handelt es sich, wie Sie wissen, um eine wirklich quälende Erscheinung, ja, dieses tage- und nächtelange Grübeln über einen Verlust oder eine Schuld ist wahrscheinlich überhaupt das quälendste Symptom des ganzen depressiven Syndroms. Nicht alle depressiven Patienten

leiden an solchen Grübeleien, aber wenn sie es tun, so sind sie meistens suizidgefährdet. Das zweite psychische Symptom ist Hoffnungslosigkeit, das – falls es vorhanden ist – wiederum genügend Anlaß zur Diagnose einer Depression gibt. Es kann selbstverständlich auch fehlen; viele Patienten sind nicht hoffnungslos, sondern warten und sehnen sich nach Heilung. Doch zahlreiche Patienten sind in der Tat hoffnungslos. Wenn Grübelei und Hoffnungslosigkeit nebeneinander bestehen, kann man sicher sein, daß es sich um eine sehr schwere Depression mit Suizidgefahr handelt. Aus diesen beiden Symptomen entwickelt sich die depressive Verstimmung, die wiederum vorhanden sein oder auch fehlen kann. Ist sie vorhanden, so liefert sie gleichfalls einen ausreichenden Grund, die Diagnose «Depression» zu stellen, sie ist aber, wie gesagt, kein notwendiges Symptom. Grübeln, Hoffnungslosigkeit und depressive Verstimmung stellen also die *psychischen Symptome* dar. Sie sind alle *ausreichend*, aber nicht *notwendig* für die Diagnose der Depression.

Wenden wir uns nun den *organismischen Symptomen* zu. Ich nenne sie «organismisch», obwohl sich vielleicht eine bessere Bezeichnung dafür finden ließe. Ein Symptom ist das verminderte Interesse; der Depressive ist an all dem, was früher von Bedeutung für ihn war, weniger interessiert als beispielsweise noch im vergangenen Monat. Zur Abklärung der Diagnose im Hinblick auf die organismischen Symptome habe ich mir drei Fragenkomplexe zusammengestellt. Zuerst frage ich den Patienten, ob er noch ebenso an Dingen und Menschen interessiert sei, wie er es vor einem Monat war; denn alle Objektbeziehungen – Beziehungen zu einem Partner des anderen Geschlechts, einem Hobby, einem Tier – sind in der Depression verringert. Obwohl der Patient über Interesseverlust nicht klagen muß, läßt sich das Vorliegen dieses Symptoms leicht feststellen, wenn man so direkte Fragen stellt wie: «Sind Sie noch im gleichen Maße an Ihren Hobbies, Ihren Mitmenschen interessiert?» – «Können Sie noch wie früher zum Beispiel trauern oder lieben?» – «Hängen Sie noch genauso an bestimmten Dingen, wie Sie es vor einem Monat taten?» Zweitens, da bei Depressiven häufig auch die Fähigkeit, zu genießen, herabgesetzt ist, frage ich meine Patienten: «Genießen Sie ein gutes Essen, ein gutes Konzert, eine Radio- oder Fernsehsendung noch so, wie Sie es vor einem oder zwei Monaten getan haben?» Drittens und letztens ist hier das Symptom der herabgesetzten Leistungsfähigkeit zu berücksichtigen. Deshalb frage ich meine Patienten: «Können Sie heute genauso viel leisten wie im vergangenen Jahr?» – «Können Sie noch so viel arbeiten?» – «Sind Sie noch ebenso kreativ?» – «Ermüden Sie schneller?» Diese Dreiheit von Symptomen – verringertes Interesse an Menschen und Dingen, verminderte Fähigkeit, etwas zu genießen, und herabgesetzte Leistungsfähigkeit – ist das, was ich als *organismische Symptome* bezeichne; ich betrachte sie als den «invarianten» Kern der Depression, als genau jene Art von Kernsyndrom, nach dem Herr ANGST in seinem Vortrag forschte. Obwohl ich, um dies beweisen zu können, keine epidemiologischen Studien durchgeführt habe, bin ich vollkommen überzeugt, daß man die drei genannten Symptome bei den Depressionen aller Kulturen finden kann. Und deshalb bezeichne ich sie als den invarianten Kern der Depression. Obwohl alle diese organismischen Symptome unabdingbare Merkmale der Depression darstellen, sind sie, für sich allein genommen, *nicht ausreichend*, um die Diagnose einer Depression zu rechtfertigen, da sie auch ohne das Vorliegen einer Depression vorhanden sein können. Bei einem *hangover* oder bei starker Müdigkeit zum Beispiel werden wir ebenfalls interesselos und sind unfähig, etwas zu leisten oder zu genießen – aber dann kennen wir den Grund dafür. Wir sehen die gleichen Erscheinungen bei Patienten mit Anämie oder Hypothyreose. Wenn diese Dreiheit von Symptomen aber nicht einem Erschöpfungszustand oder einer anderen physischen oder toxischen Ursache zugeschrieben werden kann, dann haben wir es, glaube ich, mit einer Depression zu tun.

Schließlich gibt es die *somatischen Symptome*, auf die ich hier nicht näher einzugehen brauche. Sie umfassen u.a. Appetit-, Verdauungs-, Gewichts-, Schlaf- und Libidostörungen. Wir müssen berücksichtigen, daß diese Symptome kulturabhängig sind.

So scheint z.B. in Japan bei schwer depressiven Patienten die sexuelle Libido nicht vermindert zu sein, oder sie ist zumindest viel weniger beeinträchtigt als in anderen Kulturen. Dieser Befund, der von MURPHY* berichtet wurde, ist merkwürdig, und bisher besitzen wir keine Erklärung dafür. In der nordamerikanischen Literatur sind kürzlich einige Artikel über die sogenannte hypersomnische Depression veröffentlicht worden; es handelt sich dabei um schwer depressive Patienten, die zuviel schlafen, aber nicht an jener Schlafstörung mit Verkürzung des Stadiums IV, des REM-Schlafes und der Gesamtschlafdauer leiden, die wir üblicherweise mit der Depression in Verbindung bringen. Die verschiedenen somatischen Symptome, einschließlich Müdigkeit, Kopfschmerzen, Druckgefühle in der Brust sowie der von Herrn HIPPIUS in seinem Vortrag erwähnten Beschwerden und Schmerzen, sind sämtlich *weder ausreichend noch notwendig*. Sie sind für die Diagnose einer Depression nicht ausreichend, weil sie noch verschiedene andere Ursachen haben können; und sie sind nicht notwendig, weil es auch Depressionsformen gibt – und hier stimme ich vielleicht nicht ganz mit Herrn ANGST überein –, bei denen physische Symptome fast völlig im Hintergrund bleiben.

Um noch einmal zu rekapitulieren: Die *psychischen Symptome* sind zwar ausreichend, aber nicht notwendig, während die *organismischen Symptome* allein nicht ausreichen, aber unabdingbar sind, d.h. im Falle einer echten Depression werden sie immer vorhanden sein. Die drei negativen Verhaltenssymptome, für die ich den Terminus «organismisch» verwende, sind hemmender Natur, sie zeigen alle irgendeinen Verlust an. Die beiden anderen Symptomtypen – der psychische und somatische – sind im Gegensatz dazu erregende Symptome; sie sind positiv, indem sie anzeigen, daß sich etwas entwickelt hat.

Ich habe die Hoffnung, daß es in nicht allzu ferner Zukunft möglich sein wird, die drei Symptome, die ich als die unabdingbaren bezeichnet habe, experimentell und objektiv zu quantifizieren. Interesseverlust z.B. kann vielleicht mit Hilfe konditionierender Methoden – wie Orientierungsreflex, Enthemmungsreaktion, Habituation usw. – quantitativ erfaßt werden. Wir haben auf diesem Gebiet Untersuchungen durchgeführt, und ich besitze Laborresultate, doch ich will jetzt nicht näher darauf eingehen. Es gibt, glaube ich, gute Gründe für die Annahme, daß wir schon in naher Zukunft in der Lage sein werden, diese Reduzierung des Interesses – die apathische Komponente der Depression – sowohl objektiv als auch quantitativ zu bestimmen. Die Anhedonie, die herabgesetzte Fähigkeit, etwas zu genießen, müssen wir wahrscheinlich mit Hilfe von Fragebogen erfassen. Die Verhaltenstherapeuten haben bereits etwas entwickelt, was sie ein *inventory of positive reinforcements* nennen, d.h. ein Verzeichnis positiver Verstärkungen mit, wenn ich mich richtig erinnere, 70 bis 80 Punkten, die etwas für den Menschen in der Regel Angenehmes oder Beglückendes beinhalten. Sie fragen den Patienten, welche dieser Punkte ihm noch immer und bis zu welchem Grade etwas Erfreuliches bedeuten, und die Antworten werden in eine Skala eingetragen. Mit Hilfe eines genügend detaillierten Fragebogens wird es also wahrscheinlich möglich sein, quantitativ zu bestimmen, in welchem Maße sich die Fähigkeit des Patienten verringert hat, Freude an Dingen zu empfinden, die ihm zuvor etwas Erfreuliches bedeuteten. Zur quantitativen Erfassung einer herabgesetzten Leistungsfähigkeit bieten sich experimentell natürlich die Leistungstests an, die schon in großer Zahl entwickelt worden sind. Auf diese Weise mag es einmal möglich sein, sehr rasch, innerhalb von etwa 20 Minuten, objektive quantitative Messungen der drei hauptsächlichen invarianten Symptome der Depression vorzunehmen. Was die anderen Symptomtypen anbelangt, so können körperliche Erscheinungen durch somatische Methoden bestimmt und quantifiziert werden. Aber wie lassen sich Grübeln, Hoffnungslosigkeit und depressive Verstimmung quantifizieren? Das ist etwas, wozu nur der Psychiater in der Lage ist, und er wird es wahrscheinlich auch in Zukunft in der

---

* MURPHY, H.B.M.: The symptoms of depression – a cross-cultural survey. In: Int. Congr. soc. Psychiat., London 1964

gleichen Weise tun müssen, wie er es schon früher getan hat, d.h. mit Hilfe von viel Einfühlungsvermögen und im Vertrauen auf seine klinische Erfahrung.

J. Angst: Herr Lehmann, Sie haben soeben von einer invarianten Hauptsymptomatik der Depression gesprochen, die u.a. Interesseverlust und herabgesetzte Leistungsfähigkeit umfaßt. Die somatischen Symptome haben Sie dagegen – als uncharakteristisch – relativ kurz abgehandelt. Ich möchte Sie deshalb fragen, ob es denn so abwegig ist anzunehmen, daß körperliche Symptome ebenso Ausdruck einer Depression sein können wie psychische? Können wir auf den Psychozentrismus, dem wir Psychiater aus historischen Gründen noch huldigen, vielleicht etwas verzichten? Ist nicht auch bei gestörter Sexualität das Interesse verringert, die Fähigkeit, sich zu freuen, vermindert und die Leistungsfähigkeit herabgesetzt? Wir sollten daher die diagnostische Valenz der körperlichen Symptome nicht zu gering einschätzen. Existieren seriöse Studien über endogene oder psychotische Depressionen, die zeigen, daß es Fälle ohne körperliche Symptome gibt? Sind diese nicht geradezu obligat? Suchen wir als Psychiater vielleicht nur zu wenig danach? Die von Ihnen genannten invarianten Hauptsymptome sind nur unter bestimmten Bedingungen charakteristisch. Sie können auch bei Müdigkeit auftreten, und dann gilt die Diagnostik nicht mehr. Auch die körperlichen Symptome sind allerdings nur unter bestimmten Bedingungen von diagnostischer Bedeutung, nämlich erst nach Ausschluß organischer Erkrankungen.

H. E. Lehmann: Ich stimme Ihnen durchaus zu, Herr Angst, daß physische Symptome sehr wichtig sind und manchmal sogar pathognomonische Indikatoren der Depression sein können. Ich möchte aber daran festhalten, daß sie keine *notwendigen* Symptome darstellen. Und wenn es um eine Diagnose geht, die sich nicht sofort und sicher stellen läßt, dann würde ich jedem Allgemeinpraktiker und jedem Internisten den Rat geben, seinem Patienten Fragen aus den drei Kategorien zu stellen, die ich vorhin genannt habe. Freuds Rezept für ein normales, ruhiges Leben war, beiläufig erwähnt, «Lieben und Arbeiten». Er hatte indessen zu viel von einem Puritaner an sich, um auch «Genießen» sagen zu können. Aber diese drei Dinge – «Lieben», was das Vorhandensein von Objektbeziehungen und Interessen impliziert; «Arbeiten», was so viel bedeutet, wie aktiv etwas leisten; und «Genießen», d.h. sich am Leben im allgemeinen und an seinem eigenen im besonderen zu erfreuen – sind die drei elementaren, existentiellen und fundamentalen Lebensbedürfnisse; werden sie gestört, dann haben wir es mit einer Depression zu tun. Ein *ängstlicher* Patient kann – ebenso wie ein Depressiver – Schlafstörungen, Appetitverlust, Gewichtsabnahme und viele andere physische Symptome zeigen, aber er kann dennoch genauso oder sogar noch mehr als gewöhnlich an Menschen und Dingen interessiert sein. Er ist wie vorher in der Lage, zu genießen und etwas zu leisten – er kann tatsächlich, wenn er ängstlich ist, sogar zuviel leisten! Diese Fähigkeiten hätte er aber nicht, wenn er depressiv wäre. Allein auf dieser Grundlage kann man meiner Ansicht nach eine Differentialdiagnose zwischen Angst und Depression stellen. Ich habe diese drei organismischen Symptome gewählt, weil ich glaube, daß sie einen differentialdiagnostischen Wert gegenüber den ähnlichen physischen Symptomen besitzen, die durch Angst hervorgerufen werden können und in der Tat sehr häufig vorhanden sind.

P. Kielholz: Seit 15 Jahren arbeiten wir mit *körperlichen* Parametern und hoffen, sie differentialdiagnostisch verwerten zu können. Je breiter wir untersuchten, um so mehr konnten wir feststellen, daß jeder Depressive eine Vielfalt von meßbaren körperlichen Störungen zeigt. Es gibt dabei zwischen psychogenen und endogenen Depressionen in der Vielfalt und Intensität keine Unterschiede; der psychogen Depressive klagt allerdings nach meiner Beobachtung eher noch eindrücklicher und über mehr körperliche Symptome.

R. Kuhn: Gestatten Sie mir, daß ich zunächst nochmals auf meinen Vortrag hinweise, denn wesentlich scheint mit der *Grund* zu sein, und nicht der *Hintergrund*, wie er im ersten Teil dieser Schlußdiskussion erwähnt wurde. Der Grund der Krankheit ist verborgen. Und das ist immer so. Er kann sich u.U. manifestieren, und dann findet jeder Arzt die Depression, auch wenn er kein Psychiater ist. Wir Psychiater müssen den Grund zutage fördern. Herrn Kielholz möchte ich voll und ganz beistimmen und das, was er gesagt hat, nachdrücklich unterstreichen. Die antidepressive Wirkung von Imipramin konnte nur deshalb entdeckt werden, weil ich schon vorher genau die Auffassung der Depression hatte, die uns Herr Angst auf Grund seiner Studien über die transkulturelle Psychiatrie soeben vorgetragen hat. Auch ich bin der Ansicht, daß die körperliche Symptomatik enorm wichtig ist und daß es von den Bedingungen abhängt, ob sich eine körperliche oder eine psychische Symptomatik manifestiert. So kann ich auch Herrn Lehmann zustimmen. Mit Herrn Berner möchte ich besonders betonen, daß die Tagesschwankungen von allererster Bedeutung sind. Sie sind auch für die Therapie richtungweisend.

W. Walcher: Ich stimme Herrn Angst voll bei, die körperlichen Symptome nicht abzuwerten; auch bei schweren Melancholien sind sie als Initial- und Begleitsymptome von alters her bekannt. Dennoch kommen wir bei der Diagnostik um die Herausarbeitung der psychischen Grundsymptomatik nicht herum. Wir müssen auf jeden Fall die Ätiologie aufklären, und wir haben keine andere Möglichkeit als die Exploration, da die Biochemie noch nicht so weit ist. Auch bei der larvierten Depression kann jederzeit ein Suizid auftreten, was wir nicht vergessen dürfen.

H. Heimann: In unserer Diskussion gefällt mir die krampfhafte Teilung in psychische und körperliche Symptome immer weniger. Ich habe in meinem Vortrag zu zeigen versucht, daß viele körperliche Symptome subjektive Auswirkungen gestörter Erregungsverhältnisse in den Aktivierungssystemen sind. Der Patient schildert zunächst Beschwerden, die sich vom psychobiologischen Standpunkt aus theoretisch und vielleicht auch bald diagnostisch auf besondere Reaktions- und Erregungsverhältnisse in psychobiologischen Systemen zurückführen lassen. Deshalb verstehe ich die Kontroverse um die Betonung der körperlichen gegenüber den psychischen Symptomen der Depression nicht recht. Von einem praktischen Standpunkt aus leuchtet mir das, was Herr Lehmann hier angeführt hat, am meisten ein. Aufbauend auf die drei genannten Kernsymptome, die subjektive und Verhaltensmerkmale der Patienten umfassen, könnte man nämlich die Fragen oder das Frageschema formulieren, das dem Nichtpsychiater den Zugang zur Diagnose einer Depression erleichtern würde.

J. J. López-Ibor Aliño: Herr Heimann, eine kurze Frage. Eines Tages äußerte einer meiner Patienten: «Ich habe einen traurigen Körper.» Würden Sie das als somatisches oder als psychisches Symptom werten?
Zur Diagnostik möchte ich bemerken, daß depressive Äquivalente nie vereinzelt, sondern in Kombination mit anderen Äquivalenten als Cluster in Erscheinung treten. Der Patient klagt nicht allein über Kopfschmerzen, sondern gleichzeitig auch über Halsschmerzen, Palpitationen usw. Dieses geballte Auftreten verschiedener Symptome ist ein sehr wichtiger Hinweis. Manchmal erscheinen die Symptome innerhalb einer kurzen Periode oder sogar am gleichen Tag, manchmal sind sie in der gleichen Phase vorhanden, oder sie wechseln – wie beim sogenannten *syndrome shift* – entweder während der Phase oder im Verlaufe des Lebens des Patienten. Ferner ist zu beachten, daß es gewisse Prädilektionstypen gibt; ich habe z.B. nie die Hämoptysis als depressives Äquivalent gesehen, sie existiert einfach nicht. Wie hier bereits erwähnt wurde, gibt es auch gewisse Prädilektionssyndrome.
Ein anderer Punkt, auf den ich aufmerksam machen möchte, ist der, daß Symptome, die als depressive Äquivalente erscheinen, vom Patienten in sehr eigentümlicher Weise beschrieben werden; sie sind immer irgendwie an den Kern der Depression gebunden – wie der Rauch an das Feuer. Der Patient kann z.B. sagen: «Ich spüre eine Traurigkeit in meinem Herzen.» Immer wieder vernimmt man Ausdrücke und Beschreibungen wie «traurig» – «kann damit nicht fertig werden» – «fühle mich dazu nicht imstande» usw. – genau, wie es Herr Kuhn schon gesagt hat. Herr Kuhn

betonte auch die Signifikanz der zirkadianen Rhythmen, und es scheint kein Zweifel zu bestehen, daß diese biologischen Rhythmen tatsächlich vom Depressionskern selbst beeinflußt werden. Schließlich möchte ich hinzufügen, daß wir immer typische depressive Symptome finden können, wenn wir sie sorgfältig genug suchen, auch wenn sie tief im Hintergrund liegen mögen und sehr unauffällig sind. Früher oder später – vielleicht nicht vor ein oder zwei Behandlungswochen – wird der Patient sagen: «Erst jetzt realisiere ich, daß ich mich nicht wohl fühlte, als ich das erste Mal zu Ihnen kam. Ich war meistens morgens traurig und müde, ängstlich und bekümmert, obwohl ich Ihnen sagte, ich sei es nicht.»

W. Grüter: Ich sehe im Grunde keine große Diskrepanz zwischen Definition und Diagnostik der larvierten Depression. Wir bemühen uns hier doch nur um eine kurze Definition der zur Diagnostik erforderlichen Kriterien als didaktische Hilfe. Warum sollte man nicht so formulieren: «Eine larvierte Depression ist zu diagnostizieren, wenn vordergründige funktionelle somatische Symptome in Verbindung mit hintergründigen psychischen Depressionssymptomen vorhanden sind.»

P. Kielholz: Lassen Sie mich kurz rekapitulieren. Die vorherrschende Meinung geht dahin, daß für die Diagnostik zwei Elemente erforderlich sind: Erstens die körperlichen Phänomene und – wenn wir bereits in die Zukunft denken – die biochemischen Faktoren sowie zweitens die psychischen Erscheinungen. Vom diagnostischen Standpunkt wäre es sehr nützlich, für die wichtigsten körperlichen und psychischen Symptome einen Fragenkatalog zu erstellen, der den praktizierenden Ärzten als Hilfsinstrument dienen könnte.

3. *Zur Therapie*

R. Kuhn: Die Grundfrage der Therapie ist meines Erachtens die folgende: Ein Antidepressivum muß den *pathogenetischen Grund* einer Erkrankung beeinflussen. Ich bin der Auffassung, daß dies bei einer ganzen Reihe von Antidepressiva der Fall ist. Man kann sie auch als spezifische Medikamente bezeichnen. Dabei müssen wir in Betracht ziehen, daß ein Antidepressivum insofern nur symptomatisch ist, als es nur so lange wirkt, wie es verabreicht wird. Dies schränkt jedoch die Spezifität, d. h. die pathogenetische Wirkung, nicht ein. Es ist zu fragen, ob ein Medikament außer auf den pathogenetischen Grund auch auf pathoplastische Aspekte wirkt. Ich vermute, daß dies ebenso der Fall ist. Der eigentliche pathogenetische Punkt ist an sich verborgen. Bei der endogenen Depression kann ihn der Patient selbst thematisieren – er mag aber auch verborgen bleiben. Bei endogenen, symptomatischen und larvierten Depressionen kann die antidepressive Therapie einen Erfolg haben, der freilich in allen drei Fällen nicht in derselben Weise zustande kommt.
Hinsichtlich der *guten Wirkung von ®Ludiomil auf Störungen im Intestinaltrakt* glaube ich, daß nicht nur pathogenetische, sondern auch pathoplastische Faktoren beeinflußt werden, z. T. rein periphere Faktoren. Dafür spricht vielleicht die Schnelligkeit der Wirkung.
Ein weiterer Punkt ist die *Dosierung*. Je länger desto mehr neigen wir dazu, die Dosierung niedrig zu wählen. Es gibt Patienten, die sich unter 10 mg Ludiomil pro Tag am besten fühlen. Sobald wir höher dosieren, geraten wir wegen Nebenwirkungen in Schwierigkeiten. Umgekehrt kennen wir Fälle, die eine außerordentlich hohe Dosierung von 200 bis 250, ja bis 300 mg benötigen. Sobald wir die Dosis nur um eine Tablette von 25 mg reduzieren, kehrt die ganze Symptomatik mit schwerster Suizidalität innerhalb von ein bis zwei Tagen zurück. Wenn wir dann wieder erhöhen, sind die Symptome verschwunden. Im allgemeinen tut man jedoch gut daran, mit niedrigen Dosen zu beginnen.
Wenn man mit einer Monomethylamino-Verbindung wie Ludiomil keinen Erfolg hat, ist es wenig sinnvoll, ®Pertofran zu geben. ®Tofranil oder ®Anafranil sind vorzuziehen. Im allgemeinen ist dann die Wirkung von Anafranil noch besser als die-

jenige von Tofranil. Man sollte diese Medikamente in relativ kleinen Dosen verwenden, wodurch man nicht nur eine bessere, sondern auch eine dauerhaftere Wirkung erzielt. Das Problem ist der Wirkungsverlust im Laufe von einigen Wochen bis Monaten, der beim Pertofran deutlich, bei Tofranil und Anafranil weniger ausgesprochen, bei Ludiomil noch kleiner und bei der Kombination von Ludiomil mit Anafranil am geringsten ist. Unter Umständen kann man diese Behandlung jahrelang weiterführen.
Wenn die orale Therapie keinen Erfolg hat, sollte man an eine *Injektionsbehandlung* denken. Wir wenden, wie Herr KIELHOLZ, kleine Dosen an. Es kann nämlich zu unangenehmen Thrombosen im Armbereich kommen, wenn man zu hoch dosiert und zu viel injiziert oder infundiert.
Abschließend möchte ich nochmals hervorheben, immer dann an einen Eisen-, Magnesium- oder Kaliummangel zu denken, wenn sich überhaupt kein Erfolg einstellt. Wenn schließlich auch die Eisensubstitution nicht hilft, gebe ich ein Präparat, das die häufigsten Spurenelemente in relativ hoher Dosierung enthält, und sehe dann oft gute Resultate. Eine weitere Empfehlung bezieht sich auf Vitamin B_6, vor allem für Patienten, die unter Antidepressiva einen starken Tremor bekommen. Kleine Dosen, z.B. 40 mg pro Tag in zwei Dosen von je 20 mg, genügen hierbei meist. Diese meine praktischen Erfahrungen wollte ich noch kurz mitteilen.

P. KIELHOLZ: Herr KUHN, ich bin Ihnen dankbar, daß Sie nochmals auf die intravenöse Applikationsmöglichkeit von Ludiomil bei Therapieresistenz zurückgekommen sind. Wir geben bei therapieresistenten Depressiven 25 mg – das ist eine Ampulle – in einem halben Liter Infusionslösung intravenös als Tropfinfusion, und zwar gewöhnlich an sechs aufeinanderfolgenden Tagen. Damit führen wir einen großen Teil dieser Patienten aus ihrer schweren Depression heraus. Wenn die Aufhellung sichtbar ist, geben wir dreimal täglich 10 mg per os. Die Herren KUHN und BIRKMAYER haben mir über ähnliche Beobachtungen berichtet. Wir haben bei keinem einzigen der Kranken irgendwelche Thrombosekomplikationen gehabt, wahrscheinlich dank der niedrigen Dosierung. Auch die allgemeine Verträglichkeit ist ausgezeichnet. Man sieht überhaupt keine Nebeneffekte, wenn man die Infusion in zwei Stunden, pro Minute etwa 40 Tropfen, einlaufen läßt.

W. PÖLDINGER: Ich kann das aufgrund unserer Erfahrungen nur unterstreichen. Auch uns hat es sich bei Therapieresistenz als sehr zweckmäßig erwiesen, intravenöse Infusionen vorzunehmen. Das haben wir schon beim Anafranil gesehen, und das beobachten wir auch jetzt wieder beim Ludiomil. Im Hinblick auf die larvierten Depressionen möchte ich ebenfalls die Zweckmäßigkeit einer niedrigen Dosierung unterstreichen. Die Patienten klagen ohnehin schon über starke körperliche Symptome und reagieren mit Unruhe und Ängstlichkeit, wenn durch die Medikation zusätzliche vegetative Symptome auftreten. Bei 25 mg Ludiomil intravenös, besonders als Infusion, sowie bei der oralen Applikation von 3mal 10 mg sehen wir praktisch nie Nebenerscheinungen. Natürlich reichen diese Mengen nicht immer aus; man muß die Dosis sukzessive steigern.

P. KIELHOLZ: Da zum Thema «Therapie» keine weiteren Wortmeldungen vorliegen, darf ich wohl feststellen, daß wir uns der von Herrn KUHN vorgetragenen Meinung anschließen können.
Das Kapitel «Therapie» ist damit allerdings noch nicht abgeschlossen, denn wenn wir uns im folgenden dem letzten Punkt unserer Diskussion, der Beratung und Fortbildung des praktischen Arztes, zuwenden, werden wir vor allem Fragen der Therapie, die wir soeben aus der Perspektive des Spezialisten behandelt haben, neu formulieren und durchdenken müssen – mit spezieller Blickrichtung auf den Nichtpsychiater. Die Frage, die sich immer wieder stellt, ist doch die, ob auch der Praktiker Depressionen behandeln soll oder nicht. Persönlich sehe ich da allerdings gar keine Alternative: Es gibt so viele Patienten mit Depressionen, daß sie von niemand anderem

behandelt werden könnten. Deshalb müssen wir die Praktiker ausbilden in Diagnostik und Therapie depressiver Zustandsbilder, auch der larvierten Depression.

4. *Zur Beratung und Fortbildung nichtpsychiatrischer Ärzte*

R. Oberholzer: Darf ich unterstreichen, wie wichtig es ist, dem Allgemeinpraktiker Hilfsmittel an die Hand zu geben, damit er depressive Zustände diagnostizieren kann, und ihn durch die Fachwelt zu beraten, ob und wie die Therapie durchzuführen ist.

R. Kuhn: Seit wir Antidepressiva haben, bilde ich unsere praktischen Ärzte konsequent durch ärztliche Demonstrationen sowie dadurch aus, daß wir ihnen in unseren Arztberichten angeben, wie wir zur Diagnose gelangt sind und wie sie die Therapie durchzuführen haben. Wir gestatten uns auch, schriftlich darauf hinzuweisen, was man nicht tun soll – z. B. keine Diazepine verordnen. Wir haben eine Anleitung mit den Fragen, die zur Diagnose führen, ausgearbeitet, und viele praktische Ärzte bedienen sich dieses Hilfsmittels mit gutem Erfolg.

P. Kielholz: An einem Symposium in Kopenhagen* über die Möglichkeiten der Ausbildung des Allgemeinpraktikers in der Psychopharmakologie und der Diagnostik haben wir uns für drei Methoden entschieden, die besonders nützlich und praktikabel zu sein scheinen:

Die erste Möglichkeit stellen Filme bzw. andere audiovisuelle Methoden dar, denen immer eine Diskussion folgen sollte. Man kann auf diese Weise kleinen Gruppen von praktischen Ärzten das Depressionsbild und die entsprechende Therapie praxisnah vortragen. Wir haben eine solche Aktion in der ganzen Schweiz durchgeführt – mit dem Erfolg, daß die Depressionen seither zugenommen haben, was ein Beweis dafür ist, daß sie häufiger diagnostiziert werden.

Die zweite, schwieriger zu realisierende Möglichkeit ist die sogenannte «Verbundforschung» praktizierender Ärzte auf einem speziellen Gebiet, hier also dem der Depression; das heißt: Praktiker tauschen ihre Erfahrungen aus und diskutieren, mit welchen Medikamenten sie in der Praxis bei welchen Indikationen die besten Erfahrungen gemacht haben.

Die dritte und unseres Erachtens die erfolgreichste Möglichkeit ist die Krankendemonstration bzw. die praktische Arbeit der Nichtpsychiater mit den Kranken. Die Praktiker haben dabei die Symptome zu eruieren, die Diagnose zu stellen und den Behandlungsplan selbst festzulegen. Es ist erstaunlich, mit welchem Eifer diese diagnostischen Übungen gemacht werden. Die verschiedenen Diagnosen und der Therapieplan werden dann in der Gruppendiskussion besprochen.

J. J. López-Ibor Aliño: In Madrid arbeiten wir in der psychiatrischen Abteilung eines Allgemeinkrankenhauses; vier Ärzte unserer Gruppe – zwei ältere und zwei jüngere – haben die Aufgabe, sich mit Patienten aus anderen Abteilungen des Spitals zu befassen. Nach dem Durchprobieren verschiedener Möglichkeiten haben wir es uns im vergangenen Jahr zur Regel gemacht, nie depressive Patienten aus anderen Abteilungen bei uns aufzunehmen – mit Ausnahme Suizidgefährdeter. In allen anderen Fällen besprechen wir mit den Kollegen der anderen Abteilungen den Zustand ihrer Patienten und machen Behandlungsvorschläge.

In Spanien, und zweifellos auch in vielen anderen Ländern, konsultieren depressive Patienten vorzugsweise einen Allgemeinpraktiker, obwohl sich der praktische Arzt sehr oft scheut, psychiatrische Fälle zu behandeln. In diesem Zusammenhang glaube ich, daß die pharmazeutische Industrie dem praktischen Arzt – und indirekt auch dem Psychiater – einen großen Dienst mit der Entwicklung antidepressiver Präparate erweisen könnte, die gut verträglich und leicht zu handhaben sind. Wir stellten fest, daß der Umgang z. B. mit Anafranil, einem sehr wirksamen und aktiven Antidepres-

---

*Kielholz, P.: Training models in psychopharmacology. In: Coll. int. neuropsychopharmacol. (C.I.N.P.), VIII Congr., Copenhagen 1972; Advanc. Neuro-Psychopharmacol. (Avicenum, Prag 1973; in Druck) sivum, für Nichtpsychiater mit manchen Schwierigkeiten verbunden ist, besonders bei intravenöser Verabreichung. Einer der Vorteile von Ludiomil besteht sicher darin, daß es gut verträglich ist und schon in niedrigen Dosen wirkt – und das fällt vor allem für den praktischen Arzt ins Gewicht, der kein Risiko eingehen möchte, wenn er ein Antidepressivum verschreibt, und der an einem Präparat, zu dessen richtiger Anwendung viel Erfahrung gehört, meist nicht interessiert ist.

R. DE LA FUENTE: Die Unterrichtung des praktischen Arztes in der Erkennung und Behandlung von Depressionen ist in der Tat eine Notwendigkeit. Dabei möchte ich betonen, wie wichtig im besonderen die psychologische Führung der depressiven Patienten ist. Zugestandenermaßen werden viele Patienten deshalb nicht richtig behandelt, weil der praktische Arzt für ein an sich richtig gewähltes Medikament die falsche Dosierung verschreibt, mit der Behandlung zu früh aufhört oder irrationale Kombinationen verschiedener Medikamente vornimmt. Ein wichtiger Grund für Mißerfolge in der allgemeinen Praxis ist nach meiner Erfahrung aber auch darin zu suchen, daß es dem Arzt nicht gelingt, eine psychologisch richtige Beziehung zum depressiven Patienten herzustellen. Für den depressiven Patienten ist es sehr wichtig zu fühlen, daß der Arzt seine Leiden versteht, daß er bereit und willens ist, ihm jederzeit zu helfen und ihn zu unterstützen, daß er von der Wirksamkeit der verschriebenen Medikamente selbst überzeugt ist und aufrichtig daran glaubt, daß der Patient gesund werden wird. Es gibt in der Medizin nur wenige Leiden, bei denen die Chancen einer Genesung so gut sind wie bei der Depression. Selbstverständlich bin ich nicht der Meinung, daß man dem praktischen Arzt die Anwendung irgendeiner komplizierten Form der Psychotherapie empfehlen sollte, aber sicher sollte man ihn mit Nachdruck auf jene spezifischen Aspekte der Arzt-Patient-Beziehung hinweisen, die entscheidend sind für die richtige psychologische Führung jedes depressiven Patienten.

J.J. LÓPEZ IBOR: Ich glaube, wir sind uns alle darüber einig, daß der praktische Arzt im Hinblick auf psychiatrische Probleme einer besseren, sorgfältigeren Ausbildung bedarf. Das gilt nicht zuletzt angesichts der zunehmenden Häufigkeit depressiver Leiden. In der Medizinischen Universitätsklinik Madrid haben wir verschiedene Methoden angewandt, die zu Ergebnissen führten, welche – wenn auch nicht hundertprozentig zufriedenstellend – sich doch völlig von denen unterscheiden, die man vor 15 oder 20 Jahren erzielen konnte. Der Erfolg ist der Tatsache zuzuschreiben, daß wir eine Abteilung mit 100 Betten erhalten konnten, außerdem eine Tagesklinik für 30 Patienten und eine ambulante Station für psychiatrische Fälle, die unserer Statistik zufolge ständig anwächst; im letzten Jahr sind ihr ein Drittel aller Patienten zugewiesen worden, die sich an die verschiedenen ambulanten Stationen der Medizinischen Universitätsklinik in Madrid gewandt hatten.
Ein Faktor, der im Hinblick auf die ungenügende psychiatrische Ausbildung der Ärzte wohl auch eine Rolle spielt, ist folgender: Man kann heute immer wieder feststellen, daß die meisten Studenten Wert darauf legen, sich in den letzten Semestern in der einen oder anderen Richtung zu spezialisieren. Diese Spezialisierung nämlich ermöglicht es ihnen, sich in Großstädten und Ballungsgebieten niederzulassen. Dadurch fällt, meiner Meinung nach zu Unrecht, mehr und mehr der Wert, der dem praktischen Arzt beigemessen wird.

J. ANGST: Die bisherigen Empfehlungen für die Unterrichtung und Fortbildung des praktischen Arztes gelten mehr oder weniger für das ganze Gebiet der Depressionen. Ich möchte nun die Frage aufwerfen, ob es in bezug auf die Behandlung *larvierter Depressionen* eventuell noch einiger spezieller Instruktionen bedarf. Persönlich bin ich der Meinung, daß hier die Information des Patienten eine ganz besonders wichtige Rolle spielt. Im Vordergrund stehen ja somatische Symptome, und es wird den Patienten daher sehr überraschen, von seinem Arzt zu hören, daß er an einer Depression leide. Der Arzt muß ihm dann erklären, daß diese Diagnose kein Unglück ist, da es sich mit größter Wahrscheinlichkeit um eine körperlich verursachte Krankheit handelt. Dementsprechend ist es richtig, sie auch körperlich zu behandeln, also Medikamente

zu geben. Hier wird *ein* Gewicht der Instruktion liegen müssen. Ferner wird es notwendig sein, den Patienten über die Natur der Depression zu informieren und ihm zu sagen, daß es sich um eine phasische Störung handelt, die auch ohne Behandlung eines Tages verschwindet.
Zur Frage der Nebenwirkungen: Wenn wir ein Medikament geben, so kann sich selbst bei niedriger Dosierung das Problem der Nebenwirkungen stellen. Der Patient liest den Prospekt, in dem vor allem körperliche Nebenwirkungen erwähnt sind. Die Nebenwirkungen, die er dann aufgrund des Prospektes erwartet, sind z.T. identisch mit den körperlichen Beschwerden aufgrund der Depression, z.B. Obstipation, Schwindelgefühl. Man muß ihn also darüber aufklären, daß er die Wirkung des Medikamentes primär körperlich fühlen wird. Man sollte dem Patienten daher sagen, daß er Geduld haben muß, um diese kritische Zeit zu überstehen und die Besserung seines Zustandes abzuwarten.

P. Kielholz: Mit den Ausführungen von Herrn Angst gehe ich absolut einig. Noch einige Ergänzungen: Erstens muß man dem praktizierenden Arzt sagen, daß Antidepressiva einen relativ späten Wirkungseintritt haben, damit er nicht in eine Polypragmasie verfällt. Wenn also z.B. nach drei Tagen keine Besserung erfolgt ist, soll er das Medikament nicht etwa wechseln und es mit einem anderen versuchen. In diesem Zusammenhang scheint der rasche Wirkungseintritt von Ludiomil ein Vorteil zu sein. Zweitens, was die Instruktion des Patienten angeht, so muß man, wie Herr Angst gesagt hat, ihn aufklären, daß anfänglich Nebenerscheinungen auftreten können, die seinen Zustand zunächst scheinbar verschlimmern. Das ist besonders bei den larvierten Depressionen wichtig. Drittens möchte auch ich bei den larvierten Formen nochmals die Zweckmäßigkeit niedriger Dosen unterstreichen. Zwar kann auch die niedrige Dosierung Gefahren haben, aber die Gefahr zu hoher Dosen ist doch größer, denn nimmt der ambulante Patient das Medikament und spürt Nebeneffekte, dann ist es leicht möglich, daß er das Vertrauen sowohl zum Medikament wie zum Arzt verliert. Man kann die Dosis immer noch erhöhen, wenn es sich als notwendig erweist.

W. Pöldinger: Ich wollte noch eines zu der Fortbildung der praktizierenden Kollegen sagen. Die audiovisuellen Hilfsmittel, wie z.B. der ®Eidophor, Filme oder Videotapes, sind in der Tat von größter Wichtigkeit. Bei der bereits erwähnten «Fortbildungskampagne», die von den fünf Schweizer Universitätskliniken durchgeführt wurde, war es für alle sehr eindrücklich, daß man optisch eine typische Depression und daneben eine larvierte Depression zeigen konnte. Wir haben den praktischen Ärzten anläßlich dieser Demonstration aber auch Merkblätter in die Hand gegeben, denn niemand kann die Wirkungen der einzelnen Medikamente, ihre Dosierungen und Nebenerscheinungen im Kopf behalten. Ferner möchte ich darauf hinweisen, daß es zweckmäßig, allerdings auch anstrengend ist, in möglichst kleine Ärztegruppen zu gehen, z.B. in Bezirksvereine. Bei größeren Versammlungen ist es doch oftmals so, daß irgend jemand hochwissenschaftliche Probleme zur Diskussion stellt, nach deren geistreicher Erörterung der Praktiker dann nicht mehr zu fragen wagt: Soll ich 5 oder 10 mg geben, soll ich das Medikament dreimal am Tag geben, soll ich es um 4 Uhr das letzte Mal verabreichen, oder darf ich es auch noch später geben? Im Hinblick auf Nebenwirkungen möchte ich noch bemerken, daß es Patienten gibt, die genau mit den Nebenwirkungen reagieren, die im Packungsprospekt angegeben sind. Bei solchen Patienten hat man immerhin die Möglichkeit, auf das Rezept «sine confectione» zu schreiben.

J.J. López-Ibor Aliño: Ich frage mich manchmal, ob all diese technischen Hilfen und audiovisuellen Methoden tatsächlich geeignet sind, den Allgemeinpraktikern und nichtpsychiatrischen Fachärzten die Scheu vor der Behandlung psychischer Leiden, wie sie hier zur Debatte stehen, zu nehmen. Eine amerikanische Firma hat uns angeboten, in Zusammenarbeit mit Madrid einen Film über das Problem der Angst zu drehen; es ist aber außerordentlich schwierig, ein solches Problem filmisch in einer Weise darzustellen, die das, was wir sagen und zeigen wollen, auch dem Nichtpsychiater verständlich macht. Herr López Ibor hat in Madrid einen Film zum Thema der depressiven Äquivalente hergestellt, und auch das erwies sich als eine sehr schwierige Aufgabe. Eine andere Möglichkeit, die wir oft diskutiert haben, jedoch nie in einem größeren Rahmen verwirklichen konnten, ist die, Allgemeinpraktikern zu erlauben, anläßlich klinischer Veranstaltungen in der Universität ihre eigenen Patienten vorzuführen. Wir haben das gelegentlich gemacht, aber die damit zusammenhängenden praktischen Probleme sind beträchtlich.

W. Walcher: Es ist unumgänglich, daß der Praktiker Depressionen behandelt – aber wir müssen uns, wie eben auch Herr López-Ibor Aliño betonte, darüber im klaren sein, daß trotz all unserer Bemühungen, trotz Fortbildungstagungen und Eidophor-Sendungen, unter Allgemeinpraktikern wie Internisten eine sehr große Scheu besteht, sich mit psychiatrischen Problemen in diagnostischer und therapeutischer Hinsicht zu befassen. In Österreich ist das dadurch bedingt, daß die Psychiatrie nicht im Ausbildungsgang des Allgemeinpraktikers figuriert. In Graz gibt es eine Akademie für Allgemeinmedizin, die sich sehr für psychiatrische Fragen interessiert; dort haben wir jetzt Merkblätter verfaßt, wie Depressionen diagnostiziert und behandelt werden sollen. Es werden darin alle auch hier diskutierten Fragen angeschnitten, die für die Behandlungsführung wichtig sind. Trotzdem ist aber die Behandlungsfrequenz in der Allgemeinpraxis noch immer gering. Vielleicht muß man einmal in einer psychiatrischen Klinik gewesen sein, zumindest während einiger Tage, und die Behandlungsführung selbst gesehen und erlebt haben, um wirklich richtig behandeln zu können.

P. Kielholz: Dieser letzte Punkt unserer Diskussion hat offensichtlich zu zwei Ergebnissen geführt. Erstens: Es ist – wenn ich die soeben von Herrn Walcher gebrauchte Formulierung wiederholen darf – unumgänglich, daß auch der Praktiker Depressionen behandelt. Auf der einen Seite gibt es viel zu wenige Psychiater, auf der anderen aber eine große und noch im Wachsen begriffene Zahl depressiver Patienten, denen unbedingt geholfen werden *muß* – und geholfen werden *kann*, wenn auch der Nichtpsychiater fähig und bereit ist, solche Fälle zu behandeln. Zweitens: Gerade diese Fähigkeit und Bereitschaft des Nichtpsychiaters ist indessen nach wie vor ein großes Problem. Es wurden hier eine ganze Reihe von Informations- und Fortbildungsmaßnahmen genannt und kritisch gewürdigt, die alle schon in der einen oder anderen Weise auch praktisch erprobt worden sind. Sie haben ganz sicher Erfolge gezeitigt. Die überall zu beobachtende Zunahme depressiver Leiden ist ja nicht zuletzt eine Folge ihrer häufigeren Diagnostizierung. Dennoch haben wir hier wiederholt feststellen müssen, daß eine frühzeitige Erkennung und richtige Behandlung leichter bis mittelschwerer sowie larvierter Depressionen durch den Nichtspezialisten noch keineswegs gesichert ist. Wir sind daher zu weiterer Aufklärungsarbeit verpflichtet, und ich bin überzeugt, daß gerade unser heutiges Symposium, wenn es einmal in Buchform und in mehreren Sprachen weite Kreise der psychiatrischen Fachwelt und der allgemeinen Ärzteschaft erreicht, in diesem Sinne anregend und instruktiv wirken wird.

Schlußworte

P. Kielholz: Verehrte Kolleginnen und Kollegen, nach unseren ausgiebigen und, wie ich glaube, außerordentlich fruchtbaren Diskussionen möchte ich die Tagung nun dem Ende zuführen. Dabei ist es mir eine angenehme Pflicht, Ihnen allen herzlich zu danken für Ihr Erscheinen, für die große Mühe, die Sie sich mit der Vorbereitung Ihrer Beiträge gemacht haben, sowie nicht zuletzt für die rege, jeder Äußerung und jedem Standpunkt gegenüber aufgeschlossene Teilnahme an den Diskussionen. Es war mir als Vorsitzendem eine wirkliche Freude, so viele prominente und kompetente Forscher zu einem Meinungsaustausch über die *larvierte Depression* hier versammelt zu sehen. Sie alle haben mir durch Ihre sachkundige Mitarbeit die Leitung des Symposiums sehr erleichtert.
Nicht minder gilt mein Dank unserem Gastgeber, der Firma Ciba-Geigy, für den angenehmen äußeren Rahmen, der dieses Symposium umgibt, sowie für die ausgezeichnete Organisation, die vor allem das Verdienst von Herrn Dr. Adams und seinen Mitarbeitern ist, denen dafür unsere besondere Anerkennung gebührt.
Damit schließe ich das Symposium, wünsche Ihnen allen nach getaner Arbeit noch einige erholsame Tage im schönen Suvretta-House in St. Moritz und eine glückliche Heimreise.

H. J. Bein: Der Erfolg eines Symposiums, mag es noch so trefflich organisiert sein, kann gefährdet sein durch einen Faktor, den – allerdings in anderem Zusammenhang – Paul Klee, der große Maler, der auch Dichter war, einmal in folgendem Vers beschrieben hat: Meinung und Meinung tauschten Wellen, da war denn nichts mehr festzustellen. Herr Professor Kielholz, dies ist der Augenblick, in dem ich Ihnen im Namen der Firma Ciba-Geigy aufrichtig für Ihre Bereitschaft zu danken habe, mit der Sie den Vorsitz dieser Tagung wie auch der früheren in St. Moritz durchgeführten Symposien übernommen haben. Denn es ist doch in erster Linie der Vorsitzende einer Tagung, von dem es abhängt, ob ein Thema nur zerredet wird oder ob am Ende etwas übrig bleibt, etwas, das sich «feststellen» läßt. Sein Privileg, aber auch seine Bürde sind die Gestaltung des Programms, die Auswahl und das Gewinnen der Teilnehmer und schließlich die eigentliche Leitung des Symposiums, bei der es immer wieder darum geht, eine Linie einzuhalten und, wie Sie es in der Schlußdiskussion forderten, soweit als möglich einen Konsens der Meinungen anzustreben. Sehr geehrter Herr Professor Kielholz, nehmen Sie unseren Dank für die Bürde, die Sie mit so viel Ruhe getragen haben, und für die bewundernswerte Aktivität, die Sie auch noch in später Stunde entfalten können. Auch Ihnen, meine Damen und Herren, gebührt im Namen der Ciba-Geigy herzlicher Dank, den ich mit meinem persönlichen Dank für alle Zeit und Mühe, die Sie sich genommen haben, verbinden möchte.

Sachregister